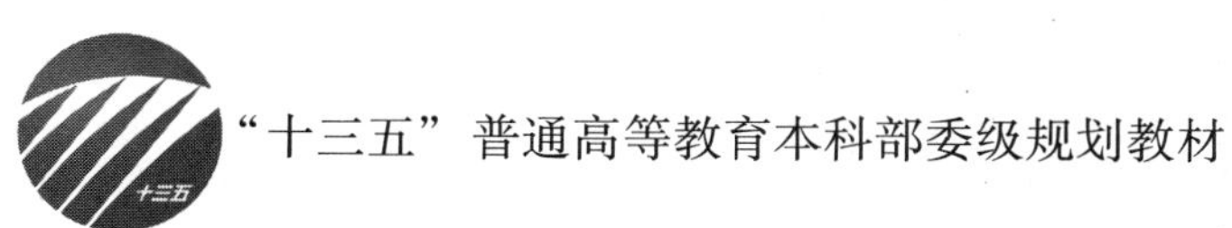

"十三五"普通高等教育本科部委级规划教材

纺织服装营销学

傅师申　主编
曾　琦　毛艺坛　副主编

中国纺织出版社

内 容 提 要

本书将市场营销学理论与纺织服装营销实践相结合，理论联系实际，深入浅出，图文并茂，内容丰富，在精辟归纳与阐明市场营销学的基本概念、国内外发展历程、核心理论、发展趋势以及纺织服装市场营销理论体系与特点的基础上，重点对新经济时代背景下纺织服装的市场营销策略进行了深入的理论探讨与阐述，具有较强的学术性、理论性、创新性和实用性。

本书可用作普通高校纺织、服装和市场营销专业的教材，也可供纺织服装企业的市场营销、生产与经营管理部门及业内外相关读者参阅使用。

图书在版编目（CIP）数据

纺织服装营销学/傅师申主编．--北京：中国纺织出版社，2018.1（2023.2重印）
"十三五"普通高等教育本科部委级规划教材
ISBN 978-7-5180-4535-8

Ⅰ．①纺… Ⅱ．①傅… Ⅲ．①纺织品—市场营销学—高等学校—教材 ②服装—市场营销学—高等学校—教材 Ⅳ．①F768.3

中国版本图书馆CIP数据核字（2017）第331381号

策划编辑：范雨昕　孔会云　　责任编辑：朱利锋
责任校对：寇晨晨　　责任设计：何　建　　责任印制：何　建

中国纺织出版社出版发行
地址：北京市朝阳区百子湾东里A407号楼　邮政编码：100124
销售电话：010—67004422　传真：010—87155801
http://www.c-textilep.com
E-mail:faxing@c-textilep.com
中国纺织出版社天猫旗舰店
官方微博 http://weibo.com/2119887771
唐山玺诚印务有限公司印刷　各地新华书店经销
2018年1月第1版　2023年2月第5次印刷
开本：787×1092　1/16　印张：18.5
字数：400千字　定价：56.00元

前言

市场营销学(Marketing)是建立在经济学、经营学、管理学、心理学、行为学、社会学、信息学、系统论等多学科基础之上的应用性交叉学科,也是一门专门研究企业或商品经营者在市场经济中的营销行为并为之提供科学经营管理决策和策略的学问。

纺织服装营销学(Textile & Apparel Marketing)则是市场营销学的一个特别分支和应用领域。因为纺织类特别是服装服饰类产品,其市场的消费需求、消费观念、消费趋势及消费水平,既涉及社会的每个成员,具有特殊的时尚性、流行性、季节性、地域性、个体性、民族性、社会文化性、高附加值和激烈的竞争性,又历来都是消费市场的"风向标""弄潮儿"和不同社会发展历史阶段的重要标志与"见证人",所以纺织服装产品的市场营销理论,既服从于一般的市场营销规律,又有其自身独有的特点。

我国自20世纪70年代引入西方现代市场营销学的科学理论以来,先后经历了导入、传播、应用阶段,目前已与世界商品经济的发展接轨,进入了一个系统的、创造性的研究和应用现代市场营销理论,创立社会主义市场营销学体系,并指导我国社会主义市场经济稳定、健康、快速发展的阶段。

我国2011年加入WTO以来,市场经济的发展不断面临着更新、更高的目标。在世界经济一体化和中国已由计划经济步入市场经济的今天,无论你从事何种职业,也不论你是否情愿,都无可避免地会成为"市场大潮中的搏浪者"。因此,学习和掌握市场营销理论知识,不仅是经济类专业学生的必修课程,也是非经济类专业学生完善自我知识结构、适应我国市场经济快速发展形势和提高就业能力的客观需要。

本书将市场营销理论与纺织服装营销实践相结合,理论联系实际,深入浅出,图文并茂,内容丰富。在精辟归纳与阐述市场营销学的基本概念、国内外发展历程、核心理论、发展趋势以及纺织服装市场营销体系与特点的基础上,重点对新经济时代背景下市场营销理论在纺织服装市场营销中的应用和纺织服装的市场营销策略进行了深入探讨。

本教材第一、第二、第三及全书大纲的编撰及统稿由傅师申完成,其他参编人员包括工商管理硕士,曾琦(四川大学轻纺与食品学院,第四章)、毛艺坛(四川师范大学服装学院,第五章)、叶姣(浙江杭州建德市,第六章)、曹筱(成都理工大学传播科学与艺术学院,第七章)、曹丽萍(四川文化产业职业学院,第八章)、赵欣(四川大学科学技术发展研究院,第九章)、邵小华(四川理工学院艺术学院,第十章)、向星烨(四川大学轻纺与食品学院,第十一章)、王舒灏(四川大学轻纺与食品学院,第十二章)、甘露(四川大学轻纺与食品学院,第十三章)、徐雅琳(四川大学轻纺与食品学院,第十四章)。本书内容全面反映了四川大学服装硕士点多年来在纺织服装市场营销方向的理论研究成果,具有较强的学术性、理论性、创新性和实用性。

本教材的一个显著特点,是在书中的每一章均给出了重点知识、思考题和参考文献,且所有参考文献均在正文相应参考与引用处作了标注，这不仅为学生和读者提供了丰富的相关知识阅读渠道，更是对所有被参考引用文献作者知识产权的尊重，也体现出该教材的规范性与严谨性。

选用本教材的专业，可参照课程教学计划和教学大纲的要求，针对纺织服装独特的市场特点，通过课堂的理论讲解、互动讨论和典型案例的解剖分析，使学生能够系统学习和掌握纺织服装的市场营销理论、方法与策略，并结合课外市场营销调研的实践活动，深入地探讨、认识和把握纺织服装市场营销的特殊规律，为日后较好地在该行业择业、从业和创业，获取必要的基础理论知识和初步的市场营销能力。建议全课程设3学分，48～51学时，以课堂提问和讨论(可占20%)、期末闭卷理论考查(可占30%)和市场调查报告(可占50%)三种方式综合考核学生的学习效果并综合其学习成绩。

虽然本书的编著者非常投入也非常认真，力求深入浅出，把市场营销学的基本理论与纺织服装的市场营销实践紧密结合，并在纺织服装市场营销策略的理论联系实际方面做出深入的探讨，但由于编著者的知识与水平有限，不当之处在所难免，有待专家学者、业内外人士和读者批评指正，并在日后的教学实践中不断修正与完善。本书对所参考和引用的已公开出版的国内外相关学者的诸多论述与观点，均在正文和每章做了一一标注，在此向他们表示深深的敬意和诚挚的谢意！

编　者

2017年1月8日

目录

第一章　纺织服装营销学的基本概念与理论体系 …… 1
第一节　纺织服装营销学的基本概念 …… 1
第二节　纺织服装产品的市场特点 …… 6
第三节　纺织服装市场营销体系 …… 9
第四节　纺织服装营销学的理论体系架构 …… 12
思考题 …… 14
参考文献 …… 15

第二章　纺织服装市场营销的发展历程与趋势 …… 16
第一节　市场营销学在国外的发展历程 …… 16
第二节　市场营销学在我国的发展历程 …… 19
第三节　市场营销观念的历史演变 …… 21
第四节　纺织服装市场营销的发展趋势 …… 23
思考题 …… 28
参考文献 …… 29

第三章　市场营销核心理论及其在纺织服装产品市场营销中的应用 …… 30
第一节　STP 理论 …… 30
第二节　4P 理论 …… 37
第三节　1P 理论 …… 45
思考题 …… 48
参考文献 …… 49

第四章　纺织服装符号化营销 …… 50
第一节　符号化营销的概念及其产生的社会背景 …… 50
第二节　符号化营销的主要载体形式与传播方式 …… 53
第三节　符号化营销的主要功能与作用 …… 59
第四节　纺织服装符号化营销策略 …… 63

思考题……67
参考文献……67

第五章 纺织服装品牌营销……69
第一节 品牌与商标的基本概念……69
第二节 纺织服装品牌的历史发展及其主要特征……77
第三节 品牌和商标在市场营销中的主要功能与作用……80
第四节 纺织服装品牌营销策略……81
思考题……88
参考文献……89

第六章 纺织服装展示营销……90
第一节 纺织服装展示营销的含义与类别……90
第二节 展示在纺织服装营销中的主要功能与作用……92
第三节 纺织服装展示营销的主要形式与策略……94
思考题……111
参考文献……111

第七章 纺织服装消费行为营销……112
第一节 纺织服装消费行为学的由来及其含义……112
第二节 纺织服装消费行为学的主要理论体系与研究内容……118
第三节 消费行为研究在纺织服装产品市场营销中的主要功能与作用……121
第四节 纺织服装消费行为的主要影响因素和营销策略……122
思考题……130
参考文献……130

第八章 纺织服装价格营销……132
第一节 纺织服装产品价格的含义与特点……132
第二节 纺织服装产品的价格形式与构成……135
第三节 纺织服装产品定价的作用与步骤……140
第四节 纺织服装产品定价理论依据与方法……142
第五节 纺织服装价格营销策略……149
第六节 纺织服装非价格竞争与促销……152
思考题……156

参考文献 …… 157

第九章 纺织服装电子商务与网络营销 …… 159

第一节 纺织服装电子商务与网络营销基础概念 …… 159

第二节 我国纺织服装电子商务与网络营销的历史发展与趋势 …… 163

第三节 电子商务在纺织服装网络营销中的作用与功能 …… 171

第四节 纺织服装电子商务与网络营销模式 …… 174

第五节 纺织服装电子商务发展战略与营销策略 …… 178

思考题 …… 188

参考文献 …… 189

第十章 纺织服装专业市场营销 …… 192

第一节 纺织服装专业市场基本概念 …… 192

第二节 纺织服装专业市场的营销功能 …… 198

第三节 纺织服装专业市场的形成机制与原理 …… 201

第四节 纺织服装专业市场营销策略 …… 205

思考题 …… 210

参考文献 …… 210

第十一章 纺织服装企业文化营销 …… 212

第一节 纺织服装企业文化的基本概念 …… 212

第二节 企业文化在纺织服装市场营销中的主要功能与作用 …… 217

第三节 纺织服装企业文化营销策略 …… 220

第四节 服务于市场营销的纺织服装企业文化建设 …… 224

思考题 …… 227

参考文献 …… 227

第十二章 纺织服装绿色营销 …… 229

第一节 纺织服装绿色营销的基本概念 …… 229

第二节 纺织服装绿色营销的主要功能与作用 …… 236

第三节 影响我国纺织服装绿色营销的主要因素 …… 239

第四节 纺织服装绿色营销策略 …… 240

思考题 …… 244

参考文献 …… 245

第十三章　纺织服装创意与复古营销 …… 247

第一节　纺织服装“创意”与“复古”概述 …… 247

第二节　创意在纺织服装市场营销中的主要功能与应用 …… 249

第三节　复古在纺织服装市场营销中的主要功能与应用 …… 261

思考题 …… 268

参考文献 …… 268

第十四章　服饰形象设计营销 …… 271

第一节　服饰形象设计的基本概念 …… 271

第二节　服饰形象设计在市场营销中的功能与作用 …… 274

第三节　影响服饰形象设计的基本要素及其设计方法 …… 277

思考题 …… 283

参考文献 …… 284

第一章　纺织服装营销学的基本概念与理论体系

本章重点知识

1. 纺织服装产品市场营销的含义及相关概念。
2. 纺织服装产品的鲜明市场特点。
3. 纺织服装产业链和“大纺织”的概念。
4. 纺织服装产品市场营销体系及其突出特点。
5. 纺织服装产品市场营销理论的主要依据、研究对象、研究方法及其理论体系。
6. 纺织服装产品市场营销策略的历史演变与创新。

第一节　纺织服装营销学的基本概念

作为市场营销学的核心概念和社会生产关系（生产—分配—交换—消费）中实现流通和循环发展的主要环节，产（商）品、交换与交易、价值、价格、价值规律，需要、欲望、需求，消费行为、顾客满意与忠诚度，市场、市场营销等概念共同构成了纺织服装营销学的特有知识结构。

一、产品、商品、交换和交易

1. 产品（Product）

产品是指企业或个人准备投放市场并用于交换，能够满足消费大众某种需要和欲望的物品、劳务、服务或思想、点子、主意、创意等[1-2]。

2. 商品（Commodity）

商品是指通过市场交换发生了所有权转移的产品。

3. 交换（Exchange）与交易（Transaction）

通常，交换和交易是两个既有区别又密切关联的概念。交换的含义是指企业、组织或机构、个人通过提供某种东西，作为回报，从市场中获取满足自身需要、欲望的行为，强调的是商品交易和市场营销的经营过程；而交易则指的是交换的基本单位和对市场营销结果的度量[3]。

交换的实现过程一般应满足以下三个基本条件[3]：

（1）具有独立的交换双方。

（2）具有可供交换的产品或劳动。

（3）具备交换双方都能够接受的交易条件。

随着商品经济的不断发展，市场营销在实现市场交换中的作用越来越突出，也日益被人们所重视和研究。在实现市场交换的过程中，市场营销将履行非常重要的、克服一系列有碍交换的多种职能[3]。

①克服因地理位置造成的空间障碍。

②克服因所需交换时间的差异而造成的时间障碍。

③克服因信息阻塞造成的信息障碍。

④克服因所有权造成的交易让渡障碍。

二、价值、价格和价值规律

1. 价值（Value）

价值是指商品的物化劳动及其市场认知度。纺织服装产品除具有有形的多种功用性价值外，还具有品牌、文化、艺术、情感等多重的无形价值[4]。

2. 价格（Price）

价格是指产品内在价值的货币化度量与表征形式。

3. 价值规律（Value Law）

价值规律是指商品的价格总是会围绕商品价值发生正或负的波动，但又趋向于与商品价值保持一致的规律。

三、需要、欲望和需求

1. 需要（Needs）

需要是指人类没有得到某些基本满足的感受（匮乏）状态[2]。如人们满足衣、食、住、行、用和安全与生存的需要；受人尊重与群体生活的社会需要；学习知识和实现自我价值的个人需要等。这些需要均具有客观性，而非市场营销者所创造，是人类自身本能的基本组成部分。从市场营销学的角度来看，正是人类的这类本能的基本需要构成了商品的潜在市场。

2. 欲望（Wants）

欲望是指人类对能够满足其各种需要的渴求、期望和追求。由于人类的欲望具有无穷性、无止性和多样性、多重性，而物质世界的资源却具有相对的有限性和时空性，因此当人类有能力在有限的条件下将其部分欲望和需要转化为需求时，总希望用最有限的付出，获取那些价值和满意度最高的商品而会对欲望的实现加以选择。这种选择性除了取决于消费者的个体消费观念与能力外，还与其所经历的社会文化背景和生存环境及个性的塑造有关[2]。

3. 需求（Demands）

需求是指人类有能力实施和实现其消费需要和欲望的一种要求。需要和欲望是人类形成消费行为的根本动因，也是构成市场营销学的最基础、最重要的概念。而需求则是显化的需要和欲望，只有把需要和欲望转化为需求时，市场才能够从潜在的市场转变为现实的、具有真正营销价值的市场。

需要是人类所固有的一种状态，欲望是由人所在的社会所决定并受社会文化的影响，而当考虑到支付能力的时候就出现了需求。营销者的根本任务就是，发现需要，激发欲望，刺激需求。

四、消费与消费者

1. 消费（Consumption）

消费的概念最早由古希腊哲学家色诺芬（Xenophon，公元前427~公元前355年）所提出[5]，是指人类因衣、食、住、行、用而产生的对物质产品和精神产品的消耗，是人类社会生产关系中具有决定性作用的环节，不仅是人类生存与发展的客观需要，而且也是对生产、交换和流通的刺激与推动。从某种意义上讲，没有消费，就不会有生产、交换和分配。

消费有广义与狭义之分，前者包括对生产资料和个人生活资料的消费；而后者仅指对个人生活资料的消费。生产资料消费与个人生活资料消费的目的与性质完全不同，前者大多属于再生产性消费，后者则完全是一种消耗性消费，即本质上的消费。市场营销学中所主要研究和探讨的，是消费者的个人生活资料消费[5]。

2. 消费者（Consumer）

消费者也称为顾客（Customer），指消费行为的主体，有团体消费者（集团、机构或组织购买者）和个体消费者之分。市场营销学中所指的消费者，通常指狭义上的个体消费者[5]，即为了生活消费而购买产品的个人和家庭。但团体消费者在纺织服装产品中却是非常重要的行为主体，例如机构或组织对军服、校服、职业装、工装的消费、采购与配置等。

五、质量、顾客满意度和顾客忠诚度

1. 质量（Quality）

市场营销学中的“质量”含义与一般工业生产中质量的含义不同，指的是消费者对某一产品或服务的认可度[2]。在纺织服装产品的生产中，产品质量的衡量通常涉及某些具体性能指标，如款式、型号、规格、体积、重量、尺寸、色泽、纱线细度、色牢度、洗涤、熨烫与保管要求等。而市场营销学中对产品质量的衡量，则是以消费者对产品的认可程度作为标准。当某一款纺织服装产品从工业生产的角度来看是一种高质量的产品，但消费者却因其时尚性不强或认为不符合当下流行趋势而不接受时，那么从市场营销学的角度来看，该产品就不能视为具有高的或好的质量。

2. 顾客满意度（Customer Satisfaction）

顾客满意是指消费者对某一产品或服务的效能与其期望值进行比较后的态度[6]。消费者的期望值通常来自于以往的购买经验、主要参考群体的意见以及营销者和竞争者的信息与承诺。若该产品或服务的综合效能低于顾客所理解的期望值，购买者就不会感到满意；若综合效能符合其期望值，购买者就会基本满意；若综合效能超过其期望值，购买者就会非常满意。顾客的这种满意程度，可由下列公式来加以表征，具体方法如下[6]：

$$\text{顾客满意度} = \text{顾客购买总价值} / \text{顾客购买总成本} \tag{1-1}$$

$$\text{顾客让渡价值} = \text{顾客购买总价值} - \text{顾客购买总成本} \tag{1-2}$$

式中，顾客购买总价值是指顾客购买某一纺织服装产品所期望获得的一组利益（由产品价值、产品服务价值、产品或品牌的形象价值、企业员工素质与服务水平的价值等因素所构成）。

顾客购买总成本是指顾客为购买某一纺织服装产品所付出的各种代价，包括由此所支付的货币成本、时间成本、体力成本和精神成本等因素。

顾客让渡价值是指顾客购买总价值和顾客购买总成本之间的差额，即构成顾客满意的前提与条件。

成功的市场经营者和产品营销者总是在保证其盈利的前提下，尽可能追求和创造最大的顾客让渡价值来获取最大的顾客满意度。

3. 顾客忠诚度（Customer Loyalty）

顾客忠诚是指消费者对某一纺织服装产品或品牌感到十分满意而产生的情感上的认同，即对该产品或品牌的一种强烈的偏爱。其表现形式通常为重复购买以及在以后做购买决策时只考虑该产品或品牌，而不再搜集其他相关信息[7]。

顾客忠诚度常用的衡量指标为顾客对某一品牌产品的重复购买率，重复购买率越高，则表明顾客忠诚度越高。按照顾客重复购买率的高低，可将顾客的忠诚度分为三级，分别为：高度忠诚型顾客（重复购买率在50%以上）、中度忠诚型顾客（重复购买率在10%～50%之间）、低度忠诚型顾客（重复购买率在10%以下）[5]。

市场的经营者和产品的营销者之所以特别注重建立和追求顾客的忠诚度，其主要意义在于：

（1）有助于树立企业的品牌效应，不断发展并保持庞大的消费群体。因为顾客忠诚不仅能帮助企业确保原有的顾客与销售率，而且还可以通过忠诚型顾客的口碑效应来树立、传播、巩固企业品牌及产品在消费者心目中的良好形象。

（2）有利于节约销售成本。因为开发一个新的消费群体的费用往往是保持现有顾客群费用的数倍。

（3）有助于企业获取更多的利润并减少产品的价格波动和不可预知的风险损失。因为忠诚型顾客相较于单纯的重复性购买顾客，对自身喜爱和依赖的品牌及其产品通常会表现出“情商高而智商低”的现象，即会更多地关注产品本身的内在价值，而对产品价格的变动则表现出敏感度低、信任度高、承受能力强，对购买产品有可能带来的不可预知风险往往会采取比较宽容的态度。

因此，企业或营销者提高顾客忠诚度的基本原则和最直接的方式就是“促成重复购买”和“买得越多，得到的回报就越多”。此外，还会采取其他措施来进一步强化、巩固和提高目标顾客的忠诚度，例如，对品牌及其产品进行准确定位，使其品牌及产品的定位与目标消费群体的偏好保持一致；不断完善品牌形象，提高消费者对其品牌和产品的熟悉度、认知度和认可度；建立目标顾客数据库，始终与目标顾客群体保持沟通，定期或随时提供本企业或营销者的商品及服务信息，优先满足忠诚型顾客的购买、服务、咨询、体验试用等需求；充分利用节假日、店庆或征求意见座谈会等活动，适度回报或让利于老顾客与目标群体顾客，特别是忠诚型顾客，以建立并保持持久的情感关系等。

六、市场及其经营与消费的模式和特点

1. 市场（Market）

市场的基本定义是商品交换的场所（Exchange Situation of the Commodity），但随着商品经

济的发展，市场的含义至今已延伸为多重含义[3]，即：

（1）市场是商品交换的地域和空间（Place and Space）。

（2）市场是商品交换和流通的领域（Field on Exchange and Circulation）。

（3）市场是商品供求关系的总和（Total Relation for the Commodity Supply and Demand）。

（4）市场是对商品有需求和购买能力的人们（Buyers）。

（5）市场是商品现实和潜在的消费者（Customers）。

需要指出的是，市场的含义是一个动态和变化的概念，随着社会的发展和商品经济的演变，市场的含义也将会随之发生进一步的拓展与变化。

2. 市场的经营模式及特点（Basic Models and Characteristics of the Market Management）

（1）完全垄断市场。即只有一个企业控制了某种产品的全部市场，如我国的自来水、天然气、电力市场等，其特点是基本无竞争。

（2）寡头垄断市场。即由少数几个大企业控制绝大多数生产和市场份额的市场，如电子通信、石油、高档家电等，其特点是既有竞争又有垄断。

（3）垄断性竞争市场。即许多企业同时生产和销售同一类产品，彼此都只能占有部分市场份额但又都想垄断整个市场，如纺织服装产品、食品、日用消费品等市场，该类市场的突出特点是竞争异常剧烈。

（4）完全竞争性市场。即拥有众多生产者和消费者，且无论是生产者还是消费者的单独市场行为都无力影响产品的产量和价格的市场，如粮食、副食品市场，由于产品彼此间的替代性强，消费者的可选择性大，使得市场经营者根本不可能完全垄断市场而只能彼此竞争。这种市场的突出特点是竞争异常剧烈，且主要依靠价格和服务展开竞争。

3. 市场的消费模式及特点（Basic Models and Characteristics of the Consumption）

（1）消费者市场。消费者市场是指个体消费者市场。特点是购买的人数多、频率高、数量小，购买的时间、地点分散，购买的专一性弱，消费者流动性大，所购产品具有较强的可替代性。

（2）组织或机构市场。组织或机构市场是指为满足生产或经营以及履行职责的需要而购买产品或服务所形成的市场。包括生产者市场、转卖者市场和各级政府、企事业团体与武警、军队等非营利性社会机构市场。该类市场的特点是购买批量大、购买频率低，时间性强，技术要求高，通常采用招投标的方式定点、定时、定量购买[6]。

七、市场营销、市场营销学和纺织服装营销学

1. 市场营销（Marketing）

市场营销的基本定义是指市场上的一切买卖活动，源于我国对“Marketing”一词的意译[3]。但随着市场含义的变化、延伸和市场营销实践的发展，市场营销的含义也在此基础上发生了较多和较大的演变，目前有100多种解释[6]，比较有代表性的有：

（1）社会和企业的经济活动或经营管理职能。

（2）企业对市场的经营、管理和运作。

（3）与市场有关的一切人类活动。

（4）通过交换过程来满足人类需要的活动。

（5）为达到个人或机构目标的交换而规划和实施理念、产品和服务构思、定价、促销和配售的过程。

（6）企业或个人将人类需求转化为自身盈利行为的总称。

本书的定义是：市场营销是指个人或群体通过创造产品和价值并同他人进行交换以期获得其所需所欲的一种社会活动。

2. 市场营销学（Marketing）

市场营销学是指专门研究市场营销活动并为之提供科学经营管理决策和策略的学问。当人类把市场营销作为一门学问加以重视和研究时，“Marketing”一词曾被译为市场学、市场经营学、市场管理学和市场营销学，我国学术界和产业界则统一将其译为“市场营销学”。

3. 纺织服装营销学（Textile & Apparel Marketing）

纺织服装营销学是专门研究纺织服装产品市场交换规律并为之提供科学经营管理决策和策略的学问，是市场营销学的一个特别分支和重要应用领域，其市场营销理论既服从于一般市场营销理论，又具有其独有的特定规律。

八、企业管理与市场营销

1. 企业管理（Enterprise Management）

按照管理学的定义，企业管理包括计划、组织、领导、控制与决策，是以企业的各种资源特别是人力资源为主要运作对象，以提高企业的运作效率为主要目标。这些资源主要有：企业的人力资源特别是智力资源（领导层、管理层、技术与财会人员及律师等）；企业的技术资源（信息、技术、专利等）；企业的物力资源（原材料、设备、仪器、仓储的量与质等）；企业的经济资源（固定资产、流动资金、内外债务和无形资产的价值等）；企业的社会资源（企业的信贷关系、原材料供应和产品销售渠道、社会形象与信誉度、合作伙伴等各种社会关系）。企业管理的目标就是通过采用各种方法和手段，整合优化企业的各种资源，最大限度地提高和发挥其效率，为企业最终以最小的成本实现最大的经济和社会效益而创造条件。

2. 市场营销（Marketing）

市场营销是企业经营管理的主要内容之一，以企业的产品、劳务或各种服务为运作对象，以提高企业的直接经济效益为主要目标。其主要任务是组织、管理、维护企业的市场营销运作体系；进行市场调研和预测，建立市场营销信息渠道和数据库，分析企业面临的市场机遇与风险；向企业的领导层提供市场营销的规划、成本、运作费用和市场动态的各种报告；制订企业的市场营销战略，组织、创新并实施具体的市场营销策略和各种促销活动等。

第二节　纺织服装产品的市场特点

与一般产品不同，纺织服装产品具有以下突出与鲜明的市场特点：

1. 大众性与必需性（Popularity and Necessary）

在人类的衣、食、住、行中，纺织服装产品位居首位，是人类生活中的日常必需品。世界上每个人的性别、年龄、职业、民族、相貌、国籍和社会地位虽有不同，但却都会与纺织服装产品发生密切接触，每个人自出生时的“襁褓”至离世时的“寿衣”都始终与纺织服装产品终生相伴。

2. 地域性与季节性（Region and Seasonality）

由于人们生活的地域不同和气候的季节性周期变化，使得纺织服装产品与其他产品，如家用电器、家具等相比较，具有因地域、季节的不同而不断发生变化和产品市场生命周期较短的突出特点。

3. 实用性与时尚性（Practicability and Fashion）

纺织服装产品除了可为人类提供保暖、护体、遮羞的实用功能外，同时还兼有传达时代信息，表现和引领流行时尚的功能，因此既是实用性产品，又是能够体现社会大众生活追求和社会消费水平与趋势的时尚产品。

4. 流行性与易变性（Prevalent and Changeable）

纺织服装产品作为负载人类社会服饰文化传递信息的基元，直接担负着服饰文化信息的承载与传播，并因为具有社会性和大众性而很容易形成流行性，所以每年都会有不同于往年的流行趋势，包括新款式、新面料、新流行色等新趋势的发布与流行，但这种流行性又会因为其同时具有的时尚性、地域性和季节性而很容易发生改变且变化得很快，致使其流行周期较短，通常只有一季甚至一个流行周（Fashion Week）。

5. 美学性与社会性（Aesthetics and Social）

俗话讲“人是桩桩，全靠衣裳”。纺织服装产品既能表现、表达、包装人体的形体美，装饰家庭与公共设施的环境美，进而促进人的心灵美，激发人们对美的向往与追求而具有美学的功能；又能区别人的性别、年龄、职业、社会群体、社会阶层、民族和人种、历史与地域文化而具有突出的社会性功能。

6. 文化性与民族性（Civilization and Nationality）

郭沫若曾说：“服饰是文化的表征，衣裳是思想的象征[8]。”纺织服装产品作为人类生活的重要组成部分和特定历史阶段的文化产物，蕴含着丰富和特有的文化思想与社会属性，是人类历史漫长发展过程中的一面镜子和社会文化的传承载体，在不同的国家，不同的民族，不同的历史发展阶段，体现着不同的社会文明与特定的民族符号，发挥着对人类不同民族及其文化发展与演变进程的记载、传承的重要作用。也正是纺织服装产品所特有的这种文化性与民族性，才使得人类能够在一直保持民族性和个性化的前提下，实现社会文化的共同和谐发展和不断的自我超越[9]。

7. 高附加值与商业性（High Additional Value and Trade）

纺织服装产品是一类直面市场和消费者的产品，也是极具附加值的一类产品。与一件价格相当的高档家用电器，如一台彩电或一台电脑的市场利润相比，一套高档西服或裘皮服装的附加值往往远高于前者，是一类具有很高投资价值、利润空间较大的商品，因此具有极大的商业诱惑力。这就是为什么纺织服装行业是众多行业中从业企业和人员最多，零售终端也最多样化的重要原因之一。

8. 符号化与品牌化（Signing and Branding）

服装产品作为人类的“第二皮肤”，具有非常突出的“符号化”特征，既能体现时代气息、民族传统和文化烙印，也能体现社会大众不同的个人身份、职业、情趣、品味、性情与爱好。企业产品和品牌及其符号化的特征既是各种传播媒介对纺织服装产品流行元素的一种提炼与浓缩，也是社会大众作为流行服饰文化受体和传播载体对流行服饰文化的感知与认同，这正是纺织服装产品能够成为一类非常适宜“品牌化”与“符号化”产品的重要原因[9]。而大众传播媒介和纺织服装企业及其市场的经营者们也正是充分利用了这一特征，聘用不同的当红影视和体育明星做企业或产品的代言人，透过媒体的反复符号化宣传与强化，不断地诱导、激发、创造市场的消费欲望，从而达到塑造企业品牌形象、巩固和提高产品信誉及其在广大消费者心目中的认知度、认可度和赞誉度的目的。

9. 差异性与竞争性（Difference and Competitive）

纺织服装产品作为一种商品，必须具备个性化的符号特征，并通过这种方式成为被营销与消费的对象。之所以如此，不仅因其所具有的实用性和时尚性，更是因其所具有的个性化与差异性。纺织服装产品的这种差异性，使其具有无止境的消费魅力和无穷的市场竞争性，才会创造出“撞衫”这种人类新词汇。

（1）纺织服装产品差异性的主要形式。

①生产方式上的差异性。传统的量体裁衣、手工单件制作与现代化的激光扫描量体、电子智慧试衣、CAD（Computer Aided Design）设计、CAM（Computer Aided Manufacture）流水线批量化生产的差异。

②产品形式上的差异性。产品在款式、面料、色彩、规格、型号、服饰、风格上的多样性。

③消费市场的差异性。消费者因年龄、职业、地域环境、民族文化、收入水平、社会地位、个人爱好、消费观念、消费习惯、欣赏水平、追求品位的不同而形成的个体性差异。

（2）纺织服装产品竞争性的主要表现。

①纺织服装产品由于具有时尚性、流行性、消费导向性和季节性、地域性的特点，致使其成为市场中变化最快、生命周期非常短的一类产品，因而在产品的设计、生产、营销和经营上具有强烈的竞争性。

②纺织服装产品的消费市场属于可以极限细分到每个消费者的垄断性竞争市场，因而市场中的竞争者始终处于总想不断扩大市场份额但谁都无法垄断整个市场的状态，从而加剧了市场竞争的剧烈性。

③由于作为纺织服装业龙头的服装业具有高利润与低门槛的特点，即进入和退出该行业相对于其他行业都比较容易以及获利性较高，使得从事该行业的企业和人员众多，且具有彼此的取代性和强烈的竞争性。

④由于产品的终端零售营销在产业链与价值链中始终处于极为重要的地位与作用，加之纺织服装产品的时尚性极强和生命周期很短，因此产品一旦压库就会造成企业严重的资金积压和资源浪费，不仅不能实现产品的价值与利润，还会引起资金链的断裂，甚至会危及企业的生存。所以在纺织服装产品终端零售这块“前沿阵地”上的竞争，往往处于“剑拔弩张，

寸土必争”的“拼杀”局面。

第三节　纺织服装市场营销体系

一、纺织、服装及其产品的含义与“大纺织”的概念

1. 纺织的含义

“纺织”一词有狭义和广义之分，狭义含义指的是纺纱与织造，广义含义则包含纺织材料、化学纤维、纺纱、织造、非织造、纺织机械、染色、整理、纺织助剂等。

2. 服装的含义

服装是纺织服装产品中最重要的终端产品之一，也是其各类产品中数量大、附加值高的产品。“服装”一词，在中文中因不同应用场合会有多种不同的表达形式和含义：如衣服、衣裳、衣着、穿着、着装、时装、服饰等，其英文表达也会因应用场合的不同而有着不同的形式和含义[10]。

（1）Apparel，表示服装的总称。可应用于不同场合，表示服装、衣服、衣着和穿衣。

（2）Clothing，表示服装的总称。可应用于不同场合，表示服装、服饰、衣着、衣服、衣饰，多用于与服装高等教育相关的场合，有多组延伸词：Clothes 表示服装、衣服、衣着；Cloth、Cloths 表示布、面料、织物、纤维织品、毛料、呢绒、丝绸；Clothe 表示给某人穿衣。

（3）Costume，表示全套服装或服饰、服装式样和妇女在特定场合穿着的套装或戏装。有多组延伸词：Costuming 表示服装衣料、服装配饰、服装设计及服装的总称；Costumery 表示服装总称、服饰、服装设计技艺；Costumey 作形容词，表示服装的、戏装的及形容过于华丽的服装。

（4）Dress，表示外穿的服装、礼服、连衣裙或特定场合的套裙。其延伸词 Dressing 表示穿衣、整装和化妆、装饰及修饰，该词主要用于与穿衣、打扮、修饰有关的场合。

（5）Fashion 及其延伸词组 Fashion Garment 和 Fashion Dress 表示时装、时新式样、流行款式、时尚、潮流。主要用于与流行趋势、流行色、新闻、媒介、广告、杂志、服装表演和展示、服装文化、博览会、交易会、市场营销、服装设计和效果图等有关的场合，常表示最新式和现代派的（up－to－date）。

（6）Garment，表示外穿的衣服和服装。如外套、长袍、外罩等，其延伸词 Garments 和 Garmenture 也表示服装和衣着。该组词主要用于与服装加工和工程如服装行业、服装工业、服装企业、服装工厂、服装制造商、服装衣料、衣片、裁片、纸样、规格、尺码、标记、染整、洗涤、熨烫等有关的场合。

3. 纺织服装产品的含义

纺织服装产品是指对不同原料来源、不同结构形式、不同生产方法、不同产品类别、不同应用领域的纺织服装原材料及其集合体的一种总称。通常，其原材料称为纺织材料，而集合体（包括半成品与终端成品）则称为纺织服装产品。

4. 纺织服装产品的类别

纺织服装产品可按照纺织材料及其终端产品的集成状态、集成技术、生产方式、应用领

域等进行不同的分类而有着不同的类别。在市场营销领域，通常是从产品应用的角度，把纺织服装产品分为以下几大类别[11]。

（1）服用纺织服装产品。包括制作服装的各种纺织面料及其终端产品，如外衣产品及其原材料（西服、大衣、运动衫、毛衫、裙类、坎肩等）；内衣产品及其原材料（背心、内裤、文胸、汗衫、衬衫、紧身衣等）；各种纺织辅料（衬料、里料、垫料、填充料、花边、缝纫线、松紧带等），以及针织成衣、手套、帽子、袜子等。

（2）装饰用纺织服装产品。包括室内用品（如家具用布、盥洗用品、窗帘、门帘、贴墙布、地毯、绣品、台布、餐巾、茶几巾、毛巾、浴巾、座/靠垫、沙发/椅套、绢花等）；床上用品（如床罩、被面、床单、被套、枕套、枕巾、毛毯、线毯、蚊帐等）；户外用品（如人造草坪、帐篷、太阳伞、太阳椅等）。

（3）产业用纺织服装产品。建筑和设施用品［如隔热（吸声）织物、雨（阳）棚、纤维增强水泥（混凝土）、土工布等］；过滤用品［气体（液体）过滤、粉尘过滤、细菌（病毒）过滤袋等；运输用品［如帘子线、安全带、安全气囊、盖布、汽车（轮船、飞机）内装饰、各种带（管）材等］；医疗卫生和保健用品［如工作服、病号服、手术衣（帽、覆盖布）、隔离防护服、棉签、纱布、绷带、包扎布、止血纤维、人造器官、卫生巾、尿裤（垫）、矫正（约束带）、护腕（膝、腰）、轮椅、拐杖、担架等］；体育和娱乐用品［如运动器材（运动场地）用品、野营（旅游用品）、航海（热气球用品）、各种玩具用品等］；安全和防护用品［抗静电、阻燃、防辐射、抗高寒（低温产品）、航天（航空服）等］；军事和国防用品［如军礼服、训练（作战、防护服）、单兵用具、潜水（飞行服）、伪装网、排雷服、降落伞、火器和车辆遮尘罩、兵器（弹药）包装材料、旗帜、燃油输送软管和软油箱、通信和指挥系统用制导传导光缆、桥梁（水坝、舟桥、机场、道路）用材］；其他用品［如人造革、合成革、造纸用材、条幅、油布、绳索、网材、包装材料等］。

5. 纺织服装产业链和“大纺织”的概念

由以上对纺织服装产品的含义、类别的分析可以看出，纺织服装业的产业链不仅涉及社会大众日常生活的方方面面，而且涉及社会的各行各业，是一个产业链绵长、相关技术与支撑产业多的行业。纺织服装产品的产业链（The industrial chain of the textile and apparel，图1-1）相较于其他产业的产业链，具有突出的产业链长、涉及面宽的特点，其产品集多种学科知识和技术而形成，是一种工程与艺术相结合的产品。因此，当人们论及纺织服装产品时，须建立“大纺织”的概念，即我们通常所说的“纺织”并不是简单的指纺纱与织造，而是包含着非常宽泛的含义：既包含着纤维制造与纤维结构及性能设计的原材料行业，也包含着纺纱与织造及纱线与织物结构设计、印染整理及图案与色彩设计等中间产品行业，还包含着非织造工艺及产品结构与性能的设计、各类服装服饰用品、装饰用纺织品、产业与高性能纺织用品、智能化与绿色化高端纺织品的设计与加工等终端产品行业，以及与上述各行业生产工艺配套的机械设备制造与加工、各类化学助剂与染料、仪器仪表与电子电工、计算机与自动化控制、纺织废气废水的无污染处理、废旧纺织服装产品的回收利用等行业。因此，要做一名纺织服装业的合格从业人员并不容易，需要学习和掌握多种学科的科学知识，具备相当宽的知识面。

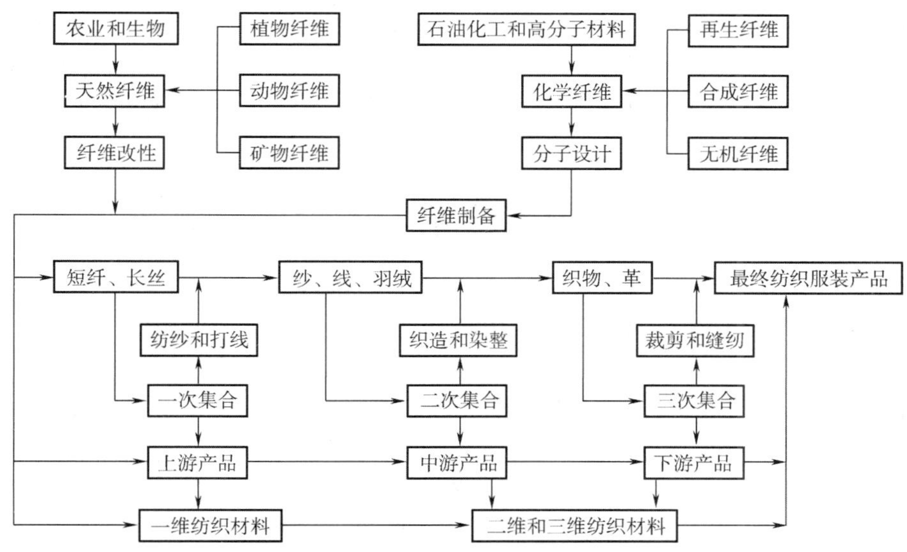

图1－1　纺织服装产品的产业链

二、纺织服装产品的市场营销体系及其特点

纺织服装产品的市场营销体系主要由原材料生产与经销商，面辅料经销商，纺织服装产品生产商、批发商、零售商和消费者构成。除了这个主干体系外，纺织服装产品的市场营销体系还涉及纤维、面料和纺织服装终端产品的研发、设计机构及个体设计者，各种营销中介和促销组织，工商、海关、行业协会等相关机构和组织（图1－2）。

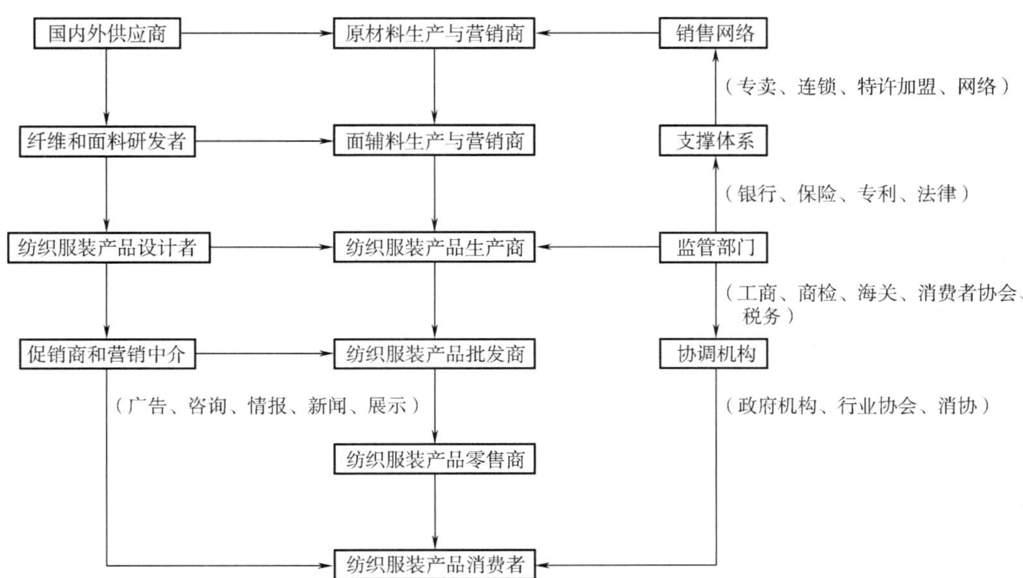

图1－2　纺织服装产品的市场营销体系

由图1-2可以看出，纺织服装产品的市场营销体系较之一般产品的市场营销体系有很大不同。其突出特点是：不仅因产业链独具特色而内涵更加丰富，而且其分销渠道和销售网络类型也较为复杂，且产品的终端销售形式更加多样化，与各种新闻媒介和社会机构的联系更为紧密。

第四节　纺织服装营销学的理论体系架构

一、纺织服装产品市场营销的主要理论依据

现代市场营销学是一门建立在数学、经济学、系统论、信息学、消费心理与行为学、管理学、社会学、哲学等多学科知识基础上的应用性交叉学科。因此，纺织服装产品市场营销学的理论依据主要来自于经济学中的微观经济学、管理学和市场交易理论；心理与行为科学中对消费者和企业管理组织的行为研究理论；数学中的应用数学如微积分、线性代数、概率与数理统计及运筹学理论；哲学中的认识论、方法论等理论[3]。

二、纺织服装产品市场营销理论的主要研究对象

我国对纺织服装产品现代市场营销理论的研究，主要涉及下述内容：

（1）以纺织服装消费需求为中心的市场营销关系，即市场、消费需求、市场营销环境、市场营销策略之间的关系。

（2）市场营销对于促进我国乃至全球纺织服装产品的消费、推动市场和商品经济发展的作用。

（3）纺织服装产品的市场营销观念、理论、策略、方法、方式随着社会的演变、市场的变化和商品经济的发展而变化与发展的规律。

（4）纺织服装产品消费大众的消费观念、意识、心理、行为、情感随着社会的演变、市场的变化和商品经济的发展而变化的规律与特点。

（5）新的、科学的纺织服装产品市场营销策略、方式、方法和手段。

（6）纺织服装产品科学的市场营销管理战略和营销体系。

（7）社会主义市场经济条件下，纺织服装产品的市场营销与市场营销理论。

（8）世界经济一体化和产品营销全球化、电子化、信息化、差别化、多元化和个性化条件下，纺织服装产品的市场营销与市场营销理论。

三、纺织服装市场营销的主要研究方法

由于纺织服装产品的市场营销学是一门在多学科知识基础上形成的应用性的综合性学科，因此其研究方法可从不同的学科和角度来进行，主要方法有[3,6]：

1. 消费者研究法

主要通过对消费者的消费需求、消费习惯、消费心理和消费行为的分析来研究市场营销，是一种从市场本身出发的研究。

2. 系统论研究法

即先把纺织服装产品的市场营销视为一个大系统，再把其包括的内容分为子系统，分散

逐一研究后再建立其彼此间的关系，最终形成系统化的研究。本书采用的即是这样的方法。

3. 特性研究法

即从挖掘纺织服装产品与品牌及其内在的个性化文化与特色的角度，充分抓住消费市场自身具有的差异性、个性化特点，探讨纺织服装产品市场营销理论和方法的形成、发展的规律。

4. 产品研究法

市场的消费与交换始终都与产品（包括各种无形产品）的发展密切相关。因此，可通过对纺织服装产品本身的发展轨迹、风格转换规律及其生产方式的演变趋势的研究，来间接地认识和掌握市场营销变化与发展的规律。

5. 管理研究法

管理是指计划、组织、指挥、协调、控制的总称，也是市场营销者组建市场营销体系和建立市场营销管理战略的基本程序与内容，对纺织服装产品市场营销理论与营销策略的研究，同样也可由这一宏观的方法入手。

6. 历史研究法

通过对市场营销理论和观念100多年来的历史演变过程，包括对世界纺织服装业历史发展的深入研究与分析，可探讨其所扮演的社会角色与作用以及发展变化的内在原因、运动规律和未来发展趋势，不断深化与完善纺织服装产品的市场营销理论体系。

四、纺织服装产品市场营销的主要研究任务

（1）收集、调查市场信息，描述市场特征，预测市场销售趋势。

（2）分析企业的市场营销环境，估价风险，探寻机遇，趋利避害，改善环境，提高企业的竞争力。

（3）分析消费大众的消费心理与行为，细分并选择目标市场，定位企业目标消费群体和相应的产品与品牌营销策略。

（4）制订、实施企业的市场营销组合策略，组织、实施国内、国际的市场营销。

（5）在注重经济效益的同时注重社会效益，遵循与坚持良性的市场竞争，倡导和引领正确的绿色与生态消费倾向，维护市场的健康和可持续发展。

五、纺织服装产品市场营销学的理论体系架构

纺织服装营销学的理论体系如图1－3所概括。该体系的核心内容和关键点是要解决如何不断提升产品和品牌的市场竞争力，使得企业在不断变幻和日益激烈的国内外市场竞争中，能够始终处于可持续发展的地位。其主要内容包括以下几个方面。

（1）对纺织服装产品市场营销学的基本概念、历史发展和市场营销的作用与功能、目的与意义的研究。

（2）对纺织服装产品市场的研究，包括对纺织服装业和纺织服装产品的发展趋势、纺织服装业和纺织服装产品所处的国内外各种宏观、微观环境以及消费者与顾客的消费心理与消费行为的分析与研究。

（3）对纺织服装产品市场战略的研究，包括对其产品与品牌的定位，目标消费群体定

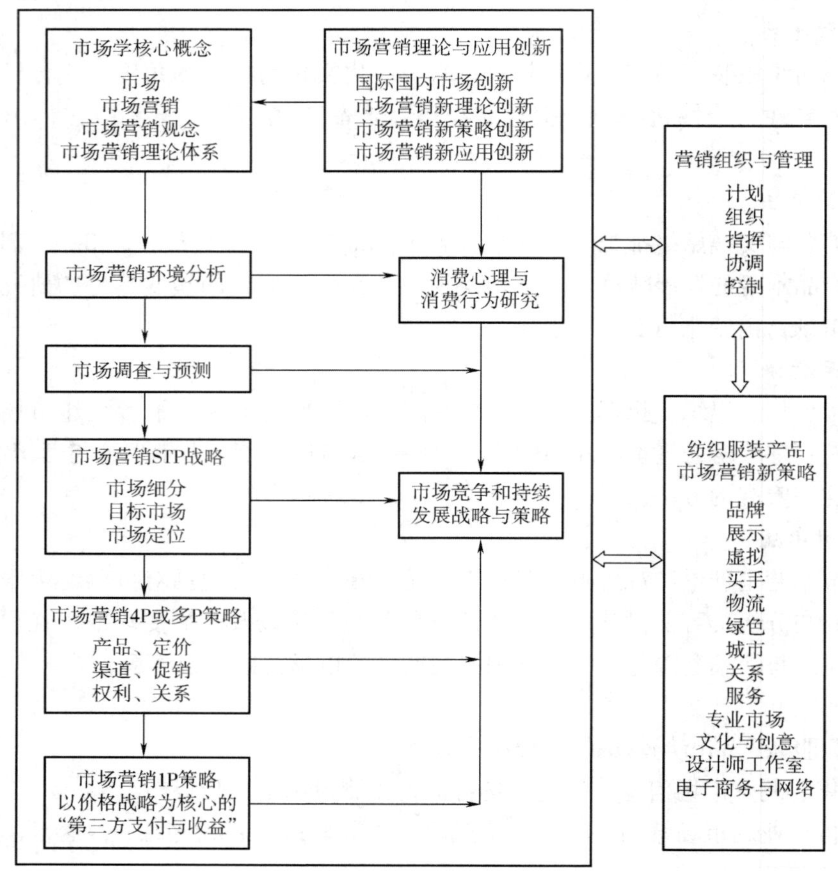

图 1－3　纺织服装产品市场营销学的理论体系架构[3]

位，市场细分理论与方法，市场机遇与风险的调查、分析、预测、控制与把握研究。

（4）对纺织服装产品各种市场营销策略的研究，包括对其产品与品牌、价格、渠道、促销、市场竞争、电子化、网络化、信息化、全球化等策略及其不同组合以及市场营销的新观念、新方法、新途径、新理论的探讨与研究。

（5）对纺织服装产品市场营销的控制与管理的研究，包括对其生产、经营、流通、消费、促销等各个环节的计划、组织、指挥、协调与控制的研究。

思考题

1. 产品与商品有什么区别？为什么说交换是市场营销学的核心概念？

2. 什么是市场、市场营销、市场营销学？

3. 为什么纺织服装产品与其他产品比较，有着非常不同的特点？

4. 为什么纺织服装产品的产业链很长？这个特点对纺织服装产品的市场营销会带来什么影响？

5. 你认为纺织服装营销学的定义应该是什么？在纺织服装营销学中，主要的和重要的基本概念应包括哪些?

6. 你认为纺织服装营销学的理论体系应该包括哪些方面的内容?

参考文献

[1] Charles W. Lamb, Jr. Joseph F. Hair, Jr. Carl McDaniel. Marketing [M]. 3th ed. America: Cincinnati, Ohio. Copyright by South – Western College Publishing, 1996.

[2] 菲利普·科特勒, 加里·阿姆斯特朗. 科特勒市场营销教程 [M]. 俞利军, 译. 北京: 华夏出版社, 2000.

[3] 吴世经, 曾国安, 陈乙. 市场营销学: 修订本 [M]. 四川: 西南财经大学出版社, 2000.

[4] 郭辰, 魏中龙. 基于顾客认知价值分析的产品定价策略研究 [J]. 管理世界, 2007 (4): 162 – 163.

[5] 龚振, 荣晓华, 刘志超. 消费者行为学 [M]. 大连: 东北财经大学出版社, 2002.

[6] 吴健安, 郭国庆, 钟育赣. 市场营销学 [M]. 北京: 高等教育出版社, 2000.

[7] 德尔 I. 霍金斯, 罗格 J. 贝斯特, 肯尼斯 A. 科尼. 消费者行为学 [M]. 7 版. 符国群, 等, 译. 北京: 机械工业出版社, 2000.

[8] 冯硕. 服装设计中的意识诉求 [J]. 美术大观, 2010 (4): 78 – 79.

[9] 曾琦, 傅师申, 梅芳, 等. 解析现代服饰文化传播中的符号化特征 [J]. 纺织学报, 2006, 27 (1): 117 – 120.

[10] 王传铭. 现代英汉服装词汇 [M]. 2 版. 北京: 中国纺织出版社, 1998.

[11] 晏雄. 产业用纺织品 [M]. 上海: 东华大学出版社, 2003.

第二章　纺织服装市场营销的发展历程与趋势

本章重点知识

1. 市场营销理论体系在国内外的发展历程。
2. 市场营销观念的历史演变及其原因。
3. 市场营销部门及其职能在企业中的历史地位变化及其背景。
4. 我国建立和应用社会主义市场营销理论的历史条件及其重要性与必要性。
5. 我国纺织服装市场营销理论的应用现状和发展趋势。

第一节　市场营销学在国外的发展历程

一、市场营销学的形成阶段（1900～1945年）

市场营销学是人类对市场营销实践活动规律的一种发现和科学总结，起源于19世纪末，诞生于美国，起因于第一次世界性经济危机。由于当时相对发达的西方资本主义世界出现了历史上的首次相对生产过剩，使得企业一方面不得不组织起庞大的推销员队伍来推销产品，另一方面又不得不开始重视市场营销技巧的开发与研究。正是在这样的背景下，市场营销学应运而生[1-4]。

1911年，美国柯蒂斯出版公司（Curtis Publishing Company）率先设立了“商业研究”这一专职部门。1912年美国哈佛大学的教授J. E. 赫杰特齐（J. E. Hagertg）出版了第一本以“Marketing”命名的教科书，被认为是市场营销学作为一门独立学科出现的标志。1923年，P. M依贝出版了《销售学原理》，1929年美国开始建立全国销售学术广告与教师协会，1937～1938年，该协会又与企业合作，成立了美国市场学会，即全美市场营销协会（AMA），形成了初期的市场营销理论和研究机构[1-4]。

二、市场营销学的发展阶段（1946年至今）

第二次世界大战以后，西方经济发生了重大变化。资本的集中空前发展，生产与流通范围超越了国界，跨国公司已成为普遍现象，科学技术的高度发展，军事技术转入民用，产品的市场生命周期缩短，消费者的需求呈现多样化发展，生产的垄断与竞争加剧，商品供求关系由卖方市场逐渐向买方市场转化，使企业的生存和发展，与市场营销的成功与否密切相关，迫切需要市场营销理论的指导，从而促使市场营销学的研究空前活跃，理论体系在前期基础上日趋完善。

1947 年，E. A 迭迪和 D. A 雷博赞出版了《市场学——体系的形成》，W. 奥尔德逊和 R. 科克斯出版了《市场学原理》。在他们的理论研究中，对市场的含义进行了广义的拓展，使市场营销的观念从流通领域扩展到了企业生产经营的全过程，从而使市场学和市场营销学都发生了革命性的变化[2]。但是，此时关于市场营销学的研究内容，主要还是侧重于企业的营销技巧，目的仍然局限在促进产品的销售。那时，尚未出现“顾客就是上帝”的现代市场营销观念。后来，美国的管理科学家 P. E 德鲁克出版了《经济管理学——使命、责任与实务》，营销专家 E. J. 麦卡克瑟（Jerome McCarthy，又译为麦卡锡）出版了《基础市场学》，霍德华出版了《市场营销原理、分析和决策》[2]。他们强调市场营销的核心是明确目标市场，形成以消费者为中心的市场营销组合策略，指出企业的目标、外界的环境、市场营销组合策略等因素是市场经营中的基本研究任务。1964 年，美国营销学专家尼尔・鲍顿（Neil H. Borden）根据市场营销应该综合考虑的 12 种可控因素——产品计划、价格、品牌、分销渠道、人员销售、广告、促销、包装、产品陈列、服务、产品实体处理及发现和分析事实提出了市场营销组合（Marketing Mix）的概念[5]。E. J. 麦卡克瑟则将上述 12 种营销组合要素归为四类，在《基础营销学》中第一次明确提出了市场营销 4P 组合策略的概念，即产品策略（Product）、定价策略（Price）、分销渠道策略（Place）和促销策略（Promotion）。这些观念使市场营销学的理论趋于系统化，并形成了基本的框架体系，极大地丰富了市场营销学的理论和方法，直到目前仍然对当代的市场营销实践具有重大的理论指导意义[5]。

1960 年后，人类现代科学技术不断进步，全球的社会、政治、经济情况发生了巨大的变化，随着市场的不断演变和企业经营管理实践的不断探索，市场营销学与经济学、经营学、管理学、心理学、行为学、社会学、信息学、系统论等科学理论的结合日趋紧密，从而逐步发展形成一门独立的、极具应用性和实践性的综合性边缘学科。

1984 年，有“世界营销学之父”享誉的美国著名营销学专家，菲利浦・科特勒（Philip Kotler）提出了“大市场营销”的理论，认为在买卖双方贸易保护和关贸总协定（WTO）的条件下，市场营销战略的发展和营销策略的制订与实施，都会极大地受到社会政治和公共关系的影响，因此企业或市场经营者的市场营销战略和策略，除了 4P 组合策略之外，还应有政治或权力（Politics or Power）和公共关系（Public Relation），使 4P 组合策略扩展到了 6P 组合策略，进一步完善和发展了市场营销学的理论。

其后，受菲利浦・科特勒的启发，相继不断有学者在 4P 的基础上提出了类似的多 P 理论，如 4P + 包装（Packaging）；4P + 人、过程与顾客服务（People , Processes and Customer Service）；4P +过程、物理表现和参与者（Processes , Physical Evidence，Participants）等。此外，还有其他学者针对 4P 理论的局限性或不足提出了相应的不同理论，比较有代表性和影响力的有：

1. 4C 理论

20 世纪 90 年代，美国的市场学家罗伯特・劳特伯恩（Robert Lauterborn，又译为罗伯特・劳特朋）站在消费者的角度，提出了与 4P 不同的新市场营销组合策略，即顾客至上的 4C 理论[5]，其内容如下。

（1）顾客需要与欲望（Customer Needs and Wants）。顾客需要与欲望是指市场营销者在制订市场营销组合策略时，不应站在生产者或经营者的角度，而应换位思考，从消费者的立场来研究消费者的欲望和需求，不是要生产和卖出公司所能生产的产品，而是要生产和卖出顾客想要购买的产品。

（2）购买成本（Cost to Customer）。购买成本是指企业对产品价格的制订，应从消费者为满足其消费需求所能够支付的成本（包括货币、时间、体力、精力及购买风险）来定价，而不是由企业或营销者从生产与经营成本的角度来给产品定价。

（3）便利（Convenience）。便利是指应从如何方便消费者购买商品来确定产品的经销地点或渠道，而不是按照已成定式的渠道来销售商品，强调企业在制订分销策略时，要更多地考虑顾客的方便，而不是企业自己的方便。

（4）沟通（Communication）。沟通是指企业与商品的经销者应采用与消费者建立持续、及时、便利、积极有效的双向沟通来代替促销，并通过这样的沟通来建立基于共同利益的新型企业—顾客关系，而不是单向的劝导顾客购买和促销。

4C 理论与 4P 理论的最大不同是其以消费需求为导向，而不是 4P 的市场导向。虽然 4C 理论较 4P 理论有了变化与发展，但从企业的营销实践和市场发展的趋势来看，其被动适应顾客需求的色彩较浓，所倡导的顾客导向观念与市场经济要求的竞争导向观念有所冲突。因此有人在此基础上还提出了“联结（Connect）、沟通（Communication）、商务（Commerce）、合作（Cooperation）”以及“捕捉（Catch）、连接（Connect）、接近（Close）、持续（Continue）”等多种新的 4C 理论。

2. 4R 理论

这是整合营销理论（Integrated Marketing Communication）的创始人、美国西北大学教授唐·舒尔茨（Don Schultz）在整合营销理论基础上和美国营销学者艾略特·艾登伯格（Elliott Ettenberg）在《4R 营销》一书中分别提出的一种“关联、反应、关系、回报”的理论，其内容如下。

（1）关联（Relevance）。强调建立企业与顾客的关系、倾听顾客心声是建立企业与顾客关系的第一步，企业应依据对顾客需要的重视与分析，通过比竞争者更好地满足顾客的需求和欲望而与顾客建立联系。

（2）反应（Response）。强调顾客的需求和欲望是一个动态变化的过程，企业营销的关键并不是如何计划和控制，而是要转变视角，学会倾听和理解消费者的心声，站在顾客的立场上看问题并主动与之展开互动交流，鼓励消费者表达自己的观点，同时建立快速反应机制，对市场需求的变化做出迅速的反应。

（3）关系（Relationship）。强调企业应与顾客建立长期、稳定、友好的朋友关系，从实现销售转变为实现对顾客的责任和承诺，从管理营销活动变为管理客户关系。

（4）回报（Results）。强调企业无论何时都应将关系营销作为一项投资，从长期利润最大化的角度看待和管理它，追求为顾客和股东创造最大的价值。

4R 理论的最大特点是以竞争为导向，与 4P 理论和 4C 理论相比，4R 营销策略的主要特点是动态性、互动性、可持续性和互利性。

可以这样预言，未来市场上的赢家，将是那些能够站在顾客利益角度，贯彻双赢或多赢思维，为顾客提供更多满意或超值服务的市场营销者，这正是不同市场营销组合策略新理论的重大意义之所在。

第二节　市场营销学在我国的发展历程

对我国而言，市场营销理论是乘着“改革开放之舟”由西方驶来的“舶来品”。新中国建立之前，对其虽也有所研究，但范围仅局限在少数几所设有商科或管理专业的高等院校。1978 年前，在计划经济的体制下，我国除台湾和港澳地区外，整个内地的学术界对国外市场营销学的发展情况可谓知之甚少。十一届三中全会以后，党中央提出了“对外开放、对内搞活”的总方针，为我国重新引进和研究市场营销学创造了有利的环境。北京、上海、广州的部分学者和专家开始着手市场营销学的引进研究工作，虽然范围很小，且在名称上还称为“外国商业概论”或“销售学原理”，但毕竟在市场营销学的引进上迈出了历史性的一步。从那时起至今，经过 30 多年的不断学习、研究、实践与探索，我国对市场营销学的研究、应用和发展已取得了翻天覆地的变化，并大致经历了以下三个阶段[1,6-7]。

一、导入与传播阶段（1978～1982 年）

这一阶段的标志主要有三点[6]：

（1）选派了一批学者、专家、学生分赴海外，学习、考察西方市场营销学开设课程状况和国外企业对市场营销原理的应用情况。

（2）大连工学院（即现在的大连理工大学）企业管理培训中心在全国率先开设了“市场营销师资培训班”课程，邀请外国营销学专家和学者来华系统地讲解现代市场营销的理论，并用了三年的时间为全国的商业学校培训了上百名营销学教师。这些教师不仅成为日后我国各地商校的第一批营销学教师，而且对现代市场营销理论导入我国起到了十分重要的作用。

（3）由香港中文大学的闵建蜀教授在 20 世纪 80 年代初发起了一场全国范围的营销学演讲，由众多归国学者、港澳台教授和内地的营销学者，在各类企业组织了上千次的市场营销演讲，有力地促进和推动了现代市场营销理论在中国的传播[6]。

二、广泛应用与实践阶段（1983～1990 年）

这一阶段的主要标志有四点[6]：

（1）全国各地高校开始普遍设立市场营销专业。

（2）1984 年 1 月，全国高等综合大学、财经院校市场学教学研究会成立，随后的几年时间里，全国各地普遍建立了市场营销的社会团体。

（3）出版了一大批（80 多种）营销学教材和专著。

（4）成立了中国市场学会，并于 1987 年 8 月将“全国高等综合大学、财经院校市场学教学研究会”更名为“中国高等院校市场学研究会”。

在此期间，无论是市场营销教学研究队伍，还是市场营销教学、研究和应用的内容，都有了极大的扩展。全国各地的市场营销学学术团体，开始吸收企业界人士参加，研究重点也由过去的单纯教学研究，改为结合企业的营销实践进行研究。1985 年以后，我国经济体制改革的步伐进一步加快，市场环境的改善为企业应用现代市场营销原理指导经营管理实践提供了有利条件，但重工业、交通业、原材料工业等以经营生产资料为主的行业和以生产经营指令性计划产品为主的企业应用得较少，而轻工与食品工业、纺织服装业等以生产经营消费品为主的行业和以生产经营指导性计划产品或以生产市场调节为主的产品的企业应用得较多、较成功；经营自主权小、经营机制僵化的企业应用得较少，而经营自主权较大、经营机制灵活的企业应用得较多、较成功；商品经济发展较快的沿海地区如深圳、珠海地区的企业，应用市场营销原理的自觉性较高，应用得也比较好。学者们已不满足于仅对市场营销一般原理的教学研究，而对其各分支学科的研究日渐深入，并取得了不少的研究成果。在此期间，市场营销理论的国际研讨活动进一步发展，这极大地开阔了我国学术界和产业界的眼界[7]。

三、高速发展与不断完善阶段（1990 年至今）

这一阶段的主要标志有六点[6]：

（1）国家开始进行高层次专门营销人才 MBA（工商管理硕士）的培养，并很快形成了本、硕、博不同教学层次的完整培养体系和出现了一批营销学教授。

（2）请世界顶级营销学专家如菲利浦·科特勒等来华做学术报告或讲座。

（3）出现了一批优秀的企业和企业家如海尔、长虹等，他们不仅成功地在国内取得了市场营销的主动权，而且走出了国门，打入国际市场，参与到国际市场的竞争和经济大循环中。

（4）由中国市场学会主办的《市场营销导刊》出现了一系列分析、探讨社会主义初级阶段中国的市场营销理论研究文章，在探索市场营销新理论上，中国的市场营销界开始与国际接轨，一方面出版了大量的最新版本的美国市场营销学的各种原著和译著；另一方面，中国的市场营销学专家们也开始探讨研究 21 世纪的市场营销学理论，并结合我国市场营销的实践提出了自己的市场营销新理论。其中比较有代表性的有：

①吴金明在消费市场的个性化和企业产品的差异化以及 IT 技术为代表的高科技产业迅速崛起的背景下，于 2001 年 6 月提出了“差异化、功能化、附加价值、共鸣”的 4V 理论[8]，其主要内容如下。

a. 差异化（Variation）。个性化时代的顾客需求千差万别，消费市场的个性化和企业产品的差异化构成了市场的基本特征，“差异化”应是市场营销理论的出发点。

b. 功能化（Versatility）。任何产品的功能都包括三个基本层面，即基本（核心）功能、延伸功能和附加功能，并总是会向着“单功能—多功能—全功能”的方向发展。而这种功能化的需求一方面具有多样化的特征，另一方面又会因消费需求的不同而具有选择弹性。当产品的功能越多时，其对应的价格就会依据“功价比原理”升高，反之亦然。因此，任何产品都应以消费市场的功能化需求而推出，并依据这种变化来增减产品的相应功能，使其在高、中、低档之间进行转换并适应消费者的消费习惯与承受能力。

c. 附加价值（Value）。不断追求产品或服务的附加价值是企业和产品经销商与消费者的共同愿望，前者在对附加价值的追求中实现赢利目标，后者在对附加价值的追求中实现顾客满意。新经济时代下，由于生产和销售某产品所付出的物化劳动和活劳动的消耗所决定的基本价值，在产品的总价值构成中所占的比重会逐步下降；而由技术、营销或服务、企业文化与品牌三部分所构成的附加价值在产品总价值构成中所占的比重将不断上升，因此产品的生产与经销者应不断提高技术创新、营销创新与服务、企业文化或品牌在产品中的附加价值。

d. 共鸣（Vibration）。将顾客需求的差异化与企业提供商品与服务的多样化完美结合，通过为消费者提供最大程度的满足，即价值最大化和由此带来的企业利润极大化，使企业与消费者之间产生持续的共鸣。

②北京大学王建国教授在“网状经济与网状营销和以合作思维替代竞争思维”条件下，于2007年5月提出了“第三方付费营销战略”的“1P（Price）理论”（参见本书第三章）[5]。

（5）在我国各高等纺织服装院校普遍设置了与市场营销相关的专业。

（6）由中国纺织服装教育学会和中国纺织出版社组织翻译、编写出版了一批有关纺织服装市场营销的专著与教材，如沈蕾、顾庆良、汤兵勇编著的《纺织品和服装消费心理学》（1997）；Jay and Ellen Diamond 著，时装广告与促销翻译组翻译的《时装广告与促销》（1998）；Jay and Ellen Diamond 著，李旭等译的《时装与服饰品的经营和销售》（1998）；Rita Perna 著，李宏伟、王倩梅、宏瑞璘翻译的《流行预测》（2000）；吴卫刚编著的《服装市场营销》（2000）；杨大筠、李宽、马大力编著的《视觉营销》（2003）；宁俊主编，李晓慧等编著的《服装网络营销》（2004）；刘东、陈学军、刘小红编著的《服装市场营销》（2005 第二版）；赵平编著的《服装营销学》（2005）；张芝萍主编的《服装贸易理论与实践》（2005）；邓汝春编著的《服装业供应链管理》（2005）；王金泉主编，刘雅玲、夏川副主编的《纺织服装营销学》（2006）；王晓云、李宽、王建编著的《服饰零售学》（2006）；金顺九［韩］、李美荣［韩］、穆芸编著，穆芸翻译的《视觉·服装——终端卖场陈列规划》（2007）；张晓倩等编著的《服装电子商务》（2007）；张芝萍、王若明编著的《纺织品市场营销》（2008）；王艳主编的《家用纺织品营销》（2009）等。

自1992年春邓小平南方讲话后，学术界和产业界共同对我国市场经济体制下的市场营销管理，中国市场营销的现状与未来，跨世纪中国市场营销所面临的挑战、机遇及对策等重大理论课题展开了全方位的深入研究，有力地拓展了市场营销学的研究领域。1995年6月，由中国人民大学、加拿大麦吉尔大学和康克迪亚大学联合举办的第五届市场营销与社会发展国际会议在北京召开。中国高等院校市场学研究会等学术组织作为协办单位，为会议的召开做出了重要的贡献。来自46个国家和地区的135名外国学者和142名国内学者出席了会议。25名国内学者的论文被收入《第五届市场营销与社会发展国际会议论文集》（英文版），6名中国学者的论文荣获国际优秀论文奖。从此，中国市场营销学者开始全方位、大团队地登上国际舞台，与国际学术界、企业界的合作进一步加强。这标志着我国对市场营销学，包括对纺织服装营销学的研究，已进入了一个系统的、创造性的、为世界营销学的发展做出中国营销学家们贡献的阶段[6-7]。

第三节 市场营销观念的历史演变

市场营销观念是指人们对市场营销活动的一种看法，也是一种经营哲学和思维方法。对纺织服装企业及其产品的市场营销者而言，则是指它的经营理念和行为准则。一定阶段的市场营销观念，是社会经济发展到一定阶段的产物。因此每当商品经济的发展和市场发生了历史变化时，市场和市场营销的观念也将会随之发生相应的演变和进步。自19世纪末市场营销出现至今，具有代表性的市场营销观念主要有以下五种[9]。为了更好地学习和掌握市场营销的基本原理与思维方法，有必要在此对其加以介绍和了解。

1. 生产导向观念（Production Concept）

这是一种以卖方市场为基础，以市场为中心，以产定销，没有竞争意识的营销观念，也是一种传统和落后的市场营销观念。虽然如此，直到目前仍为极少数企业或企业在某个时期所奉行，其原因在于这些企业的产品处于长期供不应求的状态或垄断状态。

2. 产品导向观念（Product Concept）

这是一种以产品为中心的营销观念，认为只要自己的产品物美价廉，就不愁消费者不会购买。这种观念较之生产观念有一定的竞争意识，但本质上仍属于以产定销的思维模式。

3. 推销导向观念（Selling Concept）

这是一种建立在买方市场基础上的营销观念，以产品的推销活动为中心。这种观念极大地提高了销售部门和销售工作在企业管理工作中的地位，但在本质上仍属于以产定销的范畴。

4. 市场营销导向观念（Marketing Concept）

这种观念虽然也是以买方市场为前提，但与推销导向观念不同的是，它是以消费者为中心，把企业和营销者的营销活动视为一种为消费者的服务，把顾客尊为“上帝”。这种思维方法与前面几种观念有着本质上的区别，是一种先进的现代经营管理理念，其核心是“以销定产”而不是“以产定销”，是市场营销观念的革命性、划时代的变化。在这种观念的指导下，企业的内部管理与人员结构发生了较大的变化，由过去的“橄榄型”结构（管理、设计与营销人员少，生产人员多）转变为目前的“哑铃型”结构（管理、设计与营销人员多，生产人员少）。营销部门的作用得到空前的重视，在企业中的地位也日益突出（图2－1）[3]。

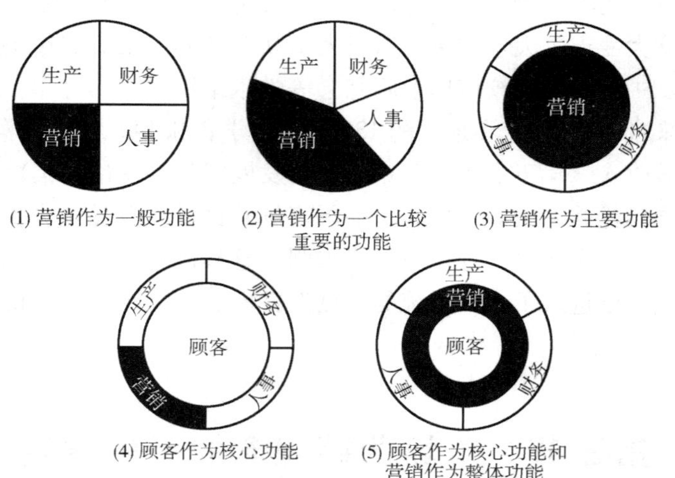

图2－1 市场营销功能在企业中的地位和职能的历史变化[3]

5. 社会市场营销导向观念（Societal Marketing Concept）

这是一种全新的较之市场营销观念更进一步的观念，它以社会利益为中心，把企业和营销者的营销行为与社会的发展、人类的进步相结合，认为企业在生产和营销任何产品的时候，不仅要考虑消费者和企业与营销者的利益，还应同时兼顾到社会利益和公益事业，遵守维护社会公共利益的行为准则。例如，不能制造和营销假冒伪劣产品；必须实施环境保护的政策；遵循可持续发展的原则等。总之，要从全人类、全社会的长远发展和世世代代的利益出发来建立企业的营销观念和经营模式。

比较以上几种不同的营销观念可以看出，社会市场营销的观念不仅代表着未来市场营销发展的方向，更是目前应该大力倡导和身体力行的营销观念，而且这种观念还体现出一种超越市场营销本身的“天地人合”的人文思想，因而是真正意义上的一种市场营销观念。

第四节 纺织服装市场营销的发展趋势

一、市场营销的一般发展趋势

21 世纪的市场营销，无论在营销范围、营销策略、营销模式还是营销理论上，都将会随着社会、政治、经济和市场的变化与发展而产生较大的变化，其发展趋势，体现在以下几个方面。

1. 市场形式的发展趋势

计算机、网络技术和电子商务的发展，让生产者与消费者之间可以实现快捷、方便的商品交换和信息互动反馈，使得企业与经营者在直接面对消费者进行交互性、个性化、定制式的“量体裁衣”的过程中，不仅可及时获取第一手市场信息，用于指导产品的生产、营销和提高市场竞争能力，而且因消费者与生产者可共享市场和产品的信息及数据，并能够通过个人计算机终端来与设计师、工艺师和生产者互动，积极地参与所需个性化产品的设计，使得生产者与消费者合二为一而出现产消者市场。已初露端倪并可能在21 世纪内实现的一次性成衣技术（To Make Spinning Fluid Directly into Finished Clothing）（图 2 – 2）就更是如此，2010 年 9 月 16 日新浪科技报道[10]：西班牙托雷斯博士已发明了将一种由棉纤维制成的液体直接在消费者人体上喷涂成衣，且可着色、可脱、可洗。这种产消者市场的出现和形成，不仅淡化了传统市场的地域与空间概念，把传统的“大鱼吃小鱼”的市场竞争法则变成了“快鱼吃慢鱼”，而且必将会引起市场流通、交换方式的变化和市场营销理论与策略的改变。

2. 市场营销领域的发展趋势

市场营销领域从传统商品领域发展到存在交换关系的所有领域，包括：营利性（Profitable）的商品领域，如银行与保险业；所有涉及商品要素（Goods Elements）的领域，如技术、劳动力、资本等；非营利性（Profitless）的事业领域，如医院、教育、社会文化部门等；商品经济下的全社会领域（Community field），即广义交换关系下的社会领域[11]。

3. 市场营销产品的发展趋势

21 世纪的今天，人类已步入知识经济时代，世界经济发展的竞争焦点，将从传统的对劳

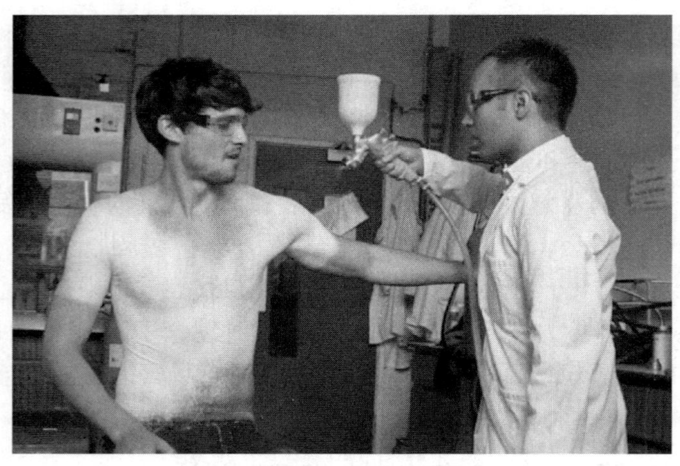

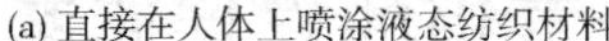

(a) 直接在人体上喷涂液态纺织材料

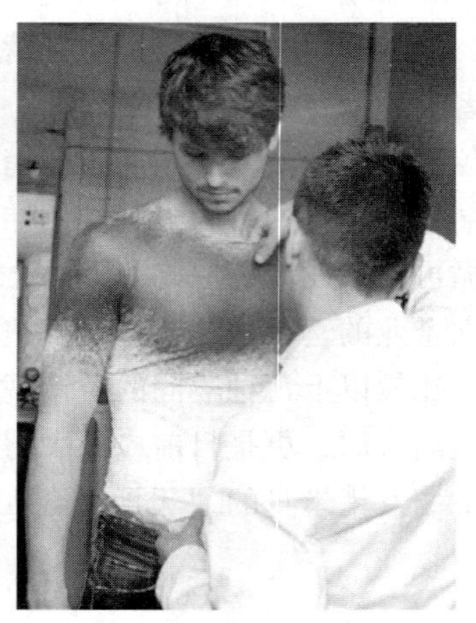

(b) 个性化成衣（T恤衫）制作完成

图 2-2　2010 年人类第一次出现的一次性喷涂成衣技术[10]

动力资源和自然资源的占有和配置的竞争上，转移到对智力资源的占有和配置的激烈竞争中。知识的生产、分配、交换、消费，将成为制约社会经济发展的决定性因素。具有创造性思维与创新性构思（设计）的人才和原创性的劳动成果将成为最受市场欢迎和竞争的对象。从知识经济的角度来看，知识可以是人才或技术，也可以是学术理论或创新性思维甚至一个创意。其中人才是有形的，但技术、理论、创新性的思维或想法则是无形的。消费者可以购买和使用一种有形的商品，也可以购买和消费无形的商品或劳务，例如时尚观念、股市信息、中介服务等。正因为如此，才有了不同于传统行当的"点子公司"和"卖话""陪聊"类的新职业，而市场营销也才有了信息营销的新概念和新模式。因此，市场营销的产品将从传统营销有形商品领域发展到包括无形商品在内的一切产品领域，包括：生产性的有形商品（Tangible Goods），如各种纺织服装产品；生产性的无形商品（Invisible Goods），如金融、保险、咨询服务等；消费性的无形商品（Intangible Goods），如观光旅游、文化娱乐等；社会文化性商品，如流行时装、城市名片、名人故居、非物质文化遗产等[11]。

4. 市场营销地域的发展趋势

随着市场的国际化和经济的全球化及"地球村"的形成，市场营销的地域已从地区和国家扩展到全球领域（如加入 WTO 后的中国）[11]，包括：

（1）跨国公司（Transnational Corporation）。跨国公司是指具有全球性经营动机和一体化的经营战略，在多个国家拥有从事生产经营活动的分支机构，并将它们置于统一的全球性经营计划之下的大型企业，如 IBM、松下、大众、宝洁、中石化、海尔、路易威登（Louis Vuitton，简称 LV）等。

（2）国际区域联盟（Inter-regional Alliance）。国际区域联盟是指一定区域范围内的政治或经济联合体，如欧洲联盟（European Union，简称欧盟 EU）、东南亚国家联盟（Association of southeast Asian Nations，简称东盟 ASEAN）、世界贸易组织（World Trade Organization，简称世贸组织 WTO）等。

（3）国际多边合作（Inter－multilateral Cooperate）。国际多边合作是指两个以上的国家在国际事务中以相互尊重、平等协商、加强合作、反对一国一意孤行的原则解决与处理国际问题的合作形式，如“金砖国家”（原指巴西、俄罗斯、印度、中国四国的合作，并用这四国的英文首字母 BRIC 为缩写指代，由于该词与英语单词的砖“Brick”类似，故被称为“金砖四国”，后又因南非的加入，其英文指代变为“BRICS”，并改称为“金砖国家”）。

（4）国际连锁经营组织（Inter－chain System），国际连锁经营组织是指基于经营同类商品、使用统一商号的若干连锁商店（Chain Store），在国际总部的统一管理下，采取统一采购或授予特许权方式，实现一定规模效益，由连锁总部、门店和配送中心构成的一种经营组织形式。这是当今国际市场商业活动中最富活力和最具成长潜力的一种经营方式，在世界各国广泛流行，成为许多国家商业经营的主流形式，如麦当劳、肯德基、沃尔玛、家乐福、宜家、LV、ZARA、李宁、雅戈尔、波司登等。

（5）OEM 模式。OEM 是指原始设备制造商（Original Equipment Manufacture），而 OEM 模式则指代工生产模式，其含义是指某一知名品牌拥有者即 OEM，因生产能力有限或不直接生产产品，仅利用自己掌握的关键核心技术负责设计和开发新产品，并严格控制销售市场和销售渠道，通过合同订购的方式，在世界范围内授权委托其他同类产品厂家生产或扩大自身的经营规模，将产品原产地国际化并贴上委托企业的品牌和商标进行销售的经营模式，如世界知名品牌耐克，该品牌运动鞋目前分别在中国、越南、马来西亚等地进行的 OEM 生产与经销模式。其中，受委托生产的企业称为“贴牌”企业，产品称为“贴牌”产品，其特点是“三外一内”，即技术、资本、市场均在外，仅生产在内。OEM 的生产与经销模式是伴随着电子产业快速发展和社会高度合理化分工后，在世界范围内逐步生成并随着劳动力成本和生产与用工条件的变化，遵循经济学“洼地效应”原理而不断迁徙地区的一种普遍现象。微软、IBM 等国际上主要大企业均采用这种方式来组织其产品的生产，并且是目前国外品牌开拓中国市场的重要手段；相反，由于我国纺织服装业缺乏国际知名的品牌，因此多数中、小企业只能采用“贴牌”的生产与经营模式，成为国际知名品牌产品的“加工厂”，在某些地区甚至建有这种集中化的代加工生产基地，如四川德阳的服装贴牌生产基地等。

5. 市场消费模式的发展趋势

随着世界经济、贸易、旅游事业的现代化发展和东西方文化与文明的相互渗透与交流，市场的消费模式将出现趋同化与个性化共存协调发展的趋势。每当世界上有某种新的、高科技产品或消费方式出现时，都会很快地在全世界范围内得到普及，如产品类的 DVD、电磁炉、健身机、移动电话、可视电话、3D 电视等；消费方式类的卡拉 OK、电子游戏、台球、网球、保龄球、攀崖、蹦极、户外运动、体验式消费等。这促使人类在消费内容和消费方式上日益向着趋同化的方向快速发展。但另一方面，商品的供应者为了自身的生存和发展，实现对市场和消费者的占有和竞争，其产品生产和经营的方针将更加以满足消费者的个体需求为宗旨，而消费者市场也将会随着社会文明的发展与进步更进一步地追求个性化和差异化，如不易产生“撞衫”和个性化定制的不同款式、色彩、风格、面料的服装；不同款式、功能、铃声、色彩、外壳形态的手机等。这种世界范围内的趋同化与个性化共同发展的趋势，必将会引起市场营销模式、方法、策略和理论的不断变化与丰富。

6. 市场营销理论和实践的发展趋势

如上所述，由于商品、交换、市场、消费方式在内涵、形式、范围等方面都将随着商品经济的发展和社会的进步而发生巨大的变化，因此市场营销的理论和实践的构成将日益丰富，在内容、形式、方法和范围上都将会发生相应的变化与拓展，包括：

（1）市场营销在内容和理论上不断细化、深化与专门化。如专门的市场调研学、公共关系学、消费行为学、营销管理学、战略品牌管理学和视觉营销、整合营销、文化营销、关系营销、服务营销、体验营销、网络营销、绿色营销、创意营销等。

（2）市场营销在范围和领域上不断拓展。如非营利性组织市场、劳务与服务市场、房地产市场、金融与保险业市场、教育业市场等。

（3）市场营销在方法与形式上不断丰富。如网络营销、包装营销、展会营销、VIP 营销、城市营销、体育营销、文化营销、旅游营销以及博览会、运动会、设计大赛、选美大赛与模特展示、足球赛、广场文化、农家乐、电影周、时装周营销等。

（4）营销目的更加社会化和人文化。由过去的以单纯追求刺激需求、扩展市场为目的，变为以重视和克服资源短缺、增加有效供给、节约社会资源、改善社会环境、保护地球、提高人类生活质量、追求全社会和全人类可持续发展为市场营销目标，如绿色生产和绿色营销、营销绿色产品、追求绿色 GDP 等。

二、纺织服装市场营销策略的发展趋势

纺织服装产品都是人类开展日常工作、生活和从事社交活动的必需品，也是人类经济社会中市场和企业必不可少的投资获利、经营管理与研究探讨的重要对象。正因为如此，才使得纺织服装市场营销策略在传统营销策略的基础上得以不断地创新与发展。而对市场营销方式与策略的不断丰富、拓展以及未来趋势的分析与把握，也始终是企业界和学术界的共同话题。

目前，我国纺织服装市场营销方式与策略的发展，在行业科学技术不断进步，社会消费观念和消费水平不断提高，产品经营与营销国际化、网络化、信息化和电子化以及市场竞争越来越激烈的环境下，其总体趋势呈现为不断创新、层出不穷、多元化发展和多策略综合运用的特点。在具体营销模式与策略的创新与应用上，除了在本书中已给出了详细阐述的流行符号、品牌、展示、电子商务与网络、消费心理与消费行为、专业市场、物流、绿色、企业文化、创意与复古、形象设计等外，预计“专业买手”营销和“设计师工作室”营销，也将会成为未来纺织服装产品的重要营销方式与策略。

1. “专业买手”营销

“买手”一词，源于英文“Buyer”，意为买入与采购。买手的职业化起源于20 世纪60 年代的欧洲，普遍存在于奢侈品行业和服装行业，他们是随时往返于世界各地，敏锐地关注各种市场信息，手握大量订单并与供应商联系，组织大量商品进入市场，在满足消费需求的同时创造出惊人销售业绩的综合性专业人才[12]。

在纺织服装营销中，专业买手始终扮演着“流行滤镜”的角色，将设计师的主要与次要设计主题转换为零售业界的销售量与利润[13]。其身份与职责为具有独到眼光、欣赏品味、审美观和敏锐的商业头脑，对流行趋势具有时尚的洞察力与准确把握力，具有极强的分析、沟

通与谈判能力，掌握大量流行信息，以满足消费需求、创造销售业绩为目的，在全球范围内组织纺织服装货源并对零售终端进行监管，能及时将时尚信息转化为实际商品信息，在正确的时间为企业或经营者买到正确货品，并能确保销售获利的人。

除此之外，专业买手还应具备扎实的专业知识，对企业开发新产品所需的各种原辅材料的材质、性能、功能及其生产加工过程与成本有深入的了解；善于捕捉市场动向，能够进行各类数据分析，准确把握未来产品的结构变化、种类与数量；具有良好的团队精神和与商品计划部门、市场营销部门、广告与促销活动策划部门、商场与店铺管理部门等保持良好沟通的能力；能够针对销售中出现的不同情况，及时沟通与交流，总结经验与教训，在处理剩余货品和补款的同时，计划下一季的购买行为；能承受高强度的工作及压力，适时奔波于世界各地，收集流行信息，采集合适货品，进行商务谈判，与供销各方保持紧密联系。

在国际纺织服装市场营销和品牌经营中，买手无一例外的都在企业中扮演着极为重要的角色并发挥着举足轻重的作用。买手的类型主要有品牌、连锁集团的专职买手，百货公司的专职买手，品牌代理、授权商的专职买手，买手店的店主，代购公司的专职买手等。而我国的纺织服装产品营销和品牌经营中，买手仍是一个新的、不成熟的职业。据统计[12]，仅就领先的服装企业而言，国内目前拥有专业买手的企业尚不足10%，且大多由设计师、销售人员兼任，远未形成职业化。个性鲜明的买手店模式随着中产阶级的购买力增强在2010年前后在中国市场初露端倪，2014年9月RET睿意德《中国买手店研究报告》数据显示，国内时尚买手店在过去三年多来数量激增。作为买手店大本营的上海，目前已拥有75家买手店，位居全国第一；其次为成都和广州，分别拥有21家和13家[13]。

目前，由于买手营销模式的不完善、专业买手的匮乏以及现有买手综合素质与能力较弱，使得我国纺织服装行业与企业的总体营销能力与水平受限，在不同程度上影响了企业营销策略的实施和营销战略目标的实现，成为新经济时代下我国从纺织服装大国走向纺织服装强国最需加强的薄弱环节之一。

当前，随着我国的纺织服装业由生产制造主导型向市场主导型的转变和品牌化、国际化战略的实施以及市场的不断细分与竞争性的加剧，买手营销方式和买手职业化的普遍实施与运作，将会成为我国纺织服装企业提升其品牌品质和增强企业市场营销活力的有效途径和新的发展趋势。

2. “设计师工作室”营销

设计是人类社会物质生产、文化创造的重要环节和创造审美的首要手段。而设计师通常是指在某个特定的专门领域从事艺术与商业的结合，提供其创意性工作的人。纺织服装设计师则是指利用各种面辅料及其他适用材料，对纺织服装产品在线条、色彩、色调、质感、光线、空间等方面进行艺术表达和结构造型的人。

由于纺织服装产品的设计自成品向原材料追溯，涉及多个密切关联的不同层次，既有对制造产品所需的各种材质及其功能与性能如染色、吸湿、透气、悬垂、挺括、舒适、耐久和安全性（阻燃、抗静电、防菌）的设计；对决定纺织服装产品风格、色彩的面辅料，如纱线结构（纱的组合成分、捻度、捻向、纱线细度、股线数）、织物结构（针织、机织、非织造）、织物风格（缎、锦、绸、呢、绒、绉、仿真皮等）以及纤维、纱线、面料的色彩和织物图案的设计；还包括对产品的视觉造型、实用性、美观性、时尚性、个性化和商业价值设计；对产品与各种搭配饰件，如商标、铭牌、包装物和与使用环境之间的总体美观性、协调性、修饰性、搭配性、人性化的整体协调性，如色彩、光线、面积、位置、平面、立体、视觉与心理效应、空间功能等的设计。因此，纺织服装终端产品的设计师既有专门从事服装设计的设计师，也有专门从事家用纺织品设计（包括织物设计、印染图案设计、绣品设计、产品造型设计和纺织品空间装饰设计）的设计师和专门从事针织品设计的针织品设计师等。但无论哪种设计师，其设计范畴均为产品设计，只有在其作品成为产品，打入市场并被广大消费者所接受后，设计师才能最终实现其创意、设计理念和设计人才应有的价值。市场对产品的接受度与产品的销售量是其根本目标，艺术创意仅是设计师达到这一目标的途径。以市场为唯一和最终的评价标准，以设计师工作室为营销平台与渠道，来塑造企业品牌与推销产品，这早已成为国外业内知名品牌和设计师们的共识，设计师工作室在市场营销中所发挥的决定性作用，在国际知名品牌的市场营销实践中已得到充分的证明[14]。

设计师处于引导企业产品的时尚性和发展趋势、决定产品的市场价值和品牌成长空间的重要地位，是企业巨大商业利益和社会声誉的主推手。因此，目前业内企业对品牌和设计师的重视程度已越来越高。每次企业的新产品商业发布会与秀场，设计师们都必然会到场亮相，成为企业实施其市场营销策略的灵魂人物。在这样的背景下，一方面，设计师的个性化特征及其个性化设计是企业实施其市场营销策略的显著标志与一面旗帜；另一方面，这种充满才智、才华横溢的“个性化特征”又决定着设计师与其所服务的企业，在设计个性与市场认同的磨合上会上演不同方式、不同内容的“悲欢离合”。凡此种种，都为设计师逐步走上自创品牌和创立自己的设计师工作室开启了时代之窗。设计师马可是被称为中国第一个服装设计师品牌“例外”的创始人之一与设计总监，“无用”是马可2006年4月24日在珠海创立的原创品牌，其工作室位于北京77文创园的无用生活空间，不仅包含服装设计，后来慢慢涵盖了衣食住行各个生活层面，提倡一种简朴、自然、可持续的生活方式。设计师工作室营销模式的出现，将会成为我国纺织服装业发展历史中的一个阶段性特征，标示着我国纺织服装业作为一种时尚性产业在目前的发展深度与高度。

虽然，现阶段业内设计师由产业隶属中逐步分离，从社会角色向品牌角色过渡，独立拥有“自我品牌”和开展“设计师工作室营销”的现象还是凤毛麟角，市场也远没有形成，“设计师工作室”这一社会性服务机构的职能也尚未得到社会的广泛认同，但设计师工作室的普及与规模化发展，将会随着我国纺织服装业的发展与进步，成为未来行业发展的新趋势，并有可能在“设计师工作室”的基础上，进一步拓展为集产品设计、展示、咨询和交易为一体的新营销中心，在未来纺织服装产品的国内外市场营销中发挥出突出的作用，成为我国都市产业和纺织服装产业取得历史性进步及市场营销方式与营销策略不断创新的重要标志之一。

思考题

1. 市场营销起源于何时？诞生的历史背景是什么？目前处于什么阶段？
2. 市场营销是什么时间引入我国的？有哪些标志性的事件？
3. 为什么会出现不同的市场营销观念？你认为什么样的市场营销观念才是先进的？
4. 在市场和市场营销的历史发展过程中，市场营销的功能曾经发生过什么变化？为什么会发生这些变化？你认为目前市场营销的主要功能应该是什么？为什么？

5. 你认为目前纺织服装产品市场营销的主要策略有哪些？未来的发展趋势是什么？

参考文献

[1] 吴健安，郭国庆，钟育赣．市场营销学［M］．北京：高等教育出版社，2000.

[2] 吴世经，曾国安，陈乙．市场营销学［M］．四川：西南财经大学出版社，1995.

[3] 兰苓．市场营销学［M］．北京：中央广播电视大学出版社，2001.

[4] 刘东，陈学军，刘小红．服装市场营销［M］．2 版．北京：中国纺织出版社．

[5] 王建国．1P 理论——网状经济时代的全新商业模式［M］．北京：北京大学出版社，2007.

[6] 王方华，等．新概念营销丛书（整合营销、关系营销、服务营销、绿色营销、文化营销、网络营销）［M］．太原：山西经济出版社，1998.

[7] 申良君．市场营销理论在中国的发展［EB/OL］．http：//www. chinavalue. net/Management/Article/2006 – 1 – 10/18131_ 2. html.

[8] 吴金明．新经济时代的“4V”营销组合［J］．中国工业经济，2001（6）：70 – 75.

[9] 菲利普·科特勒，加里·阿姆斯特朗．科特勒市场营销教程［M］．俞利军，译．北京：华夏出版社，2000.

[10] 秋凌．西班牙设计师发明新型材料可喷制衣服［EB/OL］．http：//tech. sina. com. cn/d/2010 – 09 – 16/14334663901. shtml.

[11] 吴世经，曾国安，陈乙．市场营销学：修订本［M］．四川：西南财经大学出版社，2000.

[12] 陈静．服装买手在国内品牌中的职能化运作研究［D］．北京：北京服装学院，2008.

[13] 方黎明．中国买手店研究报告［R］．中国不动产．2015（4）：73 – 73.

[14] Rita Perna. 流行预测［M］．李宏伟，王倩梅，宏瑞璘，译．北京：中国纺织出版社，2000.

第三章　市场营销核心理论及其在纺织服装产品市场营销中的应用

本章重点知识

1. 市场细分、目标市场和市场定位的理论内涵及其在市场营销理论中的地位与作用。

2. 市场细分、目标市场、市场定位的要素、方法、程序及其在纺织服装市场营销中的应用。

3. 产品的定义、性质、层次、质量、分类和现代产品观念。

4. 4P 理论的含义及其在纺织服装市场营销中的应用。

5. 1P 理论的含义及其在纺织服装市场营销中的应用。

6. 纺织服装产品的质量、产品组合、包装、生命周期和新产品开发营销策略。

第一节　STP 理论

一、STP 理论的含义

STP（Market Segmentation，Target market，Market Positioning）理论是美国市场营销学家温德尔·斯密（Wendell R. Smith）在1956 年提出的一种关于市场营销中涉及市场细分、目标市场和市场定位的理论[1-4]。

1. 市场细分（Market Segmentation）

市场细分是指市场营销者通过市场调研，依据消费者的消费需求、购买行为和购买习惯等方面的明显性差异，把某一产品的整体市场划分为若干个子市场的行为和过程。

2. 目标市场（Target Market）

目标市场的概念诞生于20 世纪50 年代，指的是企业经营业务范围内的特定消费群体，即企业依据自身的能力和特点，在需求异质性市场中寻找到并决定进入的、具有共同需求或共同特征的现有和潜在购买者集合。

3. 市场定位（Market Positioning）

市场定位是市场营销学中常常使用的一个基本概念和实用理论，是指企业针对目标市场中竞争者的产品和服务在市场中所处的状况及消费大众对该产品和服务的某一属性或特征的认可程度，为自己的产品和服务设计、塑造一种个性与形象，并通过一系列营销努力将其强有力地传达给消费大众，为企业的产品和服务在目标市场中确立恰当地位的活动。其出发点是竞争，为让消费者在目标市场中容易识别和习惯性地认定本企业的产品或品牌，需要有鲜明的个性与特色，即一定的标志性来明显地区别于竞争者。这种标志就是企业在目标市场中的定位，它可以是产品、质量、品牌，也可以是价格、包装或企业的形象，其中使用较多和较普遍的是产品与品牌定位。

为了区分和确定消费大众的不同需求并找到企业的目标市场，营销者必须首先依据一定的方法和原则对市场进行细分和归类，再从中找出适合本企业经营的目标市场，然后在此基础上对企业的产品与服务进行明确的市场定位。因此，市场细分、目标市场选择和市场定位，是纺织服装产品的经销者采取 STP 营销战略的三个相互联系和不可分割的重要方法与步骤。其中细分是前提，定位是手段，而准确地选择与确定企业的服务对象即目标市场则是目的。当前，精准定位、细分市场、差异化竞争，已成为市场的主要标志。

二、STP 理论在纺织服装产品市场营销中的应用

1. 市场细分

（1）纺织服装产品市场细分的基本方法。

①纺织服装产品市场细分的目的和要求。纺织服装产品市场细分的目的，是找到具有类似需求倾向的目标消费群体。因为同一消费群体的消费者，往往具有相似的消费需求或消费特征，并与另一细分市场的消费群体的消费需求和消费特征有着显著的区别。例如，淑女装消费群体与户外运动装消费群体之间的明显差别。

纺织服装产品的市场细分是按照消费需求对消费者市场的划分而不是对产品的分类，因此有效的市场细分应满足以下基本要求：

a. 可衡量性。即各个细分后的子市场的规模、购买力和特征可以被量化衡量。如果细分后的市场不能够被量化衡量，则说明该细分市场细分不当或不适宜作目标市场。如全国特型身材（高、胖、残、肢体不对称等）消费群体的服装市场，虽然可以从服装整体市场中划分出来，但却因缺乏可靠的统计数据和可以量化的客观依据而不能成为目标市场。

b. 可进入与可运行性。即企业能有效地进入该细分市场，并具有制订出适应细分市场要求的营销方案及满足该细分群体消费需求的经营能力。若该细分市场虽已确定，但企业却不能有效地进入或不适宜进入与营销，例如，奢侈品市场或规模太大与太小的市场，则也不能成为企业的目标市场。

c. 稳定性与可收益性。即该细分市场应是值得企业专门为之制订营销计划，在一段时期内或较长的时间内具有相对稳定性，保证企业能够完全收回投资且风险性较小，有足够利益回报的最大同类顾客群体，例如休闲装或中老年服装市场。

d. 竞争性。即选择该细分市场后，能够有利于企业更加合理有效地分配、使用企业的人、财、物等资源，降低经营成本，提高市场竞争能力，例如童装市场或旅游纺织品市场。

②纺织服装产品市场细分的方法与步骤。

a. 确定营销目标，选定产品或服务的市场范围，即经营或提供什么服务。

b. 列出潜在顾客的基本需求。

c. 确定细分因素，列出潜在顾客的不同需求，初步细分市场。

d. 除去各细分市场中潜在顾客的共同需求，筛选出子市场。

e. 为子市场起一个名称。

f. 测量子市场的潜力和规模，检验细分是否正确。

g. 确定目标市场及其营销策略。

③纺织服装产品市场细分的模式。从市场细分的角度，按照纺织服装产品消费者对企业产品、品牌或服务的需求类型和偏好程度，可以把市场划分为三类模式[2,4]（图3-1），即完全无细分市场模式［图3-1（a）］；完全细分市场模式［图3-1（b）］；按某种细分因素分类的市场模式［图3-1（c）、（d）、（e）］。

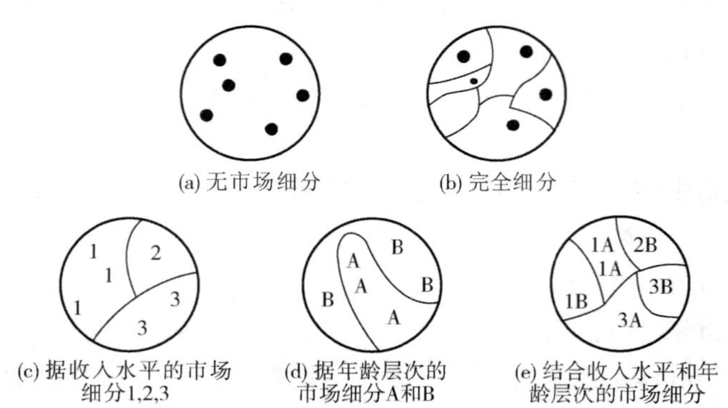

图3-1　市场细分模式示意图[2,4]

由于纺织服装产品市场属于垄断性竞争市场，每个从业者或经营者都只能通过竞争满足顾客的部分需求或为部分消费者提供服务，因此纺织服装产品的市场细分属于按某项或多项细分因素进行细分的市场细分模式［图3-1（c）、（d）、（e）］。

（2）纺织服装产品市场细分的基本要素。由于纺织服装产品的消费者需求和企业产品或服务的多样性与差异性，在实际的市场细分过程中，纺织服装产品的营销者可以采用某一种要素，如图3-1（c）中的收入要素或图3-1（d）中的性别要素，也可以同时使用多种要素，如图3-1（e）中的收入与年龄两种要素对市场进行细分。一般而言，可用于纺织服装产品市场细分的要素很多，但在实际的市场细分中，以下四类要素属于基本要素[1]。

①地理与气候环境要素。包括国家、地区、行政区域、城乡、人口密度、地形与气候、季节、交通运输条件等。由于因地理与气候环境要素形成的消费差别具有相对稳定性，且纺织服装产品的市场营销受区域和气候变化的影响比其他产品更为突出，同一时间段内，高原与平原、南方与北方因地域温差导致的着装需求差别较大，且由此会形成不同的着装风格，如北京地区厚重、宽松、粗犷，上海地区精致、紧身、细腻。因此在纺织服装产品的市场细分中，地理与气候环境要素常成为细分市场的基本与首要的要素。

②人口统计和社会学要素。包括消费者的性别、年龄、职业、收入、家庭状况、文化程度、生活习惯、种族及社会信仰等。在纺织服装产品的市场细分中，人口统计和社会学要素属于必选多项要素，这是因为纺织服装产品的市场细分不仅要依据消费者的性别和年龄进行细分，而且还需考虑到消费者的收入、职业、所处社会阶层、民族与信仰等社会学要素，如带有熊猫图案的服装、玩具等产品不适于在阿拉伯地区销售。

③购买行为与心理学要素。包括购买场合、购买动机和着眼点、购买频率、偏爱程度、敏感程度、性格与生活方式、媒介影响方式及其影响程度以及对产品的使用率和忠诚度等。

④商品用途和使用要求要素。包括商品用在哪些方面，满足什么样的需求，对产品特点的要求如款式、面料、色彩、质量、功能、包装、外观、个性化、时尚性、流行性及时代特色等。

2. 目标市场

当市场按细分要素进行细分之后，企业便可根据自身的实力、品牌的知名度、产品的特点以及市场的状况，来对目标市场进行有步骤和有目的的筛选。

（1）目标市场选择的要求。为了选择适当的目标市场，企业首先必须按照以下几方面的要求，对已细分出的市场进行认真的评估。

①细分市场的规模和增长潜力。要求细分市场的规模要与企业的经营实力相当，细分市场的潜在购买力或增长潜力一定要大。

②子市场对企业的吸引力。该吸引力指细分市场的长期获利率，它与市场中的购买者、现实与潜在竞争者、可替代产品、供应商、子市场所处的地理与人文环境等因素密切相关。有吸引力的细分市场必须具备竞争者与可替代产品较少，有稳定可靠的供应商，有可以利用的销售渠道或可建立销售渠道的便利条件，有良好的地理与人文环境。

③与企业长远的发展目标一致性高。首先，所选目标市场的发展方向必须符合企业的长远发展目标，并能够与企业的产品开发能力和方向保持一致性。其次，企业在该目标市场上必须具备开展营销活动所需的条件、资源和能力，例如可有效、方便地获取市场信息并建立营销信息体系等。

（2）目标市场的选择方式。目标市场选择方式（图 3－2）[5] 主要有以下几种：

①一种产品，一个市场，称为产品与市场的集中化选择和密集单一市场［图 3－2（a）］。

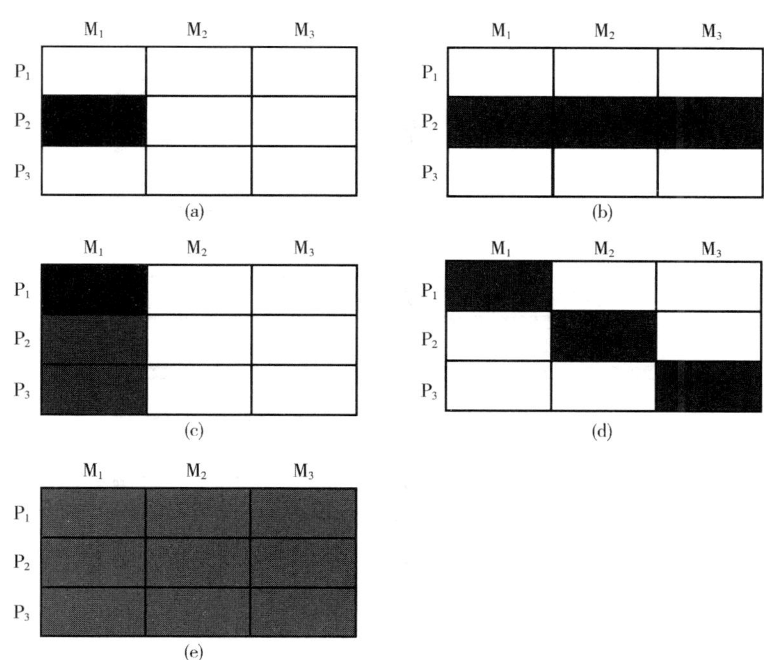

图 3－2 目标市场的选择方式[5]

P—产品 M—市场

②一种产品，多个市场，称为产品的专门化选择和单一产品市场［图3－2（b)］。

③多种产品，一个市场，称为市场的专门化选择和多产品单一市场［图3－2（c)］。

④多种产品，多个市场，称为产品和市场的多样性选择和多元化市场［图3－2（d)］。

⑤全部产品和整个市场，称为产品和市场的垄断性选择和完全覆盖市场，即为每一个消费者提供全部产品或服务［图3－2（e)］。

由于纺织服装产品属于垄断性竞争市场，因此其目标市场的选择方式常常是以b、d两种为主。

（3）目标市场的营销策略（图3－3)[3]。

①无差别策略。即以一套营销方案吸引所有的消费者。该策略的特点是产品和营销组合单一，广告宣传无差异，有利于强化品牌效应，生产成本、营销成本均较低。当企业的产品同质性较好或市场具有同质性时，可以采用这种营销策略。但因产品单一、大批量的生产，易被竞争者攻击，一旦销售阻滞或失去顾客，就会使企业陷入困境。

②选择性策略。即企业针对每个细分市场的需求特点，分别为之设计不同的产品，并分别采取不同的市场营销方案，以满足各个细分市场上的不同需求。这种策略的优点是风险小，西方不亮东方亮，缺点是营销成本比较高。

③集中性策略。即企业选择一个或少数几个子市场作为目标市场，制订一套营销方案，集中力量为之服务，力争在所选目标市场上取得最大的市场份额。当企业资源有限时，采用这种策略可以使企业的产品或服务更加适销对路，有利于树立和强化企业产品和品牌形象，节省生产和营销成本。缺点是经营风险较大，一旦市场转向或有强大的竞争者闯入该目标市场，则企业的回旋余地较小，易陷入营销困境。

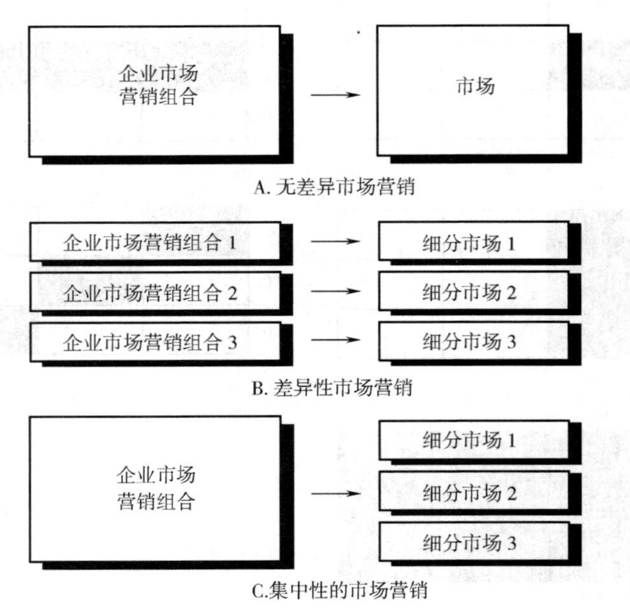

图3－3 企业目标市场的三种可替代或组合营销策略[3]

（4）影响目标市场选择的因素[4]。

①企业实力。当企业实力雄厚且营销能力较强时，可选择较大的目标市场，并采用无差别营销或选择性营销策略；反之则应选择较小的目标市场，采用集中性营销策略。

②产品的自然属性。当产品的差异性较大且目标市场的需求变化也较大时，例如，对纺织服装类产品，应采用选择性或集中性营销策略；反之则宜采用无差别营销策略，如石油、粮食、电力等市场。

③市场差异性的大小。当目标市场的同质性较好时，宜采用集中性或无差别营销策略。若目标市场属于异质性市场，如纺织服装产品，则宜采用选择性或集中性营销策略。

④产品所处的生命周期阶段。当企业的产品处于试销期时，其价格和销售渠道往往比较单一，宜采用集中性或无差别营销策略；而当产品进入成长期特别是成熟期后，由于同类产品迅速增加和竞争加剧，则宜采用选择性或集中性营销策略。

⑤竞争对手的状况。一般情况下，企业应采用与竞争对手错位的营销策略，例如，竞争对手采用无差别策略时，企业可采用选择性或集中性策略，这样有利于开拓市场，提高产品的竞争能力。但是当企业实力远高于对手时，也可以采用与竞争对手相同的营销策略来压制对手。

3. 市场定位

（1）市场定位的程序。一个完整的市场定位过程，通常包括以下环节[6]：

①调查明了竞争对手的产品在目标市场中的定位及其定位标志。

②目标市场中的消费者或顾客对竞争对手产品的什么特征最为重视或认可，并了解其评价的标准以及他们是通过什么途径了解这一产品属性及其特征的。

③在调查的基础上，确定本企业在目标市场中的定位及定位标志，并针对竞争者的定位对该标志加以认真设计。

④设计和实施一系列的市场营销组合，把企业的定位标志如产品个性、品牌形象等通过选定的媒介途径与方式传达给消费者，并依据市场的反应，及时修订和调整，直至确立企业的准确市场定位。

（2）定位策略。企业在实施市场定位活动的过程中，为了快速有效地确立恰当的市场定位，实现自己的竞争目的，必须采取适当的定位方式或策略[4]。

①避强定位策略。避强定位策略也称为缓和竞争定位策略，是指企业既可将自身定位于与最强或较强对手错位的市场区域内，也可以定位于除最强大对手之外的区域内，使企业的产品及营销策略在定位标志上与竞争对手有明显的区别。这种策略的优点是能使企业较快的在市场站稳脚跟，成功率高，风险小；缺点是必须放弃当时最佳的市场位置。例如，我国的乳制品品牌蒙牛，在品牌建设初期就曾经提出“创内蒙古乳业第二品牌”的创意，采取的就是避强定位策略，理智地避开了当时在国内乳业制品中具有较高名气的伊利品牌的竞争，获得了快速的发展。

②迎头对抗策略。迎头对抗策略也称为激烈竞争定位策略，是指企业为了占据市场上的最佳或较佳的位置，不惜与市场上已占据支配地位的最强或较强的竞争者发生正面冲突并战胜对手，使自己的产品进入或完全取代对手的市场位置。其缺点是竞争激烈、风险大，很易形成价格战和两败俱伤的局面；优点是一旦成功，则会形成突显的社会轰动效应，使企业迅速达到树立并扩大品牌或产品形象的目的。如在世界饮料市场中，作为后起的百事可乐进入

市场时，就采用过迎头对抗策略，与可口可乐展开面对面的较量。

（3）重新定位策略。重新定位策略是指当企业定位不恰当，或定位目标的消费偏好发生了转移，或者遇到强大竞争者有实力取代自己的定位时，企业须考虑在权衡得失和利弊的基础上，采取重新定位的策略。如1998年宜家以高档时尚的形象初次进入中国市场，然而随着中国家居市场的逐渐开放和发展，消费者在悄悄地发生着变化，那些既想要高格调又付不起高价格的年轻人也经常光顾宜家。这时，宜家没有坚持原有的高端定位，而是锁定那些家庭月平均收入3350元以上的工薪阶层，重新定位自己的目标顾客，并针对其消费能力对在中国销售的大量商品进行降价销售，借此回到其在欧美取得极大成功的“家居便利店”定位，才扭转了其在中国市场销售量逐年递减的趋势。

（4）产品的市场定位。

①目的和作用。纺织服装产品的市场定位，包括对产品的特色定位、类别定位、档次定位、价格定位、消费群体定位、使用类别定位等。产品定位的目的和作用在于赋予产品特定的个性，增强产品的竞争力，有利于为产品树立特有的形象，以适应细分后子市场消费群体的特定要求，更好地满足顾客需要，占领更多的市场份额。

②定位策略。由于市场定位的基础是市场细分，因此凡是用作市场细分的要素大都可用作产品定位要素或定位策略，常见的有：特色定位（如按产品的款式、功能、性能、色彩、面料、包装、时尚性等定位）；消费群体层次和产品档次定位（如按消费水平与购买能力将产品分别按高、中、低档定位或按奢侈、时尚、大众消费品定位）；目标群体年龄段和职业类别定位（如按消费者的年龄对产品分别定位为幼儿装、少儿装、淑女装、中老年装，或按职业分类定位如空姐装、军装、校服、登山服、消防服、宇航服等）；产品类别或使用场合定位，即按特定的销售渠道和产品用途来定位（如餐饮业用纺织服装产品，旅游业用纺织服装产品，户外运动用纺织服装产品等，或按正装、休闲装、婚纱装、运动装等来定位）；竞争定位（如按照产品的质量、价格、服务、让利率、性价比或针对对手的某一弱点定位）；品牌定位（如按品牌形象定位、品牌扩展定位、多品牌定位、新品牌定位等）。

③定位方法和步骤。市场定位的方法有单因素和多因素定位法，其步骤通常为：

a. 确定产品的定位要素。

b. 调查市场上竞争对手的产品及特征。

c. 在产品定位图上标出所有竞争对手的定位。

d. 在产品定位图上标出企业产品的已有定位或准备采取的新定位。

e. 全面分析后，确定企业可采取的最有利定位方案。

当采用两要素对产品定位时，可以使用如图3－4所示的定位图[2,7]。图中的两个定位要素分别是价格与质量，A、B、C、D分别代表竞争对手的定位，W则代表企业自身的定位。当采用多要素定位时，可以使用如图3－5所示的多要素定位图，图3－5中给出的定位示例使用了八个定位要素[7]。

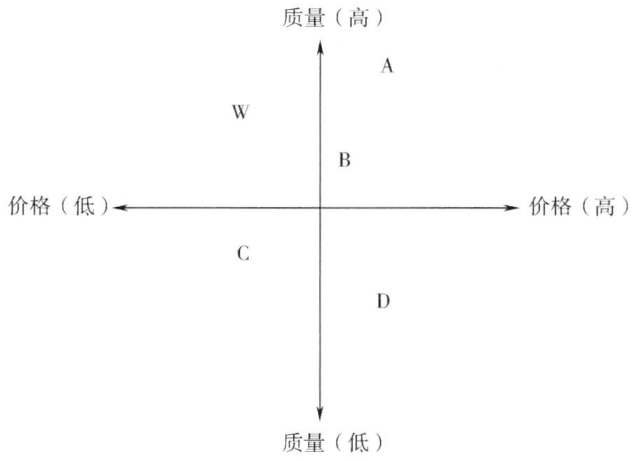

图 3－4　两要素产品市场定位图示例[2,7]

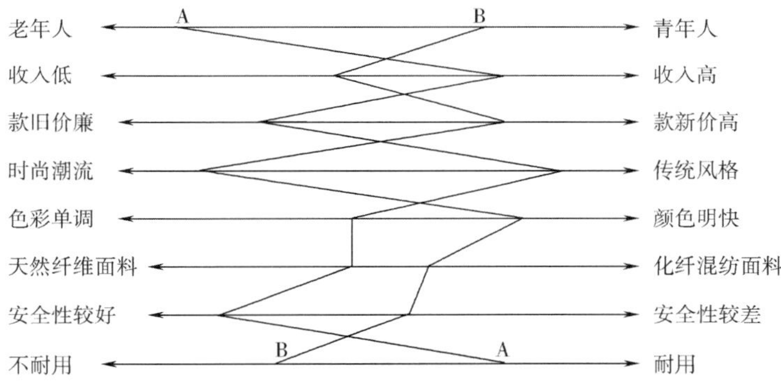

图 3－5　多要素产品定位图示例[7]

A—纺织服装企业定位　B—纺织服装企业定位（竞争对手）

第二节　4P 理论

一、4P 理论的含义

4P 理论是世界营销学理论中的核心理论，指的是产品策略（Product）、定价策略（Price）、分销渠道策略（Place）和促销策略（Promotion），也称为市场营销组合策略（Marketing mix tactics）。1948 年，美国哈佛大学的营销学与广告学教授尼尔·鲍顿（Neil H. Borden）首先使用了“营销组合”这个词汇，并于 1964 年将其具体化和提交出版[8]。它的原意是指：企业在选定的目标市场上，综合考虑环境、能力、竞争状况，对企业自身可以控制的要素加以最佳组合和运用，以便完成企业的目标任务。由于企业应控制的要素很多，为了更好地实践“组合”的概念，1960 年，世界著名营销学大师，美国密西根大学的杰罗姆·麦卡锡（E. Jerome McCarth）教授，在尼尔·鲍顿所列出的 12 个营销组合要素理论的基础上，将其归并为四类，在其所著第一版《基础营销学》一书中，首次明确提出了著名的市场营销组合4P理论[9]。这一理论一经提出，立即受到企业界和学术界的高度重视，并在市场营销理论与实践中广泛沿用至今，成为市场营销学理论中的经典与核心理论，其具体内涵为：

（1）产品策略（Product）。指企业向目标市场提供的各种产品或服务。包括有形产品如不同规格、型号、材质、款式、形态、质量、包装的实体产品和无形产品如品牌、商标、设计、服务、保证、供退货条件及信誉等。

（2）价格策略（Price）。指经销商出售商品或服务时的各种价格。包括目录价格（List Price）、调节价格、折扣（Discount）、折让（Allowance）、付款方式、支付期限、信用条件、价格调整等，所以价格策略又称为定价策略（Pricing）。

（3）地点策略（Place）。指企业向目标市场提供商品时所经过的中间环节和场所。包括分销渠道、销售网点、各种中间商、产品或服务地点及场所、市场覆盖区域、存货与运输及其方式等，所以又称为渠道策略（Channel）或分销渠道策略（Distribution Channel）。

（4）促销策略（Promotion）。指企业通过各种形式和媒介与目标市场沟通的各种活动。包括广告、人员促销、营业推广、公共宣传等各种形式的展示、宣传、推介、公关活动。

对4P营销组合策略，可以用式3－1来表征，该式表明4P组合营销策略是一个可以随着市场状况和时间变化进行多种组合的函数。

$$4P = f(p_1, p_2, p_3, p_4, t) \quad (3-1)$$

其中：p_1 表示产品，p_2 表示价格，p_3 表示渠道，p_4 表示促销，t 表示时间。

二、4P理论在纺织服装产品市场营销中的应用

4P营销策略中，最基础的是产品策略，最核心的是价格策略，最显活力的是促销策略，而纺织服装产品零售终端形式中，地点策略最为多样化。

在纺织服装产品的市场营销中，对某种产品或服务的营销组合而言，由于每个变量在面临市场的不同情况时都会有多种选择，因此在某一特定时间内的市场营销组合策略就会有多种方案可供组合、调整和选择，企业可通过对市场营销组合策略的及时调整与控制，灵活变化自己的经营方式，以适应外部环境的变化并规避风险、抓住机会，实现企业的总体营销战略规划目标。

由于企业和经销者的产、供、销及其一切经营活动都是围绕着产品，包括各种有形和无形产品进行的，而消费大众与社会的各种需求，也都是通过产品来体现和实现的。因此，产品是市场和市场营销的第一要素，产品策略也就自然成为纺织服装产品市场营销组合策略中的首要策略。

鉴于上述原因及全书篇幅的限定，本章对4P理论在纺织服装产品市场营销中应用的探讨，除对价格策略在第八章中给予专门阐述外，这里仅对产品策略的应用给以重点分析，而对地点策略和促销策略则未展开详尽讨论。

1. 有关产品的若干重要概念

（1）产品定义。产品定义有广义和狭义之分。广义上，凡是能够用于交换并满足人们某种需要和欲望的东西，都可称之为产品；狭义上，则指由市场营销人员提供的一切能够被顾客理解并能满足其消费需求的东西，包括实体产品、无形服务、人员、场所、组织、观点、

主意、信息等。

（2）产品性质。从对产品的定义中可看出，该定义包含着产品的三个基本属性：产品须具有使用价值，产品可用来在市场中进行交换，产品在具体形式上具有多样化的特征。

（3）产品层次。产品层次的概念及其不同层次划分的理论，是由美国著名市场营销学专家菲利浦·科特勒（Philip Kotler）在他的代表作《市场营销原理》一书中最早提出。按照菲利浦·科特勒的观点，在面向消费者服务时，除了应提供有形利益外，还应提供无形利益，任何产品都应当是这两种利益的完美统一体[2]。在这样的概念下，由市场营销者所提供的产品，应当包含以下五个基本层次（图3-6）[4]。

①核心产品。指产品能够给消费者带来的基本效用、利益或服务。该层次代表着产品的功能和效用，是消费者的主要购买对象和消费内容。

②形式产品。指产品的实体或服务的形式，即核心产品的载体。这是消费者可以通过五官来感知和接触的部分，包括产品的形态、式样、质地、色彩、风格、品质、包装、商标及服务条件、态度、设施等。

③期望产品。指消费者在购买产品时期望得到的与产品密切相关的一整套属性和条件。如购买毛衣时期望同时得到防蛀剂或洗涤用的柔软剂，购买皮鞋时期望同时得到鞋油与擦布等。

④延伸产品。指消费者在购买产品时可另外获得的各种附加利益，如提供贷款或着装形象设计，提供产品使用的技术指导与培训，提供免费送货与维修的保证及销售者所承诺的各种售后服务活动等。

⑤潜在产品。指消费者通过所购产品及其附加产品的消费，有可能实现的全部附加利益或可能获得的产品新功能，如在购买服装时获得的各种可留作他用的包装物等。

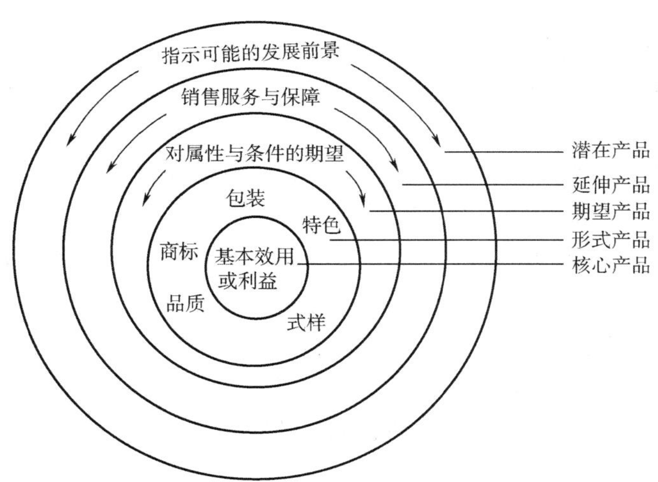

图3-6　整体产品的五个层次[4]

市场营销的实践证明，上述对产品的认识及其层次的划分，不仅体现了以消费者为中心的现代市场营销观念，发展了市场营销理论，而且建立了完整的产品概念，提高了企业的市场营销水平。

（4）产品分类。按照不同的方法和角度，对产品可以有不同的分类，这里仅从消费者购买和使用的角度，对消费型的产品进行以下简单的分类：

①按照消费品的耐用程度，可以把消费品分为耐用型和非耐用型产品，如家用电器类产品和纺织服装类产品。

②按照消费品的形态，可以把消费品分为有形产品和无形产品，例如实体产品和信息服务。

③按照消费者的购买习惯，可以把消费品分为：方便产品（如雨具、药品、速食品等各种日常用品和应急用品）；冲动购买产品（如旅游用品、报纸杂志等）；选购产品（包括同质产品，即质量无差别，但价格有差别，价格对消费者的选购起主导作用的产品）；异质产品（指产品的质量和价格都有差别，质量对消费者的选购起主导作用的产品）；特殊产品（即独具特色或标新立异的产品，如旗袍、中国结或奢侈性产品等）；非寻求产品（即消费者不会主动购买或被动消费的产品，如殡葬用纺织服装产品等）。

（5）产品观念。产品观念是指社会大众，包括生产与经销商和消费大众对产品的认识、看法、要求和消费理念。在现代社会中，随着生产力、市场营销理论和科学技术的不断进步与发展，产品观念也在不断地发生演变。对纺织服装产品的生产者和经销者来讲，目前应具备这样的基本产品观念：

①品质观念。品质观念即以产品品质求发展，以产品质量为生命的观念。

②服务观念。服务观念即以消费者为本，在产品的生产和经营全过程中，处处为顾客着想，把满足顾客需求、保障消费者和社会的整体利益作为企业经营宗旨的观念。

③良性竞争观念。良性竞争观念即正视和积极参与市场的激烈竞争，通过不断提高企业和经营者的全方位素质以及产品与服务的竞争力，采用一系列合法、正当的竞争手段使企业保持可持续发展的观念。

④创新观念。创新观念即紧紧依靠科技进步和高素质人才，不断提高企业科技创新与新产品研发能力与水平，不断向市场提供新产品与新服务，为顾客和社会不断做出新贡献的观念。

⑤效益观念。效益观念即充分、合理、有效地利用企业和社会资源，在为广大消费者和社会服务的同时，不断获取和提高企业生产与经营的经济效益和社会效益的观念。

⑥生态观念。生态观念即应生产和经销无公害、无污染、绿色化的生态纺织服装产品的观念。

（6）产品组合营销策略。产品组合营销策略指企业可通过增加或减少产品的产品线、产品项目数或产品相关性来改变产品线的线长、各种产品的比例及产品的项目总数，以达到适时调整企业所经营产品的销量、利润或改变产品定位、更新产品品种的策略。

在纺织服装产品中，诸如男装、女装、童装等产品的生产线称为产品线；由每种生产线生产出的不同款式、规格、型号的产品为产品项目；而产品线的个数和每种产品占总体产品的比例称为产品组合。即产品线由不同的产品项目及项目数构成，产品组合由不同的产品线、项目数及其比例构成（图 3－7）[10]。

为了对产品组合的优劣特征有明确的了解和掌握，纺织服装企业需要经常对自身产品的组合加以量化的衡量，其度量的指标通常为：

①产品组合的宽度，即产品线的数目。产品线数目越多，产品组合的宽度越宽，表明企业的经营范围越大。

②产品组合的长度，即产品的项目总数或产品线的平均长度。项目总数越大或产品线的平均长度（平均长度 = 总项目数/总产品线数）越长，表明产品组合的长度越长，企业的经营规模越大。

③产品线的长度，即每个产品线所包含的产品项目数。该项目数会因产品线不同而有差异。若某一产品线较长，表明该类产品较其他类别的产品产量大。

④产品线的相关性，即产品组合中各个产品线的产品在生产条件、分销方式、目标市场及营销活动中相互关联的程度。当产品线相关性较好时，表明产品的经营难度较小，但经营的范围也相应较窄，企业面临的风险较大；反之，则产品经营范围宽、难度大，但所面临的风险较小。

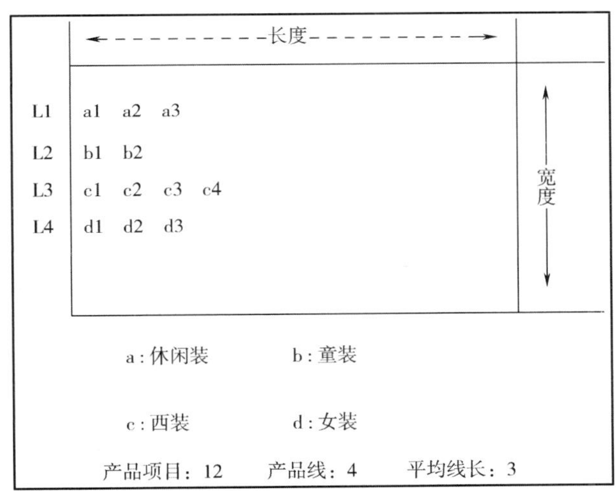

图 3-7　某服装企业的产品组合示意图[10]

（7）产品质量。关于产品的质量，在营销学中的定义与一般工业生产中使用的定义并不完全相同。在工业生产中，产品的质量主要由各项技术指标来衡量和确定；而在营销学中，产品的质量主要是从消费者的角度来加以评价和确认。对一件各项技术指标都能够确保质量，但却得不到消费者认可的产品，从营销学的角度来评价，就不能认定为是质量符合要求的产品。

例如，对一辆赛车质量的评价，单从赛车本身来讲，应制造得越结实越好，但在发生碰撞事故时，越结实的赛车对赛车手造成的损害越大（因受高速碰撞带来的冲击能所致），那么从赛车手（消费者）的角度来看，该赛车的质量就是不好的。所以高质量的赛车应是既能满足比赛要求，又能在发生碰撞事故时较易解体，迅速释放高速碰撞带来的能量，较好地保护运动员的生命安全。

因此，市场营销学中关于产品质量的定义是：产品质量是指消费者对某一品牌产品所能实现的功能的现实评估，即对产品的实用性与功能性、精确性与先进性、安全性与可靠性、艺术性与美观性、操作与维护的方便性、难易度以及品牌地位等产品属性的总体认可度。

2. 产品策略在纺织服装产品中的应用

企业或经销者对产品实施的营销策略是指企业或经销者在产品的形式、品种、功能、性质、品质、品牌、商标、包装、生命周期、新产品开发、售后服务等方面所采取的一系列营销手段。其中，应用最多和最主要的有质量策略、品牌策略、包装策略、生命周期策略、新产品开发策略等。有关产品的品牌与商标策略已在本书第五章中给出，这里仅对产品的质量、包装、生命周期和新产品开发策略加以阐述。

（1）质量策略。纺织服装产品市场营销在质量上采用的营销策略主要有：

①提高策略。这是一种常见的、也是消费者最期望和容易接受的策略，但却不是企业应一味追求的策略。因为当产品质量提高到某一程度时，会出现质量过剩的现象，此时再继续采取提高策略，无论对于企业还是消费者都已失去意义。

②降低策略。这是一种与提高质量策略截然相反的、但企业也会根据市场情况灵活采取的质量营销策略。例如，某一毛纺厂的纯毛呢面料产品，原来的织物密度大，单位面积克重重，产品经久耐用，质量非常好，但因生产成本和售价都很高，产品质量虽好但市场销售却不好。为此，企业采取降低20%织物经纬纱密度，同时对织物进行了适当后整理，在改善手感与外观的同时，降低了产品的耐用性并调低了售价。采取这种营销策略后，产品很快就打开了市场，取得了较好的经济效益。究其原因，是因为随着市场消费能力的提高和消费观念的变化，消费者对该类面料的评价，已不再单纯追求经久耐用的质量标准，企业采取的这种营销策略，在消费者对质量标准观念的变化中取得了市场的认可。

③保持策略。这是当企业的产品在市场或消费者心目中已形成一定质量标准和认同度时，所应采取的策略。因为这时的产品质量已为消费者所认可，采取提高策略暂时还没有必要，而采取降低策略又可能会带来失去消费者信任的风险。

（2）包装化策略。纺织服装产品的包装化策略是指企业在产品的包装方面所采取的各种营销策略，常见的有：

①类似包装。类似包装是指对全部产品使用同一或相近的包装。

②组合包装。组合包装是指把同类或与消费者使用中相互关系密切的产品置于同一包装中的包装。如男士的衬衣与领带、皮带与打火机、皮鞋与袜子；女士的围巾与头巾、帽子与手套、发卡与胸针等。

③再使用包装。再使用包装也叫双重用途包装，即该类包装可作二次使用，如购买一般纺织服装产品时商家提供的手提纸袋包装和裘皮大衣的皮箱包装等。

④附赠品包装。如买衬衣赠送领带或领带夹包装；儿童食品中含有各种小玩具的包装等。

⑤更新包装。更新包装即改变包装。这是纺织服装产品常常采用的更新产品形象、搭乘流行趋势、吸引消费者眼球的一种营销策略。

由于消费水平的不断提高、市场竞争的加剧和超市售货方式的普及，使得纺织服装产品的包装在当前的市场营销活动中承担了前所未有的任务。为了在激烈的市场竞争中吸引消费者，创立品牌，树立形象，不断进行产品的创新，企业对包装及其设计也越来越重视。一般而言，纺织服装产品的包装设计应符合以下要求：便于产品的装运、储存、运输，能有效地保护产品；方便销售和使用，容易开启；有必要的产品储存、运输、使用与保管说明；有显著的品名、商标、产地、生产企业或经销商及其联络方式；有按照国家法规要求标明的各种指导性、禁忌性、说明性标识和材质成分与比例、洗涤、熨烫与保管条件的说明等；设计风格应体现目标顾客要求，对消费者有强烈的视觉冲击力和吸引力；包装风格应与产品性质相符，包装成本应与产品实际价值相一致；特色突出，有别于同类产品的包装。

（3）生命周期策略。产品生命周期是指产品从进入市场到被淘汰退出市场的全部运动过程，受需求与技术的生命周期的影响。产品生命周期包括四个阶段：引入期、成长期、成熟期和衰退期。任何产品都具有生命周期，而纺织服装产品生命周期相对较短，企业必须针对不同产品的具体情况，在每个阶段采用相应的营销策略，才能取得最佳的经营效果。

①引入期策略。在引入期内，由于产品进入市场的时间很短，市场占有率很低，因此企业应采取各种形式的促销活动，如大量做广告、赠送样品、试用、先用后买等；对中间商提供较优惠的政策；利用原来的品牌或知名产品提携新产品等一系列的促销策略。

②成长期策略。当产品进入成长期之后，产品处于畅销阶段，会出现产销两旺的局面，由于市场吸引力较大，同类产品的竞争者会纷纷加入。此时，企业应采取不断扩大目标市场和开拓新的子市场；广告的宣传重点，应从宣传产品转向宣传品牌；适当运用价格手段吸引更多的消费者；进一步增加新的分销渠道；加强管理，保证产品质量，提高服务水平等营销策略。

③成熟期策略。产品进入成熟期后，意味着市场已趋于饱和，在这个阶段，企业采取的营销策略重点，应在于增加产品的花色品种和服务的形式；改变产品的包装；调整营销组合；增加顾客对产品的使用率；稳定产品的消费群体并争取竞争者的顾客；开发改进型、替代型或换代型新产品。

④衰退期策略。在衰退期内，产品开始滞销，销量、价格和利润都会同步下降，竞争者开始纷纷退出。此时，企业既不可简单的放弃，也不能死死地固守，可以采取的营销策略可概括为“撤、转、攻”：“撤”如降低售价，薄利多销；“转”即转移目标市场或转移产品用途；“攻”就是借竞争者退出的机会，扩大市场或推出新产品。

需要指出的是，产品生命周期不是一个生产的概念，也不是指产品的使用寿命，而是指产品的经济生命周期。一个在营销学意义上“衰亡”了即失去营销价值的产品，仍然可能具有使用寿命，因此并不排除其在一定范围内继续生产和使用。虽然任何产品都具有生命周期，但不同产品的生命周期会有所不同。有的产品生命周期可能会很长，如由二次世界大战的坦克演变开发出的拖拉机至今仍在使用；有的产品的生命周期则很短，如时尚女装类产品的生命周期大多不超过一季。

（4）新产品开发策略。新产品有广义与狭义之分。我国对新产品的规定是：在结构、材质、工艺等某一方面或几个方面对老产品有明显改变或采用新技术原理，新设计构思，从而显著提高产品性能或扩大使用功能的产品即为新产品。

但在市场营销学中，关于新产品的概念与上述规定有所不同，市场营销学中关于新产品的定义是：凡是消费者认为是新的、能够接受并从中获得新的满足的产品都属于新产品[6]。从这一定义出发，可将纺织服装新产品划分为：

①全新型新产品。全新型新产品是指应用新创意、新发明或新技术而创造产生的、过去市场上从未有过的产品。

②换代型新产品。换代型新产品是指在原有产品基础上，通过采用新材料、新技术或新工艺制作出的产品。

③改进型新产品。改进型新产品是指对老产品在性能、功能、品质或规格、型号、款式、颜色、包装等方面有所改进或派生出的产品。

④仿制型新产品。仿制型新产品是指在一定市场范围内，企业第一次经销的非本企业所创造的、经借鉴或仿制而生产的产品。

⑤品牌型新产品。品牌型新产品是指在对原有产品实体的功能、性能、形式、工艺、材质等各方面都有所改进的基础上，更换了品牌与包装的产品。

⑥高科技新产品。高科技新产品是指利用高新技术开发和生产出的性能好、功能独特、技术含量和附加价值高、加工难度大、保密性和竞争性强的新产品。

纺织服装新产品的开发源于创新性思维即新的构思、设想和创意，其开发的具体程序大致如下[6]。

a. 提出目标，收集“新构思”。“新构思”的来源，主要有专家、学者、技术与工程人员、营销人员、各级决策者、企业员工和中间商、竞争者、消费者以及其他渠道，如情报与咨询机构、中介公司、社会信息、重大事件、科学幻想、T 台秀、创意大赛、各种纺织服装产品的设计大赛、CCTV－6 创意星空栏目等。

b. 评价与筛选。评价与筛选的主要依据有：技术上的可行性与开发难度，经济上的合理性与成本，潜在市场规模的大小，原材料的来源与可控制程度，所需投资额度与回报，开发周期的长短，社会效益的大小等。

c. 营业分析。即对新产品的市场覆盖率、销售量、销售成本与利润、投资效益、资本回收周期等做出分析。

d. 产品实体开发。即对新产品进行试制，如服装样衣的制作，以便对其款式、板型、结构、性能、功能、质量、生产方式、生产成本等方面进行确认与评估。

e. 制订生产与营销计划。先在小范围内进行试销，测试市场反应，并在此基础上制订出企业对新产品的批量生产计划、营销策略和销售计划。

f. 新产品正式进入市场与推广。纺织服装新产品在正式进入市场时，必须慎重选择在什么时间、什么地点、以什么方式大规模的投放市场。因为新产品的推广涉及企业和产品的方方面面，与产品的面料质地、风格、新颖性和产品的流行趋势、流行色以及推广的气候条件、社会文化发展动态、品牌知名度、营销组合策略及效果、消费者的消费心理与消费水平等诸多因素密切相关（图 3－8）。企业只有对上述诸因素进行深入调查和研究后，才能为新产品的推广做好充分的准备并取得预期的推广效果。

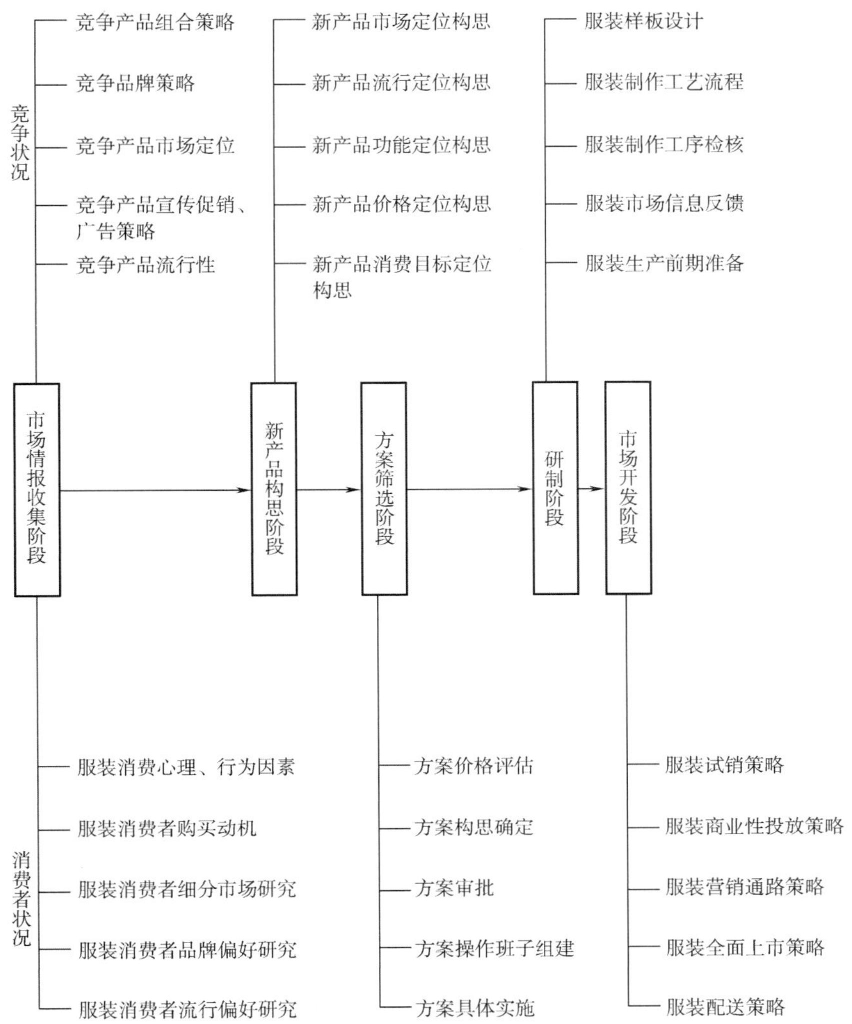

图 3-8 某服装企业新产品开发程序流程图[11]

第三节 1P 理论

一、1P 理论的含义

1P 理论，是由我国著名营销学专家、北京大学光华管理学院王建国教授历时十年研究，于 2007 年 5 月出版的《1P 理论——网状经济时代的全新商业模式》一书中，正式推出的中国原创市场营销新理论[9]。

该理论的主要内涵是：依托网状经济与网状营销，以合作思维替代竞争思维，以多赢合作替代零和竞争，充分利用共享目标顾客、产品多功能化、联合生产、联合促销、联合渠道、信息搭载、网络经济、战略联盟、资源整合、消费者文化个性共享、目标顾客商品化，把商对客（Business to Customer，简称 B to C）转化为商对商（Business to Business，简称 B to B）营销，找到第三方支付，使企业能在低于平均成本的价格甚至于零价格或负价格的条件下出售自己的产品而仍能赢得顾客。用王建国教授的博士导师、世界著名经济学家、澳大利亚 Monash 大学教授黄有光的话来概括：1P 理论可以叫作“第三方付费营销战略”[9]。

二、1P 理论与 4P 理论的区别

根据王建国教授的营销理论，1P 理论共有 11 种类型，4P 理论只是 1P 理论的一个特例（图 3－9），而 1P 理论则是对传统 4P 营销理论的突破与发展，两者的对比和区别如图 3－10、图 3－11 所示[9]。

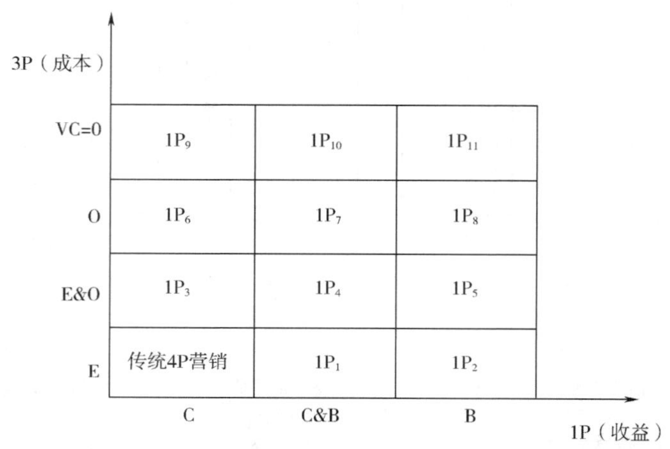

图 3－9　1P 理论的类型[9]

C—原有目标顾客　B—第三方顾客　E—自身企业　O—第三方企业　VC—可变成本

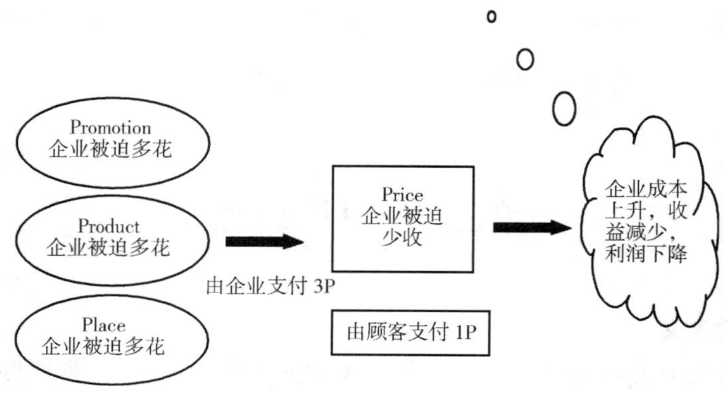

图 3－10　传统的 4P 营销战略示意图[9]

由上述 1P 与 4P 营销理论的对比可知，1P 理论的核心是以价格战略为核心的“第三方支付与第三方受益”营销理论。其关键所在是企业或商品的经销者在为自己选定目标顾客的时候，尽量使其同时成为某些利益攸关企业的目标顾客；在为自己的目标顾客创造价值的同时，

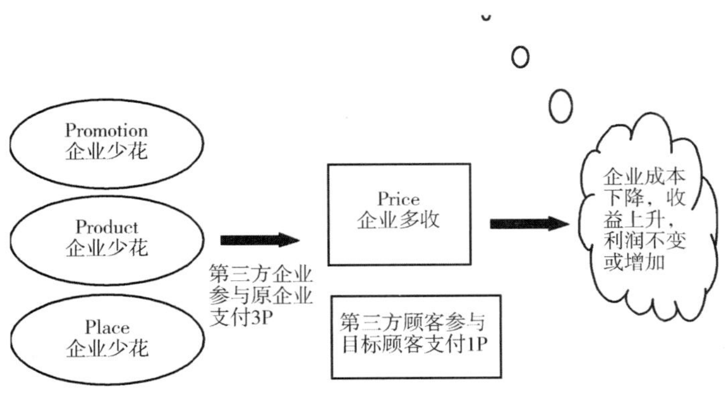

图 3－11　1P 营销战略示意图[9]

尽量为第三方利益攸关顾客创造价值；在为自己的企业生产 3P 的同时，尽量同时为第三方利益攸关企业生产 3P；在发现互利的第三方利益攸关顾客的同时，为第三方利益攸关企业创造价值（图 3－12）[9]。

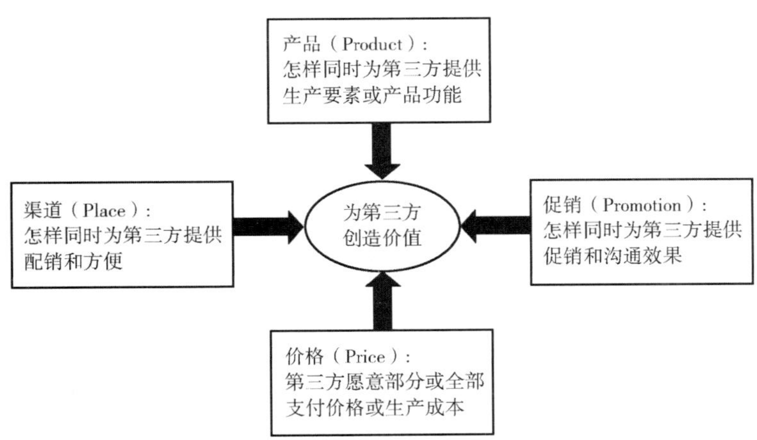

图 3－12　按 1P 理论为第三方创造利益示意图[9]

这里的“第三方”泛指能够帮助企业或经销者实现降价不降利，最终达到企业与顾客双赢目标的任何人、物、企业或经销者。举例说明如下：

现假设有 B_1 与 B_2 两家零售商面对一个顾客 C 竞争销售零售价为 800 元的中低档西服，其每套西服的总成本与总利润各为 400 元。为了争取顾客 C 的购买，B_1 与 B_2 都将价位定为 780 元，并采取多种营销举措招揽顾客 C，致使其各自的总成本（即 3P 开支）由原来的 400 元分别增至 520 元（B_1）和 500 元（B_2），此时获得最终零售权的商家（假定为 B_2）的实际利润为：780－500＝280 元（4P 理论下的 B_2 与 C 双赢，但 B_1 不赢与 B_2 少赢模式）。

若 B_1 与 B_2 两家零售商改竞争为合作，采取第三方参与支付策略，即把彼此视为第三方，由 B_1 与 B_2 两家零售商共同承担成本与分配利润，则 B_1 与 B_2 合作销售该套西服后，各自所获利润为（800－400/2）/2＝300 元，较第一种模式多盈利 20 元，（1P 理论下 B_1 与 B_2 的双赢与多赢模式）。

若让利 20 元给顾客 C，将产品定价为 780 元，则两家零售商各自所获利润为（780 - 400/2 ）/2 = 290 元，仍较上述第一种竞争模式下所获的 280 元利润高出 10 元（1P 理论下的 B_1、B_2与 C 三方共赢与 B_1、B_2多赢模式）。

三、1P 理论典型案例

1. 旅游婚纱照

每到节庆日，婚庆活动都比较多，花几千元甚至上万元拍一组永远值得纪念的婚纱照，是新婚者的必然选择。这一传统的仪式过去通常都是在照相馆中来完成，在进入新经济时代后，为了更好地招揽顾客和开辟市场，某照相馆决定采用“走出去”的策略，以回归大自然为主题，载着新人们到青山绿水中去拍婚纱照。这一创意性举措一出台，立即受到新人们的热烈响应和追捧，但因为照相与旅游完全是两个行当，照相馆初期的经营并不理想，成本上升，利润不增反而下降。经过认真总结和深刻反思，照相馆决定与多家旅行社联营这项业务，资源共享，充分发挥各自优势，共同合理分担成本与分配利润，其结果是照相馆、各旅行社和消费者几方都皆大欢喜。

2. “1 +4 旅游营销联合体”

“1+4 旅游营销联合体”是成都市政府为整合全市旅游资源、集中产品优势、提高营销品质、形成营销活力、增强营销实效而采取的城市整体营销战略的重大举措之一。其中，“1”指的是旅游公司，“4”则指景区、酒店、旅行社和演艺公司。目的在于通过政府牵头，把旅游公司、景区、酒店、旅行社和演艺公司五方面的利益捆绑在一起，再用市场手段调节旅游价格，让景区、酒店等都让出一部分利润，给“联合体”的旅行社一定的折扣以便更好地招揽顾客，实现资源共享、整体营销、多联共赢、做大做强成都“中国最佳旅游城市”的目标。

3. 天府天堂手牵手，幸福路上齐步走

“上有天堂，下有苏杭”与“天府之国成都，一个来了就不想走的城市”是大多数中国人乃至许多外国人都耳熟能详的两句话。曾几何时，成都与杭州为争得“中国休闲之都”的地位与美名，从市长、市民到两市的新闻媒介之间，都曾引起激烈的辩论与“PK”之争，其结果不言而喻。但从 2007 年开始，两市之间改竞争思维为合作共赢思维，不仅提出了“天府天堂手牵手，幸福路上齐步走”的战略思想，而且采取了一系列重大合作举措，如互派官方与市民代表团进行交流、观摩与考查；召开“天府与天堂对话——成都、杭州 2007 发现幸福论坛”；同时用杭州虎跑泉泉水泡制成都花秋贡茶和青城山道家茶，用都江堰上游的岷江水泡制杭州西湖龙井茶等，来谱写两市茶文化新曲与推出旅游新项目；成都与杭州两市的旅游业还携手互为对方城市市民开放廉价旅游服务等。双方如此合作的结果是，两市共同获得中国最佳旅游城市、最佳宜居城市、最具幸福感城市和中国休闲之都的名号，充分实践和体现了合作共赢的新营销理论。

思考题

1. 目前有关市场营销的主要理论有哪些？最新的理论研究进展是什么？你认为最适合纺

织服装产品市场营销的理论是什么？

2. 为什么说市场细分和产品定位在市场营销中有着重要的作用？

3. 你认为纺织服装产品的市场细分和产品定位因素应如何选择？

4. 选择目标市场的步骤和影响目标市场选择的因素是什么？

5. 如何对纺织服装产品进行市场细分和产品定位？请结合某一产品或品牌给出具体的细分与定位过程，并详细说明理由。

6. 在市场营销中，产品与产品质量的含义是什么？

7. 如何定义新产品？你认为企业应如何开发和推出新产品？请结合典型案例加以说明。

8. “Product” 营销策略的内涵是什么？在纺织服装产品的市场营销中，你认为应该如何应用该策略？请结合典型案例加以说明。

参考文献

[1] Philip Kotler, Gary Armstrong. Principles of Marketing [M]. 9th ed. 北京：清华大学出版社，2001.

[2] Charles W. Lamb, Jr. Joseph F. Hair, Jr. Carl McDaniel. Marketing [M]. 3th ed. America: Cincinnati, Ohio. Copyright by South－Western College Publishing, 1996.

[3] 菲利普·科特勒，加里·阿姆斯特朗. 科特勒市场营销教程 [M]. 俞利军，译. 北京：华夏出版社，2000：169－200，187.

[4] 吴健安，郭国庆，钟育赣. 市场营销学 [M]. 北京：高等教育出版社，2000：148，151，160，161，190.

[5] 菲利普·科特勒. 营销管理 [M]. 梅汝和、梅清豪、周安柱，译. 北京：中国人民大学出版社，2001：331.

[6] 兰苓. 市场营销学 [M]. 北京：中央广播电视大学出版社，2001：233－234，263，265－269.

[7] 吴世经，曾国安，陈乙. 市场营销学 [M]. 四川：西南财经大学出版社，1995：183，185.

[8] Borden N. The concept of the marketing mix [J]. Journal of Advertising Research, vol4, June, 1964：2－7.

[9] 王建国. 1P 理论——网状经济时代的全新商业模式 [M]. 北京：北京大学出版社，2007：40－41，Ⅱ－Ⅵ，Ⅱ－Ⅲ，98－101，8－10.

[10] 吴世经，曾国安，陈乙. 市场营销学（修订本）[M]. 四川：西南财经大学出版社，2000：273.

[11] 周帆，周子樱，刘三明. 当代服装服饰营销图表大全 [M]. 广东：广东经济出版社，2003：98.

第四章　纺织服装符号化营销

本章重点知识

1. 符号与符号化营销的含义及其产生的社会背景。
2. 符号的构成要素及其永恒和变异的二重性。
3. 符号化营销的主要载体形式与传播方式。
4. 符号化营销在纺织服装市场营销中的主要功能和作用。
5. 纺织服装符号化市场营销策略。

符号化营销是一种通过符号的传播来促使消费者从纯粹的、有形的物质消费转向通过物质消费追求精神和文化消费的较高层次的市场营销策略。这种策略充分利用现代各种传媒手段与形式，用丰富多彩的画面、语言、文字、色彩和声音吸引广大受众，以符号化的特征和方式让他们感知、理解和接受所传播的信息和其中传达的特定价值观、消费观、审美情趣、风俗习惯以及特定的文化倾向与生活方式，进而诱导并促成广大受众对各种纺织服装产品的消费。同时，社会和科技的发展也为广大消费大众接触和占有大量瞬息万变的、流动的符号提供了可能，使得符号化营销的传播方式可以将不同消费者的向往、浪漫、追求、梦幻、寄托、憧憬等文化特性巧妙地与具体商品融合在一起，通过附加新的形象和符号来改变商品的原始意义和使用价值，并利用这种新的形象和符号来刺激人们自身的各种欲望，产品的生产者和经销者仿佛向大众宣传的不是商品本身而是代表商品的符号，使得纺织服装产品的营销和服饰文化的传播具有了突出的符号化特征[1]。由于这种特征既源于产品又超越了产品，所以符号在纺织服装市场营销中的作用已不再是传统意义上的简单视觉刺激，而是通过深入作用于消费者的心理来影响他们的消费行为，并随着市场竞争的加剧和视觉消费文化的日益增强，在市场营销中扮演着越来越突出的角色，成为当今纺织服装市场营销的重要策略之一。

第一节　符号化营销的概念及其产生的社会背景

一、符号与符号化营销的含义

1. 符号

按照符号学理论，任何符号都由能指和所指两类要素构成。其中能指是指对某一具体事物或行为的代表，是一种可给予受众心理印象或感知的符号化形式，如对于图像符号而言，能指指的是图像的视觉形象；而所指则是指符号所代表的意义或所指代的事物，即符号所代表的内容。在《流行体系——符号学与服饰符码》一书中，法国文学家与哲学家罗兰·巴特

（Roland Barthes）在对服饰符号的讨论中，把服饰的能指称为母体，并认为能指由三个基本要素组成：对象物、支撑物和变项。其中对象物和支撑物为物质性的实体，变项则代表着某种文化或品质[2]（图4－1）。例如，从服装的整体角度来看，领子作为支撑物是服装的一部分，包含在对象物——服装之中，但从局部或加工技术角度看，领子作为支撑物则和变项即服装的整体性款式变化紧密相连。由于流行对支撑物和变项的支配不同，因此流行在能指组件上的操作变项是丰富多变的，但支撑变项作用的原型则并未改变。如裙子的基本形式虽是固定的，但其长度则可上下变化，这就使得流行符号不断地发布“新趋势”的来临成为可能，由于其基本原型并未变化，因此并未新到不能辨识的程度。这就是为什么流行体系既具有“不断变异”又具有“永恒回归”双重特性的重要原因[2]。因此，在纺织服装市场营销过程中，流行传播符号既指款式、面料、色彩、质感等流行元素在特定社会背景和特定对象物中的组合方法，也指这些流行元素组合成的各种终端产品在特定条件下如何被受众解读，更指这类符号在特定时代背景下的流行趋势和社会意义。

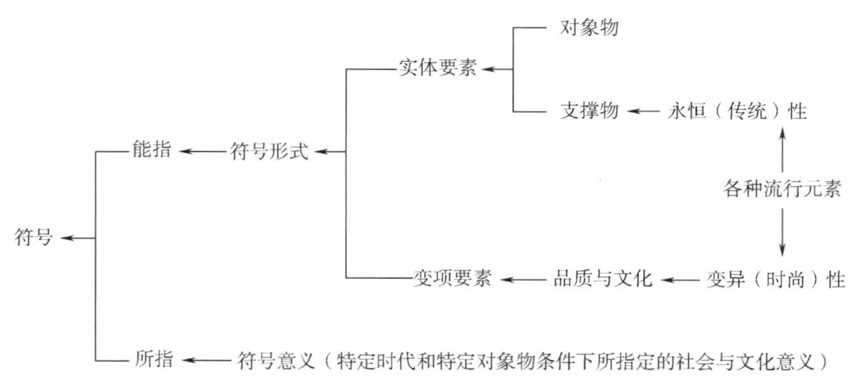

图4－1 符号的构成要素及其“永恒”与“变异”的“二重性”

所以，纺织服装产品流行符号的含义是指：传播媒介为了便于对纺织服装产品所蕴含的历史和当代社会与文化特有属性实施有效传播，对其所含的各种流行元素进行的一种提炼与浓缩，是各种流行元素在能指与所指、支撑与变项、时尚与传统中的和谐统一，是社会大众作为流行服饰文化受体和传播载体对流行服饰文化的感知与认同。

2. 符号化营销

作为传播某种流行信息的载体或媒介，符号的本质是在社会与人之间建立一种符号关系，它在扩展人们生活空间的同时，也使得人们对世界的认知和理解趋于符号化。符号作为消费社会中物和文化的桥梁，将商品和文化连接到一起，为同质化严重的商品搭建了细分的新途径。在这种背景下，纺织服装市场营销方式也就和各种各样的符号紧密地结合在了一起，使源于商品营销又不同于或高于一般商品营销的具有符号化特征的营销，成为纺织服装市场营销的重要策略。

因此，纺织服装符号化营销的含义是指：纺织服装产品的生产者和销售者借助报纸、杂志、广播、电视、电影、网络、T台、展会等多种传播媒介，综合运用各种语言与非语言的符号，通过编码组合把产品所蕴含的特定意义传递给受众，受众则在对符号进行解读、重新编码的基础上，重建和接受符号的意义，进而影响广大受众的消费心理与消费行为。

二、符号化营销产生的社会背景

1. 消费社会

“消费社会”的提出是当代法国著名思想家和学者让·鲍德里亚（Jean Baudrillard）的发明。他从现代社会中人与物的关系入手，从特殊的需求理论，即消费者实际上是对商品赋予的意义及意义的差异有所需求，而不是对具体的物的功用或使用价值的需求出发来界定这一社会形态，提出了“消费社会是进行消费培训、进行面向消费的社会驯化的社会——也就是与新型生产力的出现以及一种生产力高度发达的经济体系的垄断性调整相适应的一种新的特定社会化模式”[3]。这揭示了消费社会的特质，即人们所进行的不是单纯的物质和功能性消费，而是文化的、心理的、意义的消费。让·鲍德里亚明确指出：“消费是一种积极的关系方式（不仅对于物，而且对于集体和世界），是一种系统的行为和总体反应的方式，我们的整个文化体系就是建立在这个基础之上的。”[4]

消费社会作为一种特殊的社会类型，它颠覆了以生产为中心的社会结构，将消费和消费行为置于主导地位。在这个社会中，消费不是指个人的随意的消费行为，而是指一种主动的集体行为[4]，是与社会的价值体系和社会的控制功能相联系的一整套制度与道德，由生产力相对于消费能力过剩而造成。较之以往的社会特征，消费社会出现了两个转变：一是非物质形态的商品在消费中占据了越来越重要的地位，商品消费过程中的地位、品位、时尚、美好生活等观念与象征价值成为符号意义所创造的主要话语系统；二是符号体系和视觉形象的生产对于控制和操纵消费趣味与消费时尚的影响越来越大。这种变化不仅是社会经济结构和经济形式的变化，同时也是一种整体性的文化转变，并由此导致社会从传统的以生产（制造）为中心，转变为以消费（包括服务）为中心[3]。

2. 消费文化

在消费社会中，大规模的商品消费，不仅改变了人们的日常生活和衣食住行，而且改变了人们的社会关系和生活方式，改变了人们看待这个世界和自身的基本态度。社会大众对于商品的享用，只是部分的与其物质消费有关，更主要的作用还在于通过商品的使用来划分社会关系。现代社会是大众媒介支配的社会，大众传播系统及广告声像作为消费文化的载体和符号正充斥着人们的生活空间，操纵着人们的衣、食、住、行、乐。无论是潜移默化的影响，还是强势的宣传，传媒在当今社会生活中的作用已无可取代，作为流行消费旗帜的服饰文化的传播尤其如此。在这样的消费文化背景下，社会是一个被物质所包围并以商品的大规模消费为特征的体系。符号体系和视觉形象的生产，在对大众消费趣味和消费时尚的控制和操纵中，发挥着越来越重要的作用。消费文化作为无形的指挥棒，通过大众媒体，不断将新的符号意义传播出去，渗透并影响着消费大众生活的方方面面。商品符号地位的上升及其表意功能得到消费大众的普遍认可，甚至符号本身也变成了最为炙手可热的商品。消费文化成为社会表达某种意义或传承某种价值观念的符号系统，也成为大众传播和市场营销中广泛运用的说服手段与影响途径。伴随着消费活动而形成的消费文化，既是为消费行为寻找意义和依据的文化，更是刺激消费欲望或制造消费欲望的文化。正如约翰·费斯克（John Fiske）在《理解大众文化》一书中指出的那样：“每一种消费行为，也都是文化生产行为，因为消费的过程总是意义生产的过程。”[5]

3. 大众传媒

在当今社会中，消费文化与大众传播的关系密不可分，社会消费系统的运作与媒体的发展相辅相成。由于符号形态和媒介方式从来就是不可分割的，因此符号和媒体浑然成为一体。现代媒介常综合运用语言或非语言符号向大众传达特定的形象与意义，例如，电视就是通过图像符号辅以语音、音响符号来传递信息，对意义内容进行编码，受众则通过视觉和听觉，在直观和具象的能指形式下，对符号所代表的意义进行直接的综合性理解。又如，时装杂志在运用语言符号的同时还运用了时装摄影等图像符号，并且在很多时候，时装摄影照片作为服饰的重要呈现方式，甚至比文字更具说服力。在发达摄影技术的支撑下，媒体采用更多故事性、梦幻性的意象和语言方式来表现时装并使其具有了前所未有的诱惑力。

依据鲍德里亚与杰姆逊（Fredric Jameson）等后现代主义者的观点，我们生活在一个仿真的世界，一个由符号包裹的世界。杰姆逊说：“文化是消费社会本身的要素，没有任何其他社会像这个社会这样为符号和影像所充斥。”[6]由于大众电子传媒的迅猛发展，今天的生活环境越来越符号化，它越来越像一面“镜子”，构成现实幻觉化的空间。可以说，大众传播媒体的符号化宣传或诱引是消费主义文化得以大众化的关键，它使商品及其品牌具有更多的象征与符号意义，正是媒体的反复宣传与强化，巩固了产品在人们心目中的符号化特征。消费被符号化的同时，消费就不再是在消费某一物品而是更多地在消费某种符号，实用的观念渐渐退位，取而代之的是意义和价值的消费。虽然所有的产品定位和品牌特征都是市场运作的结果，但由于在消费者心目中已经赋予这些产品或品牌以明确的身份、地位等特征，所以大众不能不受其影响。因此，消费主义尽管由生产经营者所创立，但却是由大众媒介推动和扩散的，正是大众传播媒介赋予其越来越丰富的符号含义，并把越来越多的人，不分等级、地位、阶层、国家、贫富都卷入其中，使它成为一种大众化的消费观念和生活方式。这种生活方式不与个人或一国的经济条件相联系，而是经常表现为脱离个人或社会的经济状况，更多地表现为一种社会和文化现象。在这样的氛围中，消费文化与大众传媒已成为同义语，这也是消费社会不同于以往社会的一个重要特征。

第二节　符号化营销的主要载体形式与传播方式

一、平面传媒

1. 杂志

在传播流行服饰的媒体中，时尚杂志是最活跃的媒体之一，也是流行时尚工业实现市场推广和营销的首要渠道。从传播范围看，杂志的触及面虽然不是最广，但却具有明确的目标阶层。随着杂志从综合性向专业化、细分化方向发展，时装杂志成为最具专业影响力的时装传媒。从传播效果看，杂志的注意率较高，可反复阅读，所以时装杂志适合刊载有深度的时尚评论性文章，其文章具有资料性和长久性。目前国内的时尚杂志虽琳琅满目，但可大致将它们分为综合型、专业型和策划型等几种类别。

从传播特性看，杂志的印刷品质精美、彩色复制技术好，特别适合刊载时装摄影及时装广告。时尚杂志以美轮美奂的广告画面和精心设计的文案给大众强烈的视觉与心理刺激，使消费大众特别是女性迷失于广告所提供的各种时尚的资讯以及所做的允诺之中。杂志媒体与时装的视觉特性非常契合，其视觉效果超过报刊，在时间的延续性和内容的专业性上又超过电视和电影。国际著名时尚杂志《时尚芭莎》（*Harper's Bazaar*）、《大都市》（*Cosmopolitan*）和《时尚》（*Vogue*）都创刊于19世纪末，那时候的大众传媒只有报纸、杂志和书籍，时尚比较单一地表现在服装服饰的变化上，在摄影技术和印刷技术的结合下，杂志成了发布时装信息的最好媒介。如《时尚》（图4－2），这本杂志的主要内容就是时装信息发布，至今在全球已有十多个版本，其美国版是世界上发行量最大的时尚杂志，其中国版为《服饰与美容》（图4－3）。现在的内容涉及时装、化妆、美容、健康、娱乐和艺术等多个方面，一直是时尚媒体的先锋，为社会培养和举荐了大量的时尚人才，包括知名的设计师、模特、摄影师和编辑等。《时尚》有句知名的口号："在其成为时尚之前，它首先出现在《时尚》。"

现代都市时尚杂志的目标受众是拥有相当数量的经济文化资本的"白领"阶层，他（她）们的消费能力和独特的消费口味是都市报刊定位的经纬线。我国现在发行量比较大的几种主要服饰及时尚杂志有《服饰与美容》《瑞丽》《世界时装之苑》《上海服饰》《新娘》《昕薇》《国际服装动态》《时装》《流行色》《现代服装》《服装设计师》等。

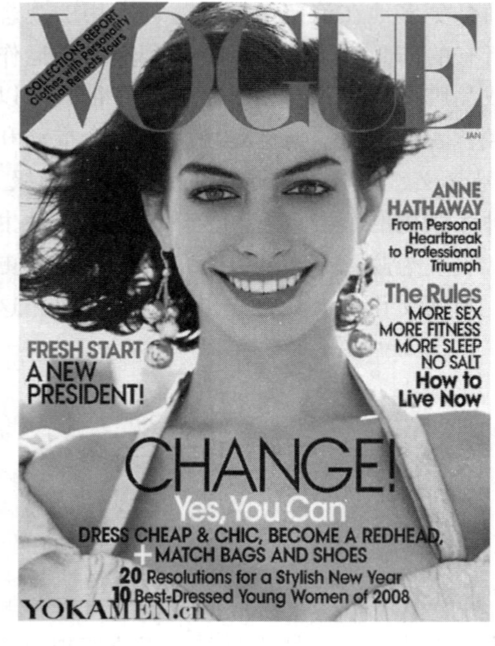

图4－2 *Vogue*

图4－3 中国版《服饰与美容》

2. 报纸

报纸是面向广大消费大众并连续发行的印刷媒介，传播速度快，传播能力也很强。从传播效果看，报刊属于即时媒介，虽然被阅读的时间不长，但被阅读的概率高，适合时效性强的时尚信息的发布，也可刊载较有深度的时装报道与评论。除了综合性报刊中的服装服饰信息外，纺织服装专业报刊主要是以刊载流行报告、行业动态、纺织服装文化、时装新闻、时装评论等为主，例如，《中国纺织报》（图4－4）《中国服饰报》《服装时报》《服饰导报》等。纺织服装专业报纸的特点是论述深入、受众稳定且均是文化层次较高的专业人士，传播的针对性非常强。但由于报纸的最大弱点是印刷品质有限，反复阅读性和对时装广告的传播效果较差，远不及杂志图片印刷精美，也不及电子图片逼真，因此专业性报纸的受众范围较有限。

中國紡織報
CHINA TEXTILE NEWS

天门纺机　天鹅井条

《工业企业技术改造升级投资指南（2016年版）》亮点突出

纺织业高端装备发展空间巨大

新疆绣娘江苏学艺

吉林开展纺织业"三品"专项行动

图4－4　《中国纺织报》

3. 户外平面广告

户外广告在传统的传媒形式中，介于大众传播和小众传播之间。一方面，在地域上，户外广告只能覆盖到它所在地域经过的人群，属于小众媒体；但另一方面，只要在这个区域内，凡是经过的人群都是户外信息传播的受众，所以它又有大众传播的特点。

户外平面广告（图4－5）传播比其他的传播形式有着其突出的特点，一是较杂志报纸等篇幅有限的形式，户外广告的面积要大得多，也震撼醒目得多，能够一下抓住人们的眼球，给受众留下清晰而深刻的印象；二是户外平面广告一般以图案传达感性信息为主，好的画面符号一旦引起消费者情感上的共鸣，就能形成较好的说服效果，为将来可能形成的购买决策做好引导。

二、立体传媒

1. 电视

20世纪50年代后期，电视的出现使时装传媒进入了一个新的领域，成为集文字、图像、色彩和音响等诸多功能于一体的集大成多媒体艺术。这种传播特性具有特别强的

图4-5 充满场景感的服装户外平面广告

现场传真感和时空的特效性，使人们可以在地球任何一个角落同时收看巴黎和米兰的最新时装发布。从传播范围看，随着卫星传播时代的到来，电视已成为传播能力强、覆盖面极广且传播速度极快的强势媒体，以更为快捷、直观和声情并茂的方式传递着有关流行的信息，其强渗性与综合性特征使之成为社会最易接纳、最强有力的传播方式而具有最广泛的大众性。从传播效果看，电视的被注意率较高、形象直观、音像结合，与时装的视觉艺术特点非常吻合，具有形象示范作用，且被理解度高，在流行的普及阶段具有强大的推广作用。

2. 电影

电影和电视一样是一种具有三维空间的多媒体艺术。从传播范围看，电影的目标消费群体相对比较定向，因而不具有电视的广泛大众性。但是由于电影作为一项文化产业的独特运作产品，尤其具有全球娱乐的商业性，把电影发展成包括观众定位、品牌观念、经营销售、宣传发行等一整套完整体系的文化产业，因而它在制造明星的过程中也同时成就了流行，成为制造和传播时尚及流行服饰的强势媒体。例如，马龙·白兰度（Marlon Brando）在《岸上风云》中的西部牛仔形象直接导致了T恤牛仔的风靡；而奥黛丽·赫本（Audrey Hepburn）在《蒂凡内的早餐》[图4-6（a）] 中身着小黑裙的形象至今被看成是简洁优雅的典范；在观看电影《花样年华》时，大众更是无不关注张曼玉所频繁更换的二十多款绝美旗袍 [图4-6（b）]，这些典型的服饰符号形象甚至已成为一个时代的文化印记。从传播效果看，电影的注意率较高，它集文字、图像、音响于一体的特性，可同时调动起受众的多种感觉器官，成为流行传播的最好示范。但从传播时效看，电影不像电视那样能及时地传播时装流行信息，因此电影的时效性不如电视。

(a)　　(b)

图4-6　奥黛丽·赫本在《蒂凡内的早餐》中的小黑裙形象与张曼玉在《花样年华》中的经典旗袍形象

3. 广播

广播虽然也属于立体媒体的范畴，但它只通过声音符号传播，没有画面，减弱了传播效果，较不适合进行时装信息的传播。现代服饰传媒也较少采用这种方式，只是偶尔在广播的时尚节目中加入时装评论或设计师介绍、访谈等内容。从传播范围看，广播与电视相比，在时空上更具随意性，如在公共班车或开车过程中可收听广播，对于某些不涉及形象与技巧的时装品牌告知性广告的传播效果比较适宜。

4. 网络

数字化的大众传播带来了一个前所未有的传播方式——网络化传播。互联网是一个数字化信息平台，代表一种新的传播形态。它与传统的传播方式相比，既具备了现有传播媒体的一切表现形态和特点，同时也有许多它们不具备的鲜明特征。而这些特征都源于数字技术和网络技术的基本特征，即数字化、交互性以及多媒体技术。网络化传播最大的特点是交互性与参与性大大加强，人们的中心身份被模糊化，发送者与接受者、生产者与消费者、引领者与被引领者之间的绝对界限已不复存在。当今许多著名设计师的服饰作品展示，都能在互联网上向全世界直播或提供视频资料，这无疑扩大了其影响力与权威性。

三、其他传播方式

1. T台展示

现代T台展示（图4-7），即由经专门训练和特别筛选的真人模特穿着服装，以特定的音乐、灯光、艺术场景为烘托，在T形舞台上以猫步行走和表演来展示与演绎服装的形式。T形台是颇为特殊的媒体，它的功能似乎只有一种，就是传播服饰文化，是服饰文化特有也是独有的传播媒介。T形舞台上有奇装异服的争奇斗艳，有风格与风格的比拼，有款式与款式的较量，有梦幻与梦幻的角逐，还有个性的展示和张扬。各式各样的服装经由模特的生动诠释散发着独特的魅力，使T台展示成为服饰文化的一种最令人兴奋和最具戏剧性的传播方式。T形舞台尽管有完全独立的价值，但也可以与其他传媒构成更完美的组合，例如，电视摄像，使得服饰的每一个侧面，每一种微妙的细节展露无遗；与互联网结合，又使得其传播面大大扩张。通过T台展示来发布新一季的服装产品是国际知名品牌的惯用方式。

图4－7　T台展示

2. 专业展会

专业展会是一种以展会或大型博览会为交流平台，将静态的橱窗展示与动态的T台展示、服装彩车或花车表演车队穿插结合的服饰商业文化的特殊传播方式。这种从早期的集市贸易发展而来的现代综合传播形式，已逐渐成为当今国际服饰文化交流和促进服装及相关产业发展的重要手段。当前的纺织服装展览日趋国际化、专业性和细分化，如细分为针织服装展、婚纱展、泳装展等。之所以把服装展会（图4－8）作为一种单独的传播方式，是因为它本身在服饰文化信息传播上的独特性，但展会要想扩大影响，更好地兼获商业与文化效益，还须很好地与其他传播方式（如电视传媒、网络传媒等）相结合。

图4－8　服装博览会上的品牌展示

3. 自媒体

自媒体又称“公民媒体”或“个人媒体”，是私人化、平民化、普泛化、自主化的传播者以现代化、电子化的手段，向不特定的大多数或者特定的单个人传递规范性及非规范性信息的新媒体的总称，是普通大众经由数字科技强化，与全球知识体系相连之后，提供与分享他们自身的事实、新闻的途径。自媒体是新兴的并在大众中迅速普及的媒体形式，它包括博客、微博、微信、贴吧、论坛、网络社区等平台。有别于由专业媒体机构主导的信息传播，它是由普通大众主导的信息传播活动，并将传播路径由传统的“点到面”的传播，转化为“点到点”的一种对等的传播。和传统的媒体相比较，自媒体的明显优势在于低门槛、易操作、交互强、传播快。自媒体与受众的距离几乎是为零的，其交互性的强大也是任何传统媒介望尘莫及的。自媒体一旦与服饰流行信息结合，也将深刻影响现代流行时尚的传播途径，与之前“自上而下”（指流行从社会的精英阶层向大众阶层传播）的途径不同的是，它使得流行的传播更多地具有了“自下而上”和“平行传播”的特点，使得一些时尚达人、博主们发布的博客、微信公众号里看似个人化的服饰流行信息成为特定圈层的人们关注或者追逐的焦点。

自媒体的发展壮大必然将对传统媒体与传统传播方式发起挑战，但作为新兴事物，其自身的一些弊端比如良莠不齐、可信度低、相关法律不规范等也是其发展过程中必须面对和解决的问题。

第三节　符号化营销的主要功能与作用

一、建立品牌识别和塑造品牌形象

在纺织服装符号化营销中，品牌及其标志（Logo）（图4－9）本身就是特定的符号，消费者对其产品的消费典型地体现在对品牌与符号的消费上。在商品市场已然品牌化的今天，无论任何品牌都应具备鲜明的、丰满的品牌标志，即唯一的Logo图案、文字和特定的标志色及文化内涵，以便在符号化的营销中使消费者从认识这一符号开始就与其独有的品牌形象联系起来。

(a) 英国著名服饰品牌巴宝莉（Burberry）

(b) 法国著名服饰品牌路易威登（Louis Vuitton）

图4－9　符号特征鲜明的服饰品牌Logo

品牌概念对于消费者来说比较抽象，需要借助于特定符号、形象为标识，以突破时空和文化背景的障碍，拉近与商品的距离，强化品牌的识别。建立品牌识别的目的在于通过企业、产品、经销者等符号流行信息的制造者和传播者以及不同传播载体的传播活动，将品牌的独特信息有效地传达给消费者，具体体现品牌的外在形式和核心价值，从而发展出有利于形成个性化并与竞争者有着明显区别的品牌形象与联想。

品牌识别的精髓是消费者对品牌文化内涵的识别，而品牌意义和价值的构建不是由生产者、商家、媒体、消费者分别独立完成的，而是由他们在完整的传播过程中共同完成的。在传播中的每一字句、画面、色彩，都需经过缜密的思考，刻意的安排、策划、选择之后才会采用，其差异化的附加价值必须能够确实、精确地诱导或说服目标受众。

品牌的存在为消费者提供了形象效用，带来了产品实体之外的附加的象征价值，这正是品牌构成中的核心部分。商品自由地承担了广泛的文化联系与幻象的功能，独具匠心的广告就是利用这一点把浪漫、奇珍异宝、欲望、美、成功、科学进步与舒适生活等塑造成简单鲜明的视觉符号，赋予其个性化特征，以增强品牌形象的识别性和传播的广泛度。因此在表现产品或品牌时，常通过塑造某一拥有真实亲切、趣味新奇的性格或特定的精神内涵的个性来进一步强化品牌形象，满足消费者的审美情趣和情感需求，使品牌的内涵文化被迅速认可，从而构建和提升品牌的无限价值[7]。

从前面的阐述中，已知符号的消费体现在对商品符号的意义或内涵的消费上。消费者对文化、思想、观念、价值的消费，既是某种信息的符号化表达的过程，也是对这种符号所代表的意义的消费。正因为如此，品牌的消费也就体现在商品的符号性上。所以越是大的品牌越注重广告宣传，因为广告有意淡化了品牌的使用功能，刻意突出了品牌的符号化功能。比如，世界著名的意大利服饰品牌贝纳通（Benetton）遵循的是日常普通的服装路线，而大众化的服装款式往往是平淡无奇和没有个性的，为了在平淡中创造神奇，Benetton 多年来坚持走一条极具创意的广告路线：广告中基本未展现服装，而是以种族平等、艾滋病、战争等社会敏感问题的新闻图片作为宣传海报（图 4－10），制造出强烈和震撼的效果，让人过目不忘。

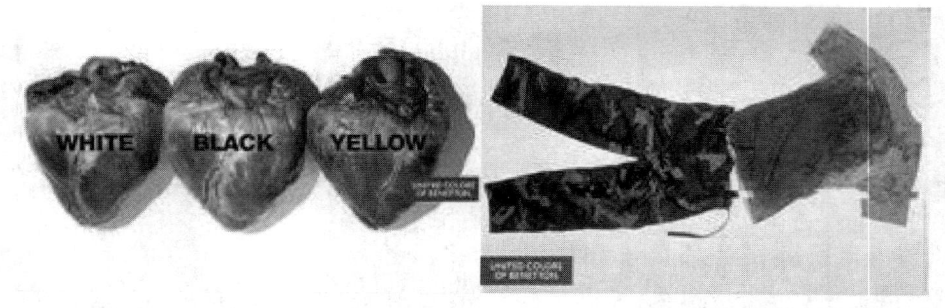

图 4－10　Benetton 的反种族歧视和反战主题平面广告

除上述外，品牌还具有强烈的象征意义功能，主要表现在：向外建构了社会象征，即具有社会象征意义；同时向内建构了自我身份，即具有自我象征意义。品牌象征意义的传播与消费，在这里往往变成了构建自我身份的象征性资源。因此，品牌是一种错综复杂的象征，不同的消费者在对同一品牌的消费过程中会形成不同的自我理解。当消费者对广告传播的商品品牌信息进行接受、选择的时候，同时也自觉或不自觉地进入了一个自我确认的过程。在符号营销时代，广告所承担的重任是鼓励彰显消费的行为，以商品消费行为来衬托经济能力、社会阶层和时尚品位[8]。而当今的服饰文化传播也往往诉求于消费者特定的情感、心理或文化，赋予服饰及相关产品一种象征意义，以形成相关品牌联想，深化品牌内涵并塑造和传播品牌形象。商品一旦被确立为品牌便已超越其物理的特性，而带有某种象征性。在象征性的附加价值中，品牌具有了社会、文化、意识形态的内涵，并按照某种象征意义的联想范式，进一步突出产品的声誉、威信等社会价值。品牌形象在产品延伸层上创造出附加价值的差异性，将产品与人的心理和文化的精神性相联系，通过传媒表达一种形象，一种意境，给受众身份、地位、心理、精神等感觉上的象征印象，向消费者传递一种生活方式，影响其生活态度和观点，从而达到强化品牌的个性特征，建立强势品牌形象的目的。因此，品牌消费行为本身就意味着成功，象征着地位。大众传媒作为消费主义和文化意识形态传播的主要渠道，通过对品牌象征意义的构建，成为符号化营销的主要工具，在大众不知不觉地认同文化的同时，实现了产品品牌价值的扩张和产品营销的初衷[9-10]。

二、倡导和引领新的消费理念

符号化营销方式创造的现代神话无非是将欲望转换为物的语言，让物来喻示或告诉人们内心深处的、可能是尚未苏醒的潜在消费需求。媒体的价值观有着强大的影响力，使个体所渴求的社会认同渐渐转化为大众媒体的认同，个体的消费和对具体商品的选择在很大程度上依赖于大众传媒。传媒除了能生产剩余价值外，还制造了特殊的符号与形象，并作用于大众的意识，进而改变他们的生活观念和消费理念，促成一次次的购买行为。正是由于媒体文化，特别是视觉媒体文化无时无刻不在释放出大量的和有关的商品信息，使得消费者的选择只是在媒体文化所关注和涉及的范围内，因此不管人们是否愿意，媒体文化不由分说地担负起了引导大众消费理念的职责。

媒体文化的上述巨大影响不只是表现在具体的商品消费的诱导上，它更表现在对生活理念的倡导与引领上。在这一过程中，消费的具体行为不再是孤立的、没有联系的或者是心血来潮的，而是体现出相互间的种种关联，既与消费者的地位、身份、气度、修养相匹配，更与时尚和流行趣味密切相连。前者在传统的等级制社会中早已成为事实，而后者则在当今的社会中成为一种时尚。担任消费引导的媒体文化通过不断地提出新的消费观念和消费模式来吸引、诱导大众。媒体所鼓吹的新生活理念，指的不是在一定的经济和社会地位中渐渐养成的稳定的消费习惯和态度，而是指消费个体认同某种社会时尚，跟随流行趋势的轨迹前行的一种“感觉”，旨在勾勒出新的与社会时尚相符合的形象，与整体消费行为相连的不再是简单的经济实力，而是与时尚密切相关的各类消费新理念。比如“白领”“粉领”“金领”的不同生活方式不仅与其相应的经济和社会地位相对应，而且与其消费群体的文化修养和所拥有的生活理念密切相关。在其特有的消费理念的引导下，其生活方式由一系列特定的消费行为所组成，看似随意但却源于该消费群体的生活需求或文化需求，并且实际上是经过媒体精心设计和通过诱导或隐喻的方式，对该类消费群体心灵的一种唤醒。虽然其消费行为有时关注的是消费品的质地，有时关注的是消费对象的品牌，有时关注的是消费的气氛和环境，还有时关注的是整个消费过程以及它所能给消费者带来的符号意义，诸如气质、风度、格调等，但归根结底都是因其所持有的消费理念不同而造成。

三、开辟新的时尚消费领域

不管是引领时尚还是追逐时尚，现代消费领域的神话都与时尚难分难解，并以短暂性、易变性为突出特征，在对时尚和物的追逐中展开自身，又在物色下一轮目标的过程中幻灭与兴起。在符号营销的传播中，传媒所散布的信息往往带有超前的性质，其目的是为了引领新的生活风尚，制造新的消费潮流，开辟新的消费领域。媒体把历史和当代的消费文化与视觉文化浓缩为社会共识的流行符号呈现在消费大众面前，敦促着他们追逐时尚和潮流的步伐，不断开辟着新的消费领域。这在一定程度上印证了日本学者滕竹晓曾提出的拟态环境的环境化现象，即现实生活中的很多生活方式或价值观念，最初并不见得能被重视或普及，而一旦进入大众传播渠道，就会很快吸引消费大众的注意力，甚至会发展成为一种随处可见的流行现象，从而体现出传媒开辟新的消费领域和引领新的生活风尚的功用。

四、加剧文化的商业性

广义来说，文化指的是人类在社会历史发展过程中所创造的物质和精神财富的总和，它包括物质文化、制度文化和心理文化三个方面。在长期的商业和消费实践中，文化逐渐与商业相结合，但在一些传统的商业及消费模式中，文化的商业性特征并不十分明显。而融入了符号化特征的营销方式，使得消费不再仅是一个经济的、实用的过程，而直接是一个涉及文化符号与象征意义的表达过程。在这种情况下，消费本身如同一个仪式，代表着商品意义的认同，同时也是对商品背后的文化内涵的认同。从另一方面说，这种营销方式使得文化意义的体现和认同需要通过消费这一过程的实现，商业资本侵入了文化意义的建构，所以文化的商业性被大大加剧了。

从传播者的角度来看，符号化营销方式中文化因素的加强和文化意识的提升都是为了更好地践行商业营销劝导消费的功能，进一步提高营销传播的有效性，两者的最终目的都是文化背后的商业利润，这种本质特性容易造成文化传播的商业功利性，甚至使负面文化效应增长，对此，必须保持足够清醒的认识。

五、启示产品设计

作为设计的最终目标，纺织服装产品的功能应反映产品符号系统的深层结构关系，这种关系是通过产品符号意义的内涵表现出来的产品符号意义的外延，也是商品在人们心灵中唤起共鸣的符号化的过程[11]。产品符号意义的表述往往是复杂的，过于直接就会使商品喻义失去其复杂性而变得浅薄，过于隐晦其意义又很难被理解和接受。所以纺织服装产品的设计师必须依据具体情况并选择适当的方式，使其所设计的产品能够被广大消费者所理解。当代最负盛名的法国设计师、简约主义的代表人物菲利普·斯塔克（Philippe Starck）说："从某些方面来看，我想设计师们应用更多的时间去创设符号，余下的才是制造实物。"[12]因此，纺织服装产品的设计师需要在时代精神、可持续发展、人性化等内容中去探索新的设计理念，寻求设计的真正目标[13]；在置身于"附加价值提升"的实践中，面向"生活世界"来考察符号的使用规律、特点和效果，由此来启迪和确定自己的创意灵感、设计语言及其陈述方式；准确表达产品的文化内涵和消费理念以及大众或目标消费群体对物质和精神的双重需求；利用恰当的设计符号与技术、工艺、材料等进行无缝匹配。以便使自己所设计出的产品能够达到天、人、物高度和谐统一，物质与精神、内容与形式浑然一体的境界。

第四节　纺织服装符号化营销策略

一、引领生活方式

现代纺织服装产品的符号是全开放的，符号意义绝不限于符号本身，正是由于传播学的符号化特征的出现，使得它所传播的内容具有更多的符号化特征。如今大众媒体的服饰文化传播已从具体到抽象，从实用性、知识性介绍逐渐变成理念性、观念性的推销。媒体常常以自己的方式，将流行服饰的符号意义强化、引申，甚至赋予全新的意义，将某一商品与现有社会结构的优势群体构建关联，或让上层人士将其作为身份标识物来实现[14]。于是，各种各样的明星，包括歌星、影视明星、体育明星、成功人士甚至政治家的形象出现在各种时尚媒体的显要位置，暗示着社会大众也可以用时装大师重塑好莱坞明星的方式来塑造自己。流行文化的范围也从单纯的时装延伸到配饰、化妆、家居装饰、旅游购物、休闲娱乐等一切时尚领域。媒体利用大众心中的偶像崇拜，不仅仅告诉人们什么样的商品值得购买，或这些商品能给你带来什么样的实用和方便，而是从构建“新形象”的立场出发，认为“新形象”必须有这样或那样的气质和与之相匹配的消费习惯。这可能包括从服饰到家居、从工作到休闲、从高档消费品到日常用品等一系列的行为选择，即以生活方式的消费来取代以往的需求消费或者说动机消费。后者往往被看成是受推理的、理性的和社会规范影响的消费。而生活方式的消费则是指从整体的情绪上和感觉上来把握社会的变化并来决定自己总体的消费行为的举动，这是一种更能为一代高级消费者接受的方式。因此，生活价值、生活方式成为媒体兜售其符号价值的重要法宝，瞄准生活方式的消费而不是仅仅盯着某一种类的消费品，成为当今纺织服装市场营销和传媒关注的重点。

对每个人来说，穿着打扮其实就是一种向他人表述和展示自己的无声的语言。作为一种非语言符号，服饰不仅体现着时代气息、民族传统、文化背景，也是个人的身份、职业、情趣、品位、性情、爱好的表征，大众已经将服饰文化变成界定自身存在的符号。在符号的操纵之下，如今的大众消费更多的是在符号层次上而不是在物质层面上来进行，即不仅要消费物质本身，更重要的还要消费物质代表的符号意义。消费目的不仅限于满足实际需要，更是为了满足不断被制造出来或被刺激起来的心理欲望。正如鲍得里亚所说：“人们从来不消费物的本身（使用价值）——人们总是把物（从广义的角度）用来当作能够突出你的符号，或让你加入视为理想的团体，或参考一个地位更高的团体来摆脱本团体。”[15]大众透过这种消费模式中的符号使用，构建自我与社会的认同感。就像镜中人一样，大众依照镜子（媒体）中的标准来塑造自我形象，构建自我认同，并在不知不觉中接受了这个有意义的符号化的形象。从这个角度上说，服饰在很大程度上是一种模仿手段，而模仿的对象则是服饰媒体所宣扬的理想形象，其模仿的过程，也是大众自我与社会认同感构建的过程。

在现代消费大众中，人的气质形象总是和一定的消费习惯和消费行为联系在一起的，不止局限于作为时尚主要参与者的女性，也可以将男性形象与某些时装品牌或者化妆品系列联系在一起。无论人们是从工作场所或是大街上，从形形色色的广告上或是大众性的消费杂志上来辨认他们，最终他们都会与十分具体的、甚至十分细小的、微不足道的消费品联系在一起[16]。例如，某时尚杂志上描述的一位中产阶级的父亲形象："丹顶发蜡。大男子主义。555香烟。美好挺衬衫。35 年历史功力士腕表。舒适牌刮胡刀。三船敏郎❶。硫克肝❷。米色风衣。007 邦德女郎。花花公子笑话选辑。白花油。派克钢笔。野狼 125。都彭打火机。兰记豆腐乳。那卡西❸。资生堂百朗仕❹——即使跟父亲再少交谈，他的一举一动仍是我们心头对男子汉的永恒形象。"[17]这样的描述让人不自觉地把具体的消费品同人的形象与生活方式联系在一起，这种以发达国家的生活方式为核心内容的传播，在引进最先进的消费文化、消费行为方式的同时，也在客观上诱导并刺激了人们对各类物质享受的欲望。

二、制造与传播流行

《辞海》对"流行"一词的解释是：迅速传播或盛行一时。在消费社会中，流行现象是指社会上相当多的人在较短的时间内追逐某种商品或生活方式，使之在整个社会中到处都可见，进而在大众间产生连续性感染，并形成许多人实践和追随的一种消费心理和行为方式[18]。人们对社会现实和未知世界的认识，主要来自大众传播媒介的符号化意义，它们构成了人们的认知结构。大众传媒提供的符号化图式，是人们接受信息的起点，媒介符号能指形式与所指意义对受众综合作用的结果，使大众形成了符号化的心理真实。符号所指意义体现的媒介情感态度，对受众产生深刻的影响，形成了受众符号化的情感态度。因为大众传媒的议程设置功能，能让人们感觉到那些被大众传媒所关注的传播内容便是主流的或是值得肯定和仿效的，正如哈贝马斯所言："新媒介的节目以特殊的方式限制了接受者的反应，迷惑了接受者的眼和耳。"[14]

因此，人们用媒介符号描述的世界，并不是原有信息的简单复制，而是对原有各种信息的过滤、选择、集中，经过编码后的符号意义成为原有信息的第三层表述，并为受众所接受。在这种媒体符号的宣传环境中，人们失去了对现实的把握，最终沉迷于商品符号的海洋之中，时尚工业也因而达到了营销的目的。现今社会中，纺织服装业是典型的流行时尚工业，时尚服饰已成为展现流行的最重要领域。在任何流行趋势中，现代传媒依靠它所占有的信息资源和物质空间，成为任何一种时尚元素流行的必要手段和必经之路。媒体不仅依靠各种载体和传播方式来传播各类流行信息，而且在一定意义上成为流行趋势的制造工具和纺织服装市场营销的主要途径。

三、符号情感化

把符号融入人的情感中以期获得消费大众的认同与接受，是媒体在传播流行符号及其内

---

❶ 三船敏郎，日本男演员，曾演出《七武士》（1954），《山本五十六》（1968），《中途岛之战》（1976）等影片。

❷ 硫克肝，一种口服液，含有与肝脏处理外来化学物质有关的酵素。

❸ 那卡西，一种来自日本的卖唱模式，卖唱者多在食店、夜总会内表演，此模式曾经在中国台湾极为流行。

❹ 资生堂百朗仕，日本资生堂公司的男士化妆品品牌。

容时常常采用的重要方式和策略之一。因此，大众媒体参与文化传播的姿态是积极的和富有策略性的。当今媒体新的传播策略就是将每一个具体的东西抽象成一个独具意义的文化符号，而这些文化符号经过组合后又会产生新的独特意义，于是纺织服装产品符号能指与所指的结合就成为媒体全新的创造。文化赋予了符号生命力，符号的编码和解码都遵循文化规则。正所谓“感人心者，莫先乎情”，人类是情感的动物，人与人之间因为有情感所以有共同和分享的需求。因此，在现代纺织服装产品文化的传播中，大众传媒成了大规模展示情感的载体，人造的情感符号四处传播流溢，使一种商品可以动用多种情感符号来分别进行注释与渲染。例如，台湾中兴百货的服饰促销广告语：“与 DONNA KARAN 的办公室恋情，与 CLAUDE MONTANA 的外遇，与 JUNIOR GAUTIER 的情窦初开，与 GIANNI VERSACE 的私奔，与 GENNY 的烛光晚餐，与 BYBIOS 的火车上的邂逅……一年一度与世界级设计师的热恋❶。中兴百货周年庆计时开始，你可以不顾一切，完全疯狂地、歇斯底里地、尽情地、绝对痛快地……大采购!”[16]

在上述这段精彩的促销文案中，服饰品牌成了生活中一个个浪漫场景的符号，仿佛拥有了它们就能拥有这样的浪漫恋情，这无疑让受众对这些服饰品牌形成一种符号化、概念化的认知与联想，在不知不觉产生的向往和憧憬中坠入自觉的购物行动，并对所偏爱的品牌形成顾客忠诚。

又如，台湾中兴百货父亲节与圣诞节的企划文案：“让我妈怀孕的是你。造成我第一次失恋的是你。觉得最烦的是你，最爱的也是你。For my lovely papa，我的最后一次恋爱是你。若没人要得负责娶我的是你，常常惹我生气的是你，最爱的也是你。For my lovely papa。如果他听不懂，就用行动表示，比如：买一套质感无懈可击又具绅士风格的 ARMANI 送他，祝爸爸永远健康快乐!”以及“圣诞节分享快乐的方法之一，送份抒情的礼物给你所爱的人；圣诞节表达感激的方法之一，送份温暖的礼物给帮助过你的人；圣诞节促进和平的方法之一，看看周遭被遗忘的角落，送礼物给无人送礼的人。中兴百货拥有你所需要的各式各样合适的礼物。”[16]

很显然，在这些现今随处可见的时尚服饰或与之相关的广告中，各种符号被赋予了种种情感，瑞士语言学家索绪尔曾说，之所以把符号学当作是构成社会心理学的一部分，是因为符号是人类用来表情达意而又具有物质载体的形式和系统，离开了表情达意，符号也就失去了生命力。所以现代传媒传播的不是产品本身，而是符号的荟萃，编码的策略是借助情感符号去抒发与商品相关联的感情，形成新的符号组合就会使传播受众感同身受，达到商品促销的目的。

四、符号隐喻与联想

现代大众传媒用一种新颖的信息性表意方式，把那些流动的能指附加到所宣传的产品中，从而产生新的联系，新的意义。这种观点与后结构主义关于文本的接受理论有相通之处。从一个符号到另一个符号的意义转移很少是直白而外显的，文本中存在着众多的空缺，等待着

---

❶ DONNA KARAN，CLAUDE MONTANA，JUNIOR GAUTIER，GIANNI VERSACE，GENNY，BYBIOS 均为世界著名服装品牌。

接受者的想象力与参与，其中意义的转移有赖于受众的积极参与来完成。受众对于文本的接受是一种主动构建的过程，在这种接受过程中，传播符号显示出它的多义性、含混性，但同时又强行把一些价值观念捆绑到产品上[19]。

索绪尔曾指出，符号的意义有广狭之分，其中一部分是比较确定的，他称之为“明示”（Denotation），另一部分是不那么明确的、联想性的、富于感情色彩的，索绪尔称之为“暗含”（Connotation）[20]。以牛仔裤为例，作为一种特殊的服装，它通过与其他服装，如与唐装、和服、西服等的差异，在事物符号系统中获得其自身意义，这种意义就是“明示”的。但牛仔裤这一符号又可以作为一个能指在另一符号系统中发挥作用。如在民族文化这一符号系统中（包括美国的商业文化、欧洲的精英文化、伊斯兰的宗教文化等），牛仔裤又代表着美国文化、休闲文化，这种意义就是“暗含”的[21]。

目前的消费文化和传播文化越来越明显地体现出“明示”和“暗含”相混淆的趋势，使原本属于“暗含”的、不确定的、文化的性质，转变为商品的“明示”的、确定的和自然的性质。媒体文化的符号系统是混成的，语言符号、视觉符号、听觉符号之间，不同的语言符号、不同的视觉符号或听觉符号之间的关系会相互转喻或切换，这种转喻和切换都以联想或隐喻为基础。例如，美国伊丽莎白·雅顿（Elizabeth Arden）香水的形象代言人是美国著名影星凯瑟琳·泽塔琼斯（Catherine Zeta – Jones），香水形象与泽塔琼斯的肖像在时尚杂志的广告中并置在一起。在大众心中，泽塔琼斯是神秘、性感、优雅的代表，是美国女性美的典范，这则广告通过两者的并置，把泽塔琼斯独特的气质转移到了香水上。从符号学的观点来看，伊丽莎白·雅顿香水与泽塔琼斯的美之间的关系完全是人为的、任意的，两者之间没有任何必然的联系，这则广告却使这种人为的东西转变成了香水的一种自然属性。这是因为这则广告强烈地暗示观众，如果你购买并使用了雅顿香水，你就拥有了泽塔琼斯式的优雅和美丽。又如，美国花花公子（Playboy）休闲鞋曾经做过一则主题为“私奔”的广告，广告画面中竖行的小字是一位失意男子的日记：1990 年 10 月中，大雪，我的女人和那穿 playboy 休闲鞋的男人仓皇逃过这里。画面上只有一只掉下的鞋子，一个积雪的湖面破开的大洞。所有这些不确定的因素，都令人不由自主地去猜想那个大雪夜私奔的故事和那个失意的男子。而日记中对 playboy 休闲鞋的强调似乎有意无意地在暗指魅力无穷的 playboy 休闲鞋就是导致这一事件发生的原因。但可以肯定的是，日记的作者没有穿这种休闲鞋，否则他的老婆也不至于和别的男人私奔。这则广告在展示 playboy 休闲鞋魅力的同时，或多或少也向观看广告的男性观众暗示穿 playboy 休闲鞋会让自己更有魅力，而不穿则严重到会让自己失去所爱[21]。

对于这种现象，罗兰·巴特称之为自然化，即把原本属于文化范畴的东西转变为物的自然属性。巴特认为，这一自然化转变的现象是意识形态操作的结果[22]。然而这一切也只有在媒体文化空前发展的现代才能做到，不仅因为传媒充分地运用和调动了人们原有的符号体系并将其进行了新的诠释和发挥，还因为当今的大众已经在与媒体和广告的互动中学会了充分调动隐喻思维的能力，渐渐养成了解读消费文化的习惯。

时代的变迁、文化的盛行以及芸芸大众在认识和把握商品社会的生活方式和消费心理上的不断变化，导致了市场以消费者为导向的传播和营销策略的改变。在消费社会、文化社会、新市场经济模式、符号化营销的环境下，市场要求纺织服装产品的经销者和传播者必须采用相应的符号化营销策略，并通过各种符号的传播来塑造企业、品牌及其产品的形象。他们必须深谙目标受众的信息接受心理，巧妙运用符号化的方式和特点，借助文化或其他意义载入符号编码过程而作用于大众的心理与精神层面，以消费者最易接受的感知方式来传递与产品相关的信息，并借此影响和改变消费者的消费心理和消费行为，方能在激烈的市场竞争中获得成功。这其中的关键，是符号的制造者和传播者必须依据目标受众的文化心理和信息接受、认知习惯进行信息编码，力求尽可能的预设或影响消费者的解码方式，让至关重要的消费受众心理意象的生成和符号之间产生广泛而有深度的共鸣，使纺织服装产品的符号能够以超越传统的形象流行与传播，并最终借助符号化营销的策略来实现产品的价值。

思考题

1. 纺织服装符号化营销产生的社会经济文化根源是什么?
2. 你熟知哪些与纺织服装相关的符号？是通过什么形式熟知它们的?
3. 近年来产生的新的信息传播媒介比如自媒体是如何影响服饰流行信息传播的?
4. 为什么说符号化营销是一种基于生活方式的营销方式？它和其他营销方式最大的区别是什么?
5. 举例说明符号化营销方式对于品牌形象的塑造有何好处。
6. 你认为纺织服装符号化营销对社会影响的利与弊各是什么？为什么?

参考文献

[1] 曾琦．流行服饰文化传播中的符号化特征研究［D］．成都：四川大学，2006.
[2] 罗兰·巴特．流行体系——符号学与服饰符码［M］．上海：上海人民出版社，2000.
[3] Jean Baudrillard，Mark Poster. Jean Baudrillard：Selected Writings［M］. Stanford：Stanford University Press，1988.
[4] 让·鲍得里亚．消费社会［M］．刘成富，全志刚，译．南京：南京大学出版社，2000.
[5] Fiske. Understanding Popular Culture［M］. London：Routledge，1989.
[6] 杜克杰·姆逊．后现代主义与文化理论［M］．北京大学出版社，2005.
[7] 余明阳，朱继达，肖俊崧．品牌传播学［M］．上海：上海交通大学出版社，2000.
[8] 马克思·萨瑟兰．广告与消费者心理［M］．瞿秀芳，鹿建光，译．北京：世界知识出版社，2002.
[9] 陆扬，王毅．大众文化与传媒［M］．上海：三联书店，2000.
[10] 戴安娜·克兰．文化生产：媒体与都市艺术［M］．赵国新，译．南京：译林出版社，2001. 59 - 64.
[11] 吴志军，那成爱．符号学理论在产品系统设计中的应用［J］．装饰. 2004（07）：19.
[12] 黄敏．艺术设计中的符号学［J］．设计艺术. 2003（02）：20.
[13] 马克斯·本泽，伊丽莎白·瓦尔特．广义符号学及其在设计中的应用［M］．徐恒醇，编译．北京：中国社会科学出版社，1992.
[14] 王蕾，代小琳．霓裳神话［M］．北京：中央编译出版社，2004.
[15] 李思屈．东方智慧与符号消费［M］．杭州：浙江大学出版社，2003.
[16] 珍妮弗·克雷克．时装的面貌［M］．舒允中，译．北京：中央编译出版社，2000.

[17] R. Goldman, S. Papson. Sign Wars: The Cluttered Landscape of Advertising [M]. New York: Guilford, 1996.

[18] I. Chambers. Popular Culture: The Metropolitan Experience [M]. London: Routledge, 1986.

[19] 苏特·杰哈利. 广告符码——消费中的政治经济学和拜物现象 [M]. 马姗姗，译. 北京：中国人民大学出版社，2004.

[20] 特伦斯·霍克斯. 结构主义和符号学 [M]. 瞿铁鹏，译. 上海：上海译文出版社，1997.

[21] A. 杰罗姆·朱勒，等. 广告创意策略 [M]. 郭静菲，等，译. 北京：机械工业出版社，2003.

[22] 董强. 艺术接受的符号学阐释 [J]. 学术交流，1995 (4): 45-47.

第五章　纺织服装品牌营销

本章重点知识

1. 品牌的定义、由来、构成、丰富内涵及其与商标的关联与区别。
2. 国内外纺织服装品牌的历史发展与现状。
3. 纺织服装品牌的基本含义、主要特征及其价值评估。
4. 中国纺织服装知名品牌的含义、意义及发展态势。
5. 品牌与商标的分类及其 Logo 的设计要求。
6. 品牌和商标在市场营销中的功能与作用。
7. 纺织服装产品实施品牌化市场营销的八类营销策略。

中国已是目前世界上最大的纺织服装产品生产、消费和出口国，但至今尚无引领消费时尚潮流的世界顶级知名品牌。这已成为我国纺织服装业在全球进一步大展宏图的主要瓶颈，并使我国的纺织服装业在当今市场全球化、文化多元化、品牌国际化的市场竞争中，处于话语权和市场竞争力均较弱的境况。因此，准确地理解品牌内涵及其在新经济时期的构成与含义，特别是具有中国特色知名纺织服装品牌的含义，探讨实施品牌战略在产品市场营销中的重要作用，对于大力推动我国纺织服装业的品牌战略和灵活掌握与运用品牌营销策略，不断丰富我国纺织服装品牌营销理论和探索其市场营销规律，增强行业和企业在全球的核心竞争力和软实力，早日实现我国由纺织服装大国走向纺织服装强国的战略目标，均具有非常重大的理论和现实意义。

第一节　品牌与商标的基本概念

一、品牌的含义

1. 品牌由来

品牌，即“Brand”一词，源自古挪威文“Brandr”，意思是“打上烙印”。许多历史著述记载，在中世纪的欧洲，农场主为了把自己饲养的马、牛、羊等牲畜与别家的区分开来，便在自家牲畜身上烙上独特的烙印以证明“它是我的”，所以品牌最早的雏形只是一个烙印或一个特定的个性化标记[1]。随着人类生产方式的改进和生产数量的增加，商业活动开始在社会经济中发挥越来越大的作用，从事相同产品或服务的商家或工艺者慢慢增多，一些商家的产品或服务被多数人所肯定而不断地被重复，其标记则被人们相传、识记并赢得持续的声誉。16 世纪早期，蒸馏威士忌酒的生产商将威士忌装入烙有生产者名字的木桶，以防不法商人偷梁换柱。到了1835年，苏格兰的酿酒者使用了“Old Smuggler”这一品牌，以维护用特殊蒸馏程序所酿制酒的质量和声誉。此时，人们发现品牌印记不仅能够起到识别商品的作用，使买卖双方通过这些标识可以更加了解对方，而且还能够带来更多的无形价值。商品标识的重要性遂逐渐被人们所认识，寻求品牌保护的“商标”及商标法随之而诞生。由此，品牌逐渐成为一种质量、信誉的象征，并具有了特定意义——这个符号不仅表示制造者与销售者，更代表品牌产品及其服务的质量、可靠性、信赖度以及某种个性与市场地位等。

在中国，明清时期的市场中便早已有用“字号”“招牌”“牌子”等表达“品牌”之意；至20世纪80年代，在美国经济学家来中国讲学期间，才引入“Brand”一词，并译为“品牌”；到了20世纪90年代，随着我国改革开放和市场经济进程的加快，“品牌”一词开始在中国内地的市场营销领域和广告传播领域盛行；如今，国人虽然依然将“字号”“招牌”“牌子”等相关词汇作为品牌的同义语使用，但随着历史和商业竞争格局以及零售业业态的不断变迁与演变，品牌所承载的含义已越来越丰富，以至形成了专门的研究领域——品牌学。

2. 品牌定义

《牛津大辞典》对品牌的定义是：“用来证明所有权，作为质量的标志或其他用途。”但在市场营销学中，对“品牌”的定义，不同的学者却有着不同的理解。目前国内外学术界和产业界比较认可的，是世界著名营销学专家菲利普·科特勒（Philip Kotler）对品牌的定义：一个名字、名词、符号或设计，或是上述的总和，其目的是要使自己的产品或服务有别于其他竞争者。[2]

3. 品牌内涵

由上述品牌的定义可知，“品牌”的现代内涵非常丰富，它不仅是一个简单的名词、符号或设计，而且是由外部标记（名称、文字、术语、图案、色彩等）和品牌识别、品牌联想、品牌形象等内容共同构成的、有着丰富内涵的一个复合概念，还是一个企业及其产品或服务的品质、声誉与认知度（即消费者的认同度、赞誉度）及其实力、商业信誉、完整形象的综合体现和集约化表现。因此，一个经法律注册即商标化的品牌，通常包含以下丰富的内涵：

（1）自然属性。品牌首先与产品的某种特定自然属性相关联，不同的自然属性是消费者购买某一品牌产品的基本出发点。例如，裘皮服装天然、舒适、时尚、高雅的自然属性。

（2）利益。顾客在消费品牌产品的时候，除满足其实用性需求外，更重要的是期望品牌能够为其带来各种附加的功能性和情感性利益。如奢侈品牌香奈儿（Chanel）套装，因其高雅、简洁、精美的风格和通过这一品牌可展示其身份与品位的附加利益，深受全球高雅女性们的喜爱与追捧。

（3）价值。成熟的品牌不仅体现着品牌拥有者的价值感，也同时体现着消费者的价值感。耐克（Nike）的品牌宣传语“Just do it”，超越了体育运动的范畴，推崇的是一种积极生活的精神与态度。

（4）文化。成熟品牌一定具有深刻而丰富的企业文化内涵和特定的象征性文化表征。如美国牛仔服装的奠基品牌李维斯（Levi's）就是美国西部文化的一种象征，全世界年轻人都喜欢穿牛仔装，所体现的是对这种洒脱不羁的探索精神和自信潇洒的个性风格的认同与追逐。

（5）个性。个性化是品牌的主要特征之一，既代表着产品的品质、特色和服务，又是消费者心目中的产品标志。如设计风格鲜明、款式性感漂亮的意大利服装品牌范思哲（Versace），既有歌剧式的超乎现实的华丽、舒适与修饰体型，又具有独特的美感和先锋艺术的个性化表征。

（6）消费者群体。品牌也代表着购买或使用这种品牌产品的特定消费群体。一向以高档、豪华、性感而闻名于世的古琦（Gucci）品牌时装，就象征着身份与财富，成为富有的上流社会的消费宠儿。

（7）专属性。品牌的专属性表明品牌的所有人在法律上对该品牌拥有的专属权、专用权和排他权。

由上述可知，品牌是一个复杂的符号，有着极为丰富和宽泛的内涵，当某一品牌被广大受众识别其全部含义时，可以说品牌较为深入人心，反之则比较肤浅。

4. 品牌价值及其评估

当人们感知这个品牌标志时，在顾客脑中有完全或部分积极的和消极的设想被激活，所有这些设想的总和就是品牌价值[3]。品牌价值是用户或消费者对品牌整体实力的全面心里反映，能够带给消费者可感知的情感性利益和功能性利益，是与某一品牌相联系的品牌资产的总和。一个商品有无品牌以及品牌美誉度、知名度的高低不同，对消费者的吸引力会不同；同一种商品的品牌不同，其市场价格会有着很大的差异。由此可见，品牌的价值是一种超越企业实体和产品以外的价值，与品牌的知名度、认同度、美誉度、忠诚度等消费者对品牌的评价密切相关，是一种能够给企业和消费者带来“双赢效用”的无形附加价值。

1995 年中国质量万里行杂志社和北京资产评估事务所，借鉴世界通行的品牌评估方式，首次提出第一个“中国最有价值品牌排行榜的年度报告”。其最有价值品牌的评价公式[4]为：

$$P = M + S + D \tag{5-1}$$

式中：P——品牌的综合价值；

M——品牌的市场占有能力；

S——品牌的超值创利能力；

D——品牌的发展潜力。

品牌价值的评估不但可以量化具体品牌的价值，揭示出品牌价值的内涵和规律，还可以通过对各个品牌价值的比较，从特定角度反映出各品牌企业的经营状况、所处市场地位及其发展趋势。2016 年 8 月 29 日，2016 年中国品牌 500 强排行榜发布，这是中国品牌价值研究院对我国品牌建设、未来发展潜力及综合市场竞争力进行全面、科学、独立的品牌价值发展调查研究之后的宣传发布工作，其中鄂尔多斯品牌以 808.55 亿元的品牌价值列居第 43 名，劲霸、魏桥、柒牌、红豆、雅戈尔均挺入前 100 名。

5. 中国特色知名纺织服装品牌含义

对中国特色知名纺织服装品牌的含义，业界与学术界目前尚无统一的定义，本书在对品牌来源及其基本含义、构成、内涵、价值、作用、特征等综合理解的基础上，将其归纳为：具有高品质的产品，个性化鲜明的 Logo 与 CI，先进的企业经营理念，核心差异化的营销战略，成功表达核心价值及差异的外在形式与定位，有着国际知名纺织服装品牌基本特征和独特中国风格的品牌核心文化，具有持续不断的创新活力与国际竞争力，拥有自主知识产权与高附加值，能够传递民族精神并得到国内外消费者广泛持久认知与高度忠诚的中国原创纺织服装品牌[5]。

二、品牌的构成及其与商标的区别

1. 品牌的构成

一个品牌主要由两个必要要素（品牌名称与品牌标识）和两个充分要素（商标与版权）构成。

（1）品牌名称（Brand Name）。指品牌 Logo 中可用文字表达并能够被发音和读出来的那一部分。如 McDonald's（麦当劳）、Coca Cola（可口可乐）、Nike（耐克）等。

（2）品牌标识（Brand Mark）。指品牌 Logo 中以符号、图案或颜色等所显示，可以被识别、辨认，但却无法发音和用语言读出的那一部分。如美国的知名服装品牌“Pual Frank”（大嘴猴）的标识（图 5－1）、法国体育运动品牌“Le cop sportif”（乐卡克）的标识（图 5－2）。

（3）商标（Trade Mark）。指通过一定法律程序，经有关部门注册的品牌，用以表明品牌的所有权、专属权和排他权，可以是品牌的全部，也可以是品牌的一部分。

图 5－1 “Pual Frank”的标识　　图 5－2 “Le cop sportif”的标识

（4）版权（Copy Right）。这是一个源于文字和艺术作品出版物专用权的法律术语。在现代市场营销的激烈竞争中，品牌拥有者为了取得对产品的完整法律保护，可以申请对品牌的设计、造型、图案以及美术构思的版权，由此可以比商标对品牌起到更为全面的保护作用。

2. 品牌与商标的区别

由上述对品牌和商标的定义可以看出，品牌与商标之间，既有联系又有区别，这主要表现在以下几个方面：

（1）品牌是生产经营者为自己的产品或服务规定的商业名称，是产品或服务的一种标志，而商标则是经法律注册的、具有排他性的品牌，用以表明品牌的专属使用权，品牌不受法律保护，商标则受法律保护。

（2）品牌和商标可以相同，也可以不相同。商标在注册时，可以是品牌的一部分，也可以是品牌的全部，当全部注册后，品牌与商标合二为一，商标就是品牌，品牌就是商标；若不全部注册，那么品牌中将有一部分不属于商标，就不能拥有专属权，也不会受到法律的保护，这在当前激烈的市场竞争中，将会给竞争者留下竞争的漏洞。因为当一个企业的产品在消费者中享有较好的声誉并拥有较高的市场份额，但却又没有对品牌全部注册时，很易为竞争者所利用，并会由此引起后患无穷的商业纠纷。这在纺织服装业表现得尤为突出，原因是纺织服装产品的生产工艺和设备条件可以相对简单化，名牌服装产品的品牌极易被盗用。因此明智的企业通常会采取全部注册的方式，完整地保护自己的品牌，生产与经营童装的杭州娃哈哈集团是典型案例之一。该集团虽然一直都只使用“娃哈哈”这一商标，但在申请商标注册时，采取了保护性注册，对“娃哈哈”“娃娃哈”“哈哈娃”“哈娃娃”同时进行了注册，不给竞争者留下任何打“擦边球”的机会。

（3）品牌可以简单，也可以复杂，但商标却不允许过于复杂，因为过于复杂的商标不便于注册登记。因此，商标的命名和设计尤为重要，既要朗朗上口，具有广泛的传播力与亲和力，又要突显产品特色，避免与同类产品的商标类同或重名。企业在创立品牌之初，就应从品牌的商标化出发，对品牌 Logo 采取简单化的设计，为进一步注册商标打好基础。

三、品牌与商标的分类及其 Logo 的设计要求

1. 品牌的分类

（1）按来源分类。

①制造商品牌。品牌的最初发起者是制造商，制造商将自己的品牌注明在商品上进行销售，消费者一看就知道该商品是哪家制造商生产的，该制造商的生产能力和信誉就会成为消费者选择商品的参考依据。如我国的“培罗蒙”西服、“三枪”内衣、“雅戈尔”衬衫等。

②经销商品牌。制造商将产品卖给经销商，标上经销商的品牌，即成为经销商的品牌商品。这里经销商可以是中间商、代理商或零售商。例如，著名的买手百货品牌 Lane Crawford（连卡佛）是亚洲首屈一指的专卖店，品类繁多的独家买断经营品牌作为 Lane Crawford 商品在这里出售。

③特许品牌。企业支付一定费用，采用品牌拥有者特许的品牌来生产或经销产品即为特许品牌。如天津津达服装厂生产的 Pierre Cardin（皮尔·卡丹）西服，其品牌即为特许品牌。

④设计师品牌。指利用设计师本人名字命名的品牌。国际上著名的时装品牌几乎都是设计师品牌，如意大利的 Armani（阿玛尼）。近年来，越来越多的新锐中国设计师品牌在我国开始崭露头角，为时尚圈带来多样化的潮流，如郭培的“郭培”定制、设计师马可的品牌“无用”、设计师刘清扬的时尚品牌“Chictopia”、设计师卜柯文的成衣品牌“Chris By Christopher Bu”均获得良好的口碑，并频频在国际舞台上发声。

⑤名人品牌。即以社会名流或公众人物的名字命名的品牌。名人们借助自己在其他领域里的声望来打造自己的服装品牌，其本人并不是服装设计师。如美国著名女星 Jennifer Lopez（詹妮弗·洛佩兹），于 2001 年开创名人时装品牌的先河，以其名字推出一系列手工精巧、采用优质物料制造的时尚鞋履及配饰，为女士们带来时尚的新选择。又如成龙男装“Jccollection”和运动装品牌“李宁”“郝海东”等。

（2）按知名度和档次分类。

①国际品牌。国际品牌具有国际性的市场占有率、强有力的资金拥有量、经常性的品牌曝光率、世界级的著名设计师和强盛的国家实力。像阿玛尼、范思哲、香奈儿等，常在 *WWD*（《世界时装之苑》）、*ELLE*（《女装日报》）、*BAZAAR*（《时尚芭莎》）等权威服装报刊上刊登广告和评论的服装名牌大多都是国际品牌。

②地区品牌。市场占有率一般只限于某一个国家或地区的服装品牌，如我国的大多数服装品牌即属此类品牌，如杭州的“江南布衣”“秋水伊人”等，四川的“巨人树”“琪达”“雷迪波尔”“圣山”等。

③高档品牌。指以产品构成要素的高标准而组合的品牌。此类产品的制作成本高，品牌形象好，价格昂贵，一般在高档商场里设置形象一流的专柜，开设专卖店，如 Christian Dior（克里斯汀·迪奥）、Pierre Cardin（皮尔·卡丹）等。

④中档品牌。指以产品构成要素的一般标准组合的品牌。此类产品的制作成本一般，但比较注重流行要素，价格中等，是服装市场的主流产品。如 Etam（艾格）、Giordano（佐丹奴）等。

⑤低档品牌。指以产品构成要素的低标准组合的品牌。此类产品制作成本较低，知名度低，价格低廉。

（3）按品牌的主次分类。

①主打品牌。又称主牌或一线品牌，是企业推出的主要品牌，在产品的完整性、投资额等方面都居于企业的重要位置。一个企业通常只拥有一个主线品牌。

②延伸品牌。又称二线品牌或副牌，是企业多品牌战略下推出的与主牌有关联的次生品牌，在产品的完整性、投资额等方面都逊色于主线品牌，如 Prada（普拉达）的二线品牌 MiuMiu（缪缪）等。一个企业通常可以拥有多个二线品牌。

（4）按品牌风格分类。

①休闲品牌。以休闲风格为主要产品路线的品牌类型。休闲品牌常常男女服装兼营，产品放在同一个卖场内销售，如国外品牌 Esprit（埃斯普利特）、Uniqlo（优衣库），国内品牌美特斯邦威、以纯、真维斯等。

②职业品牌。以礼节性工作场合为穿着环境的品牌类型，讲究产品的质地，比较成熟经典，如我国的“白领”“庄吉”等。

③运动品牌。为体育运动或非体育比赛用的具有运动趣味的品牌类型。注重轻松活泼的氛围，带有一定的运动特点，如 Nike、Adidas 等。

④前卫品牌。具有超前意识的品牌类型。设计理念比较新颖，突出个性和特色，卖场形象也比较新奇，如 Vivienne westwood（维维安·韦斯特伍德）等。

⑤乡村品牌。具有乡村风格的品牌类型。带有回归自然的设计理念，选择具有乡村风味的设计元素进行组合。如日本的品牌 Beberose（浅粉红色）等。

（5）按销售方式分类。

①零售品牌。以零售市场为主要销售窗口的品牌。适合以本地商场为主要销售渠道的品牌服装。

②批发品牌。以批发方式为主要销售渠道的品牌。适合拥有生产优势通过分销商向市场推广的品牌服装。

③代理品牌。以代理形式为主要销售手段的品牌。这类品牌一般有较大的市场空间，采用代理的方式进行销售，通常是异地代理。

④网络品牌。专门进行网络销售的服装品牌。这些品牌抓住未来电子商务的契机，省去了开设实体店面所需要的财力人力，将更多的精力投入到产品的开发和物流环节上。这是随

着网购市场的快速发展，近几年面向不断扩大的网购消费群体的一种新兴品牌。如我国的网络女装品牌茵曼、韩都衣舍、七格格等。

2. 商标的分类

（1）按构成分类。

①文字商标。如图 5 -3 和图 5 -4 所示的福州爱朵儿儿童有限公司和美国杰西·伍服饰有限公司的商标。

JECCI FIVE
NEW YORK

图 5 -3　爱朵儿　　　　图 5 -4　杰西·伍

②图形商标。如图 5 -5 和图 5 -6 所示的法国 Pierprince（皮尔王子）品牌商标和四川德福制衣有限公司的商标。

图 5 -5　Pierprince　　　　图 5 -6　德福

③符号商标。如图 5 -7 和图 5 -8 所示的我国服装品牌安踏和纤丝鸟的商标。

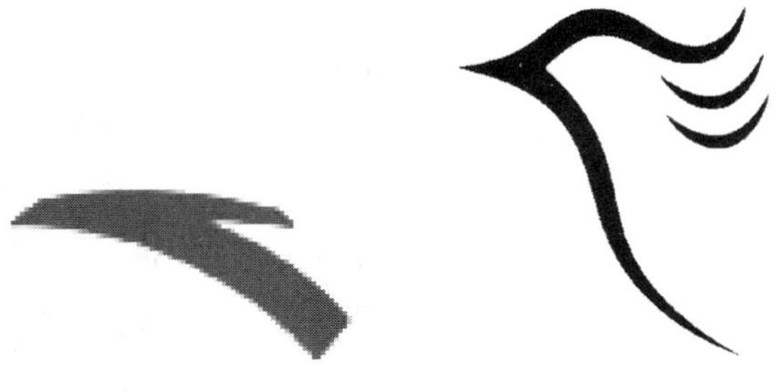

图 5 -7　安踏　　　　图 5 -8　纤丝鸟

④组合商标。如图 5 -9 和图 5 -10 所示的我国童装品牌加菲猫和羊绒衫品牌鄂尔多斯的商标。

图 5－9　加菲猫

图 5－10　鄂尔多斯

（2）按用途分类。

①营业商标。即把企业标记和企业名称合而为一的商标，如图 5－11 波司登国际控股有限公司、图 5－12 江西共青鸭鸭集团、图 5－13 深圳稻草人服饰有限公司。

图 5－11　波司登

图 5－12　鸭鸭

图 5－13　稻草人

②产品商标。即以产品名称作为企业标记的商标，如图 5－14 所示的浙江步森集团的步森制衣和图 5－15 所示的我国著名的“张小泉剪刀”。

图 5－14　步森

图 5－15　张小泉

③等级商标。即对不同等级的产品采用不同的商标，不仅使消费者一目了然，而且可以加深消费者对商标的印象和记忆。

④用途商标。即对不同用途的产品采用不同的商标，如美国的宝洁公司（P&G）在中国大陆生产的飘柔、潘婷、海飞丝系列洗发、护发用品就是按照柔顺、硬挺、去头屑的不同功能而分类。

⑤证明商标。即只表明产品的某些属性和特点，而不标明产品来源和生产主体的商标，如我国“真皮标志”商标（图 5－16）。该类商标在用途与功能上完全不同于

图 5－16　国家“真皮标志”商标

普通商标，是一种用以证明产品的原料、制作方式、质量和售后服务或其他特点的特种标志。对该类商标的实施，国家商标法有着专门的规定。

（3）按使用者分类。

①制造商商标。指以产品制造者的标记为商标。如内蒙古鄂尔多斯羊绒（集团）有限公司生产的羊绒产品，青岛海尔集团制造的“海尔”电器产品等。

②销售商商标。指以产品销售者的标记为商标，经销商对所经销的产品使用自己的商标而不使用制造商的商标。国外始于20世纪70年代，如“耐克”商标。

3. 品牌与商标设计的主要要求

（1）标记性。品牌和商标的设计，应具有鲜明的个性化特征，独特、新颖，易于识别、发音和记忆；图案和色彩应简洁明快，主次分明；文字应简短，一般西文2~3个单词，中文2~3字。

（2）适应性。便于国内外注册；便于不同场合和媒介使用；适于各种消费对象和文化风俗，避免与产品销售地区民族文化或风俗习惯相冲突。

（3）艺术性。优美健康，精致独特；具有强烈的视觉冲击力和吸引力；寓意深刻，启迪联想。

第二节　纺织服装品牌的历史发展及其主要特征

一、纺织服装品牌的历史发展

1. 世界纺织服装品牌的历史发展

现代纺织服装品牌是20世纪至今现代社会商品经济和买方市场发展的历史产物。从品牌的产生、形成和发展的历程来看，可以分为以下几个阶段。

（1）启蒙阶段。20世纪初，工业革命促进了欧洲的经济，纺织服装产品冲破了欧洲贵族富豪式的格局，开始向大众化方向发展，交通运输、纺织、印染工业生机勃勃，缝纫机械日臻完善，巴黎时装业和美国成衣业开始萌芽。在法国巴黎，20世纪20年代初期之前，服装品牌限于少数著名的服装设计中心和服装店内，如获得“时装美术大师”雅号的法国时装设计师捷克·杜塞（Jacques）的服装设计中心、卡普丽艾·香奈儿（Gabriele Chanel）的时装设计中心等，成为现代纺织服装品牌的起点。

（2）形成阶段。第一次世界大战结束后，欧洲处于经济恢复和建设时期，人们追求安静平和的生活环境，需要大众化的、新颖的时装款式。国际电影艺术的蓬勃发展和国际奥林匹克运动热的形成，推动了时装界的发展。人们的装束开始变得富有现代特征，文化、电影、艺术和影星形象直接与品牌相关联、相影响。在此期间，法国出现两位著名的时装设计师，一位是克里斯汀·迪奥（Christian Dior），他设计创作出了类似西方字母型的时装造型；另一位是最具影响力的服装设计师爱尔莎·薛巴莉（Elsa Schiaparelli），于1935年在巴黎开设了以自己名字命名的设计中心，推出了以自己名字为商标的品牌时装。这个时期被称为现代品牌时装形成前阶段。

第二次世界大战阻碍了纺织服装业的发展，人们注重衣着的简单与方便。品牌服装的发展受到了挫折。巴黎许多品牌设计中心、商店都陆续关闭。战争结束后，迪奥在他人的赞助下，重新创建了时装设计中心。1947～1950年，迪奥的时装创作活动逐步达到登峰造极的地步，他以独特的艺术才能和超群的设计方法，创造出数以千计的服装精品和极品，震撼了巴黎和整个世界服装界，成为现代品牌服装形成后阶段的崇高典范。

（3）发展阶段。从20世纪60年代到70年代末这一时期，法国巴黎仍然是欧洲时装中心，每年都召开四个季度的品牌发布会，来自世界各国的商人和设计师都聚集于此。意大利的米兰、美国的纽约、英国的伦敦也陆续成长为世界时装中心，日本东京的时装、中国香港和中国台湾的丝绸服装也都开始远销欧美。随着经济的发展，富有浓郁时代气息的服饰和服装业开始走向繁荣，并出现对性感服装追求之风，导致超短裙、迷你装和喇叭裤的盛行。

（4）成熟阶段。20世纪80年代以来，伴随着经济信息的全球化，纺织服装业的竞争日渐激烈。1984年法国著名品牌设计师皮尔·卡丹（Pierre Cardin）受中国政府邀请，在北京和上海进行了多场时装发布会和时装表演；1985年法国著名高级品牌设计师伊夫·圣·罗兰（Yves Saint Laurent）应中国政府邀请，在北京展出他设计的高级女装。随后几年中，皮尔·卡丹品牌系列高级女装、高级成衣、男西服、男大衣，以及伊夫·圣·罗兰品牌系列高级女装、化妆品等全部进入中国市场，并呈现一片旺销景象。同期，日本著名品牌设计师君岛一郎也先后两次来到中国，在北京和上海进行文化艺术交流，并开始在上海发展服装事业。

（5）全球化竞争阶段。20世纪90年代末以来，国际高级女装和高级成衣层出不穷，国际休闲装系列盛行，针织装系列不断创新，少女装、淑女装系列别出心裁，休闲运动风格服饰愈加风靡，各种品牌推陈出新，开创了品牌服装市场成熟发展的新局面。

2. 中国纺织服装品牌的历史发展

中国市场和消费者对品牌的概念在20世纪70年代之前是模糊的，在计划经济和商品供不应求的环境下，企业不宣传产品，消费者自发购物，直到20世纪90年代中后期，国人的品牌意识才发端于改革开放的不断扩展与深化。自那时至今，中国纺织服装品牌的发展主要经历了以下几个阶段。

（1）原始资本积累阶段。20世纪80年代初至90年代中期，国内的纺织服装市场对产品的品质、品位、风格及设计附加值均没有要求，只要能够迎合消费者基本要求、满足市场数量的需求就可以打开销路，完全没有品牌概念。

（2）品牌发端与建设阶段。20世纪90年代中期到90年代末，随着市场竞争的加剧和消费者消费心理的日趋成熟，企业开始关注产品的质量，同时在产品的品质、设计与包装上大大提升，标志着国人品牌意识的觉醒。期间，中国的纺织服装市场经历了两次大的变化或革命，第一次是由产品品种花色严重短缺、质量低劣转向百花齐放、万紫千红；第二次是如何打造中国本土服装品牌和服装企业。两次革命的结果是十年之间中国本土服装企业全面成长，在男装、女装、童装、中式服装、内衣、时装、牛仔装、职业装、休闲装等众多产品类别中，都形成了热火朝天的创牌风潮和品牌战略的实施，政府也介入和指导品牌建设，对企业创牌进行了政策性的扶持。

（3）品牌成熟与竞争阶段。自21世纪初至今，品牌已成为产品品质、信誉、品位的代名词。一方面，品牌消费已成为国内消费者体验品牌价值的最终形式，消费者成为品牌价值的权威发言人，一批知名的国内品牌如雅戈尔、波司登、恒源祥、七匹狼等已逐步走向国际市场；另一方面，一大批国际纺织服装著名品牌则以其国际知名度和悠久的品牌历史及其推广造势的力度，大举进军中国市场，形成了目前国内外品牌激烈竞争，群雄逐鹿的局面。在这样的环境与背景下，21 世纪世界纺织服装业的发展，必将会以品牌为龙头，这将会促使我国的纺织服装市场更好更快地走上品牌发展的必由之路。

二、纺织服装品牌的主要特征

长期以来，全球纺织服装贸易一直游离于自由贸易体制之外。为了维护自身权益，发展中国家经过长期的努力，终于签订了《纺织品与服装协定》，从 2005 年 1 月起，世界纺织服装业开始进入后配额时代，配额的取消对世界纺织服装业的发展产生了重大的影响，纺织服装品牌呈现出以下特点。

1. 品牌国际化

21 世纪，经济全球化的趋势正在不断加强，品牌在具备一定的实力之后，目光自然会转向国际，抢占市场空间，力争在国际范围内树立自己的品牌地位。因此，企业的国际化市场营销战略和品牌的国际化运作方式应运而生，成为企业品牌国际化、营销战略全球化的客观需求和必然发展趋势。一些国内服装品牌也相继走出国门，登上国际秀场，大放异彩。

2. 经典品牌时尚化

路易·威登（Louis Vuitton，简称 LV）、古奇（GUCCI）、迪奥（Dior）等国际级奢华品牌，虽早已是全球上流社会的宠儿，但在剧烈的市场变化中，也意识到高消费群体有年轻化的趋势，传统保守的设计已不能持续获得市场的青睐，家族经营方式已不合时宜。所以，当今的国际奢侈品牌在保留经典之余，大多与时俱进，开发出更具时尚感的产品，并为此开始跨领域共同协作，引进职业经营管理专业人才，实施全新的经营管理理念。

3. 品牌营销体验化

为了强化品牌知名度，延伸品牌价值；扩大消费群体，让更多顾客进店，形成群体效应；提供多元化商品及服务，让顾客有更好的“消费体验”；形成品牌规模效应，建立品牌形象与促销形象。国际时尚品牌争相建立大卖场，使全球的纺织服装业进入了以消费体验为主的营销新阶段。2014 年 12 月，继阿迪达斯在北京开设了中国第一家女子专卖店后，耐克坐落于上海 iAPM 购物中心的中国首家女子体验店也揭开了神秘面纱。

4. 品牌“快时尚”化

以飒拉（ZARA）、海恩斯莫里斯（H&M）、盖璞（GAP）等品牌为首的一批新势力品牌，运用小批量、多款式、快上市的市场营销策略，推出被称为“像快餐一样”的“快时尚”（Fast Fashion）品牌战略，在品牌竞争中异军突起，迅速构建了自身品牌的商业优势。

5. 国际品牌本土化

当今，与品牌全球化发展并行的另一个趋势是国际品牌的“本土化”，这是世界多元文化日益交融发展的必然结果。众多国际品牌在“思考全球化，行动本土化”的理念指导下，已纷纷从产品品牌、人力资源、产品制造、营销管理等方面入手，结合市场的实际情况，将国际品牌的“本土化”拓展战略作为新的竞争手段。

第三节　品牌和商标在市场营销中的主要功能与作用

一、品牌的功能与作用

1. 识别同类商品

品牌的主要功能之一，是表征同类产品之间所存在的差异，使消费大众一看到这个品牌就能联想到该品牌产品的质量、价格、特色及售后服务等。如消费者在购买高级手表时，江诗丹顿、劳力士、卡地亚、浪琴、梅花、天梭等众多品牌，因代表着不同的产品特性、文化背景、设计理念等，消费者就可依自身的需要和产品的特性，选择自己钟爱的品牌。

2. 象征产品质量

质量是品牌的基础与生命，没有质量就没有品牌。在当今的消费社会，品牌已成为产品质量的同义语。品牌可以让消费者辨别和评价不同商家的产品，是商家工作质量的标记。消费者认为有品牌的纺织服装产品或名牌产品代表着优良的面料、做工、板型等，是质量可靠的象征。

3. 标志企业信誉

品牌不仅仅代表产品，还是企业商业信誉的主要标志。对于品牌的消费大众而言，谁生产或提供产品已经不重要，重要的是谁拥有这一品牌。例如，一提到中国最大的综合网络零售商品牌“京东”时，就能联想到它“211 限时达”“售后 100 分”“全国上门取件”“先行赔付”等多项专业服务，率先为中国电子商务行业树立了诚信经营的标杆。

4. 建立顾客忠诚

消费者或顾客通过对品牌产品使用的满意，会形成品牌消费经验并存储在记忆中，为将来的消费决策提供依据。品牌还可使消费者或顾客通过特定渠道和经验，获取相关产品信息，并利用这些信息进行商品选择，从而减少搜寻成本。这使得企业在将商品销售给目标消费者或顾客的同时，让消费者或顾客通过对商品的使用产生品牌好感，从而重复购买，不断宣传，形成品牌忠诚。

5. 获取高附加利润

品牌作为企业产品品质、文化、品位的体现和消费大众追求功能性、情感性利益的载体，在为企业带来高额利润的同时，还能够产生高额的附加价值，形成巨大的无形资产，并成为企业长远投资的重要手段。

6. 拓展市场份额

对企业而言，品牌竞争力的高低决定着企业与企业之间利润的大与小，也决定着产品与产品之间的成功与失败，更决定着企业与企业之间的强大与弱小[6]。品牌一旦形成顾客忠诚与信任，将为企业在与竞争对手的竞争中夯实坚实的基础。因此，通过建立品牌声誉来获取、占有和保持尽可能多的市场份额，是企业不断扩展市场，立于不败之地的有力竞争武器。

二、商标的作用

1. 对企业的作用

商标作为企业品牌的三大主要内涵（产品与服务质量、商标、管理体系）之一，是企业铸造品牌的前提与重要保障。经法律程序注册后的品牌商标，可以对企业起到以下重要的功能与作用：

（1）标明产品来源，突出产品特色，代表企业形象。

（2）区分产品或服务，标示企业产品的质量。

（3）保护企业对产品的生产权、经营权和知识产权，维护企业的合法权益。

（4）有利于企业促销和创造一流企业及产品。

（5）商标注册是企业投资的重要手段之一。因为经过注册的商标，可以有偿许可他人使用或有偿转让。而知名商标可构成企业的巨大无形资产，成为企业可以估价和转让的特殊商品。

2. 对消费大众的作用

对纺织服装产品的消费者或顾客来讲，商标的作用，一是在购买时可以起到认牌识货的作用；二是在穿着或使用知名商标的服饰后，在满足其功能性利益的同时，还可以起到标识个性化身份、社会地位和群体属性的作用，能够给消费者带来荣誉感、时尚感等心理享受与精神满足。

第四节 纺织服装品牌营销策略

一、品牌质量策略

质量策略是指企业为提高其产品在市场竞争中的地位，通过不断提高产品的性能或服务即品牌的质量来获取竞争优势的一种策略。作为衡量产品耐用性、可靠性、精确性等价值属性的综合性指标，品牌质量的形成包括市场调查、款式设计、产品规格标准、工艺要求、面辅料的采购、缝纫生产、工序控制、检验测试、经销与售后服务等多种环环相扣并相互影响的环节[7]。随着我国纺织服装市场的不断繁荣和竞争的日益激烈，实施品牌质量策略已成为企业在市场竞争中制胜的关键。为确保品牌的市场地位，企业须针对品牌质量的实施，采取以下具体策略。

1. 建立产品质量保证制度

在建立产品质量的保证体系与达标制度方面，企业应获取包括 ISO 9000 质量管理体系的《ISO 9001 品质保证证书》《ISO 9002 质量保证证书》和《质量管理体系认证证书》《环境管理体系认证证书》《中国进出口商品免验证书》《职业健康安全管理体系认证证书》等，确保产品质量并符合环保要求，以此来体现企业对社会和消费者应负的责任，并为企业积极参与业界的业务招投标，取得客户高度认可度和不断扩大市场份额等提供必要的支撑条件。2016 年 6 月 1 日起，童装强制性标准 GB 31701—2015《婴幼儿及儿童纺织产品安全技术规范》将正式实施，这是我国首个针对童装的强制性标准。表达了我国对持续提高婴幼儿和儿童纺织产品安全质量的决心。

2. 倾听顾客意见

优衣库1995年曾因产品质量问题让物美价廉的口碑蒙受损失，遭遇前所未有的衣服因低价热销，但人们买回去之后立即把商标剪掉的难堪。为了全面提升优衣库的产品质量和知名度，1995年10月，优衣库曾在全国性报纸以及周刊杂志上以100万日元征集对产品的不满，并采取了顾客自购买商品之日起三个月内可享受无条件退换货的措施，派专人进行技术指导和控制，确保每一个生产环节的质量管理，最终使该品牌排名日本休闲装的销售首位，同时成为名列世界服装零售业前茅的企业。

3. 把好质量源头关

纺织服装产品质量问题时有发生，甚至一些知名服装品牌也屡屡出现质量问题，原辅料采购是主要环节之一。因为纺织服装的各种原辅材料，是产品质量的源头，买手应依据产品的定位，制订详细的产品规格标准和工艺要求，严格进行面辅料检验，把好质量入口关。

4. 不让问题产品流向市场

当产品出现质量问题时，应及时采取恰当的纠正措施，避免问题产品流入市场，维护品牌质量信誉。如休闲装品牌“以纯”就曾经模仿“海尔”砸问题冰箱的壮举，一把火销毁了价值30万元的“问题服装”，以此表示“产品质量不合格，董事长也要上反思台”的质量追求，这也是其得以成为国内三大著名休闲装品牌的重要原因之一。

5. 提高产品的科技含量

科技创新，既是产品质量的重要技术保障，也是企业不断推出新产品、确保品牌质量策略得以实施的根本措施。随着消费市场的日益成熟，纺织服装产品正被赋予更高的要求。高科技功能面料的研发、先进设备的引进、科学技术的应用都已成为企业增强竞争力的主要手段。例如，2010年举行的冬奥会上，“安踏”提供的冬奥会领奖服面料，因采用国际尖端的杜邦特氟龙（Teflon）布料防护科技处理，各部位都有透气细孔，具有极强的防水、防污、防油能力，在具有良好舒适性的同时还能很好地防御紫外线对皮肤的伤害，使其能够在众多竞争者中中标而占领这一市场。

6. 做好售后服务

作为以消费者为终端客户的纺织服装业，其售后服务的质量与品质，在塑造企业形象、落实品牌质量策略中的作用尤为突出。但目前国内大多数企业只是把品质做到产品阶段，或至多做到销售环节，而对售后服务的质量与品质却没有高度重视，使得其品牌质量策略的实施功亏一篑。虽然售后服务的提升与渠道、成本等其他环节密切相关，但要想切实实施品牌质量策略，实现品牌的可持续发展，这无疑是一个无法回避的重要环节。

二、品牌化与非品牌化策略

实施品牌化策略，虽有利于企业和市场营销者方便地处理各种业务交易，有助于企业建立稳定的顾客群、技术进步和获得法律保护，使企业的资产增值，是我国纺织服装业必然的发展趋势，但也因创立、维持、保护品牌会使企业的运行成本增高，投入加大，容易成为市场竞争者攻击和模仿的目标而使企业面临的风险增加。因此对单个企业而言，是否实施品牌化策略还须依据企业的实际情况而选择，一些刚起步、实力尚不雄厚的企业，不妨选择非品牌化策略。同样质量的商品，非品牌化策略的产品可降低售价的20% ~40%，薄利多销，同样能为企业赢得较好的经济效益。在我国的纺织服装业中，大多数实力并不雄厚的中小企业更多的是采取“贴牌”生产模式与经营的OEM（Original Equipment Manufacturer）策略。通过这种贴牌策略，可使企业引入和掌握先进技术，学习最新的管理理念和管理方法，推进技术进步，有效防范风险，逐步积累资本、人才、技术、市场优势，为今后自创品牌和实施品牌化战略厚积薄发。

三、多品牌策略

多品牌策略是指企业对同一类产品使用两种或两种以上品牌的策略[8]。采用该种策略的优点是有利于更好地细分市场，对消费者实行交叉覆盖，争取品牌转移型消费者，并有利于在经销商处得到更多的“展示面积”和形成企业内部的竞争机制。但其缺点是除了必须与竞争对手展开竞争外，还会在自己的品牌之间产生竞争。

企业实施多品牌战略的目的，是以差异化营销策略来更好地满足市场越来越多元化和个性化的需求，在不同品牌产品的定位、风格、包装、宣传等方面突出自己独特鲜明的个性，寻求更大的市场发展空间。如国内休闲装品牌班尼路（Baleno），虽以休闲、大众化为品牌核心，但在多品牌的定位上又各不相同，针对不同的消费群体进行市场细分，并研发出不同风格的产品：班尼路（图5－17）面向的是给消费者带来舒适、自然、物超所值的大众服饰；生活几何（S&K）（图5－18）主要针对的是年轻时尚一族，牛仔裤及休闲裤是货品的亮点；互动地带（I. P. ZONE）（图5－19）源于美国和日本的街头文化，充满自由随意的潮流气息；衣本色（Ebase）（图5－20）设计时尚，面向18～30岁时尚女性，款式千变万化，更加个性化[9]。

图5－17　班尼路（Baleno）

图5－18　生活几何（S&K）

图 5－19　互动地带（I. P. ZONE）

图 5－20　衣本色（Ebase）

四、品牌扩展化策略

品牌扩展化策略是指企业利用已有的成功经营品牌的声誉和影响，再推出若干改进型产品或新产品品牌来扩展市场。如波司登国际控股有限公司成立于 1975 年，经过三十多年的发展，在管理、销售、服务及知名度、信誉度方面已形成较强的优势，以此为基础，波司登公司为扩大市场规模，相继推出了雪中飞、康博、冰洁等多个品牌，发挥了波司登的品牌效应，同时也扩大了波司登的品牌影响力。

采用品牌扩展化策略的前提，是品牌必须具有较高的知名度和美誉度，如果企业品牌的知名度不高，并面临众多强有力竞争对手的威胁，则多品牌战略就会有很大的风险。因此采用该种策略的效应具有双重性：经销的好，会进一步增加企业品牌的知名度，争取更多的顾客群，更好地扩大企业产品的市场占有率；但若经销不好，则会损害原有品牌的形象，甚至造成弄巧成拙的局面。

除同一产品的系列化品牌外，延伸品牌产品线也可进行品牌扩展，即在同一产品线下推出新的产品项目，通过增加不同的产品来提高市场的占有率。例如，在全球很有影响力的古琦（Gucci）集团，旗下的产品除服装外，还有饰品、皮具、手表、香水、眼镜等。

五、制造商与经销商品牌策略

制造商品牌又称生产者品牌，指制造商所拥有的品牌，如雅戈尔、杉杉、波司登等；经销商品牌则指经销商拥有并使用的品牌，包括批发商品牌和零售商品牌两类，并以零售商品牌为主要类别。一般情况下，当制造商品牌的知名度、信誉度和实力远高于销售商时，应采用制造商品牌；反之，则应采用经销商品牌。

在西方国家，经销商品牌已成为生产者品牌的强有力竞争对手，并开始逐步取代生产者品牌，比较著名的零售商品牌有美国的沃尔玛、法国的家乐福等。我国因历史原因，绝大多数品牌都使用制造商品牌，但随着经济的发展和市场的演变，在经济全球化浪潮的推动下，国内零售企业也已认识到实施自主品牌战略的必要性，出现了国美、苏宁、深圳人人乐的好唯乐与乐丝、北京燕莎友谊商城的燕莎等经销商品牌。通常，采用经销商品牌策略有以下两种途径。

1. 委托生产商制造

即经销商企业根据市场动态对商品的质量规格、类型、包装等方面进行设计，然后委托生产企业按照要求制造，销售时使用自主品牌。以衬衫、羊毛衫为经营特色的中华老字号品牌开开，就是采用委托生产商制造的成功的经销商品牌代表。我国纺织服装行业的大多数经销商品牌都是采用这种模式，如恒源祥绒线制品、古今内衣等。

2. 自设生产基地

自设生产基地，即经销商企业自己设计、生产开发，并使用自己的品牌销售。如大型购物商场成都“伊藤洋华堂”有限公司的自有品牌 Pbi 和 L&B。

六、个别化与等级化策略

产品品牌个别化与等级化策略，即企业针对各种不同产品分别使用不同的品牌。其突出优点是可较好适应不同顾客群体的多样化要求，满足不同消费层次的市场细分，且当一种产品退出市场时，不会连累其他产品，能较好地抵御市场风险；缺点是运行成本很高，营销队伍庞大，创牌周期长，经营难度大。以下几种情况出现时，均宜采用品牌个别化与等级化策略，即当企业同时经营高、中、低档产品时；企业同时经营网店与实体店时；产品品种较多，生产条件、技术专长等在各种产品上又有较大差别时；原有产品在市场上产生了负面的影响，为避免因某类产品声誉不佳而影响企业整体形象时。

在中国纺织服装产品市场上，台资女装品牌“哥弟”是成功采用上述策略的典型案例。在哥弟旗下，分别拥有以儒文化为品牌内涵、面向“白领”阶层、提供多元化款式的“哥弟”（GIRDEAR）；走精品路线，体现个性品位，以黑白灰、咖驼卡为主色的阿玛施（A-MASS）；面向消费能力较小的客户，将物超所值推向极致的梅（ma’am）；提供时尚典雅的淑女加大码服饰的易俪（e－Li）等（图 5－21）。如今，哥弟的各品牌专卖店遍布了城市的核心位置，但不了解的消费者，又怎知道阿玛施、梅、易俪其实都隶属于哥弟呢？

图 5－21　哥弟四个品牌的 Logo

七、包装化策略

产品包装是品牌的外在形象和“无声推销员”，不仅能够保护、美化产品，而且对增加产品附加值、树立企业形象以及指导消费等都有重要作用。对新上市的产品或人们不太了解的产品，包装则是吸引消费者注意力的媒介。纺织服装产品的销售包装，通常包括品牌或商标、形状、颜色、图案、材料和标签等要素，只有安全、适用、美观、环保，凸显品牌特性的包装才能真正为品牌带来附加值。

（1）包装材料的选择及包装物的制作，必须保证产品不损坏、变质、变形、渗漏等，安全性要求突出。特别是儿童服装的包装，必须要注重安全的设计，使用符合环保标准的包装材料。

（2）商家实施包装策略时，要摆正包装与商品的关系，以消费者为中心，切忌“金玉其外，败絮其中”，不同等级、档次的包装，须与产品的内在质量与价值相符。

（3）因经济收入、消费水平、文化程度以及年龄的差异，不同消费者对产品的包装需求不同。一般而言，低收入群体喜欢经济实惠、简易便利的包装；高收入群体喜欢精美、创意独特、造型别致、有品位的包装。

（4）美观大方的包装往往是激发顾客购买欲望的诱因之一，包装设计须外观新颖、大方、美观，具有较强的艺术性。随着社会大众生活水平的不断提高，过时、千篇一律的包装理念和包装制品，已远远不能满足人们的审美需求。因此，个性化、差异化、能够体现品牌风格的包装，越来越为消费者所推崇。

在成功实施包装化策略方面，自 1996 年创立至今，在激烈的女装市场中独树一帜的例外（EXCEPTION）品牌是典型案例之一。“例外”这个简单独特的名字和它的反转体英文“EXCEPTION”的标识（图 5－22）曾引起几乎所有和它初次相识的人的好奇。该品牌的商标设计不仅吸引了消费者，而且恰到好处地阐明了例外的风格，即例外就是与其他品牌相反的，是不跟风的，它总是游离于大众潮流之外，却又在不断创造着新的潮流。

图 5－22　例外的标识

以经营社区店为主要渠道的中国女装品牌“达衣岩”则是另一成功案例。该品牌风格优雅、浪漫，服装标签和包装袋都独具达衣岩特色（图 5－23）：包装像一堆安静、朴素的岩石，并且标明了设计师的名字，让消费者对品牌产生信任感，而且每一件衣服都有个性化的名字，比如“快乐的风”“邂逅的等待”“浮现谷中的流动”（图 5－24）等出现在吊牌上，让消费者产生浪漫的情感和该品牌似乎是设计师为其量身定做的想象。

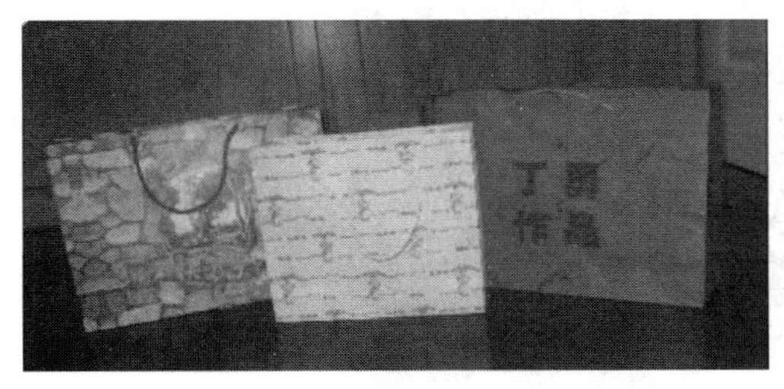

图 5 – 23 达衣岩品牌的包装袋图

图 5 – 24 达衣岩女装的吊牌

八、品牌更新化策略

品牌更新是指随着企业经营环境的变化和消费者需求的变化，品牌的内涵和表现形式也要不断发展变化。品牌更新策略包括：

1. 品牌形象更新

品牌不断创新形象，适应消费者心理的变化。美国的芭比娃娃之所以 50 多年来长久不衰，主要在于她具有与时代同步的品牌形象，其形象的改变主要是通过赋予她不同的职业、身份和着装体现的。2015 年，我国快速发展的多品牌时装集团上海拉夏贝尔服饰股份有限公司宣布，集团正式启动旗下品牌 La Chapelle 的品牌升级计划，以全新商标设计（图 5 – 25）、产品设计和装修风格深入诠释“优雅、经典和浪漫”。为体现 La Chapelle 所代表的精致优雅风格，拉夏贝尔特意为品牌重新设计商标，同时在简约主义的指导原则下，把法国建筑中经典的拱门元素巧妙地融合在店铺设计的每一个细节之中，为消费者提供新鲜的购物体验。

2. 品牌定位的更新

随着消费者与竞争环境的变化，品牌要随之调整自己的发展战略，当已有的品牌形象不能吸引原有消费者时，重新确定目标消费者，也能使品牌发现新的契机。例如，英国创立于 1908 年的李库柏（LEE COOPER）牛仔裤是世界上著名的服装品牌之一，也是欧洲领先的牛仔裤生产商，近百年来，其品牌形象始终在不断地变化：20 世纪 40 年代的品牌定位是自由无拘束，50 年代是叛逆，60 年代是轻松时髦，70 年代为豪放粗犷，80 年代是新浪潮下的标新立异，90 年代则是返璞归真[10]。

3. 品牌更新

当企业因原品牌受到损害或不能满足企业进一步发展的需要时，可部分或全部更换企业的原有品牌。这种做法虽然可使品牌得到不断地完善与改进，但却会使企业品牌的爱好者和追随者发生偏离，因此企业一般不会轻易采用这种策略。

虽然每个纺织服装品牌每一季都要结合流行趋势和市场特点开发新产品和更新产品结构，但品牌一旦定位，不应轻易改变，所以要慎用上述品牌更新策略。因为通过重新定位、形象

图 5－25　拉夏贝尔全新商标设计

更新，虽然能在高认知度的基础上，提高消费者对品牌的忠诚度，但也隐含很大的不确定性和潜在危机。例如，中国市场上历史最悠久、市场份额曾经最高的运动装品牌李宁，2010 年曾高调宣布品牌重塑战略，发布全新品牌标识，对品牌目标群体、产品定位、品牌内涵及开发体系等做出重大调整，希望以焕然一新的品牌形象抢占消费者的心智资源，进一步扩大“李宁”品牌的国际影响力。但最终却事与愿违，在历时一年后导致高层震荡、股份遭减持、品牌重塑战略遇挫等诸多危机。

纺织服装产品作为人类生存的必需消费品，是一个国家、一个民族的历史文化和社会文明的传承载体与重要标志，而“品牌”的概念自其诞生至今已有上千年的历史，其内涵随着社会和市场的不断发展，一直都在发生着持续的演变。将上述两者有机结合，创立自主品牌并运用品牌营销理论来运作产品的市场营销，已成为当今我国纺织服装业不断增强企业产品和产业链的核心竞争力与软实力、在激烈的市场竞争中赢得优势的首选营销策略，而且这一趋势将会随着市场的发展越来越突出。

思考题

1. 你认为品牌、商标、纺织服装品牌、中国知名纺织服装品牌的定义或含义及其丰富的内涵应是什么？

2. 你认为创立和建设一个世界知名纺织服装品牌应具备什么样的条件和采取哪些必备

措施？

3. 你认为纺织服装品牌该如何分类？并列出你所熟悉或喜欢的国内外纺织服装的知名品牌。

4. 我国纺织服装品牌的历史发展进程、现状和未来发展趋势是什么？

5. 品牌策略在纺织服装产品的市场营销中有哪些主要的功能与作用？

6. 你认为目前适合我国纺织服装市场营销的主要策略有哪些？

7. 请分别给出实施品牌策略与非品牌策略的优缺点，并简述经销商品牌策略的特点。

8. 请结合某一国内外知名品牌，对其品牌的含义、由来、构成、丰富内涵及其与商标的关联与区别加以说明。

参考文献

[1] 保罗·斯图伯特. 品牌的力量 [M]. 尹英，等，译. 北京：中信出版社. 2003.

[2] 菲利普·科特勒. 营销管理 [M]. 梅汝和，等，译. 北京：中国人民大学出版社，2001.

[3] Heinz－Joachim Simon. 品牌的奥秘 [M]. 陈兆，黄畅，张晓虹，译，上海：文汇出版社. 2013.

[4] 谌飞龙. 品牌运作与管理 [M]. 北京：经济管理出版社，2012.

[5] 毛艺坛. 中国特色知名服装品牌的创新与发展探讨 [D]. 成都：四川大学，2008.

[6] 徐汉强. "品牌"是企业竞争的核武器——浅谈品牌建设对企业的重要性 [EB/OL]. 2007. http：//www. chinaadren. com/html/file/2007－8－19/pinpaishiqiyejingzhengdehewuqiqiantanpinpaijiansheduiqiyedezhongyaoxing. html.

[7] 万志琴. 中小服装企业品质管理的策略重构与对策 [J]. 武汉科技学院学报，2006，19（3）：54.

[8] 吴佳. 知名服装企业的多品牌战略研究 [D]. 北京：北京服装学院，2007.

[9] 刘东，陈学军，刘小红. 服装市场营销 [M]. 北京：中国纺织出版社，2006.

第六章　纺织服装展示营销

本章重点知识

1. 纺织服装展示营销的含义、类别及其主要特征。
2. 展示在纺织服装营销中的重要功能与作用。
3. 纺织服装橱窗展示策略与技巧。
4. 纺织服装会展展示策略与技巧。
5. 纺织服装现场表演展示策略与技巧。
6. 纺织服装卖场展示策略与技巧。

在科技日新月异发展的今天，纺织服装产品的各种展示活动已成为社会经济和大众生活的重要组成部分。人类文明的进步使得广大消费者对经济生活的参与越来越频繁。生活质量的提升，引领人们不断地追求高品质的商品，在激烈的市场竞争中，商家促销商品的方法日趋多样化，商品展示也逐渐为企业所日益重视。

以高效传递和接受信息为根本宗旨的展示营销（Display Marketing），是视觉营销的一种重要形式，在传递商品信息、促进商品销售、引导消费趋势、树立企业和品牌形象、促进我国市场经济快速发展等方面，都起着重要作用并蕴涵着巨大的发展潜力。在当今的纺织服装市场营销中，展示营销越来越凸显其诉诸力和影响力。纺织服装产品的橱窗展示、展（博）览会、时装周、新品与流行趋势发布会、服装表演、卖场陈列等各种类型的展示营销活动，正朝着形式更加多样化、作用更加直接化、效果更加明显化的趋势发展。

第一节　纺织服装展示营销的含义与类别

一、纺织服装展示营销的基本概念

展示作为人类重要的社会活动之一，最早可追溯到原始社会的图腾崇拜和宗教祭祀。在拉丁语中，“展示”一词“Display”是由“Displicare”和“Displico”组合而成，其语义有“表现”“显见”“被见”之意[1]。因展示需要而诞生的展示设计，是指通过一定空间环境，采用某些视觉传达的手段，并借助模特和一定道具，将一定信息和内容展示在公众面前，并以此对观众的心理、思想和行为产生一定影响的创造性活动[1]。

我国的商品展示和交流活动，萌发于原始社会，起始于商朝，兴盛于汉唐，成型于元明清三代，流传至今的“庙会”与“集市”，就是其典型形式[2]。在近代展览史上，1851 年在英国伦敦举行的万国博览会被公认为人类现代意义上的第一届世界性展会。目前，我国的会展业已发展成为一个独立的归属于商务服务业的经济部门，并在国民经济行业分类中拥有L7491的专属代码[3]。创始于1993年，由中国服装协会、中国国际贸易促进委员会纺织行业分会和中国国际贸易中心股份有限公司共同主办，每年在北京举行的中国国际服装服饰博览会（CHIC），已成为目前国内外业界公认为最具影响力的展会之一。

由上述可知，展示营销是指企业、品牌或某一组织或政府机构，为达到造势宣传、扩大影响力、促销产品和取得某种经济与社会效益而进行的各种展示活动。作为一种信息交流的形式与载体，任何展示营销活动通常都应具备由美国学者H. D. 拉斯韦尔（H. D. Lasswell）在《传播在社会中的结构与功能》的论文中率先提出的五项基本要素[2]：

（1）谁来展示（Who）；

（2）展示什么和如何展示（Say）；

（3）通过什么渠道，以什么方式来展示（In which channel）；

（4）向谁展示，目的是什么（To whom）；

（5）预计会达到什么样的展示效果（With what effect）。

因此，本书对纺织服装产品展示营销的定义是：在一定的时间和空间内，纺织服装产品的生产者、经营者及营销者以静态、动态或动静态结合的方式，借助最新的科技道具和技术手段，向消费者、顾客和参观、浏览者发布最新纺织服装产品流行趋势，传递、交流消费信息，彰显时尚魅力，传播纺织服装文化，并从中获取经济与社会效益的有组织、有计划的活动和行为[4]。

二、纺织服装展示营销的类别及其主要特征

1. 静态纺织服装展示

（1）单元素展示。这类展示属于二维平面展示，一般见之于商场或专卖店，具体展示方式是将单件纺织服装产品平展地固定在墙壁上或放置在台面上。

（2）双元素展示。即将两件或两件以上的纺织服装产品搭配起来展示，其方式是将产品固定在墙壁上，或平摊在台面上，或重叠挂在衣架上并做出一定的造型，以使产品展示的效果更加立体化。前者属于二维平面展示，后者则属于三维立体展示，一般见之于商场或专卖店。

（3）复合元素展示。即采用二维或三维的展示方法来展示纺织服装产品，并在周围配置适当的布景，再加上灯光和适当的音乐，烘托出一定的意境，让观赏者从意境里去领略产品的风格并产生购物联想。一般见之于商店橱窗、博物馆和纺织服装产品博览会。

（4）图片展示。这种方式需要选择最佳的角度，用照相机拍成图片，来展现纺织服装产品的亮点和卖点，属于二维平面展示。一般见之于邮购广告，杂志，专卖店内的形象宣传画或款式宣传海报，各类网站页面上关于设计师、品牌和产品的介绍以及用于教学和专题讲座的幻灯片等。

2. 动态纺织服装产品展示

由静态展示到动态展示，意味着参与表现产品的艺术元素在逐渐增多。动态纺织服装产品展示主要是指自20世纪初以来发展形成的现代T台展示，即由经专门训练和特别筛选的真人模特穿着产品，以特定音乐、灯光、艺术场景为烘托，在T形舞台上以猫步行走和表演来

展示产品的形式。由于这种形式的展示可以随着一组组模特的连续走台、形体与装饰的变化和不同组合形式的艺术造型与表演，使所展示的产品呈现出动态的美感，犹如一道流动的时尚风景线，因此该类展示属于动态展示。此外，利用动态展具如旋转台、旋转架、电动人模、机器人等[1]以及以运动彩车或花车为舞台，载着由真人模特组成的表演车队穿街走巷的形式进行的产品展示，也属于动态展示的范畴。

3. 虚动态纺织服装产品展示

观赏者通过电视等荧屏观看到的纺织服装产品的表演展示，是虚三维的动态展示。二维平面展示的优点是能够鲜明地靠背景衬托出产品的外轮廓，但需欣赏者自己去想象穿着效果；而三维展示可呈现出产品的立体形态，将效果直接诉诸欣赏者的视觉。

虚动态展示是把动态产品展示录像，再通过荧屏播放出来，简单来说是动态展示的第二次重塑展示。因为录像片在制作过程中，会加进“蒙太奇”等多种技术与技巧，因而使产品展示效果更加丰富多彩。虚动态展示弥补了动态展示的转瞬即逝性，将三维的立体动画压缩成二维的平面动画。但虚动态展示只能诉诸观赏者的视觉；而动态展示不仅能诉诸观赏者的视觉，还能诉诸观赏者的触觉，从这个意义上讲，动态展示优于虚动态的展示。

4. 动静态结合纺织服装产品展示

对以展会或大型博览会为交流平台，将橱窗展示与T台展示、彩车或花车表演车队及虚动态展示穿插结合，同场或同域进行的纺织服装产品展示，称之为动静态结合展示。

从观众的角度来说，产品的视觉展示通过与音乐节奏的配合来加强产品的表现力，可吸引观众的注意，加强记忆，引导观众的情感并丰富观众的联想，为人们理解产品提供一个范本或者说一条思维的线索，使产品变得易于被理解和接受，观众也更容易领会展示作品所要表达的主题和思想，即设计师的设计意图。此外，动静态结合的展示还能调动观众的情绪，使他们或多或少、或主动或被动地带着自己的情感来参与艺术的体验，与设计师进行进一步的沟通和交流。因此，这种形式的展示具有互动、直观的优点。

第二节　展示在纺织服装营销中的主要功能与作用

展示作为纺织服装产品视觉营销的一种形式，具有突出的诉诸力和影响力，它以高效传递信息和交流文化为根本宗旨，在提升企业地位、塑造品牌形象、扩大产品影响、获取经济效益、增强企业市场竞争力中有着不可低估的重要功能与作用[5]。

一、传递信息

时下最流行的信息，如最新的时装流行趋势、外形轮廓、面料、色彩和服务，一般都是通过特定的发布会或者是展（博）览会传递给消费者的。纺织服装产品的组织机构以此来吸引新的顾客和消费者，建立与消费大众之间良好的信息通道，并鼓励他们期待着下一轮新信息的发布。业内的零售商则会借此来巩固企业的时尚权威地位，并给当地、全国乃至全世界的消费者或顾客留下心目中的好印象，在起到宣传新产品作用的同时，达成塑造企业和品牌形象的目的。

二、交流文化

纺织服装产品既是人类历史文化发展的载体与见证物，也是不同民族、不同肤色、不同人种之间进行交流的一种文化语言。因此，纺织服装产品的各种展示活动本质上就是一种文化交流活动，展示设计中的文化内涵可通过展示内容和展示形式显现出来。对于现代纺织服装产品的展示而言，不但要求能够在展示中体现时代风尚，迅速、有效地传播最新的信息与知识，而且还要求在展示中体现文化品位，表现民族精神、地域特色，并且通过展示活动，努力弘扬传统文化中的积极成分。

此外，纺织服装产品展示活动的另一个积极作用，还表现在纺织服装产品专业博物馆的重要性上，这既是一个国家、地区或民族文化建设的重要方面，同时也是一种重要的文化、历史和旅游资源，对于推动纺织服装产品展示营销的发展有着不可忽视的重要作用。

三、城市建设

展示艺术对环境可以起到装饰作用，具有美化社会生活环境的功能。展示的内容和形式具有求新、求变的特点，展示的审美情趣则具有通俗性、实用性的特点。如会展可以展示城市形象，提高一个城市在国际、国内的知名度。在国际上，衡量一个城市能不能跻身于知名城市行列，其中一个重要的标志就是看这个城市召开国际会议和举办国际展览的数量和规模，一次国际会议或展览不仅可以给举办城市带来相当可观的经济效益，更能带来无法估计的社会效益。国际展会是最大规模、最有特色和最有意义的城市广告，它能够向来自世界各地的参展商、贸易商和观展人员展现出一个国家或地区的科学技术水平、经济发展实力，并展示一个城市的风采、形象和魅力，扩大城市的国际影响，提高城市在国际国内的知名度和美誉度。

四、促进销售

促销是指任何有助于把产品信息从生产者传递给消费者的行为，而且这种行为对于纺织服装产品的设计者和销售者都是必需的。从本质上看，纺织服装产品展示的目的之一就是为了促销，即企业的营销人员利用展示的各种活动，采用传统或创新的方法，吸引、说服、鼓励消费大众接受、购买其产品或相关服务，提高市场交易效益，增进企业利益，保证企业经营信息快捷传递和产品的广泛畅销。在这一过程中，展示方与消费大众之间有着双向的互动作用，不仅要注意信息的可靠性、针对性及有效、高质地传达，还要考虑观者对所传达内容的反馈信息。通过对展品进行巧妙的布置、陈列，借助于展具、装饰物及色彩、照明、音乐等手段，营造特有的环境气氛，赋予展品活力和生命力，以招徕观者，唤起他们对展品的兴趣和情感。

纺织服装产品的展示营销通过营造某种别具一格的生活情调和情景氛围，能够使消费者或顾客如同身临其境，产生与自己的生活方式和审美趣味有关的联想，在潜移默化中，会把自己同眼前的形象联系在一起。特别是属于随机型和冲动型购买的顾客，很容易受到展品与气氛的启发和诱导而购买自己感兴趣的商品，宜家卖场生活馆的展示营销就是典型例子。

五、展示和宣传产品与品牌的形象

纺织服装产品展示营销的发展是伴随着现代市场的日益完善而进行的。在当今社会，科学技术的迅猛发展和各企业商家的不断开发和拓展，使得纺织服装产品在色、形、品、质等各方面都日新月异，流行周期不断缩短；同时，国内外市场竞争日趋激烈，各企业都在销售的时效把握和争取客源的手段方面投入了相当的精力。企业形象和品牌理念是视觉营销所要展现的首要内容，但通常这些内容又都十分抽象，需要借助形象化的语言加以阐述和宣传。因此，有关纺织服装的流行趋势、面料、款式和流行色的发布会以及展（博）览会、订货会、商场或专卖店的规划与陈列等活动，都可视为企业产品或品牌的宣传广告和形象代言，标识着该产品或品牌的形象及其在某段时期的营销理念和经营方针。

六、引导消费趋势

并非所有的纺织服装展示活动都要直接进行产品销售，展（博）览会、发布会往往都会提前展示下一季最新的流行色、面料、款式和流行趋势，着重介绍未来的流行方向以及用较夸张的形式向观众介绍新的流行元素。对一个特定的纺织服装产品的视觉展示，首要的作用是要留给观众一个美好、深刻的视觉印象，它不一定要即时激发顾客或消费者的购买欲望，但必须要影响到观众未来的购买意向，力图使观众相信商品的价值以及隐藏在商品后面的品牌与公司，从而起到引导消费大众未来消费趋势的作用。

第三节　纺织服装展示营销的主要形式与策略

一、橱窗展示

1. 橱窗展示概述

橱窗展示是当今世界各国零售业普遍采用的一种立体广告形式和商业美术的重要类型，是增添都市魅力、构建现代都市特色长廊不可或缺的重要时尚元素，也是纺织服装展示营销中最常见的主要形式之一[2]。

在12～18世纪，欧美国家还没有展示和宣传商品的橱窗，但已采用多种形式与手段来招徕顾客，如在商店门前修建古希腊或古罗马、古埃及的柱式，或雇用乐队在商店门前长期演奏，或用留声机播放唱片等。至19世纪初，欧美国家的一些商店开始建造用来展示商品的橱窗。起初的橱窗内并没有人工照明，而是在外面用煤油灯或气灯做照明，此时的展示在艺术设计、道具等方面尚不讲究[6]。自20世纪后，各个工业发达国家都已十分重视橱窗设计与布置，并采用先进的技术装备，如装配式展架、组合式展台、插挂式踏板、可调节的射灯、关节可活动的人形模特、电动演示器等来增强橱窗的吸引力与竞争性。各国的橱窗设计师、陈列师还彼此进行互访或经验交流，大大促进了橱窗展示艺术的迅速发展。

作为一个商品三维立体展示的空间“舞台”和传达产品与品牌风格、格调的重要窗口，橱窗展示成为增强大众艺术享受、加强产品商业宣传、提高顾客关注率和方便消费者选购的有效手段，可谓是店铺的“脸面”[7]。橱窗的位置可设在店铺的左右两侧或是中央，设计师作为导演，将主角“商品”在道具、灯光、色调的衬托下，采用极具个性化的创意将商业与艺术完美结合，创造出一种良好的视觉效果，以招徕顾客，唤起他们对商品和商店的兴趣，激发他们的购买欲望，从而达到销售的目的。当商品的种类不同时，橱窗的设计会各具特色，在形式上也会有较大差异，设计师通过对橱窗空间里商品的巧妙布置、陈列，借助于展具、装饰物和背景处理以及运用色彩、照明等手段，赋予商品强烈的生命力与吸引力。所以，橱窗展示最重要一点，是如何有效地向消费者传达商品信息，使其发挥出最大的营销效果。

2. 橱窗展示主要特点

橱窗展示作为一种诉诸视觉感受的广告形式，其特征同看板、招贴等形式一样都是用具体的图形和形象来传达的。但不同之处是，橱窗展示不是平面化的符号和图案形象，而是立体化的形象，即通过实实在在的商品在三维的空间上进行传达。因此，它可谓是一种最直接、最有效的广告形式，并具备以下突出特点。

（1）直观性。橱窗展示用实物宣传商品和说明商品的特性，直接通过商品来达到广告效应，这比抽象的概念或图形符号更具说服力。百闻不如一见，消费者通过自己的亲眼目睹，能主动地判断和选择自己钟情的商品，由此获得的信息与知识比较直接、真实，可使消费者对自己的购买行为充满自信。

（2）立体性。橱窗展示是在三维空间里立体化地传达商品信息，这与平面型广告通过图形、文字、符号和音像型广告通过声音、图像来传达商品信息的方式截然不同，平面型和音像型广告虽然也是通过诉诸人的视觉或听觉来宣传商品，但却是在假设的二维空间里进行。立体化展示的特征在于人们可以通过远近、上下、左右的视线挪动，游历于展示空间，通过角度和位置的变化，全方位地观看和感觉商品，从而可对商品有更细致深入的了解。

（3）艺术性。橱窗展示是通过诉诸美感的形式来呈现的。无论商品本身的形状、色彩、质地如何美妙，如果没有好的展示形式，也很难给消费者完美的视觉感受。因此，橱窗的商品陈列，绝不是随心所欲地简单堆砌和摆设，而是通过对商品自身特性的认识、了解，通过组合、配置、构图的形式，并借助背景、展具、装饰物、照明以及适合的广告主题来创造一种和谐统一、真实感人的气氛。因此，其艺术感染力是不言而喻的。

3. 橱窗展示常见形式

纺织服装产品的橱窗展示通常有这样几种形式。

（1）场景式橱窗展示。该类展示通常是将纺织服装商品融入某种生活场景或情节之中，使商品成为其中的角色。这种展示的特点是将商品通过适当的场景衬托，充分展现其在现实环境中的形象，显示其内在的品位和外观的特点。同时，场景化的展示场面容易引起顾客的联想和亲切感从而激发消费者的购买欲。如图 6－1 所示，设计师将模特、舢板、纸风车看似随意地放置在橱窗中，营造出轻松休闲的度假风格，恰当地体现了所展示的休闲服装的特点。

（2）专题式橱窗展示。此类展示是围绕某种专题而进行的，这样既能突出所展示的纺织服装产品，又具有丰富的内涵和意境，能让观众更直接地感觉到展示所要传达的信息。陈列中既可以有实物陈列，又有与之相关的内容，如有关的文字介绍、图片等。这类陈列也可以某个纪念活动、庆典仪式或节日为主题，配合各类道具和商品，构成热烈的场面，渲染节日气氛，激发顾客的购买欲望。这种陈列方法往往能在顾客购买的心理上产生情感

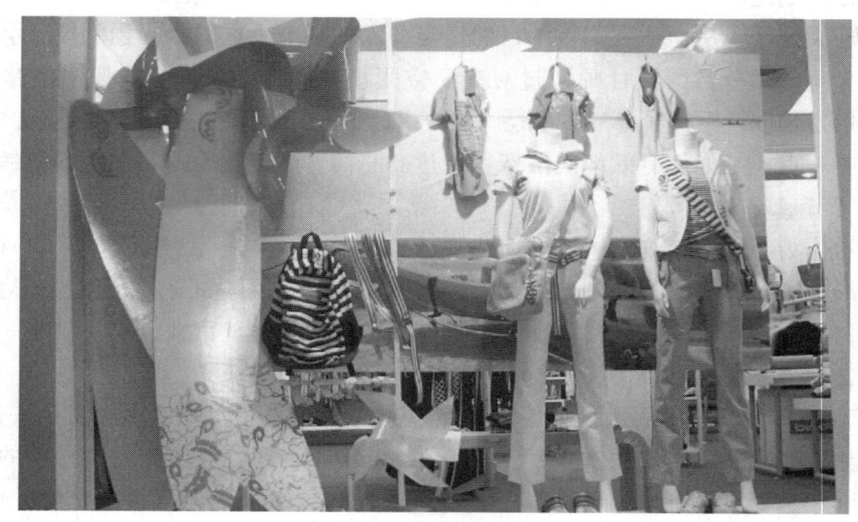

图 6－1　场景式橱窗展示

认同，商品已经超出了其本身所包含的通常意义。如图 6－2 所示，设计师牢牢把握住圣诞节这个主题，在橱窗内摆放了圣诞老人、麋鹿等跟圣诞节密切相关的道具，使节日的气氛扑面而来。

图 6－2　专题式橱窗展示

（3）系列式橱窗展示。此类形式大多是为了完整地展示同一品牌的系列产品而设置的。这样能更完整地展示产品在款式设计与面料选用上的联系与变化，用不同功能的单品组成在设计理念上较为统一的完整系列，可以造成更强的视觉冲击力，使消费者能够充分了解系列产品的定位和特点。这类陈列的重点在于突出产品的系列性，突显企业在款式设计开发上的实力，使消费者对该品牌产生信赖感。如图 6－3 所示。

图 6－3　系列式橱窗展示

（4）综合式橱窗展示。一些综合性的商店，除了销售纺织服装产品之外，还同时销售很多其他的产品。因此在进行橱窗设计时，往往可将不同类型、不同用途、不同质地的其他商品与纺织服装产品进行相关搭配或组合展示，恰当地布置在同一个橱窗中，尽可能丰富地进行综合性的商品展示。但这类橱窗在陈列上要避免杂乱无章、毫无重点，在众多的商品中要选择有代表性的商品，在无序之中找出头绪来，经过有意识的设计，做到既丰富多彩，又井然有序，突出主题。

4. 橱窗展示要点

（1）重视产品的选择。产品的选择对橱窗展示的成功与否占很大的权重。选择的纺织服装产品要依据橱窗的不同而变化，产品与展示计划要相吻合，而且种类的搭配也应该本着平衡的原则，并要注重颜色的搭配是否和谐以及商品的价格是否确实。

（2）明确展现产品。一般来说，顾客在橱窗前逗留的时间是非常有限的，因此，在布置橱窗的时候就要考虑到这个问题，通过不同的陈列方式非常明确地展现纺织服装产品的面料、颜色、款式、价格等特性。

（3）简单的构成。在橱窗空间中陈列的纺织服装产品数量不要过多，种类和色彩的配合不要太复杂，要简单构成。依据简单构成的原则，把视线集中在想被注意的产品上，才会具有突出的吸引力和较强的说服力。

（4）赋予产品立体感。表现纺织服装产品的深度、高低，做出自然的褶饰状态，使人看到颜色的变化。在款式的搭配上注重层次感，富于变化而产生立体感，才可使展示有深度、有魅力。

（5）注意留白。要使纺织服装产品清楚地被看见，留白很重要，因为空白可以把其他东西隔断，使视线集中于产品本身。产品摆放过多却没有焦点，这样和一点都没有被看见的效果一样，因此，为了能让顾客更加清晰地看清橱窗中所展示的产品，留有一定的空间非常必要。

（6）保持橱窗内的整洁。为了使关门后的橱窗看起来更漂亮，要在关店前打扫橱窗、检查灯光。作为一个精彩的展示，垂下来的吊线、玻璃模糊或橱窗一角堆积污垢等都会破坏一切。一定要经常检查并保持清洁。另外，展示的道具或器架，无论何时都要像刚拿出来一样整洁，才能保证完美的视觉效果，这是店铺日常运营工作的一个重要部分。

（7）注重美观。美观是橱窗展示功能的突出表现，一切非美的展示对橱窗来讲都难以获得希望的效果，因为它很难吸引人们的视线，更无法感染和激发人们对商品的兴趣，故而会失去橱窗广告的作用。

纺织服装产品的橱窗展示作为一种无声的广告，很大程度上受到广告传播形式的影响，但却能比其他广告形式更加真实、丰富、直观地展现商品。设计师在展现橱窗时要考虑产品的款式、功能、色彩等诸多方面的因素，千方百计地使匆匆而过的“马路客”能够驻留五分钟、十分钟甚至一刻钟是橱窗艺术设计的根本任务。因此，橱窗展示应该从顾客的角度进行设计，务必引起路人的兴趣，要选准展示主题，做到主次分明、秩序井然、亲切易懂、醒目有味，使顾客能自然地与橱窗设计进行交流。橱窗艺术不同于绘画艺术，它是以商品为主，借助于道具、色彩、照明等在有限的三维天地里，创造出富有动感的立体效果，赋予商品生命，唤起人们的美感共鸣。

二、展会展示

1. 展会展示概述

纺织服装展会一般从收集信息开始，经过确定设计概念、选择面辅料、具体设计、打版、制作样品等过程，通常需花费数月时间。在和纺织服装贸易相关的展会中，与促销直接相关的是以买手为对象的展示会。以从零售商买手那里获得订单为目的的展示会，无论对于品牌还是对于企业来说都是最能体现营销人员促销能力的机会。同时，通过新作品的发表，设计师的企划和设计能力也在这个展示会上得以体现。

由于T台秀一般不会产生具体的贸易，因此作为一种具体、直接的贸易业务活动，展览会在举办T台秀的同时，通常都还要进行产品的展示，请买手和负责销售的专业人士来参观，以获得具体的订单。品牌做T台表演秀的主要目的是尽量把设计师的个性、创造性以及领导时代潮流的新主张传达给观众，其中许多设计只是为了推出概念性作品，展览会虽也强调设计师的个性，但主要还是向人们提供能穿用的、并且舒适实用的纺织服装产品，而且要尽量努力增加订货数量。

各国的纺织服装协会一般每年都会组织各种纺织服装产品的展览会或博览会，专业或非专业的参观者少则几千人，多则几万人。纺织服装产品的生产或经营企业在展会上租用摊位，陈列和展示它们的产品，用T台秀、印刷品、电影及视听材料等开展一系列的教育、诱导顾客的活动，目的在于找到新的推销线索，维持与老顾客的接触，介绍新产品，结识新顾客，向现有顾客推销更多的产品。

2. 现代纺织服装展会的主要特点

（1）专业化。当前，无论是纺织服装产品展会的主办方还是参展企业或是参展观众都越来越意识到，只有实现专业化才能突出展会的特色，扩大其规模，最终形成品牌效应。在过去很长一段时间里，我国纺织服装展会追求的都是综合化，以求吸引更多层次、更多类型的参展企业和观众，结果却造成展会个性不鲜明、吸引力不大、规模反而上不去。如今，大多数纺织服装业内人士都已意识到展会必须有明确的主题，否则就吸引不到特定的参展企业以及专业的参观者。展会通过专业细分，可以避免国内大型展会不务实和粗放经营带来的广种薄收的弱点。例如，第15届宁波国际服装节就突出了三个“专”，专业展示、专题活动和专业观众。“专业展示”是指博览会分设多个展区，包括名品男装馆、时尚女装馆、童装展区、品牌服装展区、OEM展区、面辅料/服装机械馆、国际展区、生产企业品牌服装直销馆，展品亦涵盖服装服饰、服装机械、面辅料、服装CAD等服装上、中、下游产业链；“专题活动”包括跨国采购订货会、“E+衣柜”电子商务对接会、全国地方百货协会行业工作联席会议、服装与电影国际研讨会、流行趋势发布、设计师原创作品发布、时尚品牌走秀等；“专业观众”是指该届服装节共吸引了来自美国、意大利、英国、澳大利亚、日本、韩国、俄罗斯、乌拉圭、沙特、阿联酋、印度、拉脱维亚等全球50多个国家和我国香港、台湾地区以及内地20多个省（市）、自治区的1万余名境内外采购商和专业客商到会采购、洽谈。

（2）创新化。21世纪是创新的世纪，在这个追求个性的时代里，一种事物若不能常变常新就不可能获得持续发展的能力。创新是纺织服装展会的灵魂，具体表现在经营理念的创新、展览产品的创新、运作模式的创新以及展会服务方式的创新几大方面。经营理念的创新倡导“不求最大，但求最好”的经营思想，在最大限度地满足客户需求的同时又能实现企业综合效益的最大化；展会是纺织服装新产品、新技术、新趋势亮相的重要平台，也是纺织服装产品走向消费者、实现自身价值的新起点。没有产品的创新，展会便失去了充满生机和魅力的承载对象；运作模式的创新是指在组织方式和运营模式上进行不断的探索和变革，以期适应新的市场形势；而服务方式的创新则要体现出“以人为本”的原则，充分利用现代科技手段为参展商和客户提供更加便捷的服务。

（3）集中化。展会从字面理解就是陈列、观看的聚会，所谓“聚”就是将展品集中，将观展顾客集中。纺织服装展会无疑体现出这种集中化的特点，通过举办展（博）览会的形式，将各类纺织服装产品集中在一个特定的环境场所，同时又把对服饰产品感兴趣的大量观众集中到这里进行参观，不仅能够集中展示产品，传递的信息量巨大，而且节省资源和时间。在追求规模效应和专业细分与市场细分的原则下，现代展会不仅追求集中展示纺织服装产品，而且也非常注重信息的最大化和集中化，尽可能在展会中发布大量纺织服装及相关行业的时尚信息。例如，2011中国（大连）国际服装纺织品博览会就举行了“天伦皮草”2012高级定制发布、2012/2013服装纺织品流行趋势发布、法国（国际）高端时尚设计师作品展演、淘宝商城原创T恤衫设计大赛等动静态展示和发布活动。同期还举办了电子商务与品牌服装渠道对接洽谈会，2011国际时尚产业、服装行业与高校人才培养论坛，第二十届“真维斯”杯休闲服装设计大赛，“王刚造型”时尚妆容之夜等活动。就商业性的展会而言，在同一时间、同一场所里，将大量的参展商和客户聚集在一起，使他们在短时间里相互接触，相互了解，相互交流，可最大限度地节省参展商及客商的时间、精力和资金。

3. 纺织服装产品展会的主要类型

（1）以招商及产品销售为目的的展会。以招商及产品销售为目的的展会旨在促进纺织服装产品的销售，企业参展的主要目的就是获取订单，销售产品，最终赢得利润。这种商业性展会的最大特点就是将纺织服装零售商、供应商、生产商、消费大众以及新闻人士聚集在一起共同了解大批纺织服装产品的信息，在最短的时间和最小的空间里，为各自的商业利益寻找契机，以期用最少的成本做成最大的生意。

商业性的纺织服装展会包括各类纺织服装展销会、交易会、洽谈会以及博览会等。如果按贸易方式分，商业性纺织服装展会又可分为零售展销会和贸易洽谈会。零售展销会就是企业在展会上将纺织服装产品以实物的形式直接出售给个人消费者，对于消费者而言，在购买商品的数量、品种上没有限制。这类展会通常需要参展企业准备足够的货品，以免错失销售良机。贸易洽谈会是指纺织服装企业在展会上将纺织服装产品通过各种有效形式展示出来，以供代理商、批发商、零售商等中间商进行选择和订购，在购买数量、品种、付款方式、退换货方面都有一定的要求，一般会以合同的方式对买卖双方进行约束。

(2) 以品牌推广为目的的展会。以品牌推广为目的的纺织服装展会不以推销产品、盈利为直接目的，而是以树立和推广品牌形象或展示设计师作品为主要目的。例如，2010 年 4 月日本著名染织大师新井淳一的个人作品展“新井淳一的布——50 年的轨迹”在北京开展。新井淳一被誉为日本纤维艺术界的“鬼才”，20 世纪 70～80 年代，他为多位日本著名服装设计师设计的多种新面料在国际上产生了巨大反响。又如，2011 年 9 月凡尔赛宫为洛可可风格的推崇者们举办的名为“摩登的 18 世纪”的主题服饰展，不仅带领大家穿越时空来到 18 世纪的法国，去品味属于那个年代独有的浪漫与奢华，同时更陈列了多位 20 世纪的设计大师以洛可可风格为灵感创作的 56 件定制时装及成衣，体现了洛可可风格在现代的延续与新生。

4. 纺织服装展会组织要点

(1) 建立组织。为顺利实现展会目标，必须根据展会活动的职能需要，遵循“以任务建机构，以任务配人员”的原则，建立一个既有分工又有协作的展示团队集体。

(2) 明确主题。每次展会都应有一个明确的主题，并将主题用各种形式反映出来，如主题口号、主题歌曲、徽标、纪念品等。企业必须弄清楚是要宣传产品的质量、品种，还是要宣传企业形象；是要提高企业的知名度，还是要消除公众的误解。只有主题明确，才能使展览会的实物、图片及文字说明等元素有机地结合起来，收到较好的效果。

(3) 周密策划。展会策划是一个展会的“眼睛”，展会组织者通过它培育和挖掘市场，而市场透过这双“眼睛”看效益。哪些产品参展，其参展产品的深度、广度、密度如何确定，参展产品项目和品牌怎样搭配，都需要认真构思。同时，还要选择合适的地点和适宜的方式。地点的选择要考虑三个因素：交通是否便利，周围环境是否有利，辅助系统如灯光系统、音响系统、安全系统、卫生系统等是否一应俱全。一般来说，展览时间应适合该项产品的销售季节，且每次展览时间不宜过长。

(4) 准备资料，制订预算。准备资料是指准备宣传资料，如设计与制作展会的会徽、会标及纪念品，说明书、宣传小册子、幻灯片、录像带等资料。展会要花费一定的资金，如场地和设备租金、运输费、设计布置费、材料费、传播媒介费、劳务费、宣传资料制作费、通信费等，因此需做好展会的经费预算[1]。

(5) 全力推广。一是做好宣传工作，要争取网站、杂志等媒介的显要位置，比如网站要在主页，即受众打开页面第一眼就能注意到的地方，尽可能使得展会信息和形象得以广而告之；二是做好招展工作，既可以电话联系，也可以通过邮寄、e - mail、上门拜访等方式招展，邀请专业人士或同行业内人士参加。

（6）展中管理。主要是要做好物流、人流、信息流的管理和防火、防盗等安全管理，并为参展商及参观者提供必要、周到、细致的服务和收集观展意见。

（7）展后评估。展会结束后，应及时对组织管理、展厅规划、参展商结构、专业观众结构、参展商满意度、专业观众满意度等指标进行评估，以便为下一次的组织工作提供借鉴。

三、现场表演展示

1. 现场表演概述

现场表演又称服装秀，是极为重要的纺织服装产品促销手段。它实际上可以分为两个大类。一类代表服装表演的原意，称为展示（Collection），是高级服装店或著名服装设计师们，以发表服装设计创意或以特定顾客为对象所做的服装示范表演，并通过表演争取订单，达到销售的目的；而另一类服装表演称为时装秀（Fashion Show），意为流行服装的展示或发布。时装秀一般场地不大，但布置豪华，容纳人数有限，以著名设计师为号召，极富社交气氛和新闻采访价值，以宣扬高级时装品牌的声望，提高其在服装界的形象，从而达到巩固公共关系的效果。同时，主办者也不仅限于高级时装品牌，逐渐扩展到服装成品公司、服装零售业、百货公司，并与这些不同的单位携手合作。时装表演既是设计师、企业、品牌发布新面料、新款式、新色彩、新工艺等物质性信息的平台，也是企业或设计师进行文化宣传和交流的一种手段，更是纺织服装行业商务促销活动中不可分割的有机组成部分，台上展示或比赛的重要目的之一，就是为了台下签订买卖合约与订货。

2. 现场表演的主要特点

（1）直接性。服装表演属于一种立体的说明，用真人实物、轻盈的姿态、飘逸的风采、细微的表情和着装的立体效果达到说服效应。尤其是材料的质感、色彩的微妙，如用其他媒体来表达十分不易，但是经由服装表演是可能的。再者服装款式、设计风格，使观众亲眼目睹，才能达到其本应有的目的。

（2）特定性。服装表演可使观众于特定时间聚集于特定场所，因此可以筛选促销对象，还可以通过耳、目、触觉等各种感觉来诉求，能有效地集中观众意志，制造茶余饭后的话题。

（3）传播性。由于服装表演使用特定的空间，如策划得当，极具新闻价值。尤其电视新闻的报道，公众效应明显。

只是服装表演现场面对的受众人数有限，以整个演出费用与所容纳的观众分摊时，每一对象所需的费用高昂，且在演出进行时，不易针对个人进行说服。

3. 现场表演的分类

服装表演的举办者利用许多不同的方式将其信息传达给观众，他们在各个地方举办各种表演，从大规模的展示到非正式的组织活动，不一而足。按照实施目的可分为：

（1）以直接促销为目的的服装表演。表演的服饰是预订销售的产品，以动员顾客直接购买为目的，其对象当然是目标顾客为主。如由百货公司等零售店举办时，则以大众消费者为对象；由制衣工厂举办时，是以批发商、零售店、经销商为对象。

（2）以发布流行趋势为目的的服装表演。服装流行趋势发布是指每个流行期收集来自服装研究部门和社会、工厂服装设计师设计的近期作品，以服装表演的形式公布于众。发布会一般每年进行两次，一次是春夏时装发布，另一次是秋冬时装发布。这类表演含超前思维及预测性。巴黎、伦敦、米兰、纽约、东京等城市举办的时装发布在世界上知名度很高，对世界的时装流行具有指导意义。我国从 20 世纪 80 年代起，由中国服装研究设计中心和中国服装杂志社向国内外发布服装流行趋势[8]。进入 21 世纪以来，随着国内服装市场的转型，发布服装流行趋势的机构也逐渐增多，除了中国服装协会、中国流行色协会以外，一些大型展会如中国国际服装服饰博览会、专业机构如著名服装设计师吴海燕女士创立的“WHY DESIGN”流行趋势工作室也参与其中，而羽绒服的流行趋势则由波司登品牌做权威发布。

（3）专场表演。专场表演一般有设计师专场和毕业生专场两种类型。设计师专场是指以一名设计师的作品或者多名设计师的作品进行专场表演，主要目的是展示设计师的才华，达到推名师、树品牌的目的；毕业生专场是指服装设计专业、服装表演专业的大中专院校学生，毕业前举行的毕业作品展示或汇报演出。

（4）贸易表演。贸易表演，又称之为工业表演，目的是把原材料卖给生产商或把加工过的产品买给零售商。由面料生产商组织的时装表演的目标对象是设计师、服装生产商、零售商等，这类表演的主题就是展示新材料对于服装设计和生产的益处。服装生产商或设计师则把他们的产品提供给零售商和新闻界人士，这种表演的目的就是让他们把了解到的流行信息传递给潜在顾客。最为常见的贸易表演就是服装生产商的服装表演，这种类型的时装表演或许在生产商的车间里，或许在某个商店或餐厅的户外场地举行，目的是向零售商和新闻媒体介绍新一季的产品。

（5）面向新闻媒体的服装表演。新闻服装表演是一种特地为媒体人员举办的活动，这种展示先于面向直接消费者[9]。媒体人员一般来自杂志、报纸，也有的来自电台、电视台。活动的主办者或许会邀请特别重要的买主作为特别嘉宾到场，只有那些大牌设计师、生产商和零售公司能举办这类媒体服装表演。一场媒体服装表演所展示的服装应是全新的、令人心动的产品。这类活动应在消费者看到新产品之前举办，其目的就是要为产品或活动提前制造新闻热点。

4. 现场表演组织要点

举办一场服装表演需要涉及方方面面的单位、部门及人员，从项目发起人、承办单位、赞助单位、新闻单位到服装表演的编导、模特和保安人员，甚至政府审批部门等，策划一场服装表演包括许多细节工作，主要有以下环节。

（1）成立组委会。服装表演的组织策划者要了解时装艺术动态、模特艺术行情、还要策划该服装表演的广告和宣传其赞助单位，并与有关单位建立相应的机构，成立一个组委会，统筹全局，对服装表演的成功举办进行规划。

（2）确定主题与名称。确定主题也就是为服装表演确定中心内容。确定了主题，也就确定了向公众宣传时的“自我形象”，策划者就可以定下具体操作的方向。例如，所要举办的服装表演是体现中国风情还是欧陆风情，是追忆似水流年还是预示未来趋势等。服装表演的名称是对主题的浓缩，令人回味的名称会给观众留下深刻的第一印象，同时也是评判服装表演水平的重要标准之一。

（3）目标观众。观众是举办一场活动的目标群体。从一定意义上讲，观众的层次决定着服装表演的层次。在策划一场表演时，观众规模、职业、收入、年龄、性别等因素的考虑都是必不可少的，漏掉其中一个因素，表演成功和销售商品的机会也会减少。

（4）确定表演时间。确定表演各项活动的时间至关重要，但又时常被忽略，如果计划不周全，忽略了时间因素，随着表演的日益临近，往往会带来很多麻烦。因此，表演的日期及时间应该及早确定，以便协调各方面的工作。服装表演的日期确定下来，服装表演所需的时间（长度）也应该确定下来，通常这取决于表演服装的多少。一般的表演不应该超过 45 分钟，因为观众的注意力只在这个时间范围内。表演应保持每分钟 1～2 套服装的频率，这样能让观众有时间细致观看每套服装。

（5）制订经费预算。任何一场服装表演，离开了活动费用都很难启动，因此在服装表演具体实施之前必须使经费到位，并制订全面的预算，其费用包含宣传广告费、舞台搭建费、会场装饰费、音乐灯光制作费、工作人员劳务费、运输费、道具租借费、招待费等，预算须留有余地，以便应对意想不到或是潜在的费用。

（6）确定编导和模特。将服装表演中需要展示的几十套甚至上百套服装，让模特以最佳阵容、最有序和最优美的表演展示出来，使服装、模特、设计、音乐以及灯光等得到最和谐的统一，这就是编导的责任所在。作为一名编导，应该具备多方面的学识：首先是舞台表演知识，即舞台调度、舞美、音乐、灯光等专业知识；其次是对服装的理解，这不仅包括对服装设计特色的把握，也包括对结构、配件及面料的了解；同时还要熟悉模特，了解她们的身高、特长乃至气质特征；在此基础上还应有为表演设计出相应的舞台造型和走台方式的能力。

服装模特是展示服装所选用的标准对象，是服装美的揭示者和传播者，是服装魅力的载体。一场服装表演的成功与否，很大程度上取决于所选择的服装模特的气质与整台表演的风格是否相符，以及模特对服装是否具有足够的领悟力和表现力。

（7）选择服装与饰品。要依据服装表演的主题，从服装的风格、色彩、款式与质地方面来选择服装，并依据表演的要求和时间来准备服装的套数。通常情况下，表演每一分钟至少需要一套衣服。配饰和道具可以增加服装的层次性、可视性，增加服装的系列感。

服装的选择完成之后，应对服装进行分组、分系列。款式类似的分为一组，风格类似的分为一系列，然后进行排序。排序时要考虑的就是演示效果要形成高低起伏的节奏与韵律。

（8）场地选择。可供服装表演的场地很多，宾馆、剧院、体育场馆、公园等都可以被布置为服装表演的舞台。选择场地时，要清楚表演所针对的观众群、希望营造出怎样的气氛、表演的规模等，根据这些要求有所选择，就能充分发挥场地的优点，扬长避短，取得满意的演出效果。

（9）广告宣传。广告宣传就是通过媒体发布信息的活动，即先让媒体了解服装表演，然后再通过媒体传播给广大受众。策划者应注意广告宣传的各种形式，如电视、报纸、网络、杂志等，同时还应注意不同形式广告宣传的效应差异和资金运作等问题。

（10）安全。在组织一场服装表演时，服装、设备及人员的安全应是主要考虑的因素之一。观众和演职人员的安全应事先审查，以确保他们平安无事和避免表演遭到人为破坏。同时要确保在运送过程中的服装、设备或其他物品的安全，并注意防范设计作品被盗版和侵权。

四、卖场陈列展示

1. 卖场陈列概述

纺织服装产品的卖场陈列是指通过对产品、橱窗、货架、模特、灯光、音乐、卖点（Point of Purchase，简称 POP）、海报、购物通道的科学规划，以利于展示产品，提升品牌形象，促进销售。合理的陈列商品可以起到展示商品、刺激销售、方便购买、节约空间、美化购物环境的作用。

在早期商品供不应求的时代，根本不必讲究展示的创新，只要把商品摆整齐，准备足够量就行了，展示活动也不必考虑商品分类。如今商品供应量大增，消费市场成为买方市场，消费者有随意选购商品的权力，人们因而更注意店铺商品展示。店铺陈列必须能够提供给消费者选择、比较商品的机会，以达到建议及说服消费者购买商品的目的。因此，店铺的商品陈列观念有了大幅度的改进和发展。

2. 卖场陈列主要功能

卖场陈列的功能，无论从经济效益、社会效益上，都应为企业的发展带来极大的推动力，主要可分为以下三个方面。

（1）缔造良好终端形象，增强顾客购买欲望。良好的布局与陈列若能与灯光、器具、宣传品等形成巧妙的搭配，则能使产品的光线、质感、特色玲珑体现，增强顾客的购买欲，从而提升销售额。

（2）增强品牌影响力，提高产品附加值。合理有效的布局与陈列，能赋予产品特定的品牌文化与形象内涵，并加深消费者对品牌的印象与信赖，从而提高产品附加值，增强企业竞争力，使企业获得更高的利润。

（3）维护商家信誉，树立企业形象。良好的布局与陈列有利于维护商家信誉，赋予产品新的生命，诠释品牌理念，展示品牌文化，提升品牌形象，使消费者全方位的感受商品信息，增加对产品的印象，形成潜在利润。同时，终端店面的形象也从侧面代表着整个企业的形象，积极正面的终端形象可为企业打下良好的持续发展基础。

3. 卖场陈列分类

（1）系列化陈列。系列化陈列就是按照纺织服装产品本身的特点，精心地选择、归纳和组织，将产品按照系列化原则集中在一起进行陈列，在视觉上给消费者一种连续性并且相互呼应的效果。产品系列化有不同的分类方法，可以是功能、风格相似的产品形成的风格系列化；也可以是颜色不同、款式类似的产品形成的款式系列化；或者款式不同、颜色相同的产品形成色彩的系列化。

（2）重复陈列。重复陈列不是强调同一款式的产品重复性的出现，而是通过产品、POP等陈列主体或者广告、标志等其他视觉刺激，在不同的陈列面上有层次、有顺序地呼应性出现，通过反复强调和暗示性的手段，强化消费者对产品或品牌风格的认识，产生深刻的印象。重复效应可营造视觉趣味性，突出视感的运动节奏和色块、色调的构成效果。注重统一和对比，同时高效地灵活利用空间，表达产品系列设计理念，形成强烈的视觉冲击力。对重点促销产品的展示，尤其应注重选择多元化重复陈列的效果，最大限度地强化产品的系列化形象。

（3）分区陈列。分区陈列方式就是在卖场摆放货品前，按照消费者需求的不同特征或者企业对产品的不同销售预期，对卖场进行分区，达到最佳销售效果的目的。可以根据流行元素的不同，把纺织服装产品分为时尚产品区、畅销产品区和长销产品区；也可以利用价格范围的不同将商品按照高档产品、中档产品和低档产品进行界定，在卖场中划分出不同的区域；还可以按照企业货品推出市场时间的不同，把商品分为新出货品、促销货品和清仓货品，进行分区销售。

（4）场景陈列。场景陈列是从整个卖场风格的角度出发，强调通过陈列能呈现给消费者一种适合的场景或者生活方式，以此吸引他们的注意力。这种陈列方式利用纺织服装产品、饰物、灯光、背景等道具构成完整场景，启迪消费者的联想，注意现实感的体现和情调、气氛的营造，并且强调艺术性和创新性。

4. 卖场陈列原则

要做好卖场陈列，应遵循以下原则[10]。

（1）可获利原则。陈列必须确实有助于增加店面的销售，努力争取将店铺最好的陈列位置用于主推产品的销售。要注意记录能增加销量的特定的陈列方式和陈列物。

（2）陈列点原则。好的陈列点应迎着主要人流方向的墙面与视线等高的货架位置（以及以此视点为中心向两侧各辐射65°所覆盖的陈列面）、主通道的展台、收银台旁的展台等，可用于陈列新款；促销陈列点应设在迎门的展台、长墙面陈列的尾部区域、两个主通道之间的展台等，用于陈列主推的走量款；较差的陈列点则是仓库（或工作间）出入口、照明不好的角落、深型店铺的底部死角、间隔太多店铺的深部小间隔等，一般用于陈列过季产品。

（3）吸引力原则。陈列应配合空间，将现有商品集中摆放以凸显气势，以便将品牌产品的风格和利益点充分展示出来，并充分利用广告宣传品来吸引顾客的注意。对特惠推广品可运用不规则的陈列法，以加强特价优惠的宣传。

（4）有效陈列原则。陈列货架距地板60～160cm的空间范围被视为有效陈列范围，是陈列的黄金空间，通常用来陈列畅销商品或当季商品。反之，60cm以下和160cm以上的范围，因顾客难以接触，大多作为非重点商品的陈列空间（图6－4）。

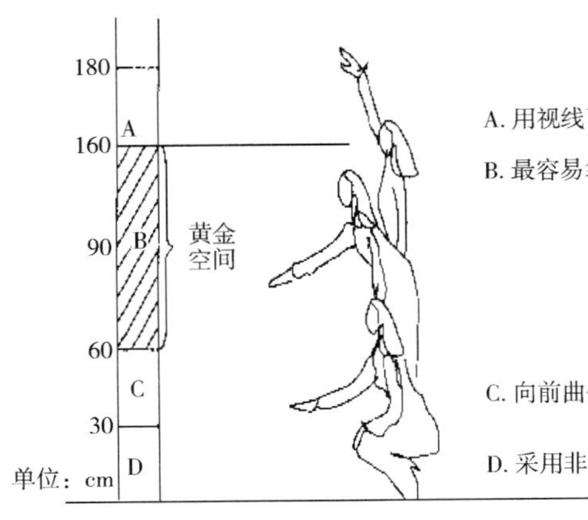

图6－4 陈列范围的划分

（5）商品搭配原则。商品陈列的目的在于帮助销售，所以陈列时要充分考虑商品之间的搭配。在做搭配时应充分运用关联销售，注意商品的组合优化。比如服装连锁门店在商品陈列时可以考虑衬衣与领带的组合陈列、裤子与鞋的组合陈列等。为了配合顾客追求新意的习惯，在搭配设计时要制造出让顾客常看常新的效果，也就是说应当定期对组合陈列做出适当的调整，体现出新意。

（6）一目了然原则。商品的陈列位置要符合顾客的购买习惯，对推销区和特价区的商品陈列要显著、醒目，使顾客明白商品所表达的意图。陈列商品要使顾客容易看见，遵循前低后高的原则。陈列器具、装饰品以及商品 POP 不要影响店内购物顾客的视线，也不要影响店内的照明光线。

（7）清洁卫生原则。卫生对商品的形象和吸引力非常重要，洁净的商品使顾客有赏心悦目的感觉，而不洁净的商品则让顾客产生陈旧、品质差、档次低的印象。因此一定要做好商品及货柜、货架的清理、清扫工作，及时更换卫生状况差的商品。

5. 卖场陈列技巧

商品陈列的优劣会直接影响到消费者的直观视觉刺激、购买欲望、停留时间和入店人数。其常见基本技巧如下：

（1）陈列“黄金段”技巧[11]。所谓“黄金段”是按照人体工程学原理，顾客行进间能直视扫描的段落，基本上是以主客源层平均高度视线所及，不需要弯腰或登高拿取，伸手可及的范围，一般男性顾客为 85～145cm，女性顾客为 75～135cm。测试结果显示，商品陈列高度的变化将会直接影响到商品的销量，据统计表明：从齐膝的高度换到伸手可及的高度，销量上升约 20%；从伸手可及的高度换到齐膝的高度，销量下降约 15%；从伸手可及的高度换至直视可见的高度，销量上升约 16%；从直视可见的高度换至伸手可及的高度，销量下降约 15%。

由此可见，放置于直视可见高度的商品最易引起顾客注意，其次是伸手可及的高度，再次是齐膝的高度。服饰商品陈列必须以黄金段为重点位置（图 6－5）。

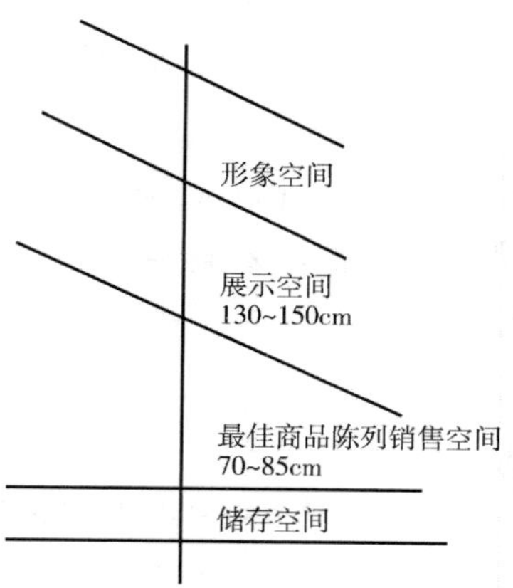

图 6－5　黄金段陈列技巧示意图

（2）色彩陈列法[12]。在卖场的店铺陈列中，应当充分运用商品色彩的陈列来达到有效促销的效果。在服装视觉展示中，每种颜色都象征着不同的意义（表 6－1），陈列者需要很好地掌握其中的技巧。

表 6－1　不同颜色的象征意义

颜色	象征意义
粉红	健康、甜美
绿	和平、健康、自然
黄	煽情、强烈、热情
金黄	幸福、富足、满怀、希望
黑	深沉、静谧、远离、神秘
白	纯洁、和平、自由、洁白、真实
蓝	西方男性最喜欢的颜色，吉利的颜色
红	火、血、慈善、神圣
紫	高贵的颜色

①色彩的衬托。为达到主题突出、宾主分明、层次丰富的艺术效果。一般可分为：面积的衬托；单色与多色的衬托；灰色与艳色的衬托；深色与浅色的衬托。

②卖场色彩陈列的基本搭配方式。一般说来，冷色（绿、紫、蓝）与暖色（红、橙、黄）不要直接碰撞，要讲究和谐，在冷暖之间最好以中性色（黑、白、灰）过渡，以求整体的自然。在服装视觉色彩营造中，要把握季节中的时尚色，注意主打色对辅助色系的支配。服装陈列色彩搭配一般分为三种色系来搭配。

a. 同色系搭配。即将同色系的颜色搭配在一起，如粉红＋大红、艳红＋桃红、玫红＋草莓红等，这类同色系间的变化搭配既可穿出同色系色彩的层次感，又不会显得单调乏味，是最简单易行的方法。

b. 对比色搭配。因对比色是拥有完全不同个性的两类颜色，如红和绿、蓝和橙、黑和白、紫与黄等，若有意将对比色搭配在一起，就要注意对比色间的比例变化，选择一种颜色为主色而另一种颜色为辅色，可起到烘托主体的效果。

c. 无色系搭配。把黑、白、灰这几种无色系的颜色放在一起，经典而大方。无论多么鲜艳的服装，只要配饰上选用单纯的黑、白、灰，主次感立刻被凸显出来，并且会显得高贵不凡。

③色彩陈列方法[12]。色彩的陈列主要有以下几种方法：

a. 明度陈列法。即将明度高的服装放在上面，明度低的服装放在下面，这样可增加整个货架在视觉上的稳定感（图 6－6）。

b. 彩虹陈列法。就是将服装按色环上的红、橙、黄、绿、青、蓝、紫的排序排列，也像彩虹一样，所以也称为彩虹法，它给人一种非常柔和、亲切、和谐的感觉（图 6－7）。

c. 间隔陈列法。间隔陈列法是在卖场侧挂陈列中采用最多的一种方式。通过色彩间隔和重复产生一种韵律和节奏感，使卖场中充满变化，让人感到兴奋（图 6－8）。

d. 对称陈列法。以一个中心为对称点，两边采用对称平衡的排列方式。给人以稳重、和谐的感觉，是人们较为习惯的陈列方式（图 6－9）。

e. 重复陈列法。同样的商品、装饰、POP 等陈列主体或标识、广告等，在一定范围内或不同的陈列面上重复出现，通过反复强调和暗示性的手段，加强顾客对服饰商品或品牌的视觉感受（图 6－10）。

f. 统筹陈列法。色彩组合中颜色数量较多时，按色彩三要素中明度统一、纯度统一、色相统一的原则进行组合，可达到和谐的视觉效果（图 6－11）。

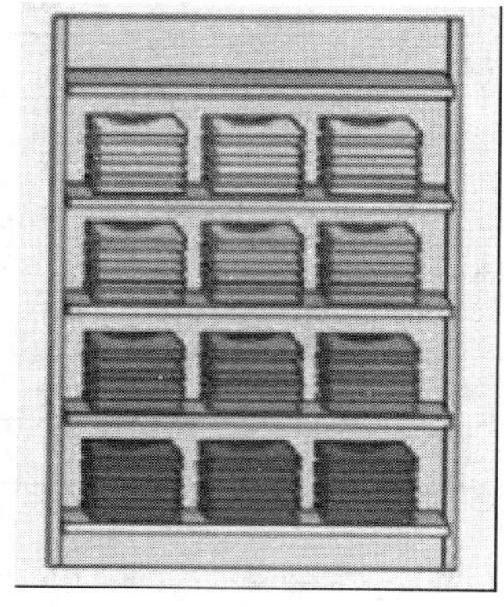

图 6－6　明度陈列法

图 6－7　彩虹陈列法

图 6－8　间隔陈列法

图 6－9　对称陈列法

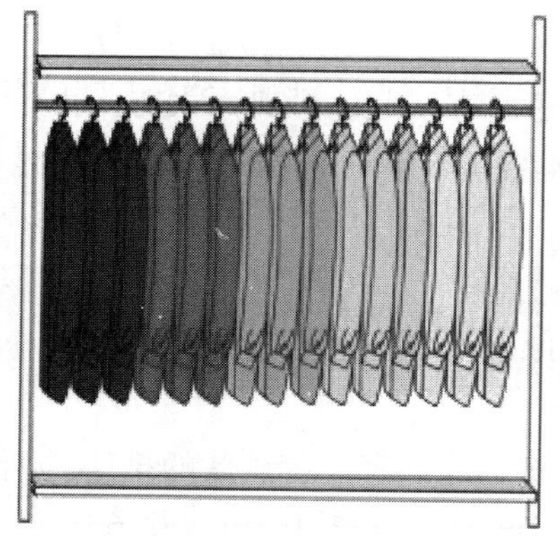

图 6－10　重复陈列法

图 6－11　统筹陈列法

（3）陈列技巧。纺织服装商品的陈列常用以下几种排列方法：

①按品牌陈列——设立主题区。每一个品牌各自独立分区陈列展示，表现独特的个性及主题，不同的主题针对不同的目标客源层。按品牌陈列能加强顾客对服饰流行性的认知，再经过销售服务人员的推介，可进一步提高顾客的购买欲。

②按款式陈列——由短至长。裤装和裙装应按短裤—长裤—吊带裤—短裙—吊带裙—外

套—套装的顺序排列；上衣应按背心—短袖—长袖顺序排列。

③按色彩陈列——由暖色到冷色陈列（表6－2）[11]。

表6－2　色彩陈列顺序

暖色	中性色	冷色	中性色	无彩色
紫、红、橙、黄、红橙	黄绿、绿	青、绿、蓝、紫绿、蓝、橙	紫	黑、灰、白

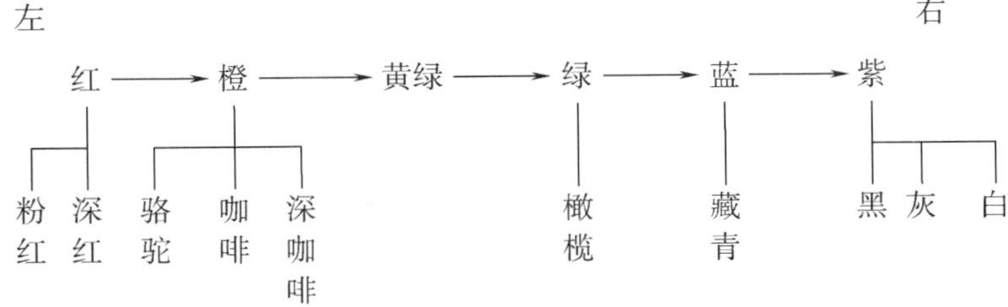

（4）服饰陈列的用具使用技巧。

①吊架使用技巧（图6－12）[11]。服饰陈列中对吊架的使用，最常用的有单杆吊架、双杆吊架、单斜杆吊架、双斜杆吊架等，其基本的吊挂方法是：衣架凹口应向内，以便顾客拿取；每组吊架约130cm，春夏装挂40～50件，秋冬装挂30～35件。吊挂的具体悬挂方式和技巧则视各种情况参考如下：

a. 同类商品展示丰富色彩变化时，明亮的颜色排在前面，暗淡的颜色排后面。

b. 大小规格齐全时，小尺码的排前面，大尺码的排后面。

c. 特殊流行色的服饰应把同款式及同颜色的商品集中展示。

d. 同类商品若造型和式样不同就不要混在一起展示，否则会使主题不清。

e. 库存少的排列在前面，多的排在后面。

f. 流行的商品排在前面，其他的排在后面。

g. 若有尺寸、款式不同的服饰需要吊挂陈列，应先按款式及颜色区分，再按尺寸排列，可以造就美观的排面（图6－12）。

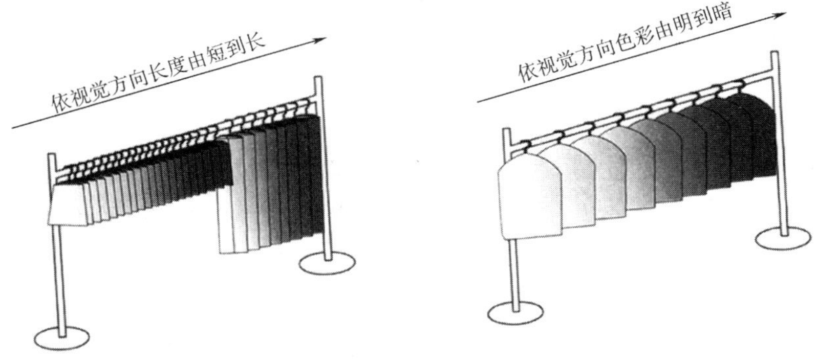

图6－12　吊架使用技巧示意图

②层板使用技巧（图6－13）[11]。层板上服饰的摆放数量春夏装以6～10件为佳，秋冬装以4～6件为佳，层板上层应少放一些，下层可多放一些。每叠衣服之间应有间隙，间距为5～7cm。

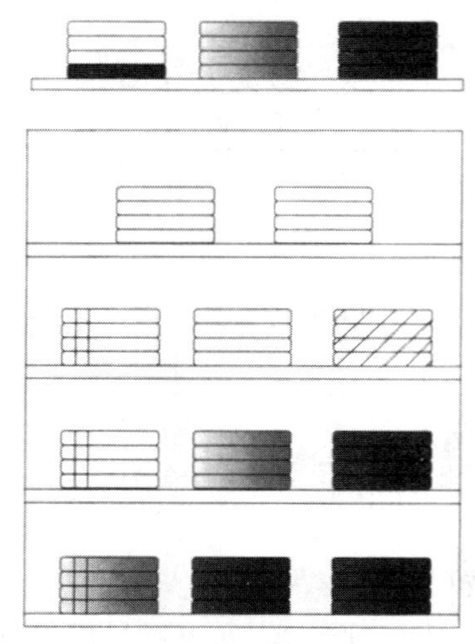

图6－13 层板使用技巧示意图

层板上的服饰按款式分类后，再按颜色折叠。吊架上服饰按颜色分类后，再按款式排列。排列方式由内而外，由左而右，由上而下。同一主题的服饰有单色、条纹、格子、花色系列时，按单色—格子—碎花—大花次序排列。如果某一品牌有其特别设计的花色衣服，应尽量将其款式集中吊挂于同一吊架。特别要注意的是：一般情况下要把黑、灰、白色的服饰放在下层。一个主题的服饰应排列于同一柜位上，如果一个柜橱的上部为层板，下部为吊架，那么上层板上放置的服饰和吊架上吊排的服饰应是同一主题的服饰，一个柜位应展示同一主题的服饰。

（5）陈列检查技巧。为了使服饰商品陈列达到预期效果，在服饰商品陈列布展完成后应进行全面检查，发现问题应及时改正，服饰商品陈列检查要点有：陈列位置选择是否正确；陈列商品是否按照黄金段的位置排列；与陈列商品相关的商品是否就近位置；陈列商品正面展示效果是否突出以及陈列主题是否明确；所选择的陈列商品是否适当；商品的特性是否突出；商品颜色的处理是否遵循视觉一体化原则；价格标示及其他的标牌提示是否具整体感；使用的辅助道具是否符合服饰店的氛围。

纺织服装产品展示作为现代市场营销的新理念和新策略，与当代科学技术的不断发展与进步密不可分。计算机辅助设计的发展和互联网的普及给整个社会带来了变革性的影响，让社会大众能够更及时、便利地获取相关的纺织服装产品展示信息。虚拟展示技术不仅节约成本，而且还不受时间、空间的限制，让业内的产品展示可以吸引更多的受众，以更低廉的成本换取更广泛的影响。全球电视通信的发展，可使服装T台秀的表演能及时传遍世界的每一个角落，保证了新品牌、新流行趋势的时效性，并影响着芸芸众生和消费生活的方方面面。

当代的纺织服装产品展示作为纺织服装产品新科技和新商品粉墨表演的重要舞台，正在向着多样化、商业化和国际化的方向发展。其展示的方法、途径和形式也在不断地创新与增加，突出强调以市场为依据、以策划为主导、以创意为中心、以促销为目的，其组织过程与展示方法具有很强的逻辑性、科学性和艺术性。作为纺织服装产品的市场经营者、营销者和业内人士，在科技日新月异的情况下，必须积极把握第一手资料，不断了解和掌握最新的材料、工艺、媒体运用手段、灯光技术、新型电子显示手段、新的输入与输出技术、新的布展系统和装置等与产品展示设计有关的高科技手段，使科技成为纺织服装产品展示不断创新的工具和持续推手，不断创新展示风格和手段，让展示在更大程度上发挥出对纺织服装产品市场营销的功能与作用。

思考题

1. 纺织服装展示营销的含义是什么？
2. 目前纺织服装产品的展示主要有哪些形式？各具有什么特点？
3. 在现代纺织服装产品的市场营销中，展示发挥着什么样的功能与作用？
4. 如何利用各种展示手段做好纺织服装产品的市场营销？
5. 纺织服装产品展示营销的未来发展趋势是什么？
6. 请结合某纺织服装品牌的产品，分别以不同的展示方式，就如何通过展示来达到市场营销目的，给出你自己的展示建议或展示设计。

参考文献

[1] 向海涛，陈岚．展示设计 [M]．重庆：西南师范大学出版社，2006.
[2] 李当岐，毛春义．服装展示 [M]．武汉：湖北美术出版社，2006.
[3] 丁萍萍．会展实务 [M]．北京：高等教育出版社，2004.
[4] 叶姣．服装展示在现代市场营销中的作用与功能探讨 [D]．成都：四川大学，2006.
[5] 高秀明．服装展示与服装艺术 [J]．中国纺织大学学报，2000，26 (1)：78 –80.
[6] 刘穗艳，蔡伟国．商业橱窗展示设计 [M]．广州：岭南美术出版社，2002.
[7] 杨大筠，李宽，马大力．视觉营销 [M]．北京：中国纺织出版社，2003.
[8] 柳泽元子．从灵感到贸易 [M]．李当岐，译．北京：中国纺织出版社，2000.
[9] Jay Diamond，Ellen Diamond. 时装广告与促销 [M]．《时装广告与促销》翻译组，译．北京：中国纺织出版社，1998.
[10] 金顺九，李美荣，穆芸．视觉服装 [M]．北京：中国纺织出版社，2007.
[11] 韩国大昌株式会社（香港）国际有限公司．品牌营销指导手册 [G]：7 –9.
[12] 姜鑫．新市场背景下的服装促销模式探析 [D]．成都：四川大学，2011.

第七章　纺织服装消费行为营销

本章重点知识

1. 消费心理、消费行为的含义及其区别与关联。
2. 纺织服装产品消费行为学的由来、含义及其重要性。
3. 纺织服装产品消费行为学的主要理论体系与研究内容。
4. 纺织服装产品消费行为研究在市场营销中的重要功能与作用。
5. 影响纺织服装产品消费行为的主要因素和市场营销策略。
6. 我国纺织服装产品消费行为研究的现状与发展趋势。

人们为了生存与发展，必须从他人那里获取产品和服务，并以货币或某种利益为代价换取并满足自身的消费需求。这种交易与消费行为，是社会物质与精神文明高度发展的历史产物。作为消费社会中的一员，我们既是消费者又是被消费者，每个人对消费既非常熟悉又十分陌生。熟悉的是，社会中的每个人每时每刻都在消费，且每次的消费看上去都是如此简单与平淡；陌生的是，消费者的心理与行为又非常复杂，有时候一种心理或行为发生之后，其本人甚至都无法理解。这正是消费心理和消费行为研究的魅力之所在，并自古至今始终吸引着社会学、人类学、经济学、营销学及公共部门等各领域的专家学者和心理学与行为学从业者的极大研究兴趣。在国内外各大学的工商管理课程设置中，消费行为学均占有重要位置，许多大企业和公司也都设有专门的研究机构，把对消费行为的调查研究作为制订营销战略目标的重要依据。

作为一门研究纺织服装产品消费行为的应用性学科，纺织服装产品消费行为学是企业正确制订营销策略和取得最佳营销效果的重要前提和条件，这使得对纺织服装产品消费行为学的理论研究在市场营销理论体系中占有突出的地位，并成为企业制订市场细分、市场定位、营销战略与市场营销组合策略的重要依据。目前，随着市场经济的发展和市场营销学理论的深化，对纺织服装产品消费行为的理论研究已从营销学和心理学中逐渐分支出来，成为一门独立的综合性新学科——纺织服装消费行为学，中国纺织服装教育学会也早已把《纺织服装消费行为学》列为纺织与服装专业本科生教育的必修课程和本科教育教学水平评估的重要内容之一。

第一节　纺织服装消费行为学的由来及其含义

一、消费心理与消费行为学说的由来与历史起源

当代心理学的起源可以追溯到两千多年前的古希腊时期，那时候的心理学都是哲学的心

理学，其主要关心的是心灵与肉体、思维与存在的关系以及人性的本质和人是怎样认识世界的，柏拉图（Plato）、亚里士多德（Aristotle）等哲学家就是那个时代的代表。在人类消费心理与消费行为学的漫长历史发展进程中，有许多代表性的人物对此做出了巨大的贡献，见表7－1[1]。

表7－1 西方人类消费心理与消费行为学的历史性代表人物及其主要学术论点与论著

历史性代表人物	主要学术论点与论著
柏拉图（Plato，公元前427—公元前347）	“哲学二元论”
亚里士多德（Aristotle，公元前384—公元前322）	“哲学一元论” 《论灵魂》《伦理学》
笛卡儿（Rene Descartes，1596—1650）	“理性主义心理学” 《论世界》《论人》
洛克（John Locke，1632—1704）	“联想心理学” 《人类理解论》
休谟（D. Hume，1711—1776）	“经验主义心理学” 《人性论》《人类理解研究》
沃尔夫（C. Wolff）	“能力心理学” 《经验心理学》《理性心理学》
冯特（Wilhelm Wundt，l832—1920）	“实验心理学（科学心理学）” 《人类与动物心理学论稿》《生理心理学原理》《民族心理学》
弗洛伊德（Sigmund Freud，1856—1939）	“精神分析学” 《歇斯底里论文集》《梦的解析》
华生（John Watson，1878—1958）	“行为主义心理学” 《行为主义者心目中的心理学》
韦特海默（Max Wertheimer，1880—1943）	“格式塔（整体性）心理学”
荣格（Carl Gustav Jung，1875—1961）	“分析心理学（集体无意识论与情节）”
巴甫洛夫（Иван Петрович Павлов，1849—1936）	“条件反射论” 《巴甫洛夫全集》
托尔曼（Edward Chase Tolman，1886—1959）	“认知心理学”
亚伯拉罕·马斯洛（Abraham Harold Maslow 1908—1970）	“人本主义心理学”

在我国古代，与西方历史同期，约公元前510年，孔子已提出性习论、学知论、发展观和差异观等教育心理学思想。约公元前320年孟子主张“性善论”，重视环境和教育在人性发展中的作用，在情意心理方面提出“寡欲”“尚志”等观点。约公元前260年荀子认为“形具而神生”，主张“性恶论”，注重“化性起伪”，所著《劝学》《解蔽》《正名》等专

篇，对学习、认识人性和思维等心理问题有较全面、系统的论述。约公元70年王充著《论衡》，其中论述有关感觉与知觉、思维、注意、情欲和人性等心理学思想。约公元100年刘劭著《人物志》，提出人的才性与其鉴定问题。约公元500年范缜著《神灭论》，阐明形神关系问题[2]。

二、纺织服装产品消费行为学的形成与发展

对纺织服装产品的消费心理与消费行为的理论研究，起源于19世纪末20世纪初诞生的消费者行为学（Consumer Behavior），亦称消费心理学或消费心理与消费行为学。消费行为学最初是心理学和市场营销学的一个分支，作为一门独立的、系统研究消费者行为的应用性学科，是在资本主义工业革命后，随着市场经济充分快速发展、商品供过于求的矛盾日渐尖锐、企业竞争日益加剧的过程而出现、形成和发展起来的。

1. 纺织服装产品消费行为学在西方的发展

19世纪末20世纪初，以斯科特（W. Scon）为首的美国学者开始从事有关消费者心理与行为的研究，包括消费者的购买对象、购买组织、购买目的、购买过程及影响购买行为的因素等，并广泛借鉴心理学、生理学、社会学、社会心理学、人类文化学、市场学、经济学等相关学科的理论与方法，取得了一系列宝贵的研究成果。随着以消费者为导向的市场营销观念的形成和有关消费者心理与行为的理论在实践中得到广泛应用，逐渐使消费行为学从市场营销学和心理学中独立出来，成为一门新的综合性学科——消费者行为学，它的形成和发展大体上可以分为以下三个时期[3]：

（1）萌芽时期（19世纪末至20世纪30年代）。1899年，最早从事这项研究的美国社会学家韦伯仑（Thorstein Veblen）出版了《有闲阶级论》，提出了广义的消费概念，认为过度的消费是人们在炫耀心理支配下激发的。这些研究引起了心理学家和社会学家的兴趣。

1901年，美国著名社会学家斯科特首次提出，要运用心理学原理指导广告宣传。同时期，美国明尼苏达大学心理学家H. 盖尔（H. Gale）出版了《广告心理学》，系统论述了在商品广告中如何运用心理学原理以引起消费者的注意与兴趣。

1908年，美国社会学家E. A. 罗斯（E. A. Ross）出版了《社会心理学》，着重分析了个人和群体在社会生活中的心理与行为，开辟了群体消费心理的新研究领域。

1912年，德国心理学家闵斯特伯格（Munsterberg）的《心理学与经济生活》问世，阐述了广告和橱窗对消费心理的影响。

1920～1930年，丹尼尔·斯塔奇（Danile Starch）出版了《斯塔奇广告回忆指南》和《广告学原理》，着重论述了消费心理学在广告中的运用。

在此期间，还有许多学者在市场营销学和管理学的著作中也研究了消费心理与消费行为的问题。“行为主义心理学”之父约翰·华生（John Watson）的“刺激—反应理论”所揭示的消费者接收广告刺激与产生行为反应的关系，被广泛地运用于消费行为的研究中。

这一时期的特点是，工业革命以后，西方国家的生产力大幅度提高，商品生产的速度超过了市场需求，企业竞争加剧，经营者们开始重视商品推销与刺激需求，为适应这种需要，学者们着手研究商品的需求与销售问题。许多学者在市场营销学和管理学的著作中，都开始涉足消费心理与消费行为的研究，研究消费行为与心理的理论开始出现并得到初步发展，为

消费行为学的产生奠定了基础，但因其研究的重点是促进企业的产品销售，而不是满足消费需求，且在实践中应用较少，因此当时尚未引起社会和企业界的广泛重视。

（2）应用时期（20 世纪 30 ~ 60 年代）。1929 ~ 1933 年的世界性经济危机使得商品市场完全转变为供过于求的市场。在第二次世界大战以后，西方国家庞大的军事工业迅速转向民用产品的生产，市场商品供应急剧增多，产品更新换代加快，消费需求也不断变化，企业之间的竞争更加激烈，购买行为更加难以捉摸。企业的经营观念从生产观念转向销售观念，重视广告和推销，重视分析预测消费需求，为消费行为理论的发展提供了良好的社会条件。

20 世纪 50 年代以来，心理学在各个领域的研究应用都取得了重大的成果，吸引了更多的学者进入这一领域，提出了更多的新理论：欧内斯特·迪士特（Ernest Dichter）开展了消费动机的研究；密歇根大学的 G. 卡陶纳（G. Katona）开展了消费期望和消费态度的研究；哥伦比亚大学的拉吉斯费尔德（P. F Lazarsfeld）和 E. 卡兹（E. Katz）开展了人格的影响的研究；哈佛大学 R. A. 鲍尔（R. A Baner）开展了知觉与风险的研究；罗杰·L. 诺兰（Roger. L. Nolan）开展了新产品初步设计研究和定位研究；心理学家海尔（Haier）通过对两组不同的消费者在购买速溶咖啡问题上的回答，找出了家庭主妇不喜欢购买速溶咖啡的真正原因，提出了消费者潜在的或隐藏的购买动机的理论；美国著名心理学家马斯洛（Maslow）在系统地研究人的需求的基础上提出了需求层次论等。这些研究丰富了消费行为学的内容，促使其从其他学科中分离出来，成为一门独立的学科。

20 世纪 70 年代初，由于企业营销工作发展的要求与推动，西方部分高等院校在市场营销学之外，另行建立了专门研究消费者行为的新型学科。1965 年美国俄亥俄州立大学正式拟订出第一份《消费行为学》的教学大纲，1968 年，由德顿登出版社出版了 J. F. 恩格尔（J. F. Engel）、R. D. 布莱克韦尔（R. D. Blackwell）和 D. T. 科拉特（D. T. Kollot）三人合著的第一本《消费者行为学》，为该学科的建立和形成提供了第一本正式的教科书。该书吸收了三位学者多年的研究成果和其他有关专家学者的理论、技术和案例，并提出了消费者决策的最早模式，构建了消费者行为学的体系结构，为这门学科的建立奠定了理论基础。

这一时期的特点是，对消费行为的研究得到迅速发展并广泛地应用于企业市场营销实践中，自此之后，西方学者对消费者行为的理论研究蔚然成风。

（3）变革时期（20 世纪 70 年代至今）。这种变革主要反映在综合运用了相关学科的最新研究成果和研究领域不断扩大和深化两个方面：

一方面，把相关学科如计算机科学、经济学、经济数学、行为学、社会学、运筹学、市场营销学、管理学等学科的最新研究成果，综合运用于消费行为学的研究之中，加上现代信息处理方法的运用和消费者购买行为模型的建立，使对消费者购买行为的分析有了更加科学的方法和更加完善的理论。

另一方面，1969 年美国创立消费者研究会，其会员由心理学、农业经济学、建筑学、法学、医学、市场营销学、数理统计学、工程学等各个领域的专家组成，起到多学科相互渗透、相互促进的作用，标志着消费行为理论的研究发生了根本性的变化。

这种变革使得有关消费行为学研究的论著迅猛增加，研究的内容也扩大到消费信息处理、消费心理内在结构、消费决策模式、消费政策、消费者保护、消费生态、消费文化、消费信用、消费法等领域。

除美国以外，日、苏、法、英、德以及中国和印度等国的学者也在这个领域取得了显著的研究成果。

2. 纺织服装产品消费行为学在中国的发展

我国学习和引进现代消费心理与消费行为学这门学科是在20世纪初，1909年蔡元培留德期间在莱比锡大学从师冯特，回国后积极提倡和发展心理科学。1917年陈大齐在北京大学创建中国第一个心理学实验室，并于1918年出版《心理学大纲》，是中国最早的大学心理学教科书。1920年中国第一个心理学系在南京东南大学建立。1921年中华心理学会在南京成立，它是中国心理学会的前身，首任会长为张耀翔。廖世承、陈鹤琴合著《智力测验法》，郭任远在美国《哲学杂志》第18期上发表论文《取消心理学的本能说》。1922年中国第一本心理学专业杂志《心理》创刊，由张耀翔出任主编。1923年艾伟在美国华盛顿大学开始从事汉字心理研究，刘廷芳在美国哥伦比亚大学发表博士论文《汉字心理研究》。1926年北京大学建立心理学系，清华大学建立教育心理学系，后改为心理学系。1931年6月21日中国测验学会在北平举行第一次年会并宣告正式成立。1932年中国《测验》杂志创刊，为中国测验学会之会刊。1936年4月19日中国心理卫生协会在南京成立，1937年1月24日中国心理学会在南京成立。国内学者开始翻译介绍国外的消费行为和消费心理的研究成果，撰写编著了自己的消费行为和消费心理研究的论著。吴英国翻译出版了斯科特的《广告心理学》，潘菽撰写了《心理学概论》，孙科撰写了《广告心理学概论》[4]。

1949年新中国成立以后，进行了工商业的社会主义改造。在改造完成以后和改革开放以前的这段时间里，我国在经济上长期处于商品供不应求的局面和计划经济管理体制，对消费者行为的研究也随之中止。

改革开放以后，我国经济迅速发展，商品供应丰富，市场竞争加剧，经营者迫切需要通过研究消费行为而增加商品销售和提高企业竞争力。现实需要和思想解放的浪潮推动着学者们重新学习和引进了国外的消费行为的研究成果。

自20世纪70年代引入西方现代市场营销科学理论以来，我国先后经历了导入、传播、应用阶段，目前已与世界商品经济的发展接轨，进入了一个系统地、创造性地研究和应用现代市场营销科学理论，创立社会主义市场营销学理论体系，指导我国社会主义市场经济健康、快速发展的阶段[5]。在消费心理与消费行为的研究方面，在引进西方研究成果的基础上，我国许多学者已开始致力于消费心理与消费行为的研究工作，相继发表、出版了一系列有价值的论文、教材和专著。越来越多的企业将注重点投向目标消费群体的心理与行为特点，许多大企业和公司都设有专门的研究机构，并把对消费心理与消费行为的研究作为制订营销战略的重要依据。一些专门从事消费心理与消费行为研究的专业咨询机构相继涌现，政府决策部门也把有关研究成果作为制订宏观经济政策的重要依据。但由于我国对消费行为的研究起步晚又中途中断过，因此在研究水平和研究手段方面与西方发达国家相比还有较大差距，需要国内的学者们做出更多的努力。

3. 纺织服装产品消费行为学的形成

鉴于纺织服装产品的消费只是消费者衣、食、住、行、用等消费中的一个大类，因此上述对消费行为学的研究实际已包含了对纺织服装产品消费心理与消费行为的研究；又因为纺织服装产品消费的独特性，特别是纺织服装产品的消费历来都是市场的风向标和弄潮儿，涉及社会的每一个成员，具有特殊的季节性、地域性、时尚性、流行性、个体性、民族性、社会文化性、高附加值和激烈的竞争性，对其消费行为的研究至关重要。因此，纺织服装产品消费行为学又在以后的发展中逐步从消费行为学的研究中独立分支出来（图7－1）。

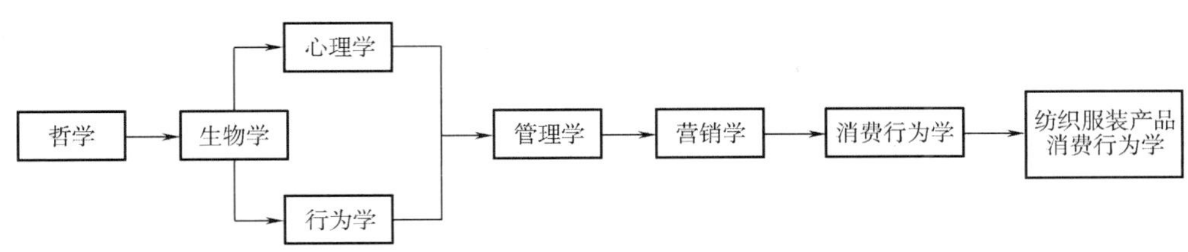

图7－1　纺织服装产品消费行为学的历史由来与演变

三、纺织服装消费行为的含义及其与消费心理的联系与区别

1. 纺织服装消费心理与消费行为的含义

纺织服装消费心理（Consume Mind）是指消费者在消费和处理与纺织服装产品有关问题时所发生的各种心理活动，即纺织服装消费者在寻找、选择、购买、使用、评价和处置与自身满足相关的纺织服装产品或服务时所发生的一切心理活动，其特点是局限于消费者内心，既看不见，也摸不着[6]。

纺织服装消费行为（Consume Behavior）是指消费者在消费和处理与纺织服装产品有关的问题时所表现出的各种行为，即纺织服装消费者在寻找、选择、购买、使用、评价和处置与自身满足相关的纺织服装产品或服务时所表现出的一切行为，其特点是表于消费者的言行，看得见，听得到，感觉得到。

作为研究人类心理活动规律的一门科学，消费心理学对人类各种心理活动的研究内容，主要包括对人类心理过程和心理特征两大方面。

其中，心理过程通常指的是人类个体在认识世界过程中所表现出的直觉、学习或认知过程（如感觉、知觉、记忆、思维、想象等）；情感、情绪或情感色彩过程（如喜、怒、哀、乐、爱、憎、恨、恐、依赖、迷恋等）；意志力过程（如对自我情绪、情感、时间、事件、事务的驾驭与控制等）；

心理特征通常则指人类个体在认识世界过程中所表现出的个性化的意识倾向性（如兴趣、爱好、需要、动机、理想、信念、价值观、世界观、人生观等）和个性化的特征（如气质、性格、能力等）。

而消费行为学在对人类各种行为的研究中，将“行为”定义为：人或动物为了生存、进化、发展、演变而进行或表现出的与生理、心理活动紧密相关联的外显运动、动作或活动。并把研究人类行为规律的科学称为“行为学”，而把研究动物行为规律的叫“动物行为学”。“行为学”在学科上则归属于管理科学，并分为“宏观行为学”和“微观行为学”。“宏观行为学”研究的是人类行为的基本规律和社会群体行为的规律及后果，所以又称为“基础行为学”和“社会行为学”；而“微观行为学”的研究又分为对个体行为和组织行为的研究，其中对研究社会单位和组织行为规律的称为“组织行为学”，对研究消费者个体消费行为规律的就称为“消费行为学”。

2. 消费心理与消费行为的联系与区别

从上述心理学与行为学的定义中我们可以看出，心理学的研究侧重于对人类个体内部心理过程和心理特征的研究，而行为学侧重于对人类个体外显行为的研究。由于外显行为本质上取决于内在心理，既是内在心理的间接表现，又是研究内在心理变化规律的必要条件和途径，因此心理学与行为学是同一问题的两个侧面，是密不可分的统一体。

消费心理与消费行为两者之间是一种既有联系又有区别的关系，这是因为消费行为既受消费心理支配又能反映消费心理，两者可在同一时间、同一地点内发生，但也可在不同的时间、不同的地点内发生，且购买者可能是消费者，也可能是为他人购买或代人购买而并非自己消费，使得我们既可以依据消费行为来分析消费心理，也可以通过对消费心理的分析来推断消费行为。因此“消费行为学”或“消费者行为学”也可称为“消费心理学”或“消费者心理学”，但因为对消费者消费心理研究的目的在于更好地把握其消费行为，所以本书以为用“消费行为学”或“消费者行为学”作为该学科的名称更为科学。

第二节　纺织服装消费行为学的主要理论体系与研究内容

一、研究对象

纺织服装消费行为学的研究对象包括：纺织服装产品的消费者或顾客（消费主体）；纺织服装产品的消费心理（思维、观念、意识、理念等）；纺织服装产品的消费行为（模式、习惯、语言、情绪、形体动作、视频表情等）；纺织服装产品的消费心理与行为的影响因素（内在因素、外在因素、市场营销因素等）几大方面。

二、研究方法

按照市场营销学的理论，对纺织服装产品消费行为的研究，可以采用“6W + 1H”作为切入点和研究方法[7]。

（1）购买者（Who）。即消费由谁主导。例如是家庭中的成年人还是孩子。

（2）购买对象（What）。即购买的具体对象或目标是什么。例如是服装、服饰，还是美容化妆产品。

（3）购买动机（Why）。即购买的原因、动机和目的是什么。例如是为了满足生理需要还是心理需求，是为自己消费还是为别人消费。

（4）购买参与者（Who）。即影响其购买的外在影响因素。例如打折促销，杂志或广告宣传，或是亲朋好友的建议。

（5）购买方式（How）。即采用什么样的购买行为和购买方式。例如货比三家或“一见钟情”，直接到实体店面购、邮购或是网购。

（6）购买时机（When）。即如何把握购买的时机，例如是在当季新品上市或商家促销或季末打折时购买。

（7）购买地点（Where）。即如何选择购买地点。例如百货商店、超市或专卖店；是按照就近与方便的原则、价格的原则、质量的原则，还是按照品牌的知名度、售货商或服务商的信誉度及其售后服务水平来确定。

三、纺织服装消费行为学的理论研究模式

1. 经济学理论[8]

经济学理论也称为经济论或价格说。纺织服装市场营销的主要促销方式应是价格手段，价格越低销量越大，替代产品的销售越难。主要理论依据是大多数消费者总是力争以最低的价格去购买那些能够使自己得到最大效用或最大满足的物品或服务。

2. 驱动力理论[9]

驱动力理论的主要依据是，纺织服装产品的消费需求源于消费者自身和外界的生理刺激与环境刺激产生的驱动力。其中：

（1）内驱力（Inherent Drive Force）构成生理需要。衡量公式如式（7-1）：

$$需要 = 内驱力 \times 习惯 \times 诱因 \tag{7-1}$$

（2）外驱力（External Drive Force）构成心理需要。衡量公式如式（7-2）：

$$需要 = 期望 \times 诱惑力 \tag{7-2}$$

3. 社会学理论[10]

社会学理论的主要依据是纺织服装产品的消费需求和购买行为必然要受到社会群体的影响，市场营销者的主要任务是找到群体中的“消费领头羊”或“意见领袖”加以公关，并通过对他们消费行为的引导，来带动整个目标市场的消费。

4. 马斯洛需求层次论[11]

该理论的主要依据是：人类的需求分为五个层次，即生理需求、安全需求、社会需求、自尊需求、自我实现的需求，将上述需求按重要性顺序自下而上依次排列，前一个层次的需求是后一个层次需求产生的前提和动机。如图7-2所示。

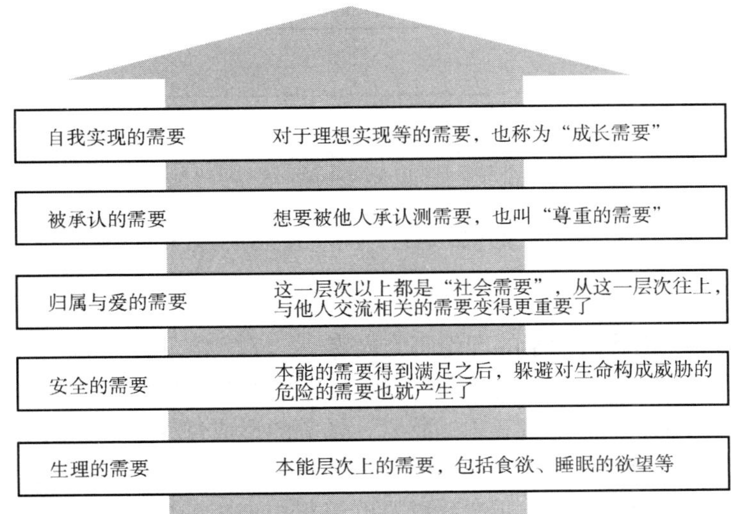

图7-2 马斯洛需求层次论

5. “黑箱” 理论[12]

“黑箱” 理论的主要依据是：消费者的购买行为是消费者受到某种外界刺激形成的应激反应，其行为过程中的心理变化和转换过程，类似照相业冲洗照片的“黑箱”过程，既看不见也摸不着，是只知结果不知过程的“心理黑箱”或“购买者黑箱”。因此可从心理学的角度通过一定的营销刺激来诱导、促使消费者形成市场所需的消费行为和购买行为。

四、纺织服装产品消费行为学的理论研究体系

对纺织服装产品消费行为学的理论研究是以消费者的消费行为为研究中心，包括知觉、学习与记忆、动机与价值、自我审视、个性与生活方式、态度及其转变、群体交流与影响等，并分别从消费者作为消费主体与消费决策者两个角度和文化与亚文化两个层面展开研究。如图 7 – 3 所示。

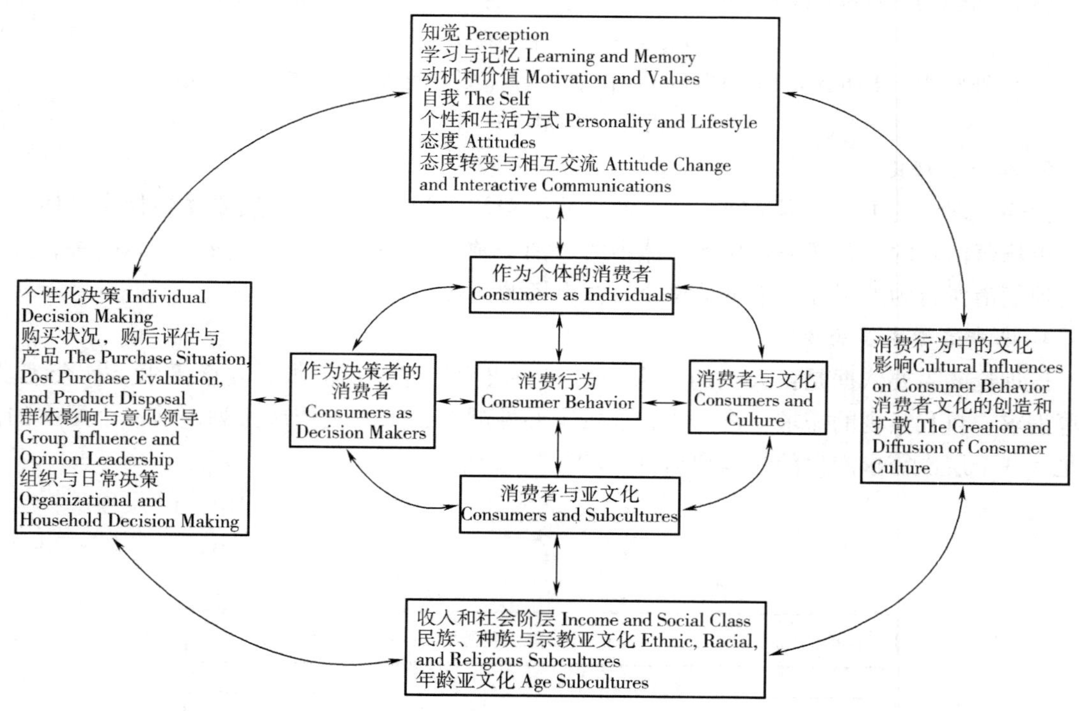

图 7 – 3 纺织服装产品消费行为学的理论研究体系架构图[13]

五、纺织服装产品消费行为学的理论研究内容

纺织服装产品消费行为学的理论研究内容主要包括以下几个方面。

（1）纺织服装产品消费者消费意识、感觉、知觉的形成过程及其类别与特点。

（2）纺织服装产品消费者的记忆、想象、思维的分类、特点及影响因素。

（3）纺织服装产品消费者的购买过程以及购买行为产生的原因、购买动机的形成、购买决策的形成、购买过程和购后感受的行为模式、心理历程和情感与意志过程。

（4）纺织服装产品消费者的知觉、学习与记忆、动机与价值观、态度、个性与自我观念

等对消费行为的影响规律。

（5）各种外在因素，包括社会、历史、文化、经济、服装市场的变化等各种宏观与微观环境对纺织服装产品消费与消费行为的影响。

（6）纺织服装产品消费者购买行为的基本模式与基本类型。

（7）纺织服装产品消费与消费行为的历史演变与发展趋势。

（8）纺织服装产品消费行为学研究方法、研究体系、研究内容的不断丰富与完善。

第三节 消费行为研究在纺织服装产品市场营销中的主要功能与作用

纺织服装产品消费行为理论研究的意义与目的在于探讨和揭示纺织服装产品消费行为产生的原因和规律，剖析和探究影响消费行为的各种因素与条件，为企业产品的市场细分和目标市场的选择提供理论依据，增强企业的市场竞争力；预测和引导社会大众的纺织服装产品消费行为，使企业更好地履行符合公众利益的社会职能，并达到企业与消费者利益共同满足的双赢效果，不断繁荣我国的纺织服装市场；为国家和地方政府制订恰当的宏观经济政策和法律法规，实现商品供需的总体平衡，促进国民经济健康、协调发展，保护人类生态环境，保证人民生活水平不断提高而提供决策参考依据[14]。其市场营销的功能与作用主要表现在以下几个方面[15]。

一、探讨和揭示纺织服装产品消费行为产生的原因、特点和规律性，指导企业的市场营销行为，预测、引导和推动社会的积极消费

消费行为理论是经济学的重要组成部分，是营销学最基础的知识体系之一，也是解决营销实战问题的钥匙。它揭示了社会大众的消费心理和消费行为的规律性和普遍性，对理解消费者的心理和行为，达成与消费者的更有效沟通，影响与改变消费行为和理念，以及构建与消费者的长久关系，都必不可少。21 世纪的中国市场成为全球的焦点，要在这个市场的竞争中赢得优势，就必须了解消费行为，对消费者内在的认知、情感、态度、需求、动机和外在的文化、群体、营销影响因素等进行深入的研究，只有掌握了消费者的消费心理与行为的活动特点及规律，才能制订正确的纺织服装产品市场营销策略，从而使市场消费保持持续的增长性。

二、有利于增强纺织服装企业的竞争能力

对消费者心理和购买行为的研究，一方面可满足工商企业生产决策的需要，有利于企业根据消费者的心理和购买行为来设计产品，给商品命名，调整产品的花色品种、款式，规定产品的质量，以及如何对商品进行包装和定价；另一方面，有利于根据消费者心理和购买行为来确定商店名称、位置、建筑样式、商店设备、商品陈列的技巧，营业员如何接待好顾客等，以便更好地做好商品的广告宣传与产品推销，更多地售出商品。这两方面的作用均有利于增强企业的竞争能力。

三、有助于消费者规范自己的消费行为，更加合理地进行社会消费

对广大消费者来说，掌握更丰富的消费者行为知识有助于对自身和环境的更深层次的理解，更好地适应客观外在环境，增强绿色消费和生态消费的意识，在购买和消费时更加理智。一方面避免出现社会有效需求不足或过度消费及超前消费而导致国民经济发展失衡；另一方面也避免为了眼前利益、短期效益或暂时享受而对生态环境造成破坏，从而有效地抑制不道德的商业与消费行为，更加科学合理地进行社会消费。

四、有助于国家实现商品的供需平衡和促进国民经济协调健康发展

国家的经济政策与法律必须以市场上商品供应与消费需求的客观状况为依据。只有透彻地了解消费者的购买行为与心理的规律性，把握影响消费者购买行为的各项因素，才能准确地预测消费需求的变动趋势，正确制定财政政策、金融政策、工商管理政策和各项法律，实现商品供应与商品需求的宏观平衡，促进国民经济健康协调地可持续发展。

第四节　纺织服装消费行为的主要影响因素和营销策略

影响消费者购买行为的主要因素有外在、内在和市场营销三大因素，企业的市场营销策略也均是围绕此三类因素而分别展开。如图 7－4 所示。

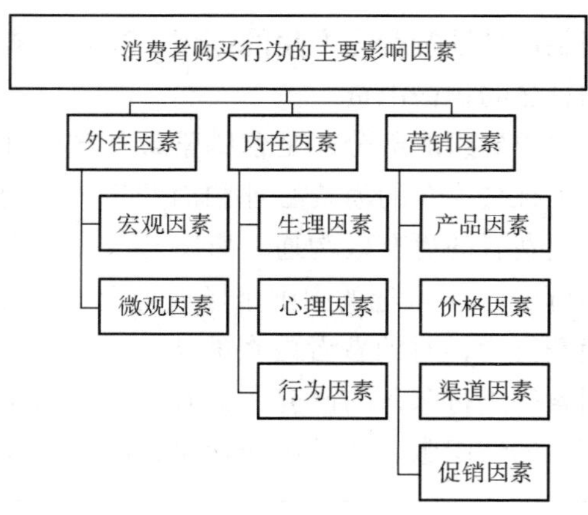

图 7－4　消费者购买行为的主要影响因素

一、消费者的因素及营销策略

1. 消费者的年龄

目前，国内成年纺织服装产品消费者的年龄段依据其消费特点，大致可划分为 18～30 岁、30～45 岁、45～65 岁以及 65 岁以上四个年龄段。

（1）18～30 年龄段。该年龄段的消费者是纺织服装产品消费群体中最主要和购买频率最

多、总体购买金额较大的群体，人口在1.8亿左右，其中女性要多于男性。由于该群体具有一定经济基础和很强的购买欲望，敢于尝试新事物，追求时尚与流行，容易接受各种新品牌，并易冲动购物，企业在该细分市场投入的品牌和产品数量最多，竞争也最激烈，适宜采用时尚性、中低价位的新产品营销策略。如以ZARA、H&M、GAP等为首的一批新势力快时尚（Fast fashion）品牌所采取的市场营销策略。

（2）30~45年龄段。该年龄段的消费群体经济基础最为雄厚，有较强的购买实力，人口在3.3亿左右，是纺织服装产品的主要消费群体和购买单件产品价值最高的群体。因该群体的大多数人在人生观和价值观上已相对成熟，对时尚风格与品牌均已形成个性化的喜好与偏爱，因此对新品牌的接受程度较低，对产品的性价比要求高，适宜采用建立顾客信息数据库和发放VIP卡等忠诚型顾客营销策略。如LV、GUCCI、Dior等国际级奢华品牌所采取的市场营销策略。

（3）45~65年龄段。该年龄段消费群体人口在2.7亿左右，他们往往事业有成，对纺织服装产品的消费与购买数量不大，但对产品质量、价值和品牌属性的要求均较高，适宜采用个性化定制的营销策略。如CHANNEL（香奈儿）高级成衣定制、HERMES（爱马仕）高端箱包定制等品牌所采取的市场营销策略。

（4）65以上年龄段。该年龄段的人口在1亿左右，对纺织服装产品的需求和购买欲望都不是很强，其相应的纺织服装品牌基本为空缺，消费与购物也多由子女或他人代购，其营销策略应针对为其提供消费渠道和途径的群体。如很多地方都有一些中老年服装城专门为中老年人提供服装销售，款式、面料、做工乃至尺码都是符合中老年人的个性需求。

2. 消费者个性与消费理念

（1）需要与动机（Needs and Motivations）。需要是人类对某种事物的欲望、要求和一切活动的源泉，也是人类有机体延续和维持其生命所需物质条件的客观反映和购买动机产生与形成的基础。因此，动机也是一种需要，是一种可以及时引导人们去探求满足需要目标的需要，即已经升华到了必须要满足的需要。需要与动机的内容与形式具有多样性和个体性的特征，可以是物质的、精神的、生理的、心理的以及个人的、家庭的、群体的和社会性的。因此对人类需要与动机产生的原因、条件，形成过程及其与购买行为之间关系的研究，一直是消费行为学的重要研究内容，其理论模式虽有多种，但都必然遵循需要产生动机、动机导致购买的行为轨迹（图7-5）。

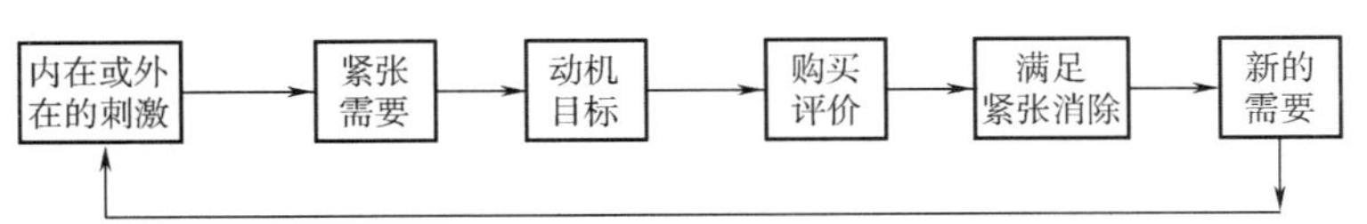

图7-5 需要与购买动机和购买行为之间的关系

需要指出的是，由于消费者的消费需要和消费动机在同一时间内常常是多样化的，在面临市场时，往往存在选择性实现的问题，因此消费需求或购买动机就必然具有冲突性的特点。纺织服装市场营销人员在营销实践中，正是利用这一点，分析目标顾客的需要冲突及其产生的原因和条件，提供合理的解决方式，采用恰当的促销手段，有效地解决消费者需要或购买动机的冲突，促使消费者采取有利于本企业的购买行为。如送货上门、先用后买、分期付款、让利销售、羽绒服以旧换新等。

（2）感受（Perception）。感受是一个心理学术语，也称为感觉或知觉，指消费者对源于自身或外界刺激的一种心理或生理上的综合反应。在市场营销学中，感受是指消费者在购买商品过程中所产生的与交换过程相关的对商品、事物和人的一种看法。这种看法是在与环境接触过程中，通过消费者的五官感觉而形成的，如人们在购买服装时，通过一看、二摸、三试穿来获得对所拟购买商品的印象。由于每个消费者个人的先天禀赋、后天生活经验、吸收与消化信息的能力与态度、主观感应和解释感觉信息的方式都会有所不同，因此对源于同一事物的刺激会形成不同的感觉，进而导致不同的购买行为。所以感觉通常具有以下特点。

①选择性特点。选择性特点是指消费者对来自自身或外界刺激的信息会采取选择性知觉（Selection perception）、选择性记忆（Selection retention）、选择性曲解（Selection distortion）的特点。例如，消费者在选择性记忆中，可能只记住那些需要记住和能够记住的信息以及能够支持其态度和信念的信息，甚至有意无意地把所获信息加以扭曲使之符合自己的见解，因而会使他们对源于同一事物的刺激形成不同的感觉。

②组织性特点。组织性特点是指消费者会对所获信息或感觉进行汇集、筛选、组织、理解和解释的特点。

③环境的影响。消费者对同一事物的感受，除了会受到自身主观选择性和组织性的影响外，还会因其个体所处环境的影响而形成完全不同的感受。

（3）学习（Learning）。学习在市场营销学中有着特定的含义，指的是人们在购买和使用商品的消费实践中，逐步认识、积累、获得的消费与购买知识和经验，并据此对自己以后的消费态度和行为做出调整或变更的过程。在消费者购买行为中，学习和感受密切相关并受动机支配，没有需要形成的动机，就不会有学习行为的产生。消费者的学习行为，本质上是一个准备消费的过程或潜在购买的决策过程。对市场营销人员而言，应针对消费者的这一学习特征，采取适当策略，引导消费者的学习并实现促销的目的。例如张贴海报广告、散发商品说明书、在线试穿、现场演示讲解等，以形成市场舆论和强烈的视觉冲击，引起消费者对产品的注意力和购买欲望或兴趣，创造联想或强化记忆的条件，促使消费者产生购买动机。

（4）信念和态度（Belief and attitude）。信念指一个人对某种客观事物所持有的看法或评价，即对事物的一种描述性的看法。而态度则指一个人对某种客观事物所持有的习惯性的、相对稳定的内在心理反应，即对人、事物或某种思想观念在认识上的评价、情感上的感受和行动上的倾向。态度的形成，不仅受消费者本人的消费实践活动的直接影响，而且也受其生活群体和社会环境的间接影响，并与消费者的后天学习密切相关。所以消费者的态度有以下特点：具有习惯性，经过消费实践活动的反复强化后，态度具有相对稳定性；具有多样性与差别性，对同一事物不同的人可能采取完全不同的态度；具有群体倾向性，群体的态度倾向会影响个体态度的倾向，个体具有从众心理的特点。

（5）购后感受（Postpurchase perception）。购后感受是指消费者在购买商品之后，对产品的性能或功能、产品的性能价格比、消费者所期望的满足感和消费者自身购买行为的一种综合性评价，并在很大程度上与商品的效用性密切相关。商品的效用性是指消费者占有和使用商品时得到的满足感。因此商品的效用性及其程度的大小将是衡量和评价消费者购后感受的重要指标。不同的消费者从自身需要与购买动机出发，总会自觉与不自觉地对所购商品的功能、性能和自身的购买行为的成败与否（值不值，合不合算）做出评价并形成购后感受。这种购后感受不仅体现在消费者对该次购买活动的评价上，而且还会对消费者及其生活群体决定是否重复购买，诱发或产生新的需要与动机产生较大的影响。因此对购后感受的研究，既是市场营销学的重要研究内容，也是企业重视售后服务、对商品实行三包、跟踪产品或服务质量的重要原因。

（6）个性与气质（Personality and temperament）。个性是指一个人本质的、稳定的、倾向性的心理特征。不同的人具有不同的个性，或者说不同的个性将塑造出不同的人。个性的形成，既有先天遗传因素，也与后天的社会阅历、所受教育、社会环境的影响密切相关。一般25岁前，人们就会形成比较稳定的个性，以后虽然会发生一定程度的变化，但终究是“江山易改，本性难移”。

气质一词，源于古希腊著名医生希皮克拉的体液说[16]。他认为人体内有四种液体，分别是血液、黏液、黄胆液和黑胆液，这四种液体的混合比例将决定着人体的健康状况和一个人的气质（中国的中医则有元素平衡说），并据此可把人的气质分为多血质、胆汁、黏液、抑郁四种类型。由于这种说法缺乏科学依据，所以后来苏联的巴甫洛夫通过对人的高级神经活动的研究，根据生理学的科学依据重新把人的气质划分为兴奋型、活泼型、安静型和抑制型[16]。在实际的消费活动中，我们可以观察到，不同气质的人的确具有明显不同的消费心理特征，比较有代表性的有冲动型、理智型、想象型、习惯型、价格型和不定型等，这说明消费者的个性与气质对其消费行为确实有着非常重要的影响。

二、产品因素及其营销策略

这是构成纺织服装产品消费的主要因素，也是满足顾客对其功能的基本需求和实现消费交易的载体，该类影响因素对消费者消费心理和消费行为的影响及其相应的营销策略，包括纺织服装产品的色彩、款式、结构、板型、面料、做工、搭配性、实用性、价格等涉及产品性能与功能的各个方面。

1. 色彩

人体的生理规律表明，色彩是影响顾客是否购买判断的重要因素。顾客大脑对初次接触的纺织服装产品的辨识比例，色彩约占65%，款式约占25%，面料约占10%[17]。这是因为进入纺织服装店铺的顾客对产品的接受进度依次为“远看色，近看款，最后才来摸面料”。顾客根据自身对不同色彩的喜好来评判产品的接受程度。不同的色彩可以使人们产生不同的心理反应，人们选取衣着时要选择与自己的性格、气质、风度较统一的着装色调。红色热烈，黄色高贵，蓝色沉静，绿色和平，白色纯洁，黑色庄重，灰色典雅。若衣着颜色搭配好，就会感到美观、和谐；搭配不好就会使人在心理上产生多重的不适感。

颜色同时也代表了一个人的个性，喜欢穿红色的人被认为是“具有丰富愿望的年轻型”，生活中他们常感到不满足，富有冒险精神，追随流行时尚，但其变幻无常的性情常令人捉摸不透；喜欢绿色的人被认为是安于现状，行动慎重并很努力，但害怕冒险和超前，性格内向且常压抑自己的欲望，在感情方面羞于主动；喜欢白色的人常让人产生可远观但不可亲近之感；喜欢紫色的人感情也许会比较浪漫；喜欢黄色的人内心天真烂漫；喜欢蓝色的人诚恳真挚，富有幻想；喜欢黑色的人抑制感情外露但渴望被关怀爱护等。

因此，很多具有实力的纺织服装品牌企业，在每季新开发的色彩和花型上都颇费功夫，力求形成自身品牌的独特性和不可替代性。一个品牌选择符合消费者个性心理的颜色与花型，可以充分有效地保障购买该品牌的顾客对自身独特性与身份的主观表现愿望和情感需求。

2. 款式与结构

款式实际上是一种对产品结构的设计。对纺织服装产品而言，设计是对一种风格进行独特化、个性化的处理，不同的款式可以使人们产生不同的心理反应，即能影响顾客不同的消费心理。如蕾丝代表娴雅；荷叶边、花边代表浪漫；流苏代表“波西米亚”风格；蝴蝶结代表可爱、女人味；珍珠代表知性、品质；褶皱代表飘逸变化；缉明线代表流畅线条；拼镶表明碰撞个性；镂空显示性感等。因每个消费者的身高、体重和体型都与其他人不同，所以需要选择适合自己身体特征的款型才能彰显自我的个性化风格，即一个人外在形象和内在气质的综合反映。例如，当顾客选购服装的线条（指包括服装的外形轮廓和细部设计综合呈现出的整体服装形状）与身体线条（指包括脸型和体型而综合呈现出的整体身体形状）相配时，批量生产的成衣穿在身上才会达到如同量身定制的风格效果。所以款式是表现产品风格与造型的主要手段，也是产品生产与经销者实施市场营销策略的重要途径。

3. 面料、做工、板型

当顾客对颜色与款式均比较满意时，才开始进入对面料、做工的关注和评判程序中。因此，通常在店铺中如果观察到顾客对服装用手进行抓或捏等动作，说明他已经比较满意服装色彩和款式，正在对服装面料的手感，即穿着的舒适性进行判断。此时面料的触感与功能性，如透气、舒适、伸缩、耐磨、保暖、抗撕裂等，就成为影响顾客购买产品的关键因素。相同款式、不同面料的服装会产生截然不同的视觉效果。若采用轻薄柔软的面料，会显得轻盈精致；若采用挺括的面料，会感觉比较粗犷。当顾客提出试穿或接受导购的试穿邀请时，他已经对服装的前述要素进行了分析判断与基本认可。在销售过程中如果能向顾客介绍服装板型、做工、缝纫方面的知识，对销售人员来说非常重要。是什么因素使得这件服装显得很特别？是什么因素使它穿在身上很合身……这类问题往往是顾客很想知道的潜在答案。尤其是购买了较高价格服装产品的消费者，总想知道所购买的服装好在哪里，如果销售人员能够介绍这件服装的面料特点、手感、做工的品质以及如何搭配和相关保养信息，便起到了引导顾客消费行为的作用。

4. 搭配性、实用性

一个人对服装的搭配同样反映出他的个性特点，个性外向的人会选择较夸张的颜色、款式和图案，并可以将图案与条格混合搭配在一起；个性趋向保守的人只会穿着单色或中性色并点缀一些简单的配饰。顾客买衣服时往往会考虑到这件衣服该如何搭配以及家里衣柜中有没有与之相匹配的下装。当一位顾客走进一个销售区域并表现出对产品的兴趣时，销售人员不仅要力图销售这件单品，更重要的是还要推荐几件能与之相搭配、顾客感兴趣的其他单品。在纺织服装市场营销策略中，术语“连带率”就是指营销人员在销售过程中利用服饰搭配和促销等销售技巧尽量让客人尽可能多地购买，这是销售人员销售能力一个非常重要的判断依据。例如，如果一位女士在看裙子，就需要同时向她展示几件能与这条裙子搭配的上衣、腰带和毛衣；如果一位男士在看裤子，就需要向她同时展示能与这条裤子搭配的衬衣和毛衣。

将所有能与顾客感兴趣的衣服相配的东西都展示给他，并描述出有多少件上衣和配饰能与那条裙子或裤子相搭配，会帮助顾客消除不会搭配这件衣服、这件衣服买回去不实用等方面的疑虑。

5. 价格

俗话说"一分钱一分货"，不同档次的纺织服装产品本应有其相应的价格定位，但在实际的市场营销实践中，纺织服装产品的促销价格与产品质量之间并没有直接的关联，商家多采用心理定价法，即依据消费者购物时的心理来确定商品的促销价格，常见的具体形式有[18]：

（1）尾数定价策略。由于带有尾数价格的商品，能给消费者以货真价实的心理感觉，如对同一商品的价格，标为59.90元/件或60.10元/件，比标为60.00元/件的销路要好。因此大多数零售商都有意将商品的售价以带有尾数的形式标出，用以满足消费者的求实消费心理，使顾客产生心理错觉，从而促进其购买。对于需求价格弹性较强的商品，尾数定价策略往往会带来需求量大幅度的增加。

（2）非整数定价策略。针对大多数消费者求廉的心理需求，采用被销售专家们称之为"非整数价格法"，将产品价格定为带有零头结尾的标价，如将一件100元的牛仔裤价格标为99.90元，两者虽差别不大，但因前者的概念是百位级，后者却是十位级，给消费者以价廉的感觉，从而激发消费者良好的心理呼应而获得明显的经营效果[19]。

（3）整数定价策略。整数定价策略是知名企业或品牌产品采用合零凑整的与非整数定价错位定价的一种策略，目的在于标示自我产品的质量和市场定位的一种定价手段。如对一件高级时装的标价为6000元而不标为5990元，这样使价格上升到较高一级档次，借以满足消费者的高消费心理。目的在于使顾客感到消费这种商品与自己的社会身份和地位协调一致，能够得到心理需要的满足感而促进销售。

（4）声望定价策略。价格档次常被当作商品质量最直观的反映，特别是在消费者识别名优商品时，这种心理意识尤为强烈。因此，品牌产品的经销者往往针对消费者"价高质必优"和求名或品牌的消费心理，采取给某类产品设定一种品牌形象和产品定位，针对目标消费群体并排除一般消费者购买的声望定价策略，主要使用在具有品牌效应的商品中。由于将高价格与性能优良、独具特色的名牌商品配合，更易显示商品特色，增强商品吸引力，产生扩大销路的积极效果，因此大多数世界顶级品牌如香奈儿、LV等，均针对其特定目标消费群体采用这种定价策略[20]。

（5）以质定价策略。以质定价策略也称为高价定价策略，是根据消费者在同类商品购买中以价格来区分商品档次的心理而采取的定价策略。通常针对耐用消费品，以时尚消费群体或拥有一定社会地位的消费者为主要目标顾客的商品所采用。

（6）习惯定价策略。某些价值不高的基本生活用品，因消费者须经常反复地购买而形成对该类商品的"习惯价格"心理。企业对这类商品的定价不可随意更改，因为一旦打破其长期形成的"习惯价格"，很易使之产生不满情绪而导致其购买对象发生转移。高于习惯价格常被认为是不合理的涨价；若低于习惯价格又使消费者怀疑是否货真价实。因此，这类商品价格要力求稳定，避免价格波动带来不必要的损失。若该类商品确需调价，则应做好预先宣传，让顾客充分了解调价的原因并形成预期心理接受，同时采取改换包装或品牌等措施，然后再进行调价。

(7) 偏好定价策略。偏好定价策略是指针对部分消费者对某些价格数字的偏好心理而采用的促销定价策略。如利用消费者对8（寓示发）、6（寓示顺）、9（寓示久）等数字的偏爱来激发购买欲望。相反，对欧美的消费者来说，商品价格应避免出现13；对我国香港和台湾及新加坡的消费者来说，商品价格应避免出现4、14、38等数字。

(8) 系列定价策略。针对消费比较价格的心理，将同类商品的价格有意识地分档拉开，形成价格系列，使消费者在比较价格中能迅速找到各自习惯的档次，得到选购的满足。

(9) 招徕定价策略。招揽定价策略即“物美价廉”策略，通常商家会把所售产品中的某几种或某几款的售价定在低于正常价甚至成本价，其他产品不变且每天随机变换品类，以此招徕和吸引那些具有求廉或贪便宜心理的消费者进场，在选购招揽价格产品的同时，大大增加其他产品的选购概率，从而带动全场商品的销售。在目前的国际市场上，由于我国纺织服装产品具有“物美价廉”的突出特点且缺乏自主品牌，常以相对低廉的价格来争取更多的出口市场，因此其选用的价格策略也主要是招徕定价策略。

三、市场营销因素及营销策略

1. 卖场形象

纺织服装店铺的卖场形象是迅速让顾客感知纺织服装品牌文化的场所，能通过设计要素体现产品和品牌的定位。到百货公司或者购物中心去的顾客心中都有一种期待，就是用眼睛能够看到满足自己所需所想的物品。通过橱窗、展台和店铺内销售重点部分的演示和陈列，展现时装流行趋势、当季流行商品、商品设计主题等，既使顾客的眼睛得到了愉快的享受，也刺激着其消费的欲望。例如，橱窗是店铺向潜在顾客传递的第一个信息，通过橱窗陈列，可以营造一种格调，向顾客展示店铺的形象，橱窗中所陈列的纺织服装产品必须能够吸引顾客走进店铺，能够勾起顾客的好奇心、激发起购物热情和购买冲动。橱窗陈列的纺织服装款式必须看上去新颖、时尚且风格一致，这些就像广告宣传资料一样能够强化品牌的形象。

2. 卖场环境

卖场环境是直接影响顾客消费心理的重要因素，通过一定的空间、结构、灯光、货架、色彩、声音等，可使顾客在购物过程中产生愉悦的心理感受和心境体验而实现产品的大力促销。因此，建立符合品牌定位特点的卖场环境，给顾客创造良好购物氛围，是纺织服装产品经营者必须下功夫进行研究和思考的内容。店内的布局有序，货架上摆放的商品整洁并且定期更换，灯光柔和，音乐悦耳，保持试衣间整齐干净，使购物环境看上去更具亲和力，都是影响顾客消费行为和选购商品的重要因素。

3. 人员服务

人员服务是影响顾客购物的重要因素，也是纺织服装产品市场营销特别强调的方面。在销售过程中，只有终端销售人员与顾客有着直接的接触，在顾客感到困惑的时候，如果销售人员能够及时向其提供专业化的指导，销售成功的可能性会很大。大多数情况下，顾客都很想依赖终端销售人员帮助他们选择纺织服装，为迎合这一需求，成功的纺织服装销售商应该设法请专业机构培训自己的终端销售人员，让他们能够掌握纺织着装知识以及尽可能多地了解所销售产品的知识。销售人员需要无论穿着还是举止看上去都像是时尚专家，他们要将流行趋势和概念最先应用到自己身上，然后再传递给顾客。当顾客走进商店时，销售人员应该做到以下几点：主动问候顾客；始终保持友好的微笑；与顾客讲话时使用尊称；保持友好的目光接触；保持良好的仪态，充满热情；顾客询问时能提供专业的指导和建议。

4. 商标、吊牌、包装袋

商标对于品牌，就好比人的名字对于人，是区别众多品牌的基本要素。商标的特色性、突出性、品质性应在设计商标时重点考量，透着时尚、高雅与独具个性化魅力的品牌，才能让顾客感知所购纺织服装产品的"物超所值"。

此外，纺织服装产品的吊牌和包装袋，也是体现其附加值的有效手段。其中商品包装的形感，即其造型、材质、图形和文字均很重要，只有贴切地表现出商品特征的造型和材料才能达到预期的促销效果。如真空塑料包装的食品使人觉得方便卫生，铝箔泡罩包装的药品让人觉得科学可信，贴体包装的小五金产品又令人感到质量可靠，采用丝带、内衬包装的服装让顾客觉得高档。商品吊牌应该有说明性的文字，客观简明地介绍商品的名称、产地、规格、面料成分和使用洗涤方法等，并尽量做到重点突出，一目了然。巧妙地运用包装语言能够产生强大的视觉冲击力，成为包装促销的点睛之笔。

5. 广告宣传

广告宣传中包含各类媒体的广告和卖场的平面广告。这是有效传达纺织服装品牌文化和信息的重要工具，也是刺激顾客购买和提升销售业绩的主要方式。广告宣传是把商品具有的优点和价值视觉性地表现给顾客，而顾客购买的不仅是商品，同时还有商品所具有的价值感和满足感。广告所告知顾客的信息和传达的内容要与卖场的形象设计、主题产品推广、平面系列设计，甚至纺织服装的陈列相吻合，通过这样前后关联的系统建设，才能在众多林立的品牌中让顾客获得认知，并在购买产品时对决策起到正面激励的作用。

如今的消费者或顾客，在消费纺织服装产品的时候，购买心理越来越成熟，购买行为越来越复杂，选择的范围也越来越宽泛，不但对产品要反复评价判断，在购买过程中的心理体验也成为重要的判断指标之一。商家的服务需要站在顾客的角度，以尊重为先，对消费者或顾客购物的全过程，从细节和人性化的各方面提供全方位的服务。纺织服装产品的经销者只有通过仔细揣摩和体验消费者的消费态度，透过消费者个性特征的表面去深入了解他们的动机、需求、喜好、品牌意识以及品牌忠诚等，才能在纺织服装产品的营销过程中创造出新的起点和方向[21]。

目前，我国对纺织服装产品消费行为学的研究，在研究重心、主题、课题和内容上都在逐渐拓宽与不断深化，这标志着我国在这一领域的研究正在日趋成熟，具体体现在以下几个方面：

（1）研究重心的变化。研究重心由社会研究向认知研究倾斜，主题包括行为决策、记忆、求新和前意识加工等。

（2）研究主题的变化。研究主题由"冷点"向"热点"转移。当前的西方消费者行为研究中，"冷点"主题包括注意、知觉、信息获得、归因和信仰在态度形成过程中的作用等，而"热点"主题则包括唤醒、对广告的情绪反应、低卷入的（Low - involvement）说服、消费快感和自我表现动机等，对消费者行为的研究也越来越重视对情绪和其他认知热点的研究。这一趋势与心理学基础研究的发展是一致的。

（3）研究课题的变化。信息时代出现的新的市场营销模式使得消费者身份虚拟化，消费行为网络化；个性化的市场营销带来的消费者行为的复杂化和消费者的成熟化；以客户为中心的市场营销管理引起的消费者行为的个性化和多元化，以及顾客身份的国际化等新情况的出现，都为纺织服装消费行为学的研究提出了新的课题。

（4）研究内容的变化。以我国为例，迄今现有的消费行为学著作几乎都是以西方市场和西方社会消费者为研究对象的产物。在已开设消费行为学课程的高校，目前所用的教材大都是英文翻译版本或以西方版为母体大同小异的自编版本。面对中国市场，西方消费行为学著作存在对象的缺陷和实战的缺陷，所以需要加强中国消费者行为研究，即以中国人为对象（又分为全球华人、大中华区人和大陆人，大陆人是重点），并在研究中主张复杂性假设。

思考题

1. 试阐述纺织服装消费心理与消费行为的含义。
2. 纺织服装消费心理与消费行为学在西方经历了哪几个阶段的发展？
3. 对纺织服装消费行为的研究可以采用哪些理论模型？
4. 纺织服装消费行为学的理论体系与主要研究内容是什么？
5. 影响纺织服装消费行为的因素及其营销策略有哪些？为什么？
6. 纺织服装的心理价格促销策略有哪些？为什么？
7. 消费行为研究在纺织服装市场营销中的重要作用表现在哪些方面？
8. 我国纺织服装消费行为研究的现状和未来发展趋势是什么？

参考文献

[1] 深倔元文．图解心理学［M］．天津：天津教育出版社，2007.

[2] 熊冬炎．从心理学的发展史看心理学的未来［J］．辽宁师范大学学报（社会科学版）．1998：91－92.

[3] 樊文娟．消费心理学［M］．北京：中国纺织出版社，1998.

[4] 彭凯平．心理学与中国发展［M］．北京：中国轻工业出版社，2010.

[5] 王方华，等．新概念营销丛书（整合营销、关系营销、服务营销，绿色营销、文化营销、网络营销）［M］．太原：山西经济出版社，1998.

[6] 沈蕾，顾庆良，汤兵勇．纺织品和服装消费心理学［M］．上海：中国纺织大学出版社，1997.

[7] 大卫·乔布尔．市场营销学原理与实践［M］．胡爱稳，译．北京：机械工业出版社，2003.

[8] 刘长龙．经济学基础理论［M］．北京：中国经济出版社，2002.

[9] 宋村珠．消费驱动力及相关问题研究［J］．现代营销（学苑版），2006（3）：32－33.

[10] 宋林飞．西方社会学理论［M］．南京：南京大学出版社，1997.

[11] 亚伯拉罕·马斯洛，林方．人的潜能和价值［M］．北京：华夏出版社，1987.

[12] 吴世经，曾国安，陈乙．市场营销学［M］．四川：西南财经大学出版社，2000.

[13] Michael R. Solomon. Consumer Behavior：Buying，Having，and Being［M］．Auburn Uni-

versity, 1998.
[14] 龚振，荣晓华，刘志超．消费者行为学［M］．大连：东北财经大学出版社．2002.
[15] 江林．消费者心理与行为［M］．2 版．北京：中国人民大学出版社，2002.
[16] 吴世经，曾国安，陈乙．市场营销学［M］．四川：西南财经大学出版社，1995.
[17] 金顺九，李美荣，穆芸．视觉·服装［M］．穆芸，译．北京：中国纺织出版社．2007.
[18] 闫小艳．浅谈心理定价策略与技巧［J］．新西部，2011（24）：90.
[19] 严青丹．浅析心理定价策略［J］．科技信息，2011（11）：161.
[20] 侯臣．定价策略在我国服装业应用现状与发展前景研究［J］．商场现代化，2007（7）：77.
[21] 彭聃龄．普通心理学［M］．修订版．北京：北京师范大学出版集团，2004.

第八章　纺织服装价格营销

本章重点知识

1. 纺织服装产品价格的含义及其不同于其他产品的价格特点。
2. 纺织服装产品的多种价格形式及其形成的原因。
3. 纺织服装产品出厂价、批发价（中间流通价）、零售价的含义及其具体构成。
4. 纺织服装产品定价的主要作用、具体定价步骤及其在市场营销中的重要地位。
5. 纺织服装产品定价的理论依据和基本定价方法。
6. 纺织服装产品的10种价格营销策略。
7. 非价格竞争的含义和意义。
8. 纺织服装产品的非价格竞争和促销的方法与途径。

在纺织服装市场营销中，价格往往是构成产品对消费大众产生吸引力的重要因素，而如何实施价格策略（Pricing tactics）又是企业一项重要、困难而又充满风险的工作，并在很大程度上决定着销售量、利润、竞争力以及产品能否迅速进入和占领市场。因此，无论是麦卡克瑟的4P组合营销策略，还是菲利浦·科特勒等学者们的多P大市场营销学说，或王建国教授的1P理论，价格策略始终都是这些权威学者们市场营销理论体系中不可或缺的核心内容。这也正是本书一方面试图突破传统教材模式，没有按照4P或多P组合营销策略来进行相关阐述；另一方面却仍然将价格策略独立成章的重要原因之所在。

第一节　纺织服装产品价格的含义与特点

一、纺织服装产品价格的含义

在第一章中我们曾指出：凡是经过交换的产品，都称为商品。而任何商品都会因其有用性而具有一定的价值，即其市场价格应从属于其本身所含的价值，并代表着产品的物化和创造性劳动[1]，价值是构成价格的内在的、起决定性作用的基础要素，价格则是价值的一种货币化表现形式[2]。因此，纺织服装产品价格的含义，本质上是指该产品所蕴含的内在价值，即其有用性，“按值论价”应是纺织服装产品的生产者和经销者为其产品定价和制订价格策略的主要理论依据之一。

但因纺织服装产品除具有有形的多种功用性价值外，还具有品牌、文化、艺术、情感等多重的无形价值，在现代商品交换和流通的过程中，纺织服装产品的市场价格在大多数情况下，并不等于其实际所蕴含的物化价值，而是会随着市场需求与竞争的状态以及产品生命周期的变化和消费者的认知程度不同，围绕着价值发生上下的波动，出现价格大于价值（物有超值）、价格等于价值（物有所值）、价格小于价值（物有贬值）的不同情况[3]。究其原因，除了与纺织服装产品所具有的非耐用性、时尚性、季节性、流行性、文化性、奢侈性以及产品生命周期较短的突出特点密不可分外，还与以下几个方面的因素有关[2]。

（1）按值论价理论并不反映市场的供求关系。

（2）按值论价理论并不能涵盖所有交易物品的定价规律。

（3）虽然按值论价是按质论价的基础，但按值论价侧重的是价格的形成机制，而按质论价侧重的却是价格的运行机制。

（4）按值论价是从商品生产者的角度来为产品定价，但消费者却是依据自身的需要和判断来决定和支付商品的价格，两者的“价值取向”和理论依据并不一致。

（5）在产品的开发、定价和交换的过程中，企业注重的是价格，追求的是产品的高附加值与高利润；而消费者注重与追求的，却是产品的物有所值，即能够为其所带来的最大功用性、标识性、体验性、情感性价值与利益的总和。

因此，按值论价理论虽是纺织服装产品的生产者和经销者为其产品定价和制订价格策略的主要出发点，却不是唯一的理论依据。在纺织服装产品的价格形成过程中，消费者依据对产品认知价值的判断，对其价格的高低起着基础性和指导性的作用[4]；产品的成本则对价格的下限起着限制性的作用；企业对产品的市场定位和营销策略除了会影响消费者对产品的认知价值外，还决定着产品溢价或贬值的幅度。所以，纺织服装产品的实际交易价格是消费者、企业和其他相关产权交易主体共同交易的产物[5]。虽然如此，因价值终究是构成产品价格的根本基础，在激烈的市场竞争环境和“物以稀为贵”的市场法则下，价格的价值属性并不总会让产品的价格远离其价值，一直处于“超值”或“贬值”的状态，正如《赢利竞赛》（*Winning the Profit Game*）一书作者达特斯（Rob Docters）所指出的那样：“定价的重点不在成本，而在价值。”[6]因此，纺织服装产品的价格，无论在其偏离价值的程度上还是时间周期上，都会处在一定的变化范围和限度，呈现出围绕价值发生一定程度正负波动的状态，遵循市场交换的价值规律。

二、纺织服装产品价格的主要特点

1. 遵循“产品生命周期”规律

纺织服装产品的生命周期（Product life cycle，简称 PLC）是指产品投放市场后，随着时间的推移所经历的由发展至衰亡的过程，即产品从进入市场营销至退出市场营销所经历的时间周期。在这一周期内，大多数纺织服装产品都会经历“投资开发期、试销导入期、畅销增长期、饱和成熟期、滞销衰退期”这样几个阶段，且其生命周期的运动轨迹会遵循 S 形曲线变化（图 8－1）[7]。纺织服装产品出现生命周期的主要原因源于：流行时尚发生了改变，市场需求和消费者的消费偏好发生了变更；新创意的出现和科学技术的不断进步，使企业和市场不断推出新产品；产品在激烈的市场竞争中遭淘汰，被迫退出了市场。

由图 8－1 可以看出：

（1）纺织服装产品的利润（价格）随时间的变化规律与其生命周期的变化规律相一致，同样为 S 形曲线。

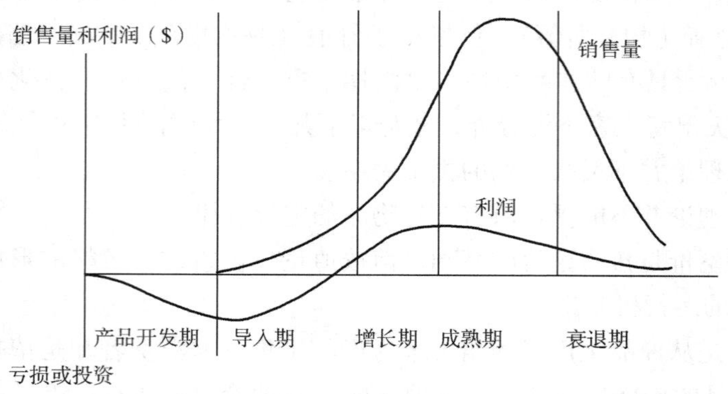

图 8-1 产品生命周期的典型运动轨迹[7]

（2）在产品的开发期和导入期内，利润（价格）均呈现负值，而处于物有所值和超值的周期相对较短，表明产品面市后能够对其实施价格调整的时间有限，价格的波动范围会较大，生产与经销者应遵循不同产品的生命周期规律来灵活制订其价格策略[8]。

2. 量值宽且波动大

纺织服装产品所具有的非耐用性、多档次性、季节性、多样性以及市场生命周期较短等特有的属性，使其价格的量值标示范围和价格变化的幅度，呈现出较耐用消费品和一般日用消费品的价格量值宽与波动大的突出特点。因品牌、档次、流行元素、市场定位、顾客需求、消费目的、突发事件等因素的不同，同一季节产品的价格会出现从每件几元至上万元的非常宽泛的价格范围；而同一款式的产品，也会因其时尚性、流行性的变化和季节性的清仓或市场的波动、企业经营状况、促销力度差别等原因，出现非常大的价格波动，以致在纺织服装产品的零售终端，常会出现其他类型商品所少见的大幅度的打折甚至赔本出售的情况。

3. 形式多与变更快

由于纺织服装的商业流通渠道、交易方式以及零售终端形式的多样化和繁杂性，使其产品的价格形式呈现出较一般商品突出的多样性，如常见的批发价、零售价、零售批发价、标签价、调节价、折扣价、折让价、特价、清仓价、甩卖价等多种多样的直接价格形式和买赠、满减、返券、抽奖以及付款方式优惠、支付期限优惠等多种隐性的价格形式。另外，为满足不同消费者的消费心理需求和市场的激烈竞争以及商品促销的不同需要，对同一流通环节、同一交易场合下的同一商品，在不同的时间段或在极短的时间段内给同一或不同的顾客以不同报价的情况，是纺织服装交易过程中的一种司空见惯的现象。这种在价格上变更速度极快的情况，既是其他商品无法与纺织服装产品比拟的一种交易特色，也是导致纺织服装产品在各种交易环节中，商家和消费者都将反复讨价还价行为视为交易常态和必要程序的重要原因。

4. 品牌在价格中所占权重高

品牌不仅象征着企业及其产品或服务的质量、信誉、特色和市场地位，也是企业的无形资产和面向市场攫取高附加值、高利润以及实施长远投资的重要手段。另外，随着社会经济的不断发展和消费水平的逐步提高，品牌消费已成为社会大众的生活水平、消费能力、消费理念、自我追求、个体身份乃至社会地位的一种标志和寄托情感、展示魅力的“道具”。品牌消费、品牌识别与品牌联想，除了能够为消费者带来产品或服务的功用性利益外，还能够为消费者带来超越产品或服务以外的情感性价值以及时尚感、荣誉感、归属感、个性化等心理享受与精神满足。消费者通过心灵感官来知晓附着在商品上的品牌和符号的象征意义，对产品情感性价值的重视程度，正日益超过其功用性价值。

这种源于品牌创造者、拥有者、经销者和消费者的共同认知，已使品牌在纺织服装产品价格构成中所占的权重与比例越来越大。目前，在一件知名品牌的纺织服装产品的价格构成中，生产环节的比例占10%～20%，营销环节的比例占20%～30%，而品牌价值所占的比例可以高达50%～60%。品牌在产品价格构成中权重越来越高的现实，使顾客对品牌的忠诚度成为衡量企业产品经销业绩的主要标准之一，而品牌营销策略也逐步成为纺织服装产品市场营销的首要策略和构成产品高附加值与高利润的主要来源。

第二节　纺织服装产品的价格形式与构成

一、纺织服装产品的价格形式

如前所述，基于纺织服装产品自身的多样性、市场需求的多元化、个性化和产品商业流通渠道、零售终端形式以及交易方式的多样化与繁杂性，纺织服装产品的价格有着多种多样的表达方式，主要有：按照生产与流通渠道的多种形式与环节（图8－2），可分为出厂价、中间价或批发价、零售价等；按照零售终端形式的多样化，可分为目录价、调节价、折扣或折让价、特价、清仓价等；按照商品交易的方式，可分为直接价格和隐性价格等。

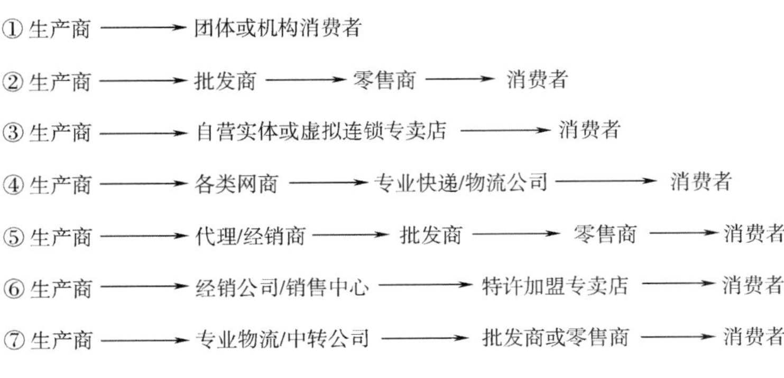

图8－2　纺织服装产品市场流通环节的多种形式

1. 按照生产与流通环节分类的价格形式

（1）出厂价（Factory Price）。纺织服装产品的出厂价是指生产企业根据产品的综合性生产成本（包括材料费，加工费，人工费，设备与厂房折旧，产品包装费，税费，水、电、气、油费等），再加上一定比例的合理应得利润，在不经过任何中间流通环节和不产生运输费用的前提下，直接向购买产品的单位或个人出售产品的价格。

（2）批发价（Trade Price）。批发价是介于出厂价和零售价之间的一种中间价，指生产企业或开展批发业务的企业，向购买一定数量商品的单位或个人出售批量产品且包含由此产生的利润、税收和运输费用的价格。在纺织服装产品的流通环节中，批发价也指经销商的进货价或收购价。按照批发的层次或方式，批发价还可进一步分为：一批价（First - tier Wholesale Price），即由制造商或进口商卖给一级批发商或代理商的价格；二批价（Second - tier Wholesale Price），即由制造商、进口商、一级批发商或代理商直接卖给零售商的供货价格，或一级批发商（代理商）卖给二级批发商的供货价格。

（3）零售价（Retail Price）。零售价通常是指各种商业零售单位向个人消费者或集体顾客出售商品的价格。零售价按照国家有关价格管理的法规，可分为国家规定零售价、国家指导零售价和市场调节零售价；按照零售价的适用范围，则有全国统一零售价和地区零售价之分。对于纺织服装产品而言，除了军用和特种用纺织服装产品，如宇航服、军服、武警服、消防服、军用帐篷等国家管控的纺织服装产品外，绝大多数产品均实行的是市场调节零售价。

2. 按照零售终端形式分类的价格形式

（1）目录价格（List Price）。目录价格是指零售商家对所售商品以目录形式，按照国家相关法规的规定，公开挂牌销售的零售商品标签价格。

（2）调节价格（Adjust Price）。调节价格是指零售商依据市场供需状况和进货成本的变动情况，在国家相关法规许可的范围内，对所售商品的价格进行上下波动调整后的零售标签价格。

（3）折让（Break Price）或折扣（Discount Price）价格。折让价格或折扣价格是指经销商在一定的市场范围内，以目标价格为基准，对促销商品制订统一折扣率，可让消费者自己计算和清楚感知商家促销力度，争取顾客、扩大销售量或以某种优惠为条件，刺激销售业者更多地销售本企业产品的一种标签价格形式。其形式有数量折扣、现金折扣、季节折扣、业务折扣（即同业折扣，指生产厂家给予批发企业或零售企业的折扣）、产品以旧换新（如羽绒制品）等。因其可让消费者或顾客直接感觉实惠，且商家可依产品生命周期的变化灵活地调整折扣率，所以这种价格形式比较受经销商和消费者的共同欢迎[9]。

（4）特价（Special Price）。特价是指因多种原因，如节庆促销、季节性调价或货品缺码、断码等因素，在商品价格幅度上降价较大，能够给消费者以低价的暗示，符合消费者心理预期的一种标签价格形式。

（5）清仓价（Clearance Price）或甩卖价（On - sale Price）。清仓价或甩卖价是指经销商为减少库存积压或处理换季产品，采取的较特价促销力度更大的一种标签价格形式，有时其清仓或甩卖的价格甚至会低于产品的成本价。

3. 按照商品交易方式分类的价格形式

（1）直接价格（Direct Price）。直接价格指产品在交换过程中，直接标明并实际按照标价支付费用的一类价格形式，如目录价格、折让价格、特价等各种标签价格。

（2）隐性价格（Recessive Price）。隐性价格也可称为非直接促销价格，是指对产品虽未直接计入费用和直接标示价格，但却在商品交换的过程中，实际计入或本质上仍起到价格作用的各种价格促销活动与方式，如买赠、满减、返券、抽奖、返佣、付款方式和支付期限优惠等。

①买赠。买赠是纺织服装产品零售商常采用的一种重要的隐性价格促销手段，其赠品可以是同类商品（买一送一或送几），也可以是非同类商品（赠品）。由于在商家开展的各种实

际买赠活动中，赠品的质量和价值往往不能够得到充分的保障或达到顾客的满意程度，因此买赠这种隐性价格形式受欢迎的程度远不及直接折扣或折让形式。

②满减。满减是指顾客购买一定金额的商品后，可以在该消费值的基础上减去一定比例的金额来支付所购货品的价格。这种价格形式，虽本质上类似于折扣或折让，但因隐含着必须先消费足够“满”的金额才能够享受一定“减”的待遇的条件限制，因此实际上是商家希望提升销量的手段，不如折扣或折让实惠。“满减”虽是商家经常开展的促销形式之一，但其受欢迎的程度也不及直接的“折扣或折让”。

③返券（Payment Ticket）。返券是指顾客购买一定金额的商品后，可获得一定数额或比例的，限定在某一时间、某一专柜或某一范围内使用的非现金购物券。由于这种隐性价格形式或多或少的带有强制性消费的性质，因而并不令大多数消费者喜欢，但又因其能够在一定程度上起到打折促销的作用，所以也是商家经常采用的一种提高销售额和销售业绩的手段。

④抽奖（Lucky Draw）。抽奖是指顾客购买的货品达到一定金额后，可获得一定数额的抽奖券，并当场兑奖或一定期间内由公证单位公证统一抽奖。由于“抽奖”活动能给顾客以“额外收获”的消费体验，因而成为商家经常开展并较受消费者欢迎的一种隐性价格促销活动。

⑤返佣（Payment Rebate）。返佣也称为进货奖励或账扣，指供货商按照与销售商的合同规定，在当期应付货款金额中返给销售商的回扣。具体分为月佣、年佣、采购额佣三种方式，即按每月、每年或每次实际的采购额度给予商家一定比例的返佣，并以现金或直接从货款中扣除的方式来支付佣金。

⑥付款方式（Type of Payment）优惠。付款方式也称为支付方式，是指消费者或顾客在购物或消费各种产品或服务时需要采取的付费方式，常见的有货到付款、信用卡支付、网银在线支付、贝宝（PayPal）❶ 支付（用于海外订单）、银行电汇、邮政汇款等不同方式，可供消费者或顾客与商家彼此协商或单方独立选择采用。在纺织服装产品的市场交换中，当商家选择有利于或让利于消费者或顾客的付款方式时，就属于隐性价格形式的付款方式优惠。比如对消费者，允许其适度透支信用卡来支付购物款；对老客户、关系户性质的代理商、特许加盟商，允许其分期付款或先卖再付、延期付款等，都属于让利于消费者或顾客的隐性价格形式。

⑦支付期限（Payment Time Limit）优惠。支付期限，是指选择网银支付、邮局汇款、银行转账等非现金购物支付的消费者或顾客，在预定所拟购买的货品时，与商家约定的支付货款的时间限定。如果买家未在双方商定的支付期限内付款，则卖家有权取消预定，并通过上述支付系统自动取消订单。当商家因某种原因，特别允许消费者或顾客超出双方约定的支付期限付款时，即属于让利于消费者或顾客的隐性价格形式。

❶ PayPal 是一家总部设在美国加利福尼亚州圣荷西市的全球在线支付公司和互联网服务商，由 Peter Thiel 及 Max Levchin 于 1998 年 12 月建立。自成立之日起就成为在线支付领域的领导者，目前拥有近 7800 万账户，全球 190 多个国家和地区可以使用，支持 24 种货币，遍布全世界 56 个市场。PayPal 在中国大陆的品牌为贝宝，允许在使用电子邮件来标识身份的用户之间转移资金，避免了传统的邮寄支票或者汇款的方法。PayPal 也和一些电子商务网站合作，以有偿收取一定数额的手续费的方式，让用户在互联网上即时支付和收取交易款项并成为它们的货款支付方式之一。

二、纺织服装产品的价格构成

商品的价格构成是指商品价格的形成要素及其组合，它反映了产品在生产和流通过程中对物质与人力耗费的补偿以及对新创造价值的分配。纺织服装产品的价格构成，主要包括各种成本支出、产品的功用与质量、品牌的认知价值、税金和利润收益等几个大类[10]。其中，成本决定着产品的基础价格，包括生产成本和销售成本与税金等；功用与质量决定着产品的使用价值；品牌的认知价值属于品牌的无形资产，并因其国内外的知名度、信誉度和消费者对其认知价值的不同而有着不同的级别与“含金量”；税金是国家通过税法，按照一定标准，强制向商品的生产与经销者征收的预算缴款；利润收益则是生产商与经销商从事商业活动的根本目的，且按产品处在生产经营环节还是流通环节，分为生产利润与商业利润。由于在生产与流通两种环境下，构成产品价格的要素并不一样，且生产环节的出厂价是流通环节的批发价和零售环节的零售价定价的基础和主要依据之一，因此下面将对其分别加以阐述。

1. 纺织服装产品的出厂价构成

纺织服装产品在我国属于工业产品，而工业产品的出厂价因有不含税、只含增值税、既含增值税又含消费税❶的区别（在我国目前只开征特种消费税的背景下，纺织服装产品中只有非生活必需的奢侈品类，如高级成衣和裘皮服装等极少数品类面临缴纳消费税），因此纺织服装产品出厂价的构成有以下几种不同的情况[11]。

（1）不含税收的出厂价。

$$\text{不含税收出厂价} = \text{单位产品的制造成本} + \text{单位产品的销售费用} \times (1 + \text{成本费用利润率}) + \text{单位产品分摊的管理费和财务费} \quad (8-1)$$

式中，成本费用利润率 = 利润总额 ÷ 成本费用总额 ×100% ，表明每付出一元成本费用可获得多少利润，体现了经营耗费所带来的经营成果，该项指标越高，反映出企业的经济效益越好。

（2）只含增值税的出厂价。

$$\text{只含增值税出厂价} = \text{不含税出厂价} \times (1 + \text{增值税税率}) \quad (8-2)$$

式中，增值税税率指的是增值税税额占货物或应税劳务销售额的比率，即增值税税率 = 增值税税额 ÷ 货物或应税劳务销售总额 ×100% ，是计算货物或应税劳务增值税税额的尺度。

（3）既含增值税又含消费税的出厂价。

①以从价定率计征消费税的出厂价。

$$\text{既含增值税又含消费税出厂价} = \text{不含税出厂价} \times (1 + \text{增值税税率} + \text{消费税}) \quad (8-3)$$

②以从量定额计征消费税的出厂价。

$$\text{既含增值税又含消费税出厂价} = \text{不含税出厂价} \times (1 + \text{增值税税率}) + \text{单位产品消费税额} \quad (8-4)$$

由上述各计算公式可知，构成纺织服装产品出厂价的要素，主要包括产品的生产成本、增值利润和税金几个大类。由于生产成本[12-13]在出厂价构成中权重大、比例高，是其主要构

---

❶ 在上述公式中，消费税率也称消费税税率，是指消费者在消费国家规定的应纳税消费品时必须计征的税费，其税率的计征有三种方法：①从价定率计征消费税，指以产品售价为基准计征消费税，按照此法计算的应纳消费税额等于销售额乘以比例税率。②从量定额计征消费税，指以产品销售量为基准计征消费税，按照此法计算的应纳消费税额等于销售量乘以定额税率。③采用从价定率与从量定额复合计税法来计算应纳消费税额时，应纳消费税额等于销售额乘以比例税率再加上销售数量乘以定额税率。我国的消费税共设置了 11 个税目，在其中的 3 个税目下又设置了 13 个子目，列举了 25 个征税项目。其中实行比例税率的有 21 个，实行定额税率的有 4 个，共有 14 个档次的税率，最低 3%，最高 45%。

成要素，因此这里将其归为以下六个具体类别[14-17]。

a. 固定成本。包括厂房、机器、设备、仪器等。

b. 材料费。包括直接材料费（含各种面料和辅料的用量、单价、运费、仓储费等）和正常状况下的残次品损耗材料费。

c. 各种作业费用。包括设计、加工与制造费、间接制造费、库存费、销售费等。

d. 工缴费。包括完成产品所需的直接人工费用、材料发送费用和工厂运营费用，含场地、能源、设备损耗和各种保险等，是指在会计工作中将产品的工厂成本费用减去原材料成本费用后的费用，也指企业以原材料或半成品委托其他企业加工制造而支付的加工费用。

e. 包装费。包括缝制、悬挂或粘贴各种标记吊牌以及内外包装，如塑料袋、胶袋、纸盒、纸箱、大头针等费用。

f. 管理费。包括开发和改进产品所需的费用、行政管理费用、财政利息和各种津贴等。

为进一步理解纺织服装产品的成本构成，下面以羽绒制品为例，说明产品生产成本的具体构成。

例1：含绒量为90%的中长款全棉防水羽绒服生产成本示例。

首先，依据对市场的调查，设定用于其成本计算的基础数据为：用于生产羽绒服的羽绒按28万元/吨计；平均每件羽绒服的充绒量按0.25kg/件计（市场调查用绒量为0.12～0.25kg/件）；每个工人平均日生产能力按3件/（人·天）计［非熟练工实际能力为1～2件/（人·天），熟练工实际能力为3～5件/（人·天）；平均每年开工300天（视订单情况，羽绒制品企业实际开工为180～320天/年）］，则该款羽绒服生产成本的基本构成如表8-1所示。

表8-1 含绒量为90%的中款全棉防水羽绒服生产成本示例表

计算科目	成本（元/件）
①羽绒成本	70.00
②面料成本	16.20
③里料成本	11.90
④裁剪工价	3.50
⑤充绒工价	5.00
⑥车工工价	20.00
⑦滚边绳、包边布、拉链、缝线	2.00
⑧纸箱、PE袋、胶带等	2.50
⑨包装工和品质检验工价	3.50
⑩车间管理费及其他杂费	5.00
合计成本	139.60

例2：含绒量为90%的200cm×230cm全棉防水白鸭绒冬被的生产成本示例。

同样，首先依据对市场的调查，设定用于羽绒冬被的成本计算基础数据为：用于生产羽绒冬被的羽绒按28万元/吨计；平均每件羽绒冬被需用绒量按2.0kg/条计（市场目前用绒量为1.2～2.0kg/条）；平均每个工人日生产能力按15条/（人·天）计［熟练工能力为15～25条/（人·天）］；平均每年开工约300天（通常羽绒被生产不受季节性限制，只受订单限制），则制作一条羽绒冬被所需的纯生产成本明细如表8－2所示。

表8－2　含绒量为90％的200cm×230cm全棉防水白鸭绒冬被生产成本示例表

计算科目	成本（元/条）
①白鸭绒成本	560.0（2.0kg×280）
②面料成本	86.0
③车工价	10.0
④冬被加立衬	5.0
⑤充绒工价	6.0
⑥裁剪工价	2.0
⑦滚边绳、包边布、纸箱、PE袋、胶带等	4.5
⑧非织造布手提袋	5.0（简易包装可不需要）
⑨包装与检验工价	3.5
⑩车间管理费及其他杂费	5.0
合计成本	687.0

2. 纺织服装产品的商业价格构成

纺织服装产品的商业价格也称为流通价或经销价，主要有批发价与零售价两大类，分述如下：

（1）批发价的构成。从经销商的角度来看，纺织服装产品的批发价除了包括进货的直接费用外，其价格的构成还应包含经销商在各自的批量进货过程中所发生的其他流通费用，包括水电费用、仓储费用、运输与物流费用、资金利息、商品损耗、管理费用、员工工资、促销费用和批发税费等。批发价是零售商制订其商品零售价的基础和主要依据，其参考计算公式如式（8－5）所示。

$$批发价 = 进货费用 + 批发流通费用 + 批发商业利润 + 批发销售税金 \quad (8-5)$$

（2）零售价的构成。纺织服装产品的零售价除了包含直接的批发价即进货费用外，通常还要包括其他流通费用，如店面租金、水电费用、货物的搬运费、仓储费用、零售商品的损耗、资金的占用利息、员工工资、各种促销费用、零售经营管理费、零售营业税和利润。所以，纺织服装产品零售价的参考计算公式如式（8－6）所示。

$$零售价 = 进货费用 + 零售流通费用 + 零售商业利润 + 零售销售税金 \quad (8-6)$$

第三节　纺织服装产品定价的作用与步骤

定价也称为“价格决策”（Price Decisions），指企业依据自身和市场的条件，对产品的价格方案进行选择、优化的过程，是企业最高级别的经营决策之一，也是构成任何一个企业市场营销策略不可或缺的组成部分，其正确与否对企业市场营销组合策略实施的成败和品牌社会形象的打造将起到至关重要的作用。

一、纺织服装产品定价的作用

合理的定价既是产品充分吸引消费大众关注度、积极促销和引导市场消费趋向的重要方式，也是企业获取利润和实施价格竞争的主要手段。纺织服装产品定价的最基本和最主要的作用，表现在以下几个方面。

1. 传递信息和促进销售

当购买者对产品品牌或供应商不熟悉，或难于客观度量产品的质量、性状、功效与利益时，往往会以价格的高低作为质量的判断标准，正所谓“一分价钱一分货”，高价暗示质量好或利益高，低价则暗示质量差或利益低。因此，价格既是传递产品质量和企业经营状况的消息渠道，也是吸引消费者视线，影响顾客购买行为，促进销售的直接“利器”。

2. 获取企业利润

企业作为一个经济性组织，盈利始终是关乎其生存的核心命题。企业的生产与经营只是过程，盈利才是目的，如果没有利润，生产与经营既没有意义也不可能持续。而定价则是企业盈利和创造收入的直接途径，也是决定企业市场份额和盈利率的最主要因素。当企业通过一系列的定价策略和各种价格促销活动获取除去各种成本后的最大剩余价值时，称为狭义盈利；当企业通过一系列的营销策略，在获取狭义盈利的同时，还达到在消费者心目中塑造企业或品牌形象时，则称为广义盈利。

3. 展开市场竞争

市场竞争既是市场演变进化的法则与动力，也是企业赖以生存与发展的基本谋略与手段，而价格竞争则是企业或品牌的最直接、最有效，也是最常见、最易效仿的一种竞争方式，通常指企业通过降低生产成本，以低于市场价格或其他同类商品的价格，在市场上销售商品，打击和排挤竞争对手，扩大商品销路，巩固和提高市场占有率的行为。市场上商品的同质化往往也会导致不同企业的价格竞争，由于价格竞争的本质是成本竞争，如果不在降低成本的基础上贸然采取价格竞争，其结果很可能会导致竞争失败或两败俱伤的结局。此外，采用价格竞争的手段，往往会引起市场的强烈反应，招致竞争者采取报复行为，从而形成激烈的价格战或恶性竞争。因此当企业采用价格竞争策略时，必须要有充分的应对预案和相应措施。目前，除了价格竞争，纺织服装产品同业者之间更多的竞争形式是非价格竞争，对此将在本章的第六节中阐述。

4. 构成组合营销策略的基本要素

在实际的市场交易活动中，价格在大多数情况下，都是影响消费者或顾客做出购买抉择的根本性要素。所以，无论市场营销组合策略如何变化，价格要素都始终是纺织服装产品组合营销策略中的基本构成要素和唯一能够产生收入的要素，其他的则均为成本要素。

5. 配置市场购买力和引导消费趋向

在市场的运作和社会的再生产过程中，纺织服装产品价格水平的变化和价格策略的实施与调整，一方面可为产品的生产者和经销者提供适时的市场需求信息，起到调节市场供求、促进生产结构与资源合理化配置的作用；另一方面，通过对商品零售价的调节与控制，还可影响消费大众和社会对产品或服务的需求类别、消费欲望和购买行为，使消费者的货币转化为消费资料的同时，充分发挥价格在配置市场购买力、实现社会的按劳分配和引导消费趋向上的重大作用。

二、纺织服装产品的定价步骤

1. 确定定价目标

定价的目标是指企业要达到的定价目的，也是企业制订价格策略的依据和出发点。不同的企业，其定价目标不同；同一企业处于不同的经营时期和不同的市场营销环境时，其定价目标也会不同。一般情况下，可以选取的定价目标有生存目标、当期利润最大化目标、当期市场占有率最大目标、当期最大销售额目标、投资收益率目标、开辟新营销渠道目标、防范价格竞争目标、稳定销售量目标、渡过困难目标、塑造企业或品牌形象目标等。

2. 确定市场需求

可利用需求价格弹性系数和实际的市场调查等方法来确定。

3. 确定产品成本

确定产品成本即通过详细、精确的成本测算，找到定价的下限值。

4. 分析竞争状况

包括对企业的竞争地位、竞争者的数量与性质、对手的竞争反应、竞争者的市场定位、目标群体和定价策略等做出侦察与分析。

5. 选择定价方法

可分别采用成本导向定价法、需求导向定价法、竞争导向定价法或综合运用多种方法进行定价。

6. 确定最佳价格

该价格除了应有利于市场竞争外，还应符合以下要求：应与企业的预期定价目标相一致，与其他市场营销的组合策略要素协调一致，应遵守国家的政策和法规，应符合消费者的整体和长远利益。

第四节　纺织服装产品定价理论依据与方法

一、纺织服装产品定价的理论依据

1. 价格与成本的关系

商品的价格是由产品的各种成本和在流通过程中产生的利润（正值或负值）两部分所构成。其中的成本因素是商品价值的基本体现，也是构成价格的主要因素[18]。一般而言，成本高，价格就会高；成本低，价格就应该低。但实际的市场价格，并不会完全这样。例如，时尚性产品，虽然成本并不一定高，但因时尚性强、消费者的认知价值高，而售价会很高[19]。另外，一个知名品牌产品的价格，会比另一不知名品牌的相同产品的售价高，因为前者的售价中，还隐含了一定的品牌无形资产价值，如雅戈尔、波司登、罗莱家纺、恒源祥等国内知名品牌产品的售价，通常会比一般同类产品要高。除此之外，由于市场因素或市场营销的某种需要，某些产品在特定的时期和条件下，也会以高于或低于实际成本的价格进入市场交换，即商品的价格不仅会围绕着价值发生波动，也会围绕着产品的成本发生波动。那种一时的远离产品成本的暴利或大幅度的亏本营销，并不符合市场交换的价值规律，最终将会被市场所抛弃。所以，体现着价值的成本是形成产品价格的基础，也是产品定价和实施价格策略的主要理论依据之一。

2. 价格与需求和供给的关系

（1）价格与需求的关系。价格与需求的关系，一般总是呈现出一种反比例关系，即价格高时需求少，价格低时需求多（图 8－3 中的需求曲线）[20]。但也有少数产品不属于这种情况，而是会呈现相反的规律，该类产品称为“威望产品”，通常奢侈性纺织服装产品和品牌化妆品都属此类产品[21]。

（2）价格与供给的关系。价格与供给的关系与价格和需求的关系相反，总是会呈现出正比例的关系，即价格高时供给高，价格低时供给低（图 8－3 中的供给曲线）[20]。

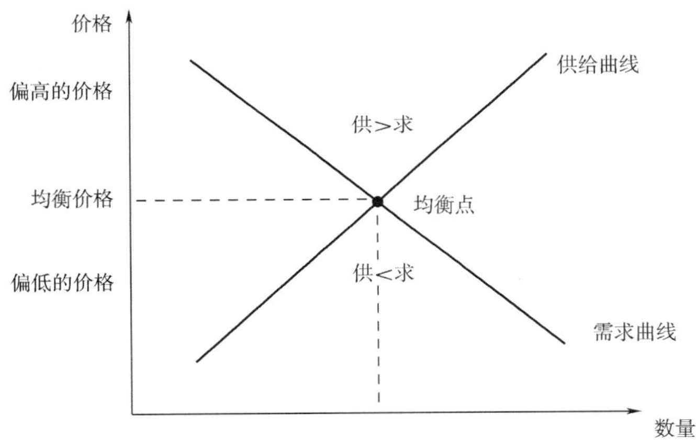

图 8－3　商品的价格与供求的关系[20]

（3）商品的供求均衡价格。商品的供求均衡价格指的是当商品的供给与需求达到平衡状态时的价格，供求均衡价格的意义在于[20]：

①当价格高于均衡点时，供给量会增加，需求量会减少，出现供大于求的现象，此时市场竞争会迫使价格下降，使其趋向于均衡价格；反之，当价格低于均衡点时，则会出现供不应求的现象，导致价格上升，趋向于均衡价格（图 8－3）。

②由于价格的平衡是暂时的和相对的，而价格的波动则是长期的和绝对的，因此纺织服装产品的市场营销人员，可以通过均衡价格来分析和预测企业产品价格变化的趋势与规律，及时有效地调整产品的物流与供应量，并利用价格策略来使企业的产品在市场竞争中处于比较有利的地位。

3. 产品的需求价格弹性

（1）需求价格弹性的定义与表征[20]。商品的需求价格弹性是指当价格变动时，由此引起的产品需求量的变化，即需求量对价格波动反应的灵敏程度。其数学表达式为：

$$E = -\frac{\Delta Q/Q}{\Delta P/P} = -\frac{(Q_1 - Q_2)/Q_1}{(P_2 - P_1)/P_1} \tag{8-7}$$

式中：E——需求价格弹性系数；

ΔQ、ΔP——需求量和价格的变动值；

Q_1、Q_2——变动前和变动后的需求量；

P_1、P_2——变动前和变动后的价格。

此外，式中负号的意义是：因为需求量的变化与价格的变化呈相反方向，因而弹性系数 E 是一个负值，加上一个负号使其成为正值以便分析与作图。

（2）需求价格弹性系数的价格营销意义。由式 8－7 可知，需求价格弹性系数的意义[22]是：依据 E 值的大小，可以判断某一产品的市场需求量对价格变动反应的灵敏程度。对灵敏度较高的产品可以利用价格调整策略来有效地调整和扩大市场的需求量；而对灵敏度较低的产品则不适于采用价格调整策略。例如，某一企业的两种产品，其需求价格弹性系数分别为 E_1 和 E_2（图 8－4）[23]。其中 E_1 为 10，表示该产品若将价格降低 10% 时，其需求量的增加高达 100%，是价格变化值的 10 倍，灵敏度较高，适宜采用价格调整策略［图 8－4（a）］；而 E_2 为 0.5，表示该产品若将价格降低 50% 时，其需求量的增加仅为 25%，是价格变化值的 0.5 倍，灵敏度很低，不适宜采用价格调整策略［图 8－4（b）］。

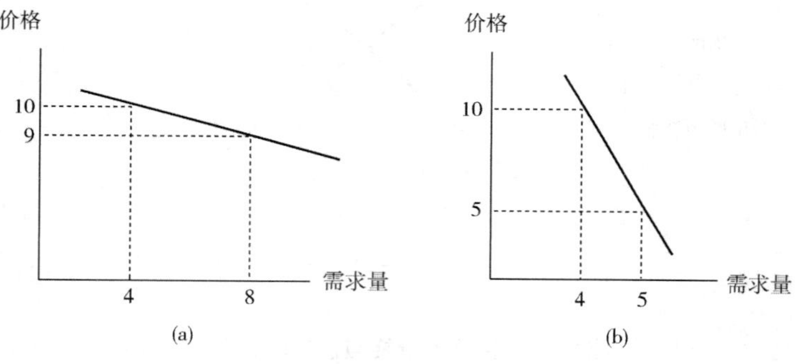

图 8－4　两种不同的需求价格弹性示意图[23]

（3）需求价格弹性的不同情况。在不断变化的市场和激烈的市场竞争中，产品的需求价格弹性系数的变化通常有以下几种情况[23]。

①$E>1$。即价格的变动率小于需求量的变动率，表明企业此时可以采用降价策略，通过进一步扩大市场份额使企业总收入增加。

②$E=1$。即价格的变动率与需求量的变动率相一致，表明企业此时应采取维持产品价格的策略。

③$E<1$。即价格的变动率大于需求量的变动率，表明产品此时缺乏需求弹性，若要使企业总收入增加，应当采取适当提高产品价格的策略。

由上述可知，产品的需求价格弹性分析是企业进行产品价格决策和采取价格营销策略的重要基础和理论依据之一。

关于需求价格弹性，还需指出：某一产品的 E 值大小程度，将会受到诸如产品必需程度、可替代性大小、产品价格高低、价格占消费者总收入比例等因素的影响。必需程度小，可替代性大，产品较贵重，价格占消费者总收入比例较高时，E 值就会大些，反之 E 值就会小些。同一产品的 E 值，会因时间、地点的变化和面向不同的消费者而有所不同；薄利不一定要多销，厚利也不一定会少销。

4. 价格的边际分析理论

（1）边际分析的含义。边际分析是一种源于西方微观经济学的定价方法[20,24]，其基本原理是确立可使产品利润最大化或使产品处于有利可图区间的定价策略，即着眼于将要出售的最后一件产品，并从边际收入或边际成本的角度入手，预测最佳的价格和最佳的货品供应量。

（2）边际收入分析。边际收入指的是每增加（或减少）一个单位的销售量，例如一件服装或10m 布时所能带来的总收入的变动值。其数学表达式为：

$$MR = \mathrm{d}TR/\mathrm{d}Q \tag{8-8}$$

式中：MR——边际收入；

TR——总收入；

Q——需求量；

$\mathrm{d}TR$——总收入的变动值；

$\mathrm{d}Q$——需求量的变动值。

由上式可知，满足总收入 TR 最大的条件，是使边际收入（MR）为0。

（3）边际成本分析。边际成本指的是每增加（或减少）一个单位的销售量时所引起的总成本的变动值。其数学表达式为：

$$MC = \mathrm{d}TC/\mathrm{d}Q \tag{8-9}$$

式中，MC——边际成本；

TC——总成本；

Q——需求量；

$\mathrm{d}TC$——总成本的变动值；

$\mathrm{d}Q$——需求量的变动值。

由上式可知，当边际成本与边际收入相等时，即满足 $MC = MR$ 时，可使总成本 TC 最小，产品此时获取最大利润。这是因为当边际收入小于边际成本时，增加产品销量反而会使产品的总收入减少，而只有两者相等时，才能保证产品处于有利可图的价格区间。

二、纺织服装产品的定价方法

定价方法是指企业为实现其定价目标所采取的具体方法。一般情况下，商品的价格主要由产品的市场定位、成本和市场的供需状况、市场的竞争状况、市场营销组合策略的具体实施状况、产品的品牌与使用价值、目标利润和税金等因素所构成。当企业从不同的侧重因素出发对商品定价时，就会形成不同的定价方法。纺织服装产品常用的定价方法有以下几类[25-27]。

1. 成本导向定价法

成本导向定价法是指从纺织服装产品的成本出发来制订对企业最有利价格的一类定价方法。在市场营销环境较稳定的情况下，该类定价方法的优点是简单实用，有利于企业获得正常利润和谋求最大利润；但缺点是以销售量反推价格，而价格又是影响销售量的一个因素，且未考虑市场的需求与竞争等因素，并忽略了产品在质量、品牌、流行等方面上的差异化，因而不能保证企业获取最佳利润。

采用成本导向定价法时，企业可依据市场与自身条件的需要，进一步选用以下几种具体的方法。

（1）总成本加成定价法。总成本加成定价法也称为目标（预期）利润定价法，是企业根据预期销售总量及总成本，加上目标利润率（加成率）来确定产品的价格，也是一种比较简单和适用于纺织服装产品零售业定价的方法，其计算如式（8－10）所示：

$$P = \frac{TC \times (1 + R)}{Q} = TC \times \frac{1 + \frac{M}{TC} \times 100\%}{Q} \tag{8-10}$$

式中：P——单位产品的售价；

TC——总成本；

R——目标（预期）利润率；

M——预期利润；

Q——预计销售总量。

由上式可知，采用这种定价方法的关键：一是要准确核算成本，二是要由需求弹性和竞争状况来确定恰当的利润百分比即加成率（一般为15%～60%），当产品需求弹性较大和竞争激烈时，加成率应定得低些。纺织服装产品虽也竞争激烈，但因其时尚性与季节性强，生命周期短而款式变化快，经营风险很大，所以其加成率的选择应较一般产品高，通常在30%～60%之间选取[4]。

（2）变动成本定价法。企业产品的总成本由固定成本和变动成本两部分构成，固定成本指的是在一定时期内不随产品的产量变化而变动的成本，如固定资产、设备折旧、场地租金、贷款利息、常规管理费用等；变动成本指的是随产品产销量的变化而变动的成本，如原材料采购与消耗、燃料与动力费用、产品仓储与运输费用、店面销售与促销费用、人工工资与公共关系公关费用等。

利用变动成本来计算价格的方法称为变动成本定价法，对于竞争激烈、供过于求、不得不采取降价策略的产品，可采用此种定价方法来提高产品的价格竞争优势。其计算公式如式（8－11）所示。

$$P = \mathrm{AVC} + M \tag{8-11}$$

式中，P——单位产品售价；

AVC——单位产品平均变动成本；

M——单位产品利润。

采用这种定价方法的关键是对变动成本的回收，只要所定的价格高于变动成本并对固定成本有所补偿，企业就可获取一定比例的利润。

（3）平均成本加成定价法。平均成本是指企业在生产经营某一单位产品时，所花费的固定成本和变动成本之和的均值，当单位产品平均总成本加上一定比例的单位利润时，就构成了单位产品的平均成本加成定价。其计算公式如式（8－12）所示。

$$P = \mathrm{TVC} + R \tag{8-12}$$

式中，P——单位产品售价；

TVC——单位产品平均总成本；

R——单位产品预期利润率。

（4）盈亏平衡定价法。盈亏平衡定价又称保本定价，是企业依据产品的总成本并运用损益平衡的原理，保证企业产品不致亏损的一种定价方法。其中的关键是确定产品的最低销售量，即找到产品处于盈亏平衡点时的销售量。这种定价法虽有利企业以保本价来补偿预定成本和取得目标利润，但因未考虑价格与需求之间的关系而存在不足。其计算公式如式（8－13）所示。

$$P = \mathrm{TFC}/Q + \mathrm{AVC} \quad (8-13)$$

式中，P——单位产品保本售价；

TFC——总固定成本；

Q——盈亏平衡点销售量；

AVC——单位产品平均变动成本。

（5）目标效益定价法。目标效益定价法是根据企业总成本和预期的销售量，确定一个目标利润率，并以此作为定价的标准。这是一种在保本定价的基础上再加上目标效益即预期利润的定价方法，适合于对新产品的定价。其计算公式如式（8－14）所示。

$$P = \mathrm{TFC} + M/Q + \mathrm{AVC} \quad (8-14)$$

式中，P——单位产品售价；

TFC——总固定成本；

M——单位产品目标利润；

Q——盈亏平衡点销售量；

AVC——单位产品平均变动成本。

目标效益定价法类似于总成本加成定价法，两者的区别在于前者是在总成本和预期销售量的基础上，直接加上预期利润定价；后者则是在总成本和预期销售量的基础上，加上预期利润率（加成率）来定价。

2. 需求导向定价法

需求导向定价法是指企业在定价时不再以成本或竞争为基础，而是依据市场的需求强度和消费者对产品价值的认同程度和感觉差异来确定价格的定价方法，具体可分为以下几种。

（1）需求差异定价法。需求差异定价法也称按需求区分或市场细分定价法，是针对同一种产品或服务的不同时间、地点和消费群体的不同消费需求而采取不同的定价，或对同一种产品或服务的系列化产品，如不同的花色、款式、面料采用不同的定价。

（2）习惯价格定价法。该法是企业按照消费者的惯有消费概念和长期形成的习惯价格来确定新上市产品的价格，适用于低价位消费品的定价，其价格的确定一般是参照该类产品的传统价格来制订。

（3）理解价值定价法。这是目前西方部分企业采取的一种定价方法，即不以产品的成本作为定价的依据，也不标示产品的价格，而是由消费者对产品价值的感觉和理解程度自由地确定价格和进行支付。企业采用这种方法，须事先做好市场调查和产品定位，正确判断购买者对产品的理解程度，否则很难保证获取利润。对这种方法，国内极少数企业也曾做过短期尝试，对店内所售全部产品不予标价，而由购物者选好商品后在出门时按照自己对商品的理解价值付款，其结果是该店很快因亏本而关闭，最长的营业期均未超过一个月。

3. 竞争导向定价法

纺织服装业内的竞争者通常是指与本企业在同一市场范围内从事生产与经营活动、其产品或服务与本企业的产品和服务完全相同或可相互替代的企业。若其产品和服务与本企业具有完全替代性时，称之为品牌竞争者；若与本企业不具有完全替代性时，称之为欲望竞争者。当竞争者的市场占有率≥40% 时，为市场的领先者；当竞争者的市场占有率仅次于领先者（约为 30%）时，称之为市场的挑战者；当竞争者的占有率处于 20% 左右时，称其为市场的追随者；当竞争者的市场占有率很小（通常≤10%）时，称之为市场的补缺者（如专为规模服装企业提供饰件、缝纫线、纽扣、铭牌的小企业）[28]。竞争导向定价法是指企业以竞争对手的价格策略和同类产品的市场价格为依据来确定本企业产品价格的方法，常见的具体做法有以下几种。

（1）随行就市定价法与排外定价法。随行就市定价法也称为“随大流”定价法，适用于低档类纺织服装产品或差异性较小的行业如粮食、钢铁以及标准化器件、原材料、零配件等产品的定价。其优点是有利于与竞争者和平共处，避免发生价格冲突。但当市场上的随大流者增多而影响到产品的总体供需平衡时，市场领先者或竞争实力雄厚者就会采取降价策略来扩大销量，以排挤出弱小者而取得规模效益，这时的定价策略则因具有强烈的排他性而称为排外定价法。

（2）追随定价法与价值定价法。追随定价法与价值定价法是一般中小企业常采用的定价方法。追随定价法是指采用略低于主要竞争者价格的定价方法，一方面可以避免与竞争对手发生正面冲突；另一方面有利于新产品进入市场或使原有产品争取更多的顾客而进一步扩大市场份额。价值定价法虽然也是采取将价格定得比主要竞争者略低，但不同的是同时提供超过产品平均质量的价值，以此吸引那些对产品技术问题比较精通或有丰富购买与使用经验或是能够鉴别产品内在价值的消费者。

（3）密封投标定价法。在历史剧中涉及商品交换的场合，常会看到交易双方将手伸入对方的衣袖中，用手势表示交易价格并相互推递讨价还价的镜头，这就是传统的密封递价法。随着商品交易的发展，这种密封递价法早已演化为现代的密封投标定价法（Sealed - bid pricing）。竞争者之间的价格竞争，是通过密封的标书来表达的，在标书开标之前，参与竞争的交易者并不知道招标者确定的“标的价格”和彼此间的“竞标价格”。为了在多个竞争者中获得交易权即“中标”，企业需要对己方的竞标报价和中标率进行认真的计算，若报价较低，虽容易中标，但所得利润相应较少；若报价较高，预期的利润相应会高，但极可能会流标而失去交易权。所以，恰当地判断与估计标的价格和竞争对手的报价，并在此基础上制订己方标书的竞价，是这种定价方法的关键环节。

竞争导向定价法的优点在于以产品价格在市场上的竞争力为基础来定价，比较符合市场竞争的实际情况；但不足之处是会因过分地关注价格竞争而忽略了产品的差异化和其他组合营销策略等非价格因素可能带来的竞争优势，且竞争者的价格变化并不能被精确估算，容易引起竞争者的恶性竞价。

第五节　纺织服装价格营销策略

价格策略作为企业市场营销组合策略的主要构成要素，直接关系到产品的销售业绩和利润率，一旦处理不当，将会导致整个产品的销售出现严重问题，甚至使企业出现生存危机。因此，正确选择和恰当实施价格策略，是企业做好市场营销工作的核心环节。在实际的市场经营活动中，市场营销的价格策略多种多样，每个企业或品牌所采用的价格策略也不尽相同，在纺织服装产品的价格策略中，应用较多的有以下几类。

一、新产品价格策略

对于新产品，常采用的价格策略有以下几种[29]。

1. “撇脂”价格策略

“撇脂”价格策略是指在新产品刚上市时，尽可能把价位定得远高于开发成本，然后再随着产品生命周期的变化逐步降价，在产品投放市场的初期就收回成本并迅速盈利的高价定价策略。适宜于：时尚性、奢侈性或高档纺织服装产品；经销目标群体为求名心理的高收入阶层顾客；以价格衡量产品质量、档次和崇尚名牌的消费者；产品是具有明显竞争优势的新产品。这种策略的优点是有利于企业快速回收资金，实现较好预期盈利目标和塑造品牌形象；缺点是不利于市场拓展，“撇脂”的周期相对较短，易诱发跟风仿制和激烈的竞争。

2. “渗透”价格策略

“渗透”与“撇脂”相反，是指企业对其新产品制订相对较低的价格，以物美价廉来吸引消费大众，迅速提高产品知名度和占有较大比例市场份额的定价策略。其优点是有利于迅速打开产品销路，树立企业形象，提高市场占有率；缺点是利薄需多销，产品投资回收期长，价格变动余地小，因市场变化带来的亏本风险大。采用“渗透”定价策略的产品通常应具备两个基本条件：一是商品的需求价格弹性较大，相关的替代品较多，调低价格能促进销售量的增长；二是企业生产能力较大，批量生产后，成本有较大的降低，具有规模效益。

3. “中价”价格策略

“中价”价格策略指企业以稳定价格和预期销售额的增长为目标，将产品的价格定位于市场所有竞争者平均价格水平的一种定价策略，主要适用于大量生产、大量销售、市场稳定的日用工业品和部分生产资料产品。其优点是稳妥而留有价格随市场变化而调整的余地，不易引发激烈竞争，可避免采取高价或低价策略带来的风险与麻烦；缺点是所获利润相对“撇脂”策略要低，投资回收期也要长。在实际的市场操作中，中价策略的实施会因企业实力、生产技术、产品成本、经营规模、市场竞争状况等因素始终处于不断变化之中而很难保持长期稳定，且因许多新产品并无可参考的基准价格而很难操作。

二、生命周期价格策略

生命周期价格策略指企业依据产品的生命周期曲线，分别针对产品在导入期、成长期、成熟期和衰退期不同阶段的成本、供求关系、市场竞争情况及其变化的特点，为增强产品的竞争能力，扩大市场占有率，争取尽可能大的利润而采取的相应定价策略。

1. 导入期价格策略

在导入期，因产品刚投入市场，广大消费者尚不熟悉产品，因此呈现出销量低、竞争者少或没有竞争者的特点，可视市场的具体情况分别选取“撇脂”“渗透”或“中价”定价策略。

2. 成长期价格策略

在产品的成长期，企业生产规模逐渐扩大，销售量迅速增长，利润也随之增加，向供求两旺发展，因此该阶段可选择竞争性较强的目标定价策略。

3. 成熟期价格策略

当产品进入成熟期后，市场需求呈饱和状态，销量和利润均已达到顶点，并在保持一段时间后开始呈下降趋势，市场竞争日趋尖锐激烈，仿制品和替代品日益增多，此时应采用竞争定价策略，将产品价格定得低于同类产品，通过排斥竞争者来维持销售额的稳定或进一步增大，同时做好随时推出新产品的准备。

4. 衰退期价格策略

衰退期是产品市场生命周期的最后阶段，此时消费者兴趣转移，产品的市场需求和企业销售量开始大幅度下降，市场已发现了新的替代品，利润也日益缩减，应果断地采取降价和更新产品的策略。但若同行业的竞争者都已退出市场，或者所经营的商品有保留价值，也可维持原价，甚至提高价格。

虽然各类纺织服装产品在其经济生命周期的某个阶段常会出现相似的特征而采取类似的定价策略，但在实际的市场操作与应用时，尚需根据产品具体的性质、特点及其市场供需状况的不同而采取灵活机动的价格策略。

三、让利价格策略

让利定价策略是一种让利于消费者或顾客的促销价格策略，其让利的形式多种多样，如特价、现金折扣、数量折扣、季节性折扣、业务折扣、清仓、甩卖、抽奖、回扣、购物赠礼、满减、返券、抽奖、返佣、提供 VIP 服务、免费或优惠服务等，都是纺织服装类产品常采用的让利价格策略。

四、关联商品价格策略

关联商品指的是在用途和消费者购买行为等方面具有某种相关性的产品，如西服与衬衣、衬衣与领带及领带夹、皮带与皮夹、皮鞋与袜子或鞋油、打印机与墨盒、剃须刀刀架与刀片等。对此类产品，可采取关联商品的组合定价策略，即把主产品的价格定得略低些（如衬衣），而将与其组合销售的产品价格（如领带与领带夹）定得高一些；或将购买频率较低的产品（如打印机或剃须刀）的价格定得略低些，把购买频率较高的附件（如墨盒或剃须刀片）的价格定得较高些。需要注意的是，作为消耗品的关联商品，须没有严格的替代品，否则不能采用关联商品组合价格策略[30]。

五、心理价格策略

心理价格策略指以迎合消费者不同消费心理、不同消费层次和不同购买欲望而定价的策略。以便在激发消费者购买欲望，满足不同类型消费者的不同消费需求的同时，达到扩大销售量的目的。该价格策略主要适用于各种促销活动，常见的具体形式有尾数定价、非整数与整数定价、声誉定价、以质定价、习惯定价、偏好定价、招揽定价等，详见本书第七章。

六、差别价格策略

差别价格策略是指依据不同消费层次的顾客、地区、用途、季节变化等不同因素，对同一商品定出若干不同价格的策略。其差别具体可分为产品差别（同一商品的不同规格、型号、式样、花色品种及不同需求弹性）、季节差别（季节性或流行性）、顾客差别（不同购买类型与特点）和地区差别（不同国别和地区）几个大类。

七、地理价格策略

地理价格策略是指对于同一产品在不同地段、口岸、地域或分销渠道销售时，采取不同的定价策略。包括对相对独立的子市场分别定价，对异地购买者提供收费或免费服务，向异地经销商或中间商提供价格支持等。

八、市场细分价格策略

市场细分价格策略也称为价格歧视定价策略，指企业按照两种或两种以上且不反映产品成本费用差异的价格，销售某种产品或提供某种服务的策略。其细分的主要形式有顾客细分、产品细分、销售时间细分、销售渠道和口岸细分等。

九、销售途径价格策略

销售途径通常指产品的分销渠道，可依不同的渠道采取不同的价格策略，这里则指网店和实体店两大途径。因纺织服装产品特别是服装产品之所以能够高居三大网货销售量之首，国内外 30%～70% 的消费者都喜欢在网上购衣，除了便捷、省时、省事之外，更重要的原因是网货的售价通常都较实体店便宜。因此，同一品牌的同一产品，如果在实体店与网店上同时段推出，很易出现价格分歧并引发市场混乱，不利于企业或产品品牌的塑造。对此，目前大多数纺织服装企业或品牌的解决方法是，针对同一品牌的同一类产品，在实体店与网店的同期档中，推出不同的款式或面料并给出不同的定价，以适应不同销售平台的价格策略需要。

十、价格变更策略

价格变更策略是指企业依据市场需求与销售的实际情况，对原定产品价格进行适当调整，采取降价或提价的策略。

1. 降价（Price reduction）策略

引起纺织服装产品降价的原因有很多，如产品生命周期的变化；新时尚的出现与流行；生产能力过剩，产量过多；市场竞争者或替代品过多以致供大于求；供货成本下降；季节性的库存压力；企业破产等。一般情况下，当产品出现供大于求或季节性的库存压力增大时；在强大竞争压力下市场占有率呈下降趋势时；随企业技术进步或劳动生产率提高而使产品生产成本下降或比竞争者低时；企业期望通过降价来刺激需求，扩大生产、销量和市场占有率时；在与竞争者的“价格战”中，若不降价就会失去顾客或减少市场份额时，均可采取适当的降价策略。

2. 涨价（Price increase）策略

引起纺织服装产品涨价的原因也有很多，如市场需求大于供给，产品供不应求；原材料涨价导致供货价上升，使经销商成本增高而无法维持原价；企业改变经营策略，追求短期赢利且暂时放弃对市场份额的追求；市场出现通货膨胀，使产品成本急剧增加；社会出现突发事件（如禽流感和地震造成羽绒、口罩、帐篷等产品在短期内需求量增大导致其价格的急剧上升）等。企业均可采取适当的涨价策略。

第六节　纺织服装非价格竞争与促销

随着社会的发展和企业经营环境及市场需求的不断演变，非价格竞争目前已逐步成为市场促销与竞争的主流形式，其对纺织服装市场营销的影响也越来越突出。在非价格竞争格局主导下，企业把市场视作一个整体的生态系统，在制订各种营销策略时，除充分考虑企业本身的利益外，更要充分考虑消费大众的利益，甚至还应考虑竞争对手的利益。企业或品牌的竞争目的已不再是置对方于死地，而是建立广泛的联盟优势，营造出企业间竞争与合作并存的氛围，并通过彼此间的多种协同、整合与创新，获得新的市场竞争力和发展机遇，避免传统的过度竞争带来的消极作用，及其对市场秩序的扰乱和竞争效率的低下与竞争力的减弱，最终实现利益共享、正和博弈的双赢或多赢结局[31]。

一、非价格竞争及其促销的含义

广义的非价格竞争是指不以价格为竞争手段，但却以对产品的促销有重大作用的其他竞争性要素，如品牌、技术、服务、包装、产品差异化、企业文化等展开市场竞争与促销的行为与策略。

纺织服装产品的非价格竞争，则指企业或品牌通过不断提高产品质量，改进性能与功能，增加花色品种，更换规格与包装，调整销售渠道，改善各种售前、售中与售后服务，提供各种优惠支付条件，强化促销手段，加强广告宣传，保证及时交货，甚至更新商标牌号等，达到加强品牌宣传、提高服务质量、塑造企业形象、拓展更大更好生存与发展空间、提高产品或品牌的信誉度与知名度、增强产品竞争力、不断扩大产品销量和利润的一切非价格促销手段与策略[32]。

二、纺织服装非价格竞争与促销的积极作用与意义

竞争者之间的竞争行为，无论对竞争双方还是对行业和市场，都有着良性竞争（Benign competitive）与恶性竞争（Excessive competition）之别。较之价格竞争，非价格竞争是一种不易招致报复行为的良性竞争，代表着市场竞争的发展主流和未来方向，其积极作用与意义主要体现在以下几方面：

（1）有利于企业获得较好的产销条件和市场资源。

（2）有助于消费大众获得质优价廉的产品与服务。

（3）有助于增加市场的总需求量，分担和降低市场与产品开发的成本。

（4）有助于企业和市场接受新技术和新产品，不断增强企业的核心竞争力。

（5）有利于市场细分和提供多样化产品，增加产品与服务的差异性。

（6）有利于社会实现优胜劣汰和生产要素的优化配置，并推动市场按经济规律运行和发展。

（7）有助于企业提高与政府部门或自身员工的谈判能力。

（8）有助于市场在优化资源配置的过程中形成竞争适度、交易有序、利益共享、关系和谐、秩序稳定、富有活力的良性与可持续发展体系。无论是从企业自身利益还是从社会利益的角度出发，纺织服装产品的生产者与经销者都应将非价格竞争作为常规和更高形式的竞争与促销手段[33]。

三、纺织服装非价格竞争与促销的主要形式与策略

1. 品牌

无论任何品牌，除了其外在形式如Logo、产品类别及经营上各有特色外，在其内涵上都是企业及其产品和服务的品质、过程服务质量、技术与经济实力、社会形象的综合体现。某一品牌是否能在顾客心目中留下深刻的印象并让其忠实于这个品牌，非价格因素往往起着至关重要的作用。正因为如此，无论国内还是国外业内的知名企业，如香奈儿（Chanel）、迪奥（Dior）、范思哲（Versace）、鳄鱼（Lacoste）、花花公子（Play Boy）、雅戈尔、杉杉、李宁、波司登、罗莱等，无一不是依靠品牌营销策略来博得消费大众的心理和情感认同。

现阶段我国纺织服装业多为中小企业，中国制造的产品全球可见，中国创造却为数不多。在当今市场竞争早已由产品竞争转入营销竞争和品牌竞争，并已进入资本竞争、品牌竞争和经营竞争的新竞争环境，我国纺织服装企业从传统OEM（Original Equipment Manufacture，即原始设备生产商，简称代工或贴牌生产）和ODM（Original Design Manufacture，即原始设计制造商）模式向OBM（Original Brand Manufacture，即原始品牌制造商）模式的发展已成必然趋势。品牌策略的运用与实施将是目前我国政府大力提倡、扶持和业内企业普遍力主与积极践行的非价格竞争与促销的主要形式之一。

2. 科学技术

科学技术作为第一生产力，反映着一个国家的经济发展水平和国防实力，并决定着一个国家的经济建设与发展速度，是影响企业前途和命运的根本力量。对极具时尚性的纺织服装产业而言，其科学技术的不断发展与应用不仅成为影响企业生存与发展的至关重要的条件，而且对其市场营销的策略也会产生直接的重大影响，这表现在：

（1）技术贸易的比重会日益增加，产品的生命周期会越来越短。

（2）劳动力低廉的优势正在逐渐削弱，劳动密集型产业的竞争压力会越来越大。

（3）产品的生产、流通、消费方式将更加现代化与全球化。

在这样的竞争环境下，纺织服装企业利用科学技术作为非价格竞争与促销的形式与策略，一是要不断引进技术开发、产品设计、市场营销和企业管理的各种人才，提高企业的整体人力资源和经营管理水平；二是应不断加强和依靠技术进步以及新技术的引入与应用，同时坚

持加强自身的研发能力与水平，通过不断推出新产品和增强产品的技术含量来提高企业的核心竞争力；三是要充分利用各种高科技手段，如网络、计算机、信息、物流、展示等现代化的先进技术来促进市场竞争及其促销。

3. 服务

服务作为一种特殊的商品，与实物产品相比，虽然在内容与质量上受到多方面的制约，但却是传递服务质量、树立企业形象、打造产品品牌、实施非价格竞争与促销的重要形式之一[34]。在目前的实际服务中，售后服务常被置于重要的位置，而对售中特别是售前服务的问题，却相对有所忽视。事实是，一个完整的销售服务流程应至少包括以下三个密切相关的部分[35-37]。

（1）售前服务。售前服务（Before service 或 Pre - launch service）是指企业在顾客还未接触产品之前开展的一系列刺激顾客购买欲望的服务工作。主要包括市场调查和预测、提供产品信息，如最新流行趋势（面料、款式、流行色和流行产品），为顾客进行形象设计，吸引产品定制，提供各种咨询，接受电话订货和邮购，提供商品试用和缺货登记以及多种财务与服务的方便与支持等。售前服务的目的在于最大程度的宣传品牌与产品，吸引消费大众，准确预测市场需求，当好购买顾问，提供购买便利。

（2）售中服务。售中服务是指在产品销售过程中直接或间接为顾客提供的各种服务，如热情接待并为顾客介绍、展示产品，详细说明产品的使用方法，热情为顾客做好商品示范，耐心帮助顾客挑选商品，解答顾客提出的各种疑问等。售中服务与顾客的购买行动相伴随，是促进商品成交的核心环节。纺织服装产品终端卖场的形象和营业人员的服务素质及服务质量的高低，直接关系到企业的声誉并对最终是否形成交易具有决定性的作用。售中服务的目的是为客户提供性价比最优的解决方案，有效消除顾客与企业销售人员之间的隔阂，在买卖双方之间建立起相互信任的氛围，使产品最大限度满足顾客需要的同时，能使顾客的付出得到良好回报，促进客户的购买决策，最大程度的促销产品与培养忠诚型的顾客群体。

（3）售后服务。售后服务是指生产企业、经销商把产品或服务销售给顾客之后，继续为其提供的一系列服务。主要包括：介绍与宣传产品，回复消费者的咨询，送货上门，免费为顾客修整、熨烫产品和进行服饰的搭配设计，根据消费者要求进行与产品有关的使用、洗涤和保管的技术指导，对消费者进行定期或不定期的短信、邮件或电话联系并征集意见与寄送宣传资料，告知新款上柜或最近的优惠活动，发放 VIP 即贵宾服务卡（有普通、优惠、白金、黄金等级别），处理消费者的来信与来访，实施产品三包（修、换、退）等。售后服务的目的在于建立企业的良好口碑，维系与不断扩大产品的顾客群，培养“回头客”与忠诚型顾客。

在当今社会大众消费观念迅速提升、维权意识普遍增强和市场竞争日趋激烈的市场环境下，消费者在“货比三家”选购满意产品的同时，会更加注重企业的售前、售中与售后服务的质量，这使得完善的系列服务成为企业重要的非价格竞争与促销手段和衡量其经营管理水平高低的重要标志。

4. 文化

文化是人类社会发展过程中所创造的物质文明和精神财富，是人类知识、信仰、艺术、道德、法律及风俗习惯和行为模式的总和，并受不同文明起源和地域、人种、民族与社会制度的制约与影响，因而会对社会大众的消费观念和消费行为有着重大影响，导致社会大众形成不同的消费观念、消费群体和消费行为。与其对应的，社会大众能够接受的竞争与促销方式也会有很大的差别，如基督教与伊斯兰教文化的差别、中国旗袍所代表的东方“含蓄”文化与美国泳装所代表的西方“裸露”文化之间的差别等。但无论什么样的社会文化都会对市场的竞争形式产生重大的影响，如牛仔装、情侣衫、知青屋、农家乐、下岗豆花等，无不带有浓浓的社会文化味道。除此之外，在共同社会文化下因群体性差异所形成的亚文化，如我国大中华文化下的多民族文化以及企业文化、品牌文化等，都是纺织服装产品实施市场细分和非价格竞争与促销的重要形式。

5. 包装

包装（Packaging）一词的原始含义是指企业为其产品设计和生产的某种容器或覆盖物。实物产品的包装通常包括初始直接包装、次级间接包装和运输包装三个层次。其目的在于保护产品数量与质量的完整性和储存、转运过程中的安全性，方便生产商、中间商和消费者对产品的运输、销售、携带、保管与使用。

但随着社会经济的不断发展，“包装”一词在现代市场营销中的功能和作用有了更宽泛的拓展，不再局限于是某种容器或覆盖物，而是把企业对其产品、服务或其代表性公众人物（老板或形象代言人）的造势宣传与各种推介活动都包含在内的泛指含义。包装已不仅是产品实体的重要组成，更是企业便于对产品进行品牌化处理、美化产品、传递产品信息、诱发购买欲望、为产品和消费者带来附加价值与利益、促进产品销售的重要非价格竞争形式。

6. 产品差异化

随着我国社会经济的发展和人民生活水平的普遍提高，中国消费者的消费水平已开始由小康向富足转变。在当今社会呈多元化发展趋势的环境下，社会大众对纺织服装产品的消费，在消费结构和消费心理上，均呈现出个性化、差异化和多样化的突出特点，同质化的商品在市场竞争中往往处于劣势，公共场合下的撞衫现象，也成为当今“尴尬”一词的新诠释。在此背景下，纺织服装产品的差异化、层次化及其个性化定制，已成为其生产者和经销者实施非价格竞争的重要方式和营销策略。

7. 公关宣传

（1）开展公益活动。公益活动是指某一组织或个人为建立、改善或扶持某种公共关系，通过向社会或个人捐赠财物、时间、精力、知识等所实施的各种活动，本质上是社会财富再次分配的一种体现。企业开展公益活动的目的之一，是从长远着手来树立和提高企业形象，扩大品牌知名度与美誉度，增强市场竞争力。

（2）采用品牌或产品形象代言人。品牌代言是指企业或品牌利用名人或明星的知名度、职业形象、个人品行等所形成的广泛而巨大的社会号召力、感染力、影响力、新闻效应和广大消费者对他们的喜爱、崇拜、拥戴、信赖甚至盲目追捧的心理，恰当选择与积极聘请当代的社会知名人士做企业产品与品牌的形象代言人，通过一系列的宣传载体，使企业的产品与品牌迅速地被广大消费者所认同、接受、追捧与跟风模仿，并对其品牌与产品产生美好联想与消费，从而在激烈的市场竞争中有效打开市场营销的局面并形成庞大、稳定的忠诚型顾客群体，是一种非价格竞争与促销的重要途径与方式。由于一种产品不可能卖给所有人，所以采用品牌代言应依据目标消费群体的特点，进行品牌与代言人定位，选择与品牌和目标消费群体特色与风格一致的代言人，同时还要以优质产品与服务做后盾，使两者珠联璧合、相映生辉，最终实现提升品牌竞争力和促销的目的。

（3）组织专业大赛和T台秀。作为纺织服装产品广告宣传的独有形式，各种纺织服装设计大赛与T台秀是企业实施非价格竞争与促销的重要方式与途径之一。通过这种方式，不仅可为企业挖掘大量新产品的创意，而且会拉近企业或品牌与消费者的距离，塑造其在消费大众心目中的良好形象。多年来，真维斯一直坚持在高校开展的系列服装设计大赛即是这种方式的典型案例。

（4）在高校设立奖、助学金。企业或品牌在高校设立奖、助学金，提供资金或硬件赞助，或在高校内合作建实验室、实习基地等，既有利于企业面向社会大众树立良好形象，也可给未来的求职者留下美好印象并提供实习条件，为下一步招揽人才奠定良好的基础。

如上所述，价格策略与产品的销售量、利润率、盈利与亏损状况密切相关，既是企业或品牌与同业者进行竞争的最原始、最基本、最直接和最重要的手段，也是企业或品牌当下市场经营状况的最直观反映。如何依据市场的变化来确定和适时、灵活地调整产品的价格，并采取正确和恰当的价格策略，始终是纺织服装企业进行市场竞争的最为重要的手段和市场营销组合策略之一。

在新经济时代背景下，纺织服装产品处于完全竞争状态，企业针对不同竞争环境的定价策略比较复杂，影响企业产品定价的因素也很多，既包括源自产品供给的诸多因素，如成本、品牌、质量、款式等；也涉及产品投放市场后的各种相关因素，如供需关系、竞争状况、销售地点、销售季节等；还包括与流通相关的各种因素，如流通渠道、零售终端形式及其区域位置等；以及各种宏观与微观环境因素，如产品销售地区的GDP和大众消费水平，中央和地方政府的各种政策与法规等[10]。因此，企业须结合自身的特点和实际状况，综合考虑各方面的影响因素，依据企业实力及市场、需求和竞争态势的不断变化来制订和调整价格策略，并保持其实施与调整的灵活性、适应性和适时性，以期符合和适应国内外不同竞争环境下的“游戏规则”要求，保持企业价格策略持续旺盛的生命力。而如何对待、采取和实施与价格策略密切相关的非价格竞争与促销策略，也将是纺织服装产品的生产者与经销者们在新经济时代背景下所面临的重大市场营销课题。

思考题

1. 纺织服装产品价格的内涵是什么？
2. 什么是价格策略？纺织服装产品的价格策略在其市场营销中有哪些作用和意义？
3. 纺织服装产品的价格形式有哪些？其价格的主要构成要素是什么？
4. 什么是需求价格弹性？它有什么作用？
5. 什么是边际分析？如何对纺织服装产品进行边际分析？请举例说明。
6. 产品定价的方法有哪些？如何为纺织服装产品定价？
7. 影响产品定价的主要因素是什么？为什么？
8. 纺织服装产品定价的主要理论依据有哪些？
9. 为什么说纺织服装产品的实际交易价格是消费者、企业和其他相关产权交易主体共同交易的产物？

10. 什么是非价格竞争？如何运用非价格策略进行市场竞争与促销？请举例说明。

参考文献

[1] 逄锦聚，洪银兴，林岗，等 政治经济学原理［M］.4 版. 北京：高等教育出版社，2009.

[2] 李世福. 世界价格理论研究成果综述［J］. 太原师范学院学报（社会科学版），2007，6（1）：31-35.

[3] 梁亚林. 服装产品理论定价与实际定价的区别与联系［J］. 四川丝绸，2003（1）：34-36.

[4] 郭辰，魏中龙. 基于顾客认知价值分析的产品定价策略研究［J］. 管理世界，2007（4）：162-163.

[5] 杨义平. 基于产品定位的营销价格研究［D］. 北京：北京化工大学，2008.

[6] 李固. 基于价值的定价［J］.21 世纪商业评论，2007（36）：30-32.

[7] Philip Kotler，Gary Armstrong. 科特勒市场营销教程［M］.4 版. 俞利军，译. 北京：华夏出版社，2003.

[8] 朱伟明，刘云华，李萍. 基于流行周期的服装价格策略分析［J］. 丝绸，2006（10）：7-9.

[9] 关利华，朱秀丽，孙蕾. 服装价格折扣形式对消费者内部参考价和感知价值的影响［J］. 浙江理工大学学报，2011，28（3）：362-366.

[10] 李春蕾. 服装价格促销的应用和效益分析［D］. 苏州：苏州大学，2010.

[11] 赵声火. 工业产品出厂价格的确定［J］. 中国乡镇企业会计，1995（1）：33.

[12] 吴卫刚. 服装企业管理［M］. 北京：中国纺织出版社，2000.

[13] 宁俊. 服装生产经营管理［M］.2 版. 北京：中国纺织出版社，2001.

[14] 满大雷. 服装制造企业成本控制研究［D］. 北京：首都经济贸易大学，2008.

[15] 刘营华. 基于纺织服装企业成本管理模式的价值增值研究［D］. 上海：东华大学，2010.

[16] 周华. 加强服装制造企业的成本控制［J］. 当代经济（上），2010（7）：16-17.

[17] 张莲娜. 浅析服装企业成本控制［J］. 科技创业，2010（9）：68-69.

[18] 程龙，石岿然. 基于成本结构的产品定价问题研究［J］. 南京工业大学学报（社会科学版），2010，9（4）：47-50.

[19] 颜莉，高长春. 基于顾客认知价值的时尚产品定价模型［J］. 消费经济，2011，27（5）：69-73.

[20] 吴世经，曾国安，陈乙. 市场营销学［M］. 成都：西南财经大学出版社，1995，260-267.

[21] 魏华飞，方文敏. 奢侈品定价与营销策略探讨——基于消费者价格阈限的分析［J］. 价格理论与实践，2010（5）：77-78.

[22] 张银鹤，邱学绍. 需求价格弹性在价格决策中的应用［J］. 大学数学，2007，23（4）：29-33.

[23] 吴世经，曾国安，陈乙．市场营销学（修订本）［M］．成都：西南财经大学出版社，2000.
[24] Thomas T． Nagle，Redd K. Holden. 定价策略与技巧——赢利性决策指南［M］．应斌，吴英娜，译．北京：清华大学出版社，2003.
[25] 韩宝燕．企业商品定价策略研究［J］．科技信息，2011（11）：140.
[26] 王娇．企业定价方法与策略［J］．国际商务与财会，2010（3）：86－88.
[27] 罗睿杰．产品定价的艺术［J］．公司理财，2010（2）：101－103.
[28] 吴定栋．产品定价及其销售策略［J］．企业改革与管理，2009，（12）：67－68.
[29] 姚曼．新产品定价策略的选择［J］．才智，2011（4）：19.
[30] 杰戈莫汉·拉朱，张忠．非常定价［J］．商界评论，2010（6）：104－106.
[31] 侯雁，李炼．从价格竞争向非价格竞争转变的前提与条件［J］．商业时代，2006（10）：34－36.
[32] 李斌．非价格竞争的综合运用和案例分析［D］．武汉：华中科技大学，2006.
[33] 关辉国．非价格因素在企业核心竞争力提升中的作用［J］．商业时代，2007（8）：56－57.
[34] 刘尚亮．服务价格构成因素及定价策略研究［J］．价格理论与实践，2011（2）：81－82.
[35] 高晓明．售前服务的五大功能［J］．企业改革与管理，2009（9）：76－78.
[36] 孙静，李征征．服务营销在企业竞争中的重要性作用［J］．现代企业教育，2011（2）：62－63.
[37] 洪涛敏，李敏．服装零售企业的核心竞争力分析［J］．针织工业，2006（9）：65－67.

第九章　纺织服装电子商务与网络营销

本章重点知识

1. 电子商务与电子商务模式的含义及相关概念。
2. 网络营销的含义及其与电子商务的关联与区别
3. 电子商务与网络营销的主要交易形式及其特点。
4. 我国纺织服装电子商务与网络营销的发展历程、现状及趋势。
5. 电子商务在纺织服装网络营销中的功能与作用。
6. 纺织服装电子商务与网络营销模式。
7. 纺织服装电子商务发展战略和网络营销策略。

第一节　纺织服装电子商务与网络营销基础概念

一、电子商务[1]

1. 电子商务与电子商务模式

（1）电子商务（Electronic Business）。电子商务是指以电子信息网络（互联网、广播电视网、电信网、物联网等）为支撑条件，以实现整个商务交易与流通方式的电子化、数字化和网络化为目的的一种新型生产、流通与消费的商务活动。利用上述网络平台，电子商务可突破传统的时空观念，缩小生产、流通、分配、消费之间的距离，大大提高物流、资金流和信息流的有效传输与处理，开辟世界范围内更为公平、公正、广泛、竞争的大市场，是一种新经济时代背景下制造者、销售者和消费者都能更好地满足各自需求的商务交易平台[2-3]。

（2）电子商务模式（Electronic Business Model）。商务模式是指一个完整的产品、服务和信息流体系，由客户价值、企业资源与能力、盈利方式三要素构成，是对企业的业务运作、经营与盈利模式的一种统称。电子商务模式则指网络时代下，基于网络化、电子化、虚拟化的一种新型商业模式。这种新型商业模式使得电子商务活动成为一种广泛涉及政府、组织或机构、社会、公众、媒体及诸多关联行业参与的庞大生态系统和产业带动性强、辐射面广的特殊产业链。

2. 与电子商务密切相关的若干重要概念[3]

（1）移动电子商务。移动电子商务是指以因特网、移动通信技术、短距离通信技术及其他技术的完美结合为前提，利用手机、个人数字助理（Personal Digital Assistant，简称 PDA）等无线终端，使企业和消费者可以在任何时间、地点都能够随时随地的进行在线购物与交易，并实施在线电子支付、金融活动、相关综合服务等商务活动。

（2）电子商务服务。电子商务服务是指基于网络的各种电子交易（包括采购、销售及相关的认证、支付、征信）、业务外包（包括产品设计、生产制造、物流、经营管理）和信息技术系统外包（包括设备租用、数据托管、信息处理、应用系统、技术咨询）等的商务服务。

（3）电子服务。电子服务是指以现代服务业为依托，为不同的社会对象或个体提供网络化与信息化的服务。其涵盖的领域包括：电子商务、电子政务、现代物流、信息服务、企业信息化管理、新媒体应用、数字旅游、数字教育、电子医疗、数字社区、数字家庭等。

（4）SaaS 服务（Software - as - a - Service）。SaaS 服务即软件服务，指软件商基于互联网提供的软件应用服务模式。该模式由 SaaS 服务商为中小企业搭建信息化所需要的所有网络基础设施和软件、硬件运作平台与系列服务，可大幅度降低中小企业实施信息化平台建设的门槛与风险。

（5）第三方支付（工具）。第三方支付是指与各大银行签约、并由具备一定实力和信誉保障的第三方独立机构提供的电子商务交易支持平台。如由阿里巴巴集团 2004 年 12 月创立的国内最早的独立第三方支付平台“支付宝”，由腾讯公司创办的在线支付平台“财付通”，由中国银联打造的银行卡网上交易转接清算平台“银联电子支付”，由国内领先的独立第三方支付企业“快钱”等。在通过第三方支付平台的交易中，买方选购商品后，采用第三方平台提供的账户支付货款，由第三方通知卖家货款到达、进行发货；买方验收商品后，再通知第三方付款，第三方据此将款项转至卖家账户。

（6）电子签名。电子签名是指数据电文中以电子形式所含、所附用于识别签名人身份并表明签名人认可其中内容的数据。根据我国《电子签名法》的规定，电子签名与手写签名或盖章具有同等的法律效力。

（7）购后评价。购后评价是指在电子商务的网上交易过程中，买家在完成购买行为后必须实施的最后一个步骤，即对卖家的服务给予评价，其评价的结果将会直接影响到网商或网店的形象与信用。对买家出于报复性目的而故意给予卖家中评或差评的情况，一般称为“恶意评价”。

二、网络营销

1. 网络营销的含义

网络营销（E - Marketing，On - line Marketing，Cyber Marketing，Internet Marketing，Network Marketing，Web Marketing）是对网络直复营销的简称，即商品的生产者或经销者利用网络直接与消费者或顾客沟通，消费者或顾客在网上对经销者做出即时的交互式回复[4]。

网络营销是企业或网商以国际互联网为基础，以电子商务为平台，利用数字化的信息和网络媒体的交互性，辅助营销目标实现的一种有别于传统形式的营销方式。其具体含义是指企业或经销者以互联网为载体，以电子商务为交易方式，以客户为运作中心，以网络为销售导向，为实现其盈利目的和最大限度地满足消费者需求所开展的一系列营销活动[4]。这些活动包括网络货品供求信息发布、网络宣传与促销、网络分销渠道选择、网上调研、网上消费行为分析、网络服务、网络新产品开发、建立网络公共关系、制订网络营销战略与策略等。

2. 与网络营销密切相关的若干重要概念

（1）网上交易。网上交易是指买卖双方利用互联网进行的商品或服务交易，又称网络贸易，其常见的主要形式有：

①商对商（Business to Business，简称 B2B）交易。商对商交易是指企业与企业之间的电子商务活动，是互联网企业以提供互联网展示推广平台的方式，为跨行业的各类企业的国际、国内贸易和即时沟通提供便利，同时也在线下为企业提供服务的一种市场推广活动。

②商对客（Business to Customer，简称 B2C）交易。商对客交易是指企业和消费者之间的电子商务活动，一般以网络零售业为主，主要借助于互联网开展在线销售活动。

③客对客（Customer to Customer，简称 C2C）交易。客对客交易是指消费者与消费者个人之间的电子商务活动，其突出特点是大众化。

④商对商对顾客（Business to Business to Customer，简称 B2B2C）交易。商对商对顾客交易是指源于 B2B 和 B2C 模式并将两者结合在一起的新型电子商务模式。"B2B2C"中的第一个 B 是指向电子商务平台提供商品或服务的供应商，第二个 B 指的是电子商务的从业商，C 指顾客或消费者。该模式的特点是可形成"供应商→生产商→经销商→消费者"的产业链，并将供应商、电子商务商和客户之间的不同需求整合在一起，有效地缩短商品的销售链和提高营销效率。

⑤面向政府的电子商务（Business to Government，简称 B2G）交易。指企业或个人与政府间的电子商务活动，如企业或个人的网上身份核实、网上报税、网上报关、网上申领营业执照等。其特点是交易在网上完成，企业或执业者可随时随地了解政府的动向，减少中间环节的时间延误和费用，提高政府办公的公开性、透明度与办公效率等。

⑥电子政务（Government to Business，简称 G2B）交易。是指政府机构在网上面向社会进行产品、服务的招标和采购活动。供货或服务商直接从网上下载招标书，并以电子数据的形式向招标机构发回投标书，政府通过随机抽取专家库组成专家评标组在网上评标，并在网上公布中标的供货或服务商。其特点是通过网络投标可以使政府与供货商都能在全球范围内获得更广泛和更多的招投标机会，同时有效地降低招投标的费用，增加评标与招投标的客观性与公正性。

⑦面向市场的电子商务（Business to Marketing，简称 B2M）交易。是指企业面向市场营销的电子商务活动，是一种相对于 B2B、B2C、C2C 更注重网络营销和网络营销渠道建立的全新电子商务模式。在 B2M 模式下，电子商务公司以客户需求为核心建立营销型站点，并通过线上和线下多渠道对站点进行广泛推广和规范化导购管理，从而使得站点成为企业的重要营销渠道。

⑧生产者对消费者的（Manufacturers to Consumer，简称 M2C）交易。是指生产企业直接面对消费者或客户提供产品与服务的一种电子商务活动。企业通过网络平台发布企业的产品或服务，消费者通过支付费用获得自己想要的商品。在 M2C 模式下，经理人将直接面对最终消费者。其特点是流通环节减少至一对一，在保证产品品质和售后服务质量的同时可大大降

低销售成本，提高营销效率。

⑨线上网店线下消费（Online to Offline，简称O2O）交易。是指商家通过免费开网店将商家信息、商品信息等展现给消费者，消费者在线上进行筛选服务并支付费用，线下进行消费验证和消费体验。这样既能极大地满足消费者个性化的需求，也可因在线支付为消费者节省消费成本。商家通过网店信息传播得更快、更远、更广，可以瞬间聚集强大的消费能力。该模式的主要特点是商家和消费者都通过O2O电子商务满足了对方的需要。

（2）网民。网民即互联网用户。中国互联网络信息中心（CNNIC）对网民的定义是：过去半年内使用过互联网的6周岁及以上中国居民。按照使用方式、时间和地域，网民还可细分为宽带网民、手机网民和农村网民等。

（3）网站。网站是指以域名本身或者“www. +域名”为网址的web站点，其中包括中国的国家顶级域名“. cn”和类别顶级域名“gTLD”下的web站点，该域名的注册者位于中国境内。如，对域名cnnic. cn来说，它的网站只有一个，其对应的网址为cnnic. cn或www. cnnic. cn，除此以外，whois. cnnic. cn，mail. cnnic. cn……以该域名为后缀的网址只被视为该网站的不同频道[5]。

（4）网商。“网商”的概念由马云在2004年1月杭州举办的首届网商大会上率先提出，至2010年，其定义从个人进一步扩展到企业，即从自然人扩展到法人，指持续运用电子商务方式从事商务活动的个人和企业，包括企业负责人、商人、个体经营者和业务操作者。按商业模式的不同，网商可进一步细分为：B2B外贸网商、B2B内贸网商、B2C企业零售网商、C2C个人零售网商、互联网支付网商、中小站长网商和生活服务网商等。据阿里巴巴发布的《2015年网商发展研究报告》，目前中国网商营业规模逐步迈入十万亿量级，网商发展成为中国最大的商帮，从业者数以千万计[6]。

（5）网购。网购即网络购物，是指消费者通过购物网站获取商品信息，在形成购买意向后，通过电子订单发出购物要求，并填写详细收货地址与联系方式，再通过货到付款、第三方支付、银行在线支付、邮局电汇等形式支付当前消费额后，厂商以快递形式发货至消费者的网络交易过程。

（6）网货。网货是指通过互联网渠道进行销售的商品，有“狭义网货”与“广义网货”之分。前者仅指通过网络零售渠道如C2C、B2C等电子商务网站进行交易的零售类商品，后者除指零售类商品外，还指包括经由B2B电子商务渠道销售的各种原材料与工业品。

（7）网货化。网货化是指互联网对商品的生产方式、销售渠道、流通过程、产品形态、价格构成、企业管理模式等属性产生持续深度影响的过程。

（8）行业网站。行业网站即代表一个行业的网站，也称行业门户垂直式B2B网站，是我国最早的电子商务群落。相对于综合网站，行业网站能够提供更加专业和深入的服务，盈利模式也更加多元化。

（9）网络视频营销。网络视频营销是指企业将与网络营销相关的各种视频短片以各种形式放到互联网上，达到一定宣传目的的营销手段，是一种将“视频”与“互联网”结合，兼具两者优点的创新广告营销形式，具有互动性、主动传播性和传播速度快、创意性强、成本低、感染力强、形式与内容多样、效果可测等特点。

三、电子商务与网络营销的区别与关联[4]

首先，电子商务的内涵既包括利用电子交易实现整个贸易的电子商业（Electronic Commerce），又包括利用各种电子化工具实现所有商务活动业务流程电子化的电子商务（Electronic Business）。前者也称“狭义电子商务”，后者则称“广义电子商务”，由电子商务的先驱 IBM 公司在 1996 和 1997 年先后提出[2]。而“网络营销”的含义是指为促成电子商务交易而展开的一系列网上宣传与推广手段，是企业和经销者整体营销战略的组成部分和电子商务中的重要环节与支撑条件。

其次，电子商务的核心是强调电子化交易，关注和研究的是交易的方式和交易过程中各个环节的电子化；而网络营销的核心是强调与消费者或顾客的网络沟通与推广，关注与研究的是电子商务交易前的各种网络宣传与推广的营销手段而不是电子商务的交易过程。

因此，电子商务与网络营销是两个既有区别又密切关联的概念，两者虽都是基于网络和计算机而展开的商业活动，但在核心内涵、关注重点、研究范围上却有所不同[4]。

第二节 我国纺织服装电子商务与网络营销的历史发展与趋势

一、历史发展

我国纺织服装电子商务与网络营销的历史发展是伴随着全球和中国电子商务的发展而逐步发展起来的。1994 年中国开始接入国际互联网，1995 年中国最早的网络公司——瀛海威成立。与此同时，作为互联网产业中最重要、发展最健康的分支——电子商务也自 1997 年开始在中国兴起。至 1999 年，短短三年时间内，一批先知先觉的新经济的创业者们就先后创办了美商网、中国化工网、8848、阿里巴巴、易趣网、当当网等我国电子商务史上的知名电子商务网站。其中，中国化工信息网于 1997 年正式在互联网上提供服务，并于当年 12 月推出中国化工网的英文版，成为国内第一家垂直 B2B 电子商务商业网站。而被誉为“中国电子商务第一人”的王峻涛则在 1999 年 5 月创办了“8848”，标志着我国第一家 B2C 电子商务网站的诞生。

经过十多年的发展，中国互联网产业在经历了门户❶、SP❷、搜索、网游、WEB 2.0❸、电子商务六大主流的形成和逐渐由新闻娱乐应用向电子商务与生活服务应用为主的转变之后，目前已拥有互联网使用人数 7.1 亿，互联网普及率达到 51.7%，超过全球平均水平 3.1 个百分点，超过亚洲平均水平 8.1 个百分点。手机网民规模达 6.56 亿，网民上网设备进一步向移

---

❶ 门户（Portal），指集成了多样化服务的 WEB 站点，用户通过它可在 WEB 上航行，是网上浏览者获得各种信息资源和服务的入口。

❷ SP（Service Provider），通过移动通信网和定位技术开展的移动数据业务。

❸ WEB 2.0，一类互联网应用模式的统称。WEB 2.0 与 2003 年前的 WEB 1.0 的区别在于，WEB 1.0 仅可满足用户通过浏览器获取信息，而 WEB 2.0 更注重用户的交互作用，用户既是网站内容的浏览者，也是网站内容的制造者。

动端集中。截至 2016 年 6 月，网络购物用户规模达到 4.48 亿，其中手机网络购物用户规模达到 4.01 亿[5]。并间接带动 IT、信息产业、家电、纺织服装、物流、会展、金融、广告、包装等诸多行业的庞大的规模化发展。其中，作为与国民经济制造业领域、流通领域和生活服务业最密切关联的电子商务，不仅于 2000 年 6 月 21 日正式成立了中国电子商务协会，形成了就业人数多、经济带动性强、规模庞大的产业，而且还在很大程度上促进了我国国民经济制造业、流通业与服务业的转型与升级，成为我国互联网产业中对国民经济贡献尤为突出的一个分支产业（图 9－1）。

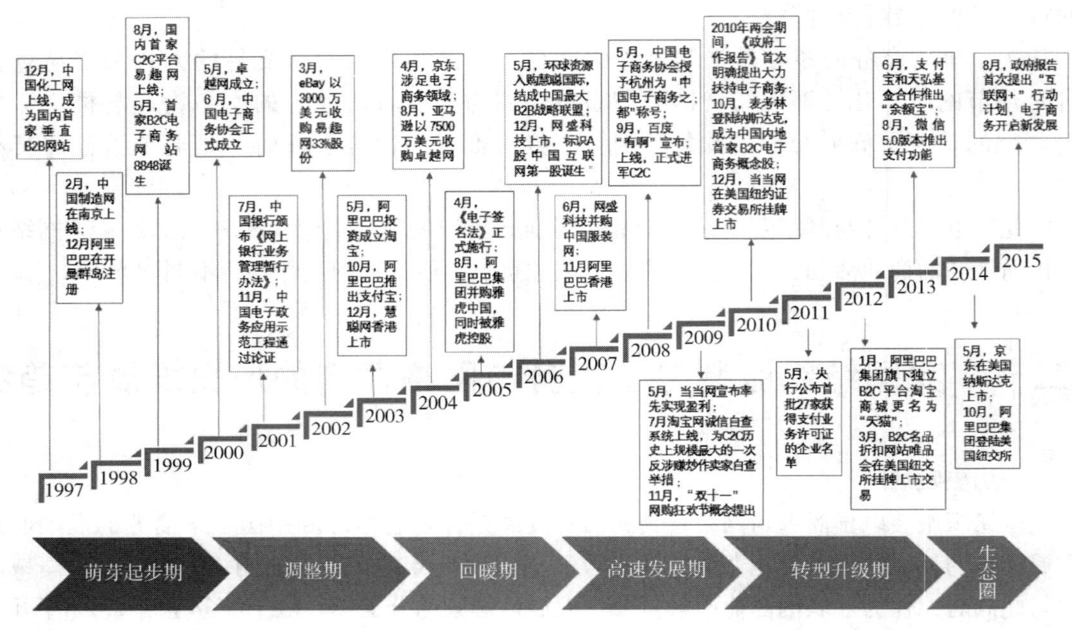

图 9－1　中国电子商务 1997～2015 年发展历程[7][8]

在整个互联网产业和电子商务平台发展的大背景下，中国纺织服装业的电子商务与网络营销的发展历程，可大致分为以下几个阶段[9]。

1. 起步阶段（2003 年以前）

此阶段的纺织服装企业对电子商务的应用尚处于试水阶段，纺织服装产品并不是网上的主流商品，通过网络购买纺织服装产品也只是少数网民的市场行为。

2. 市场培育阶段（2003～2005 年）

这一时期，"非典"事件的发生、"淘宝网"❶ 的建立和"支付宝"❷ 的推出，极大地促进了我国电子商务的发展，使得网络购物进入了 C2C 主导的阶段。近百万的个人卖家成为网上出售商品的主体，纺织服装产品则成为该时期网购交易中发展最快、卖家与买家最多的

---

❶ 淘宝（Taobao），亚太地区最大网络零售商和拍卖网站，由阿里巴巴集团 2003 年 5 月 10 日创立，2011 年 6 月 16 日分拆为 C2C 业务淘宝网 Taobao、B2C 业务淘宝商城 Tmall、一站式购物搜索引擎淘网 Etao 三个独立运作网站。

❷ 支付宝（alipay），是淘宝网为解决网络交易安全所创建的"第三方担保交易模式"，2004 年 12 月独立为"浙江支付宝网络技术有限公司"，属阿里巴巴集团的关联公司。

商品。

3. 直销式电子商务兴起阶段（2006～2008年）

期间的典型事件是批批吉（PPG）❶ 强势进入男士衬衫直销市场，刮起了一股纺织服装产品直销电子商务与网络营销的热潮，催生了一类没有生产部门，仅侧重于产品的宣传与推广，主要以大规模广告投入手段来快速占领市场的网站诞生，如凡客诚品（Vancl）❷、玛萨玛索（Masa Maso）❸ 等。其中，凡客诚品在模仿PPG的同时又在不断地创新，订货数量从第1天上线的10单到30天后的500单，再到85天后的1000单，终于在5个月后，凡客诚品的日销售量超越了PPG，成为同行业的一匹黑马[10]。在这种形势下，许多传统企业不得不将目光投向电子商务与网络营销，典型的如李宁（Lining）❹，2007年开展电子商务业务，2008年开设官方网上商城，两年之后在淘宝合作的官方授权零售店即超过700家。紧随李宁之后，报喜鸟（Saint Angelo）❺、佐丹奴（Giordano）❻、美特斯邦威（Meters bonwe）❼ 等也陆续在网上开设了专业独立商城。

4. 电子商务与网络营销全面发展阶段（2008～2010年）[10]

在全球金融危机的冲击下，许多外向型和传统品牌的纺织服装企业开始重视电子商务渠道并利用这一平台来开拓内贸市场，纺织服装产品网上B2C直销热引发了业内的投资热，以Vancl、宝鸟（Bono）❽、优衫（Ushan）❾、衣服网（Yifu. com）❿、李宁、罗莱家纺（Luolai）⓫ 为代表的各类纺织服装网站如雨后春笋般兴起，并引发了传统销售渠道的变革。纺织服装企业开始尝试依托第三方电子商务平台如淘宝网、QQ商城等，或与官方网站及其他B2C网站相结合，以自营店或授权店的方式开展多渠道的电子商务销售与市场营销，这使得李宁、报喜鸟、美特斯邦威、七匹狼（Septwolves）⓬ 等许多传统品牌的纺织服装企业取得了不俗的业绩。

---

❶ 批批吉（PPG），由中国服装B2C模式的创新者和曾经的领导者李亮于2005年10月在上海青浦区创立，2009年年初遭遇资金困境与诚信危机，因资金链断裂、拖欠货款、投资纠纷等问题于2010年年初倒闭。

❷ 凡客诚品（Vancl），由原卓越网创始人陈年于2007年10月创立，隶属凡客诚品（北京）科技有限公司，产品有女装、童装、牛仔裤、内衣等。

❸ 玛萨玛索（Masa Maso），是北京九合尚品科技有限公司于2008年创立的男士高档服装服饰品牌，其中Masa是古希腊语“战神”之意，Maso是法国一条大河的流域，盛产葡萄酒。

❹ 李宁（Lining），民族运动服饰与器材品牌，产品有各种运动衣、T恤、鞋、帽、包及羽毛球、乒乓球拍等。

❺ 报喜鸟（SAINT ANGELO），由浙江报喜鸟集团有限公司于1996年创建，主营高级男装与职业装。

❻ 佐丹奴（Giordano），由香港商人黎智英1980年创办，专营中低档休闲服装的零售，兼营女装与童装。

❼ 美特斯邦威（Meters/bonwe），由浙江省温州美特斯邦威集团公司1995年创建，主要研发、生产、销售品牌休闲系列服饰。

❽ 宝鸟（CARL BONO），男装直销品牌，由位于上海、隶属于浙江报喜鸟服饰股份有限公司的宝鸟服饰有限公司于2000年所创立，产品包括衬衫、T恤、毛衣、休闲裤、领带、职业装等。

❾ 优衫（USHAN），北京金优衫科技有限公司旗下的精品男士服装购物网站，创立于2007年，产品覆盖衬衫、领带、袖扣、皮具、量身定做等多种类型。

❿ 衣服网（Yifu. com），由网盛生意宝与中国服装网联合投资在2007年创立，产品涉及女装、男装、运动、休闲、内衣、牛仔、鞋类、箱包、配饰等。

⓫ 罗莱家纺（Luolai），由上海罗莱公司1992年发起设立的国内最早专业从事家用纺织品制造与经营的家用纺织品有限公司，集研发、设计、生产、销售于一体，经营范围为家用纺织品、服装鞋帽、纺织工艺美术品等。

⓬ 七匹狼（Septwolves），由福建七匹狼实业股份有限公司1990年创立，主营休闲夹克、T恤、休闲裤、正装西服西裤、针织品、皮具、童装等。

5. 电子商务与网络营销加速发展阶段（2010～2013年）

由于自2010年开始，服装配饰、家电数码、家居百货成为网上最具有代表性的三大主流网货商品，受到社会各方面的青睐，许多社会资本开始大举投资纺织服装产品的电子商务领域与网络营销。2010年年底，中国麦网（M18.com）❶ 成功登陆美国纳斯达克市场，国内其他知名纺织服装产品类电子商务网站如Vancl、乐淘（Letao）❷、好乐买（Okbuy）❸ 等网站也获得了数千万美元级别的风险投资，一些依托淘宝网成长起来的"淘品牌"，如七格格（7gege）❹、裂帛（Rip）❺ 等公司也获得了不菲的风险投资数额。这一方面说明社会资本对纺织服装产品电子商务的未来看好，表明纺织服装产品的电子商务和网络营销对社会产生了巨大的影响；另一方面也标志我国纺织服装产品的电子商务和网络营销进入一个加速发展的阶段。

6."互联网＋"与电子商务生态圈（2013年开始至今）

2012年，"互联网＋"概念首次提出，2015年3月政府工作报告中首次提出：制订"互联网＋"行动计划，推动移动互联网、云计算、大数据、物联网等与现代制造业结合，促进电子商务、工业互联网和互联网金融健康发展，引导互联网企业拓展国际市场。近年来我国在互联网技术、受众及跨界融合方面取得了不俗的成绩，已具备了用"互联网＋"加快推进传统企业转型升级的坚实基础，但目前还处于"互联网＋"的初级阶段，各行各业对"互联网＋"还在探索前进，特别是传统行业，正努力借助互联网平台扩大自身的生存空间和获利。与之相对的，在"大众创业、万众创新"的常态下，很多创业企业诞生之初即具有"互联网＋"的形态，在用户细分上，更注重用户黏度，积极打造自己的绿色生态圈。在此背景下，国家出台了多项积极推进"互联网＋"行动的指导意见，预示着将来更多的传统行业将涉足电子商务领域。

二、发展现状

据中国电子商务研究中心报道，纺织服装产品目前已成为我国互联网上最受欢迎的商品，其主要依据是：

（1）纺织服装电子商务增长迅速。据统计，在所有网上交易的电子商务企业中，纺织服装产品企业数量最多，所占比重最高，2009年就已达14.32%，比数码家电行业还要高，位列榜首（表9－1）[7]。到2015年，中国电子商务交易额达15.8万亿元，同比增长30.4%[11]，其中纺织服装电子商务交易总额为3.7万亿元[12]，在中国电子商务交易额中的占比达到了23.41%。

---

❶ 麦网（M18.com），由上海麦考林国际邮购有限公司于2000年4月开通的B2C时尚百货电子商务门户网站。

❷ 乐淘（Letao），于2008年5月由百度原总裁助理、市场总监毕胜创办，是中国主要的运动鞋、皮鞋网络零售网站之一。

❸ 好乐买（Okbuy），由北京好乐买信息技术有限公司鲁明、李树斌于2007年8月所创建，是中国主要的运动休闲鞋购物网站和目录销售商之一。

❹ 七格格（7gege），由杭州黯涉电子商务有限公司于2006年8月在淘宝注册创立，因女老板曹青生于1982年7月7日，故在淘宝网上取名为"七格格吉祥"。

❺ 裂帛（Rip），由北京天鹅纵横公司于2006年11月创立的民族服饰女装设计师品牌。其中，"帛"为中国战国以前对丝织品的总称，包括锦、绣、绫、罗、绢、绝、绮、缣、紬等。

表 9－1　纺织服装企业在电子商务行业中的比重

行业名称	所占比重
纺织服装	14.32%
数码家电	10.35%
钢铁机械	8.30%
化工医药	6.35%
建筑建材	6.20%
农 林	5.89%
包装印刷	5.42%
五 金	4.53%
食品糖酒	4.30%
其他行业	30.65%

（2）网购金额最高。从网购商品占比来看，城乡居民网购商品的侧重点有所不同，但总体差异不是很大，特别是服装鞋帽和家用纺织品类在城乡居民网购总额中都占有最大份额。从 2015 年统计数字看，城镇居民网购侧重于服装鞋帽和家用纺织品、家用电器、手机和手机配件等，比重分别为 27.6%、8.3% 和 8.1%；农村居民网购侧重于服装鞋帽和家用纺织品、手机和手机配件、食品饮料烟酒和保健品、通信充值和游戏充值等，比重分别为 37.5%、7.5%、7.1% 和 7.1%[13]。

促使上述纺织服装产品电子商务与网络营销保持持续高速增长态势的主要原因是：

①由于纺织服装产品，包括各类服装、服饰、面料及其各种原材料产品，既是与社会大众民生息息相关的生活必需品，也是网货的主流商品。其单价低、标准化、易配送和易比价的商品属性使得产品能够顺利地进入电子商务。

②2015 年末，全国工商登记中小企业超过 2000 万家，个体工商户超过 5400 万户[14]，其中不乏以 B2B、B2C 为主，以 B2M、B2G 为辅进行电子商务与网络营销的企业，大量传统的企业和品牌已开始规模化“触网”，在多个电子商务平台如淘宝商城、中国服装网、衣服网上开设旗舰店直销纺织服装产品，从而极大地刺激了纺织服装产品电子商务与网络营销的活动，而更多品牌的触网会让消费者有更多的选择，进一步促进了网购消费人数、消费额与消费规模的增加，从而形成互动增长的“滚雪球效应”。

③政府针对电子商务与网络营销中存在的问题所出台的一系列规范化管理政策与措施，以及中国最大的网购平台淘宝商城所推出的支付担保服务（后升级为支付宝），解决了中国网购环境中缺乏成熟与诚信的社会信用体系问题，使得众多消费者不但有兴趣而且也有信心到网上去尝试购物与消费。

④我国网络购物规模的不断增长及其带来的正效应，增加了电子商务与网络营销对资本市场的吸引力，促使更多的企业和资金投身于电子商务与网络营销，2010 年风险投资大规模进入纺织服装产品的电子商务运作就是其典型例证，而资本的进入必将成为我国纺织服装产品电子商务加速化发展的助推剂。

⑤虽然淘宝网包括淘宝商城、聚划算（Juhuasuan. com）❶ 占据我国全部纺织服装产品网购市场的83.9%，对纺织服装产品企业、经销者和消费者都有着强大的吸引力，但许多有着个性化需求的纺织服装企业或经销商，因淘宝网标准化交易平台的限制而开始建立自己独立的B2C平台，并采取多渠道的网上销售策略。这种新发展趋势的诞生，将会促进我国纺织服装产品电子商务与网络营销活动的进一步繁荣。

三、发展趋势

电子商务与网络营销作为网络时代技术发展的必然结果，及其所具有的增加贸易机会、降低交易成本、简化贸易流程、提高贸易效率的突出优势，已对传统经贸方式和市场营销理论产生了强烈的冲击，成为未来世界经济发展的重要推动力和我国融合新旧经济交错发展，整合传统商贸方式与市场运行机制，转变经济增长方式的重要手段，随着其进一步发展，将会出现以下多种态势。

1. 电子商务产业将形成大电子商务产业链

大电子商务产业链的概念由中国B2B研究中心于2009年首创提出[7]，其内在含义是指，在我国电子商务产业逐步成长为网络经济的主力军，B2C交易在产品质量、品牌知名度、售后服务等核心环节上远较C2C平台具有更大竞争优势，而有逐渐取代C2C成为网购第一主流平台的背景与发展趋势下，一种融合当今中小企业应用电子商务最广泛层面，包括平台、人才、会展、搜索、物流、第三方电子商务、软件、信息化、金融、第三方诚信评估等服务商在内的综合性大电子商务平台的产业生态集群——大电子商务产业链将会应势产生，如表9－2所示。

表9－2 “大电子商务产业链”构成表[7]

产业角色	典型企业
B2B平台服务商	阿里巴巴、网盛生意宝、环球资源、慧聪网、中国制造网及3000余家行业网站
B2C平台服务商	淘宝商城、拍拍商城、卓越网、当当网、京东商城、红孩子、衣服网等第三方平台
B2B软件服务商	阿里软件、金蝶软件、用友软件、金山软件、金算盘、新中大等B2B软件企业
B2B媒体服务商	各类行业报、行业DM杂志、资讯类行业网络媒体等
B2B会展服务商	传统会展服务公司、行业协会，及环球资源、会从、网盛会展等B2B会展公司
B2B支付与金融服务商	第三方支付公司、四大国有银行、股份制银行、地方城市商业银行、信用合作社
B2B人才服务商	51JOB、前程无忧、中国行业招聘网等网络招聘公司，人才市场、猎头公司等
B2B广告服务商	报刊、广电、户外等传统媒体及其广告代理商；网络、手机、流媒体等新媒体
B2B诚信评估服务商	银行、信用社、工商部门以及部分B2B平台的诚信评估合作伙伴
B2B搜索服务商	百度、谷歌、搜狗、有道、搜搜、必应、雅虎，以及生意搜为代表的垂直搜索
B2B物流服务商	中国邮政，民营企业、外资快递企业与电子商务服务商自建物流配送公司
B2B市场与咨询服务商	市场调查公司，企业战略、管理、人力、财务、法律、销售等培训咨询公司等

注 （1）B2B应用主体为4300万余家中小企业；（2）另B2B外贸企业还涉及报关、报检、运输、仓储、保险、外汇核销、退税等系列服务商。

---

❶ 聚划算（Juhuasuan. com），阿里巴巴集团旗下的团购（Group On）网站，是淘宝网2010年9月启用的二级域名。

作为构成电子商务主流交易活动的纺织服装企业、网商、网货及其相应的电子商务与网络营销的战略与策略，也势必会因这一新的态势和生态集群的产生而发生新的变化，并在这一大电子商务产业链的形成与不断演变的发展中，重新探寻自身的新定位与新发展。如主营图书业务的当当网，2015 年净营收达到 93.12 亿元，比 2014 年增长了 17.03%，其中日用百货总营收 34.85 亿元，同比增长 34.1%，占净营收的比重达 37.4%，比重进一步提升。而其他原本各有所长的国内垂直 B2C 网上商城，如红孩子（RedBaby）❶、新蛋网（newegg. com. cn）❷ 等也都在向综合网上商城转型。

2. 我国的电子商务产业将向着国际化发展

目前，中国的电子商务产业在经历了多年由定性模式向创新模式转变的艰苦探索中，已找到适合中国国情的发展之路，具备了开展国际电子商务的环境特征，形成了规模化、有序化、品牌化的网上市场体系，具备了和跨国商家对接的国际支付工具。2006 年 12 月 15 日，有“中国互联网第一股”之称的网盛科技❸在深圳 A 股上市，阿里巴巴紧随其后，在 2007 年 11 月 6 日在港交所上市，成为震撼全国乃至世界的标志性事件。虽然我国大多数纺织服装企业目前都还没有上市计划，但随着国内创业板的推出和电子商务企业上市热潮的兴起，我国纺织服装企业已走出历史性的一步，如中国服饰电子商务企业麦考林（麦网）已于 2010 年 10 月 26 日在美国纳斯达克正式挂牌交易（表 9-3）；2016 年 7 月韩都衣舍已获批，即将以互联网服饰品牌第一股的身份挂牌上市。中国电子商务产业做大做强的发展决策和电子商务网站的上市步伐，必将会加快这一产业的国际化进程，随着全球经济的逐步回暖和外贸需求的逐渐复苏，中国纺织服装产品电子商务产业的国际化发展已成为必然趋势。

表 9-3 部分已上市及有望在近年上市的电子商务企业榜单[7]

入选网站	上榜理由	商业模式
金银岛	凭借着创新的商业模式，成为中国大宗产品电子商务第一品牌	首创打通从挂盘、询盘、支付、物流的全部环节的仓单交易模式
我的钢铁网	通过打造“钢铁竞价交易系统”实现网上钢材直接交易，成为全国乃至全球最大的钢铁门户网站	为钢铁有色金属行业提供“会员+广告”的专业 B2B 模式
中国服装网	国内领先服装行业门户网站，多项指标在全球纺织服装行业网站中排名第一	独创能全程服务于服装产业链与企业内部供应链的 B2S2C 的电子商务创新模式

---

❶ 红孩子（RedBaby），由北京红孩子信息技术有限公司于 2004 年 3 月成立的在线目录销售购物平台，主营母婴用品、童装、运动休闲等 20 多个类别的产品，于 2012 年 9 月被苏宁易购并购。

❷ 新蛋网（newegg. com. cn），由美国新蛋网于 2001 年创立，是总部位于美国南加州的全美规模最大的 IT 数码类网上零售商。

❸ 网盛科技，由孙德良 1997 年 10 月在杭州创立的世信信息技术有限公司起家，在分别创建和运营了中国化工网（www. chemnet. com. cn）、全球化工网（www. chemnet. com）、中国纺织网（www. texnet. com. cn）、中国医药网（www. pharmnet. com. cn）、中国服装网（www. efu. com. cn）、机械专家网（www. mechnet. com. cn）等多个国内外知名的专业电子商务网站后，于 2004 年 6 月更名为“浙江网盛科技股份有限公司”，2008 年 2 月 22 日，企业再次更名为“浙江网盛生意宝股份有限公司”，简称“网盛生意宝”，并推出了基于行业网站联盟的电子商务门户及生意搜索平台——生意宝（www. Toocle. cn）。

续表

入选网站	上榜理由	商业模式
敦煌网	首度实现买卖双方线上进行交易，解决了支付问题，保证了卖家利益	提供小额外贸服务、收取买卖双方交易佣金的商业模式
中国水泥网	国内水泥建材行业领先综合服务商	“会员＋广告＋会展”的专业 B2B 模式
篱笆网	国内领先的家庭生活消费交易平台	在消费者和商家面前搭建桥梁，实现团购消费方式的模式
京东商城	有望是中国最先突破 100 亿的 B2C 公司；家电 3C 类产品“新渠道之王”；独立拥有覆盖全国大中城市的物流体系	提供品牌家电 3C 网购外包服务的垂直 B2C 第三方平台模式
红孩子	以母婴产品为突破口，成功撬开家庭用品市场，销售规模赶超老牌 B2C 同行	“电子商务＋呼叫中心＋目录”服务模式
麦考林	拥有完善的“邮购目录＋电子商务＋零售门店＋电话销售”的营销渠道、庞大的客户数据库资源、丰富的零售业经验	时尚百货品牌“实体＋虚拟”短渠道直销模式
当当网	全球最大的中文网上商城	由垂直行业转型综合百货式第三方 B2C 平台

3. 纺织服装产品在电子商务中的地位日益突出

在电子商务与网络营销已成为不可逆转的趋势下，我国大多数传统品牌的纺织服装企业，已纷纷尝试在寻求解决网上与网下渠道利益冲突问题的同时，采用不同的电子商务模式来实现网上的多平台经营改进，仅淘宝网目前就有超过 5000 家的传统纺织服装企业通过不同的形式实施了网上直销，而且这一趋势还在进一步扩大。另外，由于纺织服装产品是网上购买人数最多、销售额最高的商品，各电子商务网站都把纺织服装产品作为主流商品，既能为其业绩的增长提供新的动力，又能够与原来销售的商品产生协同效应，实现产品的多元化而扩大经营范围，取得规模经济效益。所以，目前淘宝商城、QQ 商城等第三方电子商务平台都把纺织服装产品作为重点行业进行招商推广。而以数码家电产品为主的京东商城、以图书为主的当当网也已发力对纺织服装产品实施网销。这两方面效应的叠加，使得纺织服装产品在加速我国电子商务与网络营销发展步伐中的作用与地位日渐突出。

4. 线上电子商务平台与线下实体平台逐步融合

对于许多像杉杉（Shanshan）[❶]、雅戈尔[❷]、李宁、罗莱这样的传统纺织服装企业而言，实施电子商务面临的最大障碍是线上与线下经营模式的“撞车”。由于这些企业在纺织服装领域已经营多年，并在全国和全球范围内建有相当完备的销售体系，如果所经营的产品在线上、线下的价格一样，网站商品就会失去竞争力；如果网上的价格低于线下，又无异于左右

---

❶ 杉杉（SHANSHAN），由宁波杉杉股份有限公司 1992 年 11 月 27 日成立的中国第一家服装业上市公司，主营西服，兼有衬衫、休闲服等。

❷ 雅戈尔（Youngor），由浙江宁波雅戈尔集团于 1979 年创建，拥有衬衫、西服、西裤、夹克、领带和 T 恤六个中国名牌产品，主打产品衬衫为全国衬衫行业第一个国家出口免检产品。

手互搏，并会对品牌的形象与信誉度在一定程度上带来负面影响；对于众多以加盟方式为主的纺织服装产品的经销者来说，开展网上销售将直接影响到代理商和加盟商的利益而导致代理商流失；对兼有大众化消费和个性化要求极强的服装类产品，也会因消费者网购时无法实现现场试衣而受到消费制约。因此，不少传统纺织服装企业的网上销售规模都由此受到限制，其经营的产品也均以物美价廉的中低档为主，网店更多的是起到清理库存与换季商品的作用。因此，同一品牌的网店与实体店，在进货渠道、价格体系、考核体系、管理部门上存在两种不同模式的状况，已成为阻碍我国纺织服装企业做大、做强电子商务的重要环节。企业对此的解决办法目前有多种，或三维虚拟试衣，或在线真人试衣，或在区域配送站周边设立产品体验中心等，这虽可在一定程度上弥补客户实际消费体验的不足，但终因技术不成熟或不能完美实现合体性等多方面的原因，并未能从根本上解决线上与线下的矛盾。因此，随着电子商务服务多元化的发展，以及产业链上下游控制的内在需要，近年来逐渐呈现出线上电子商务平台向线下实体平台扩张的趋势，不少企业已将线下品牌声誉迁移到线上，实现品牌声誉的共享。同时又充分挖掘网络消费群体的价值，通过搭建自己的品牌网络社区，或向其他网络社区的营销渗透，提高对网络消费者的吸引力，以便有效地促进线上与线下良性互动的新型营销体系的形成。

5. 资本对纺织服装电子商务日益青睐

2010 年 10 月 26 日，中国服饰电子商务企业麦考林在纳斯达克正式挂牌交易，标志着我国首家 B2C 电子商务企业成功上市，麦考林跃升为“中国 B2C 第一股”。其他纺织服装产品电子商务网站也受到了风险投资的青睐，如凡客获得了一亿美元的融资，梦芭莎（MoonBasa）❶ 在短短一年内分别获得 2000 万美元和 6000 万美元的两轮融资。此外，一些依托淘宝网成长起来的个人卖家品牌，如七格格、裂帛等也受到了资本的追捧。资本的进入将对纺织服装电子商务的经营方式产生巨大影响，风险投资非常看重发展速度，高投入、快发展的互联网经营模式将会被更多的注入这些网站中。

第三节 电子商务在纺织服装网络营销中的作用与功能

一、电子商务在纺织服装网络营销中的作用

随着电子商务模式和网络营销的迅速发展，电子商务与网络营销正在迅速地改变着工业化社会传统的、面对面的、实物的营销模式，并为企业带来无穷的商机与广阔的市场空间。近年来，纺织服装产品的网上购买群体和网络销售量不断增长，其销售的额度在整个电子商务中所占的比率也越来越高，电子商务与网络环境下的纺织服装营销模式已成为当今纺织服装企业和产品经销者不可或缺的有效营销模式。与传统的销售模式相比较，电子商务与网络营销模式拥有许多不可比拟的优越性，在纺织服装市场营销中发挥着不可替代的作用。

（1）可跨越空间、地域、国界的限制，使企业或经销者利用互联网的电子商务和网络营

---

❶ 梦芭莎（MoonBasa），由李翘东与佘欣承于 2006 年 12 月在广州美术学院合作创办，是总部设在广州的内衣品牌直销服务公司。

销模式，与其他企业或顾客在不见面的情况下展开合作与交易，在产品设计、生产、销售、服务等各个经营环节能够达到快捷的信息共享、互动交流，共同开发新产品，满足顾客参与产品设计的“主人翁”欲望和成就感，促使产销者市场的形成，使产品能够在各个不同的层面满足不同消费者的需求，实现最大程度的互利共赢。

（2）可让纺织服装产品的消费不再拘泥于现实，使消费者比过去拥有更多的消费空间、获得更多的购物信息和个性化的自由选择，获得物质与精神的双重消费体验，增强消费市场的主导性与人性化，最大限度地满足消费者的个性化需求，比传统营销方式起到更加密切联系产品与顾客的作用。

（3）可使企业或经销者直接对网上销售数据进行统计分析，快速获得消费者的反馈信息，及时调整产品分配，提高市场快速反应能力和生产效率。同时又使企业的相关信息能够快速、高效地传播给目标消费群体和客户，增加产品的时效性，扩大市场份额，更好地维系客户关系和顾客资源，巩固企业顾客的忠诚性与品牌效应。

（4）能使企业更加方便、迅捷地掌握行业国内外最新发展动态和市场信息，及时、准确地分析市场供求关系，有效地整合企业资源和减少错误的市场营销决策，及时抓住机遇，适时规避风险，提高企业和经销者的抗市场风险与可持续发展能力。

（5）可利用电子商务平台的运作，加强企业的供应链与物流体系建设，不断提高产品标识、物流标识、供应链管理等方面的标准化、信息化、自动化水平，完善配送系统，从而降低企业的交通、运输费用，人员促销费用，通信费用，销售管理费用和人工管理成本，提高产品配送和库存处理系统的效率，能以最快的速度将产品由概念变成商品，及时、高质量、低成本地满足用户需求，提高企业的管理水平，增强企业的整体竞争实力，最大限度地提高管理效益。

（6）可使企业的营销与促销方式更加丰富多彩，提高产品的流通速度，缩短产品的生命周期，增加市场竞争的透明度与公平性，降低营销的风险与成本。

二、电子商务在纺织服装网络营销中的主要功能

1. 扩展和延伸品牌价值功能

随着我国纺织服装产品品牌化战略的进一步实施，未来的网络营销也将会出现品牌的竞争，网络品牌的价值甚至高于通过网络获得的直接收益。因此，利用电子商务平台，在互联网上建立、推广企业的品牌并不断提升传统品牌的市场影响力将成为我国纺织服装企业网络营销战略的首要目标和电子商务的主要功能。

2. 信息发布与搜索功能

对于纺织服装产品的经销者而言，电子商务是一种不同于传统形式的全方位、立体化的信息发布平台，可随时将企业、产品、品牌的信息以最快的速度和最佳的表现形式发布到全球的任何一个地点，并利用这种信息发布所具有的双向互动特性，加强经销者与客户的接触，获得即时市场信息，并依据反馈的信息在产品设计、生产、营销的各个环节对市场做出快速反应，缩短设计、生产、库存的周期，降低运营成本，提高企业和产品的市场竞争力。而消费者也可利用这一平台，采用多种搜索途径与方式，主动、积极地收集、咨询、发布、获取对自己有用的商品信息、消费需求和商机，并通过网络互动，达成满意的

个性化网络购物与消费交易。因此，信息发布与搜索是电子商务为网络营销提供的基本功能。

3. 客户关系管理功能

客户是对个体消费性质的消费大众和团体消费性质的组织机构顾客的总称，也是企业实施网络营销的重要战略资源。而客户关系管理（Customer Relationship Manage，简称 CRM）就是要通过对企业和经销者与客户之间发生的各种关系进行全面、系统的管理，加强纺织服装产品生产者、经销者与客户之间的联系，巩固老客户、赢得新客户，提高客户忠诚度、增进客户利润贡献度，并在此基础上实现网络营销战略与策略目标的一种新型管理模式。企业在运用电子商务平台实施网络营销的过程中，可通过 CRM 把客户资源管理、销售管理、市场管理、服务管理、决策管理集于一体，将原本各自为战的设计、生产、销售、促销和售前、售中、售后服务等环节统筹协调起来。因此，充分利用 CRM 系统将所有客户的完整资料，包括客户的单位、姓名、职业、年龄、性格、爱好、消费心理、消费习惯、质地与款式要求、颜色偏好、价格期望值、品牌与商品评价、服务满意度、品牌忠诚度、联系方式、送货地址、付款方式等各种信息加以统一的集中、整理、分析和管理，建立系统的客户信息库，为网络营销部门科学地实施营销战略与策略提供可靠的、有针对性的具体依据，是电子商务赋予网络营销的重要功能[15-16]。

4. 实施网络调研功能

随着电子商务的普及与发展，纺织服装企业与经销者在网络营销上的竞争也日益加剧，焦点主要集中在创新能力、反应速度、定制化产品、客户化服务等方面。在这种激烈的市场竞争条件下，如何及时、主动、迅速地把握市场行情及其发展趋势，了解、分析、掌握竞争对手的战略动态和营销战略与策略，是企业和经销者规避市场风险、抓住市场机遇、确定竞争战略与策略的重要前提。因此，利用各种电子商务平台，通过在线调查表或者电子邮件等方式，在网络上对客户和竞争者的各种信息进行经常、及时、有针对性的网上调研、分析与研究是电子商务赋予网络营销的另一基本功能。

5. 拓展产业链与催生新职业功能

纺织服装电子商务要求企业把客户需求、企业内部资源、供应商的资源有机地整合在一起，形成完整的供应链系统，以便适应纺织服装网络营销的个性化、快捷式服务要求。这就需要企业或经销者必须把经营过程中的各有关方面如原材料采购部、生产部、分销网络、库存管理部、财务部、运输部、客户等纳入一个完整的产业链中，才能有效地安排企业的产、供、销活动，满足企业利用社会一切资源快速高效地进行电子商务经营的需求。因此，在电子商务背景下，过去企业间的产品竞争已变为产业链间的竞争。企业资源计划（Enterprise Resource Planning，简称 ERP）系统的开发与应用，就是为了满足这种需要。电子商务下的产业链管理，可有效地将企业所有资源进行整合集成，实现物流、资金流、信息流的一体化管理，并对产品供应链上所有的环节如订单、采购、库存、计划、生产制造、质量控制、运输、分销、服务与维护、财务管理、人力资源管理、项目管理等进行统一的运作。不仅可有效地拓展与完善企业的产业链，如网络基础服务、仓储物流配送、支付渠道、网络营销、网络广告等，而且随着产业链的不断延伸，还可催生出许多与网络营销相关的新兴职业，如网店设计师、网店客服、网店装修师、专职网货卖手与买手、网模等。

6. 开拓销售渠道功能

不断开拓销售渠道，是网络营销的重要职能。电子商务快捷、及时的信息传播与扩散能力有效地打破了传统经济时代的商业壁垒、地区封锁、人为屏障、交通阻隔与信息封闭等，对企业产品销售渠道的开拓发挥着极为重要的促进作用。由于网上销售渠道并不仅限于网站本身，还包括建立在综合电子商务平台上的网上商店，以及与其他电子商务网站之间进行的不同形式的合作等多渠道形式，可为企业传统销售渠道在电子商务平台上的不断延伸与扩展提供广阔的开拓空间而具有拓展销售渠道的功能。

第四节　纺织服装电子商务与网络营销模式

我国的电子商务产业经过多年的蓬勃发展，造就了很多知名企业与品牌，也形成了不同的纺织服装电子商务与网络营销模式（表 9 -4）。其中主要有成熟主流的“B2B”模式、后起之秀“C2C”模式、新兴主流的“B2C”模式和新潮尚不成熟的“B2B2C”模式等。

表 9 -4　中国纺织服装产品电子商务与网络营销模式[7]

模式分类	模式概述	模式优点	模式缺点	典型平台
商城模式（C2C）	C2C 厂商提供展示与交易平台，盈利模式上主要依靠收取店铺费和广告费	能一定程度上导入 C2C 平台的巨大流量与网购用户资源，获得短期利润	厂商入驻门槛与成本较高，不利于规模化推广普及	淘宝商城
B2B	企业与企业之间通过互联网平台进行信息传递、交换，开展活动的交易方式	降低采购成本、库存成本，节省周转时间，发现潜在客户	局限于信息匹配阶段，受互联网冲击较大	找棉网、中国纱线网
厂商模式（B2C）	由服装厂商衍生开办的 B2C 公司，依托自由成熟品牌资源，自建网购平台，构建线上线下立体化的销售渠道	依托线下实体店，便于消费者亲身体验；依托已有品牌，用户信任度较高	销售品牌单一，用户选择空间很小；渠道建设与运营成本较高	Bono、杉杉、雅戈尔
B2B2C 模式	依托在服装 B2B 领域的行业和厂商资源，整合了上游品牌服装供应商资源，由此打通了原本孤立的服装电子商务 B2B 和 B2C 平台	平台销售服装品牌多元化，用户可选择多品牌，信任度高，后继服务有保障，解决了网购诚信与质量问题；可提供一条龙的电子商务外包服务	前提须有在上游 B2B 领域有充足供应商资源与运营经验；行业准入与投资门槛较高	yifu. com、6688

一、“B2B”模式

B2B 作为电子商务市场的主流模式，无论在全球还是在我国电子商务市场中都始终占据着重要的地位。2015 年全球电商市场规模达 22.1 万亿美元，其中 B2B 电商规模为 19.9 万亿美元，B2C 电商规模为 2.2 万亿美元[17]。同年中国电子商务交易额达 18.3 万亿元，同比增长 36.5%，其中 B2B 电商交易额 13.9 万亿元，同比增长 39%[11]。目前比较有代表性的 B2B 电子商务网有网盛生意宝、阿里巴巴、中国制造网、慧聪网、环球资源网、中国服装网等（表 9－5），其中，中国纺织服装行业的 B2B 网站与其他相比，不但产品品种丰富、市场巨大，产品二维和三维图片可在网上展示，让客户有直观的感受，而且可将设计图稿、板型纸样等通过数字化信息交流与传递，面辅料企业也可在网上提供小样图片及性能简介，产品便于运输，企业间可直接在网上达成交易，因此非常适合在网上进行 B2B 交易。业内比较有代表性的 B2B 网站是中国纺织网（http：//www. texnet. com. cn/）❶。

表 9－5　中国电子商务十大主流 B2B 商业模式[7]

商业模式	典型企业
以线上外贸服务为主的综合 B2B 模式	阿里巴巴、中国制造网
以线下内贸服务为主的综合 B2B 模式	慧聪网、环球资源
以“行业门户＋联盟”为主的综合 B2B 模式	生意宝、中国网库、中搜行业中国
以小宗外贸服务为主的综合 B2B 模式	敦煌网、易唐网
以供求商机信息服务为主的行业 B2B 模式	中国化工网、中国纺织网、全球五金网
以行业资讯服务为主的行业 B2B 门户模式	我的钢铁网、联讯纸业
以招商加盟服务为主的行业 B2B 模式	中国服装网、糖酒招商网、小生意
以在线交易服务为主的行业 B2B 模式	金银岛网交所、浙江塑料城网上交易市场
以技术社区服务为主的行业 B2B 门户模式	中国机械专家网、程序员论坛、螺丝网
以项目外包服务为主的行业 B2B 模式	全球羊毛衫网、软件项目外包网

二、“C2C”模式

C2C 模式最早在美国诞生，比较知名的是 eBay（Nasdaq：EBAY）❷。中国第一个 C2C 网站是邵亦波和谭海音创办的易趣网❷，经过十多年的发展，曾在 C2C 领域形成过淘宝、拍拍

---

❶　中国纺织网（http：//www. texnet. com. cn/），成立于 2000 年，总部设在浙江杭州，隶属浙江网盛生意宝股份有限公司，是目前国内最大的纺织业专业平台，下设五个细分子网站（中华纺织网中文版、中华纺织网英文版、中华服装网、中华纺机网、中华家纺网），另有一个在北京建站的中国纺织网（http：//www. china－50. com/），隶属中国企业协会纺织商会；还有一个在上海建站的中华纺织网（http：//www. texindex. com. cn/），由浙江阅海科技有限公司子公司上海贝达网络科技有限公司主办。

❷　eBay（Nasdaq：EBAY），全球最大的电子商务公司，由美国人皮埃尔·奥米迪亚（Pierre Omidyar）1995 年 9 月 4 日以 Auctionweb 的名称创立于加利福尼亚州圣荷西，1997 年 9 月与杰弗里·斯科尔（Jeffrey Skoll）合作后正式更名为 ebay，主要从事网上拍卖、电子商务、购物商场、PayPal 等业务；而中国易趣网则是由邵亦波和谭海音于 1999 年 8 月在上海所创立，主营电子商务。2002 年，易趣与 eBay 结盟，更名为 eBay 易趣，并于 2004 年 9 月正式成功整合，迅速发展成国内最大的在线交易社区。2006 年 12 月，又再次与国内领先的门户网站之一、无线互联网公司 TOM 在线携手合作，成为一家为中国市场推出定制在线交易平台的中外合资公司。

(Paipai. com)❶、易趣、百度有啊“四网鼎立”的市场格局，但百度有啊已于2011年3月底宣布关闭商城业务，并于同年4月上线新版，由C2C转型定位为本地生活信息服务平台。

C2C模式通常依附于专业的电子商务平台建设，风险较小，客服到位，网站设计人性化，最大特点是大众化交易，交易效率高，最大优势是价格优惠，最大缺点是存在安全、诚信隐患和没有B2C模式那样有强大的企业做后台支撑。

C2C模式的盈利主要取决于其网站的专业化水平以及收取会员费、交易提成费、广告费、支付环节收费和搜索排名竞价费。选择合适的网站建设服务商，量身打造适合自己行业、产品及品牌风格的个性化营销型网站，对纺织服装C2C电子商务企业有着举足轻重的作用。其站点的建设通常应满足网页审美（Website Aesthetics）性高、可用性（Usability）强、内容（Content）最有价值、搜索引擎（SEO）优化等基本要求。

许多传统纺织服装企业多以选择入驻旗舰店的方式进行C2C模式的运作，如国际知名品牌李宁、耐克、欧时力（Ochirly）❷、杰克琼斯（Jackjones）❸等都采用入驻淘宝旗舰店的途径。由于C2C模式下不少网店的商品质量不尽如人意且多为低价品，甚至有游走于法律边缘地带的仿冒品，存在信用炒作、错放类目、滥用关键词、价格与邮费严重不符等“灰色”行为，特别是受到“网络欺诈恶势力”的侵入与干扰，许多C2C企业包括阿里巴巴都已开始由C2C向B2C模式转型，未来的C2C模式大有被B2C和B2B2C模式取而代之的趋势。

三、“B2C”模式

B2C平台是促进电子商务交易规模增长的有效模式，也是中国电子商务目前发展较好的一种模式。中国的B2C模式始于1999年5月18日由王峻涛创办的第一家在线销售软件与图书网站——8848，而由李亮2005年10月推出的“PPG”商业模式，则是中国纺织服装产品垂直B2C模式的首创者。

“PPG”模式以简单、便捷、实惠的“轻公司”著称，只有市场部、设计部、呼叫中心和仓库，只专注销售、产品品质监控和品牌建设，靠后端业务的拉动来促进公司发展。其电子商务流程的实现，主要依赖于网站和呼叫中心，通过这两种渠道与客户接触和实现交易。虽然与C2C相比，B2C所提供的商品类别和品种远低于前者，且仍存在与C2C类似的安全、诚信和无法满足消费者特定感官体验的问题。但由于B2C模式有强大的企业做后台支撑，可通过减少企业实体空间和营销中间环节来降低运营成本，具有能为客户和企业大大节省时间和空间，提高交易效率，让消费者坐在家中就能网游选购，以更低的价格买到理想产品的突出优点，因此对消费市场形成巨大的吸引力，成为众多电子商务和纺织服装企业纷纷效仿的一种模式，并在

---

❶ 拍拍（Paipai. com），腾讯旗下的C2C网站，2005年9月12日试运营，2006年3月13日正式运营，货品涉及男女服装、美容、家居、家电、3C数码、话费充值、游戏点卡充值等。

❷ 欧时力（Ochirly），寓意为“来自欧洲的时尚魅力”，是赫基国际（香港）集团于1999年创立的一个时尚女装品牌。

❸ 杰克琼斯（JACKJONES），由丹麦bestseller公司于1975年创立的欧洲时尚潮流男装品牌，与女装的only、vero-moda和男装SELECTED同属bestseller。

“PPG”之后形成了一批 B2C 在线知名品牌，如凡客诚品、Bono、京东商城（JD. com）❶、当当网（Dangdang. com）、亚马逊中国（Amazon. cn）❷、唯品会（vip. com）、新蛋网（newegg. cn）、红孩子商城（redbaby）、麦网（M18. com）、走秀网（Xiu. com）❸、购物中国（Gou5cn. com）❹、第九大道（9Dadao. com）❺ 等。2010 年，纺织服装产品成为中国 B2C 市场销售规模最大的品类，其经营模式主要有：

1. 加盟综合类 B2C 商城平台

借助淘宝、拍拍等已有成熟电子商务平台的优势起步，不涉及物流和商业运营，只提供第三方支付平台和信息流等中介服务，无须自建网络营销体系，具有投入低、风险小、起步快等优点；缺点是不易形成独立个性，发展空间有限，不利于自身专业网站的建设与发展。目前国内纺织服装产品综合类 B2C 商城的代表，当属凡客诚品。该平台主要从事 Vancl 品牌的服装产品设计、外包生产和直营业务。

2. 自建专业的 B2C 网站

自建专属的纺织服装产品 B2C 专业网站并开设企业的“官方”旗舰店，是企业向世界展示品牌和产品风采的窗口。利用官方网站可充分展示、宣传企业的发展历史、经营理念和产品的规模、种类、时尚性以及订货方式与售后服务等，不仅方便消费者网上购物，还可塑造企业锐意进取、勇敢创新、追随潮流的良好形象，有利于保持企业品牌和产品的独立自主性与鲜明的个性化特征，并将市场网络营销的主动权牢牢掌握在自己的手中。如“报喜鸟”2007 年 10 月正式推出 Bono 电子商务网站；“李宁”2009 年 6 月正式上线官方网上商城；“美特斯邦威”2010 年 12 月自建“邦购网”并上线运行等，都是该类模式的典型案例。

虽自建网站需要拥有自主研发的技术团队，并会面临物流配送、供应链整合、售后服务、区域采购等问题，具有投入高、风险大、会与综合商城渠道产生竞争等缺点；初次试水 B2C 模式时，还往往会因缺乏周密的规划和实战经验，可能遇到仓库积压、物流不能及时跟进、发生线上线下冲突等问题，但自建专业的 B2C 电子商务仍将是我国纺织服装业未来电子商务和网络营销进程中不可抵挡的潮流模式[18]。

四、“B2B2C”模式

B2B2C 模式是一种源于 B2B 和 B2C 的新兴模式，是电子商务企业为了更好地增强供应商

---

❶ 京东商城（360buy. com），源于刘强东 1998 年 6 月 18 日在中关村创立的京东公司，2004 年初涉足电子商务领域，2007 年 6 月正式更名为京东商城，是中国最具影响力的综合网络零售电子商务网站之一，在线销售家电、数码通信、计算机、家居百货、服装服饰、母婴、图书、食品、在线旅游等 12 个大类。

❷ 亚马逊中国（Amazon China），B2C 电子商务网站。由亚马逊公司 2004 年 8 月 19 日收购雷军和陈年创办的卓越网而创立，2007 年改名为卓越亚马逊（Joyo Amazon），2011 年再次更名为“亚马逊中国”，经营范围涉及图书、音乐、影视、手机数码、家电、家居、玩具、健康、美容化妆、钟表首饰、服饰箱包、鞋靴、食品、母婴、运动、户外和休闲等 28 个大类。

❸ 走秀网（Xiu. com），由深圳走秀网络科技有限公司于 2007 年 10 月在深圳创立，并于 2008 年 3 月上线的在线百货零售网站。产品涉及服装、鞋类、包袋、配饰、化妆品等时尚百货。

❹ 购物中国（Gou5cn. com），成立于 2010 年 3 月，提供淘宝网的网络消费导购服务，包含衣、食、住、行及相关方面的资讯。

❺ 第九大道（9dadao. com），是由常州信息科技有限公司创立，第九大道中国有限公司 2010 年 7 月全资打造的正品折扣购物网站，主要从事品牌男装、女装、童装、鞋、配饰的网络销售。

与消费者之间的桥梁作用，提高为供应商（包括各种成品、半成品、原材料供应商）和消费者服务的优质水平，对“供应商→生产商→经销商→消费者”产业链进行整合，构建更加优质化、综合化的拥有客户管理、信息反馈、数据库管理、决策支持等功能和高附加值服务的交易平台。

B2B2C 平台的创新性和先进性，是把从生产、分销到终端零售的资源进行了全面整合，将企业与单个客户的不同需求完整结合，可有效地缩短销售链，充分的为客户节约成本（包括时间、资金、风险等众多因素），并通过加强与物流企业的协作，依据客户需求来选择适宜的物流公司，既省去 B2C 的库存和物流，又拥有 C2C 欠缺的盈利能力，让生产商获得更多的利润，有更多的资金投入技术与产品开发上，最终让广大消费者获取更多的利益。

但现时的 B2B2C 模式也显露出不少缺点，既缺乏 B2C 的标准化、高质量服务，又缺乏 C2C 的商品丰富度；既不能像 C2C 那样实行免费经济，也不能像 B2C 那样采取运费补贴政策，在商品价格上不具有突出优势；其客户订单分散、件数少，在与快递公司的交涉中话语权不足；库存、配送和售后控制度低，导致用户体验差；重复购买率低，老客户易流失，新客户开发难度大。因此，虽然 B2B2C 模式的出现符合电子商务的发展趋势并最具潮流性，但目前尚处于不断探索与逐步创新完善的阶段。

第五节　纺织服装电子商务发展战略与营销策略

一、发展战略

1. 区域化发展战略

区域电子商务平台符合国家信息化战略，为国内拓展国际化市场提供了新通道，是我国未来电子商务发展的重要方向。电子商务立足于我国采取有重点的区域化发展战略的国情，是有效地扩大网上营销规模和效益的必然途径。我国地区经济发展的不平衡和城乡二元结构所反映出来的经济发展的阶梯性、收入结构的层次性都十分明显。在可以预见的今后相当长时间内，上网人口仍将以大城市、中等城市和沿海经济发达地区为主。以这种模式为主的电子商务在资源规划、配送体系建设、市场推广等方面都必须充分考虑这一现实，采取有重点的区域战略，才能最有效地扩大网上营销的规模和效益。

2. 个性化发展战略

由于市场规模和完全竞争两大因素，电子商务应用中的个性化特征日益突出，成为电子商务发展与竞争中的重大战略并正在加速“后工业时代”的到来。与工业时代的大规模、标准化和产品导向不同，后工业时代的经济特征是小批量、个性化和客户导向，是柔性化制造、个性化营销和社会化物流的商务模式，其中个性化战略与个性化营销因向前倒逼着柔性化生产，向后带动着社会化物流而最为关键。对于占我国纺织服装业大多数的中小企业而言，可充分利用这种战略及其优势与发展态势，通过进一步细分企业的行业网站，采取“小、精、专”的途径与方法，以求得更好的生存与发展的竞争环境。

3. 产业“集群化”发展战略

我国纺织服装业的电子商务经过多年的积累与发展，随着产业升级与转型发展的迫切需要，已开始出现整合区域多种资源优势，形成特色鲜明的电子商务“产业集群”发展战略的态势。如享有“中国电子商务之都”名号的浙江省杭州市，不仅拥有阿里巴巴和网盛生意宝两家顶级电子商务公司以及近千家电子商务网站，而且于2011年3月18日在人民大会堂召开新闻发布会宣布，为推进区域和全国纺织服装产业的转型与升级，在“十二五”期间投入20亿元资金，整合目前绍兴县所有纺织企业、中国轻纺城和全球纺织网的区域品牌、客户、产品、供应商、价格优势等方面的多种资源，实现区域产业的“集群化”发展，全力打造交易化的垂直型电子商务平台——网上轻纺城。这标志着我国纺织服装业的电子商务已进入一个更高的历史发展新阶段。

4. 国际化发展战略

这一战略是指我国纺织服装企业在完善企业电子商务、网络营销、供应链与物流体系建设的基础上，将大力提高公司的标准化、信息化、自动化水平，大幅度提高企业管理水平，形成国际化管理新模式的战略。根据联合国贸易和发展会议（UNCTAD）的数据显示，2015年全球电商市场规模达22.1万亿美元，其中B2B电商规模为19.9万亿美元，B2C电商为2.2万亿美元[17]。而国内社会各界对纺织服装产品电子商务的关注程度也在不断增加，这种良好的国际国内环境，也为我国纺织服装业实施电子商务的国际化发展战略提供了良好条件。

二、纺织服装网络营销理论与营销策略

1. 网络营销理论

在电子商务环境下，网络营销在加速企业经营管理模式转变，整合供应链与物流体系建设，拓展品牌价值与功能，增强信息化水平和市场反应灵敏程度，提高企业市场竞争力等方面日渐发挥出突出的作用，这使得企业依据网络营销理论来制订网络营销战略和策略也越来越重要。纺织服装产品网络营销的基础理论主要涉及以下几个方面。

（1）网络直复营销理论（Network Direct Marketing Theroy）。直复营销（Direet Marketing）理论1872年诞生于美国，20世纪80年代引入我国。其中“直”指不通过中间分销渠道而直接经媒体连接企业和消费者，如网购营销与消费中，用户通过搜索引擎或网络广告直达网站进行商品选择、下单与结算；“复”则指企业与用户之间可实现良好的即时交互沟通，并可对用户的消费信息加以科学的量化统计。因此，美国直复营销协会（American Direct Marketing Association，ADMA）将其定义为：“一种为了在任何地方产生可度量的反应和（或）达成交易所使用的一种或多种广告媒体的相互作用的市场营销体系。”由于互联网作为一种可实现企业与顾客之间直接一对一的双向沟通的交互式渠道与媒体，顾客通过互联网可直接参与从产品设计、订货、定价到付款的生产与交易的全过程，可直接向企业提出建议和购买需求并直接获得售后服务；企业可直接获得市场需求情况，接收订单，开发产品，安排生产并直接将产品送给顾客。使得网络营销具有信息交流与沟通简便直接，信息处理效率高、可测试、可度量和可评价的特点，便于企业从顾客的建议、需求和要求的服务中，找出营销中存在的问题与不足，按照顾客的需求进行经营管理，大大降低营销成本，提高了营销决策的效率、科学性和执行的可控制性以及可获得更满意的营销结果。因此，网络直复营销理论成为21世纪市场营销理论中不可或缺的理论之一[1,19]。

（2）网络关系营销理论（Network Relationship Marketing Theroy）。关系营销（Relationship Marketing）理论的核心内容，是指企业的营销活动是一个与消费者、竞争者、供应商、分销商、政府机构和社会组织发生相互作用并受到企业外部各种社会环境影响的过程，因此企业开展的各种营销活动，都应建立在为客户提供高度满意的产品、服务价值和提高顾客忠诚度的基础之上，在为客户服务的同时实现企业的营销目标，强调企业必须从企业的长远利益出发，从过去的简单性一次交易关系转变到注重和保持与客户的长期紧密关系，因为通常争取一个新客户的营销费用五倍于保持一个老客户。互联网作为一种有效的双向沟通渠道，使得企业与客户之间能够实现低成本的沟通与交流，客户可直接提出自己的个性化要求，企业则可直接接受客户的订单，利用柔性化的生产技术最大限度地满足客户的个性化需求。所以实施网络关系营销，有利于企业利用互联网不受时间和空间限制的特性，最大限度地保持客户与企业的即时沟通，更好地为客户提供服务，从客户的需求中了解市场、细分市场和锁定市场，最大限度地降低营销费用，提高对市场的反应速度，实现对产品质量、服务质量、交易服务过程的全程控制。而客户也可同时借助互联网在最短的时间内以最简便的方式获得自己所需的个性化服务。因此，网络关系营销理论自 1990 年提出以来就深受市场各方的重视[20-22]。

（3）网络软营销理论（Network Soft Article Marketing Theory）。软营销（也称软文营销，Soft article marketing）理论是针对工业经济时代以大规模生产为主要特征的“强式营销”所提出的新理论。该理论认为，顾客在购买产品时，不仅要满足基本的生理需要，还期望同时满足高层的精神、情感和心理需求，强调企业在进行市场营销活动的同时必须尊重消费者的感受和体验，让消费者能舒服的主动接收企业的营销活动。因此，企业在互联网上开展网络营销活动特别是促销活动时，与顾客的各种信息交流应是自由、平等、开放和交互式的，营销者与营销对象之间应相互尊重与沟通，企业应注重对消费者个人体验和隐私的保护，并遵循“网络礼仪（Netiquette）”的准则，在以不同网络工具（如论坛、公告、博客、微博、E-mail、帖子、各种电子文本、各种网络人际圈子与网络活动等）进行促销活动时，从消费者的体验和需求出发，注重对“网络礼仪”的巧妙运用，如人们熟知的“淘宝体——亲”等，以此来获得企业期望的营销效果。反之，若在互联网上仍采用传统的强势营销手段展开营销活动，则势必会得到适得其反的效应，如美国著名 AOL 公司曾经对其用户强行发送 E-mail 广告，结果招致用户的一致反对，许多用户约定同时给 AOL 公司服务器发送 E-mail 进行报复，结果使得 AOL 的 E-mail 邮件服务器处于瘫痪状态，最后不得不通过道歉来平息众怒[23-24]。

（4）网络整合营销理论（Network Integrated Marketing Theory）。在当前的后工业化社会中，企业的发展战略必须以顾客为中心，在为消费大众提供适时、适地、适情的服务和最大程度的满足消费需求的同时，来获取企业的最大利益。而互联网络作为跨时空传输的“超级”媒体，在为顾客提供及时服务的同时，还可通过互联网的交互性来了解顾客需求并提供有针对性的响应，使其成为当今消费社会中最具魅力的营销工具。在此背景下形成的网络整合营销（Integrated Marketing）理论，是指企业应从水平和垂直两个层面整合并支配企业的各种资源来达到企业的发展目标。其中，水平整合包括信息内容、传播工具、传播要素资源三大要素；垂直整合则包括市场定位、传播目标、营销策略、品牌形象四大要素。在突出强调“以客户为中心”的宗旨下：要把消费者整合到整个营销过程中来，从其需求出发开始整个营销过程；要把企业的分销体系及各相关利益者紧密地整合在一起；要把企业利益和顾客利益整合到一起[25-27]。

2. 网络营销策略[28]

（1）搜索引擎营销策略。网络搜索引擎（Search Engine）是企业实施网络营销的一种性价比较高的重要手段，其主要形式有：

①搜索引擎优化（Search Engine Optimization，SEO）策略，即通过对网站结构（内部链接结构、网站物理结构、网站逻辑结构）、网站主题内容及相关外部链接进行优化，使网站获得在搜索引擎上的较靠前排名，从而提高网站点击率，并将浏览者转化为忠诚型顾客的策略。

②点击付费广告（Pay per Click，PPC）策略，即通过购买搜索结果页上的广告位来实现营销目的的策略，这是因为搜索引擎广告比传统广告更加有效，客户转化率更高。

由于SEO与PPC营销的最终目的是将浏览者转化为忠诚型顾客，因此企业在使用SEO和PPC策略时，其首要目标为进入用户视线，营销者在预算许可的情况下，应选取3~5个用户使用频率最高的关键词同时开展竞价排名，在多家搜索引擎上做广告并应排在搜索页面的第1~第3页；网页加载速度一般不应超过15秒，以满足快节奏浏览者的首要需要；网页内容应与搜索关键词一致以免引起浏览者的反感；网站构架合理，且动静态结合，以方便浏览者寻找所需信息；建立集技术、营销和策划能力为一体的规范化SEO与PPC营销体系[29-30]。

（2）电子邮件营销策略。电子邮件（E-mail）营销策略，是指网络营销者以订阅的方式将行业及产品信息通过电子邮件的方式提供给所需客户，以此建立与客户之间的交流与信赖关系而达到促销目的，具有精准直效，个性化定制，信息全面、丰富，具备追踪分析能力的特点。一次有效的电子邮件营销，通常包括基于用户许可的双向确认机制（Double Opt-in，该机制既尊重了消费者的自主选择权，也可避免恶意使用他人邮箱）、通过电子邮件传递信息（包括标题与正文）、信息对用户确有价值三个部分。因此，企业在实施E-mail营销策略时需要解决：向哪些用户发送电子邮件；发送什么内容的电子邮件；如何发送这些邮件。成功的电子邮件营销应保障每月2~3次内容不重复的电子邮件。对有特殊要求的客户，应根据其要求采取个性化定制，并保证信息的有效性。对纺织服装外贸电子邮件营销，还应针对不同的国家、语言和地方习俗，采用不同的邮件版本和模式[31-32]。

（3）即时通信营销策略。即时通信（Instant Messaging，IM）是一种基于互联网的即时信息交流业务，因其具有方便、快捷、使用简单、成本低、效率高、覆盖广、功能丰富及私密性高的特点，使之成为企业实施网络营销的重要手段之一。目前，IM已从第一代文本通信、第二代语音通信、第三代视频通信，进入了跨网（互联网、移动网、固话网）和交叉通信（文本、语音、视屏共用）的第四代，主要缺陷和迫切需求是尚未实现不同即时通信工具之间的信息互联互通。企业在运用IM时，因其是一种客户与销售人员的直接交流，所以对销售人员的业务素质要求较高。在营销成本允许的条件下，应尽量选用软件商针对企业用户推出的即时通信软件；还可将其与其他网络营销工具，如网站、网络广告、搜索引擎、BBS、博客、微博等采取联动，通过IM将潜在客户引导到可进一步展示品牌、产品和有效激发其购买欲望的营销途径[33-34]。

（4）病毒式营销策略。病毒式（viral，也称病毒性）营销，是一种建立在网络营销基础之上的信息传递策略，也是企业利用口碑传播原理，引导用户自发进行的一种迅速、高效、低成本的信息传播方式和网络营销手段，具体工具有电子邮件、即时通信工具、电子图书、虚拟社区、企业博客等，通常没有固定模式，其实施条件是拥有一定规模并具备同样爱好和交流平台的用户群体。因 Viral Marketing 的传播基础是相互的信任，因此其营销效果将取决于产品的质量和服务是否优秀。另外，Viral Marketing 也是一种尤为注重创意和创新的营销模式，要求企业在开展病毒性营销之前，要依据消费者的需求，精心设计产品和服务的传播策略，切实做到让顾客觉得有价值，否则很难达到预期的传播效果。

一次成功的病毒式营销，一般需要经历四个步骤：

①设计出具有感染力和传染性都很强的产品或服务信息，即制造“病毒”。

②选择有创新性的传播技术和恰当的传播途径。

③根据受众的需求信息和传播环境，选择恰当的“病毒”发布时机。

④实现顾客从兴趣尝试到消费转移的营销效果转换[35-36]。

（5）论坛营销策略。论坛营销即 BBS（Bulletin Board System，也称电子公告牌或网络社区）营销，是互联网诞生之初就已存在，以论坛为媒介，宣传推广企业产品或服务，建立和扩大品牌知名度的一种营销策略。其最大特点是互动交流，影响与传播力均很强，虽历经多年洗礼，至今仍焕发着巨大的活力。论坛营销的主旨，是在多样化的基础上，通过聘请或培养自己的专栏作家和评论家，就网友广泛关心的话题发言，引导论坛逐渐培养和形成企业的主流文化，使之成为企业或品牌与消费大众或目标群体实现情感沟通的良好渠道和营销方式。由于论坛话题的开放性，几乎企业所有的营销诉求都可通过论坛传播得到有效的实现，是网络营销行之有效的重要手段[37-38]。

（6）微博营销策略。微博即微博客（MicroBlog）的简称，是一个基于用户关系的信息分享、传播与获取平台，用户可以通过 WEB、WAP 以及各种客户端组建个人社区，最多只能发表 140 字符，70 个汉字左右的文字内容，并实现即时分享和信息更新，具有成本低、贴近大众、信息时鲜等特点。微博有个人、企业、内部交流和以对外宣传为目的的商业博客之分。这里专指以营销为目的的商业微博客营销，即企业借助微博平台，在网站上开设博客，以达到与消费者沟通、发布企业新闻、收集和反馈顾客意见、实现企业公关目的所进行的一系列品牌推广、活动策划、个人形象包装、产品宣传等与用户之间的互动交流活动以及企业文化营销的策略。微博营销最早和最著名的是美国的社交网络及微博客服务网站 twitter（推特），虽自 2007 年在互联网上诞生后最初并不引人注目，但自 2010 年后却呈现出爆发式增长，并日渐显露出强大的生命力，成为未来纺织服装企业实施营销信息传播与沟通的重要途径，而如何将微博平台商业化并加以很好的利用，也将是纺织服装企业所面临的新课题[39-40]。

（7）微信营销策略。微信营销是伴随着微信产生的一种网络营销方式，用户注册微信后，可与周围同样注册的“朋友”形成一种联系，用户订阅自己所需的信息，商家通过提供用户需要的信息，推广自己的产品的点对点的营销方式。微信是腾讯公司 21 世纪推出的一种创新通信软件，具有综合性、多样性、群众性的传播特点，随着微信朋友圈和微信平台的推出，微信为品牌与用户间的互动沟通创造了无限的可能性。它除了能满足受众即时通信的需求外，还发展成一个大型的媒体平台和商业交易平台。电商行业中的商家们不但可以利用微信上的众多免费功能，如对话、语音、图片等功能来与粉丝进行互动，还可以将自己的公众号实现 APP 与电商本身内部数据相结合，从而实现用户咨询、商家促销、客户服务等的一体化。而且微信还开启了全新的支付功能，这样一来，用户可以直接在微信上支付货款购买商品。商家还可以利用微信营销来与客户进行一对一的沟通，这样不但可以与老客户进行情感交流，还可以通过一些有趣的小环节来吸引新客户的加入。

（8）播客营销策略。博客（Blog）指博主将自己的文章（仅限于文字和图片）放在网上供人访问阅读，且访问者也可就此发表评论并表达个人的观点，因此博客也被称为网络日志；而播客（Podcasting）则是除文字和图片外，还主要通过制作音频甚至视频节目的方式，在互联网上交流和传播自己的思想与观点，就像一个以互联网为载体的个人电台或电视台。两者的共同特点是通过上述交流方式，可使有相同兴趣爱好的人在网络空间里形成不同的具有明显共性的消费群体。虽然播客营销有着不同于博客营销的优点，并因受技术发展的限制，在信息检索和快速浏览方面尚不如文字博客方便，但对于广告主而言，成本低廉是播客的最大吸引力，加之播客广告的效率也相当高，只需少许费用就可把产品信息传播与推广到特定消费群体中去。因此，播客营销仍然成为企业在广泛传播的个性视频中植入广告，或在播客网站上进行创意广告征集等方式来进行品牌宣传、推广，并通过发布创意视频广告来延伸品牌概念[41-42]。

（9）RSS 营销策略。RSS 技术诞生于 1999 年的网景公司（Netscape），是对源于同一“聚合”（Syndication）技术，但不同技术团体的三种阐释——“Really Simple Syndication”（简易信息聚合）、“RDF（Resource Description Framework）Site Summary”（网站内容摘要）、“Rich Site Summary”（丰富站点摘要）的英文首字母的缩写，是网络站点之间的一种简易信息共享手段。RSS 作为一个新的未来交互平台，由其较强的时效性、个性化、可操作性和互动性而对传统的平面和互联网媒体产生着强烈的冲击，成为自 2004 年以来最为热门的互联网应用之一。

作为一种简易实用的互联网应用技术，RSS 较之于其他电子商务的信息沟通方式，具有其独特的优势：交流便利；更加注重个体差异需求，由用户主动订阅内容，满足个性化兴趣，允许消费者对各种信息源进行个性化组合，符合网络自主性消费的要求，不易产生排斥，更易转化为购买行为；通过阅读器可加强对订阅内容的管理；可有效地“跟踪”信息源的更新与变化。虽然 RSS 营销目前还相对不够成熟，但因 RSS 阅读工具会自动链接顾客网站，检查并显示最新的客户所订阅的信息的标题和内容摘要，并按照客户所希望的格式、地点、时间和方式，直接传送到客户的计算机上，所以其用户群体增长迅速，其应用范围也跳出了单纯的博客圈，成为纺织服装产品网络营销中不可或缺的一项新策略[43-44]。

（10）SN 营销策略。SN（Social Network）营销即社会化网络营销，其本质是将 Web2.0 体系无缝渗透到电子商务的交易体系中所实施的一种营销策略，也是一种基于圈子、人脉、六度空间概念和用户邀请机制而形成的社交网络。由于 SN 营销一般以成员推荐机制为主要形式，更加注重企业或品牌与顾客之间的互动，以主题明确的圈子、俱乐部等进行自我扩充，可增加顾客对企业的信任度和依赖度，使消费大众能在线合作与共享信息，每个用户从可信赖的其他人那里获取建议，找到心仪的商品或服务，并最终完成购买，实现滚雪球式的营销，并可通过集体的力量缩减调研与购买周期，既为精准营销提供了可能，也能获得较好的实际销售转化率，因此成为目前纺织服装企业的网络营销策略之一[45,46]。

（11）网络创意广告营销策略。网络广告（Network Advertising）是指在互联网站点上发布的以数字代码为载体的各种经营性和商业性广告，目的在于把企业或品牌的产品与服务信息传播给消费者，是既不同于传统平面媒体广告，也不同于电子媒体广告的一种新型电子广告形式。而创意广告（Originality Advertisement）营销，是指广告主通过对广告创作对象进行一系列的想象、分析、思考、组合和创造后，使广告形象和内容既有感性的艺术美，又不乏理性的功能美，并利用创意广告在网络上对企业品牌和产品进行推广的一种创造性劳动。所以创意广告营销既要有针对品牌或产品本身内涵与价值的广告内涵的构思，又要有艺术形式上能够充分展示企业营销战略意图的新创意，才能使广告信息更好地捕获消费者的心理与情感。在网络创意广告营销策略的实施中，企业运用网络媒体的技术优势和大众媒介的不同广告形式，面向消费大众进行点对面的信息传播与促销活动，较之于传统的一对一营销推广，具有覆盖范围广、信息容量大、持久性与实时性强、受众主动、表现形式更加灵活、交互性更强、投放更加精确、能紧密链接产品销售和客户服务等营销程序，而成为纺织服装企业有效传播企业文化和营销信息、树立良好形象的有力工具和手段[47-48]。

（12）知识营销策略。在当今知识经济时代背景下，知识和信息已成为企业生产的基本要素，新技术与高科技的持续应用不断冲击并改变着传统的商品流通与营销模式，知识已成为企业提高生产率、实现可持续发展和实现营销目标的驱动器，企业的主导产品也从有形产品、外延产品发展到了知识型产品；同时，消费大众也渴望通过快捷与有效的途径来熟悉和掌握所购或欲购商品的功能、性能、面料质地、使用方法与保养等知识，由此催生出一种以知识为手段的新营销模式——知识营销（Knowledge Marketing）。所以，知识营销是指知识经济背景下，在网络信息技术的基础上，企业以知识为主要载体，在营销过程中注入品牌和产品的知识含量与文化内涵，并通过知识的投入、传播、创新和与消费大众的双向交流，传授品牌和产品知识、宣传企业文化、塑造品牌形象、提高企业品牌知名度、提升员工和消费者素质、建立顾客满意关系、进行市场调研、创造顾客需求、扩大市场占有率而实现产品促销的一种新营销策略。知识营销具有持续性、互动性、创新性和互利共赢性的特征，企业知识营销的管理与应用过程的关键，是如何将知识的生产、销售及其与消费大众的交互耦合无缝嵌入产品与服务。因此，企业必须依靠向消费大众传播与企业品牌和产品相关知识和创造知识型产品的特色来实施知识营销，并需将外部知识与内部知识交融整合，渗透到产品的生产、销售与服务的各个环节，以此来提升用户的关注度和实现营销目标。知识营销的主题应以企业的无形资产，如知识产权、商标的使用许可权、技术诀窍、专利、管理经验等为主，其营销策略则应以创新、人才、文化、形象和智力资源的占有、配置、生产、分配、使用以及知识的获取、整合、发布、对接、共享、利用为要素，并以无形资产的投入来建立智力支撑型营销模式，形成一个既来源于市场又面向市场的知识通路，达到用知识在市场营销过程中创造价值的效果，使产品或服务由于具有知识含量而增值，最终实现知识营销的价值[49-50]。

（13）事件营销策略。事件营销（Event Marketing），始于20世纪80年代的美国，是指企业通过策划、组织和利用具有新闻价值和重大社会影响力的事件、人物、技术、信息、时间、问题、公益、热点话题、危机公关或品牌、新产品、流行趋势发布等，吸引媒体、社会团体和消费大众的兴趣与关注，以求提高企业或产品的知名度、美誉度，树立良好品牌形象，并最终促成产品或服务销售的手段与方式。事件营销具有明确的目的性、媒体性、炒作性、高关注度、低成本、对外部事件和第三方（除企业和消费者外）载体的依赖性、复杂性及风险性的特征，本质上是一种“注意力”营销。由于这种营销方式具有受众面广、突发性强，在短时间内能使信息达到最大、最优传播的效果，可为企业节约大量的宣传成本等特点，已成为目前国内外流行的一种企业公关传播与市场推广的营销策略[51-52]。

（14）口碑营销策略。口碑（Word of Mouth）指关于事物的评价信息，口碑传播包括直接或间接的口头传播、基于互联网和其他通信工具的传播等，口碑效应有“零号媒介”之称，其研究源于传播学。而利用口碑效应进行口碑营销的含义，则指企业通过策划相应的口碑题材，利用口口相传的直接传递效应和舆论力量，让消费者自动传播企业品牌、产品和服务的信息，从而让人们通过口碑了解产品、熟悉品牌、加强市场认知度、引导购买倾向，并最终达到促销企业产品或服务目的所开展的一系列经营管理过程。相对于纯粹的广告、公关、企业与商家推荐等促销形式，口碑营销具有针对性强、可信任度高、传播与宣传费用低、发掘潜在购买者成功率高、可避开竞争对手锋芒以及群体性的特点。由于信息来源和动机的不同，口碑营销有着不同的形式。

①经验性口碑，是最常见、最有力，且最具正负两面效应的一种形式，通常占50% ~ 80%。

②继发性口碑，指消费者直接感受的企业营销活动所传递的各种信息所形成的口碑，因消费者的感知不同而有着不同的正负效应。

③有意识口碑，一般属于正效应口碑，指营销者利用名人为品牌或产品代言所营造的口碑。对于不同形式的口碑，营销商需以适当的方式从正反两个方面来了解和权衡其影响和效果，并确定其具体营销方法，这是因为口碑营销并不适合所有商品，且口碑营销在纺织服装产品营销中所发挥的作用也不尽相同[53-54]。

（15）网站信息营销策略。网站信息（Website Information）营销策略是指企业借助网络的便利条件，利用各门户网站和企业自建专属网站（B2B 或 B2C），面向全球发布相关产品供求信息，在买方和卖方之间搭起便利的沟通桥梁，使买卖双方可共同在网站上发布和查找所需供求信息的市场行为。网站信息的特点是数字化、动态性、范围广、类型多、关联度高、量大且分散性强，因此买卖双方都需加以筛选与甄别。网站信息营销主要依靠网站信息系统的建设与维护，旨在帮助网站的经营者与使用者快速、高效地发布、查找、采集和管理信息。网站信息系统的构建与使用要素，主要包括网站的信息组织系统（Organization Systems）、标识系统（Labeling Systems）、浏览导航系统（Navigation Systems）和搜索系统（Search Systems），它们相互关联、相互影响，作为一个整体共同决定着网站的有效性。通常导航路径为树形结构，“树”为商品所属类别，“树根”为第一层，代表商品所属大类，最顶层为“树叶”，代表商品所属的最小类别。客户浏览商品时，可根据“导航树”，从根目录（首页）开始，逐层向下找到最低类别，然后再浏览商品。由于网络信息包罗万象、错综复杂、良莠不齐、变化多端且呈几何级数增长，使得网络信息用户应接不暇，无法便捷有序且快速准确地获取所需信息，因此解决网站无序扩张与信息有序利用之间的矛盾，是企业实施网站信息营销策略所需解决的管理要点之一[55-56]。

（16）形象力营销策略。新经济时代背景下，企业之间的竞争已从早期的产品竞争升级为整体形象力即综合实力的全方位、立体式的竞争，这使得形象力营销（Image Force Marketing）成为当今影响企业生存与发展的主要要素。形象力营销可定义为：企业在市场竞争中，为实现企业目标，通过与现实已经发生和潜在可能发生利益关系的公众群体进行传播与沟通，使其对企业营销形成较高的认知和认同，从而建立起良好的社会公众印象，形成宽松营销社会环境的一种基于公众评价的市场营销活动。形象力营销的内容主要涉及企业和企业家的社会形象、品牌与标示形象、产品与质量形象、营销环境与服务形象、文化与传播形象、人员与行为形象等。企业形象力的建设与提升，可从企业自身和社会公众的认知与评价两个角度来入手。前者主要以产品形象和企业识别形象建设为主，包括对产品内在质量和外在形象与包装的设计，推销技巧与卖点的设计，产品概念与营销手段的创意设计和能够体现企业特色，弘扬企业文化与品位，张扬产品独创性、差异性和新颖性的企业形象识别系统 CI（Corporate Identity System）的设计，包括理念识别（Mind Identity）、行为识别（Behavior Identity）和视觉识别（Visual Identity）的设计与建设；后者主要以服务和顾客满意形象建设为主，包括增加产品的附加价值和情感性利益，制订先进规范的服务标准与制度并严格履行，降低顾客成本、提高顾客对产品和服务的满意度，建立和维系顾客的忠诚程度，按照顾客让渡价值理论导入和实施顾客满意战略等。企业形象力的形成需要历史的沉淀和时间的积累，企业应针对市场形势的变化，在对企业形象和企业发展战略准确定位的基础上，通过形象力的持续建设和营销，将企业的独特品牌、产品、实力、信誉、文化、服务理念等传达给广大受众，增强公众的识别程度和认同程度，才能实现有效的企业形象力营销[57-58]。

（17）网络整合营销策略。网络整合营销（Network Integrated Marketing）是一种自 20 世纪 90 年代在西方兴起的利用互联网各媒体资源（如门户网站、电子商务平台、行业网站、搜索引擎、分类信息平台、论坛社区、视频网站、虚拟社区等），在精确分析各种资源的定位、用户行为和投入成本的基础上，根据企业规模、发展战略、广告预算等实际情况，把广告、直接营销、促销、人员推销、包装、活动、赞助和客户服务等各独立营销环节整合为一个整体，为企业提供最具性价比和协同效应的个性化网络营销方案的营销策略（参见本章第五节“网络整合营销理论”）。网络整合营销通常可按以下步骤实施：

①细分市场和确定营销目标。

②设计客户体验功能和确定主要营销战术。

③设计和建立交互功能论坛与社区。

④分析各传播工具的特性及信息需求并确定对外传播的主信息。

⑤引导用户产生兴趣与需求并实施各种免费服务。

⑥发现用户潜在需求并诱导传播和消费，同时还须遵循趣味（Interesting）、利益（Interests）、互动（Interaction）、个性化（Individuality）的 4I 设计原则[59-60]。

（18）网络视频营销策略。网络视频营销（Network Video Marketing）是一种利用数码技术将产品营销现场的实时视频图像信号和企业形象视频信号共同传输至互联网上，综合视频与互联网优势的新型营销方式。企业可利用各种网络视频，如科学、教育、企业视频等发布信息，展示产品，进行各种促销活动，把最需传达给最终目标客户的信息发布出去，客户只需上网登录企业网站就能看到对企业产品和形象进行展示的电视现场直播，并由此大大增强浏览者对网站内容的可信性、可靠性而达到宣传企业形象和品牌、促销产品和服务的目的。由于网络视频营销目前已进入高清流畅和大视频的时代，视频网站媒体的实力日渐增强，能够提供性价比很高的营销解决方案并以高清、流畅、免费、互动的直播优势引领网络直播，较之电视媒介具有覆盖面更广，针对性更强、价格优势更高的特点，使之成为消费大众关注大事件的主流渠道，并让互联网用户在网络视频上的消费时长明显大于电视，呈现出品牌视频化、视频网络化、广告内容化的发展趋势，为纺织服装企业的市场营销提供了新的有利平台与途径[61-62]。

（19）网络图片营销策略。由于图片可通过网络以最快的速度传输并具有很高的创意性，可通过编辑整理后立刻上网发布和通过网站广泛而迅速地传播给消费大众，具有极高的效率性、视觉性、真实性、艺术性、欣赏性和便于收藏，因此网络世界始终是个图文并茂、视听结合的时空，这也使得网络图片营销（Network Picture Marketing）成为最常见的企业营销方式之一。网络图片有很多动态和静态的形式，如网络新闻图片、网络新闻照片、网络新闻漫画、网络新闻视频、网络新闻电视及网络 Flash 等。网络静态图片在形式和作用上与传统媒体基本相同，但网络动态图片则是网络技术所催生的特有新闻图片的传播形式。通常，网站会设置图片中心、图片专栏、新闻滚动图片、图片专题等以图片为主要形式的栏目，在网站首页也会加强对图片的编辑和设置。图片在格式上，还可进一步分为滚动、格式和文字图片。其中滚动图片一般运用在首页，采用多张新闻照片在同一版位上轮换展现的方式，让读者看到最重要的新闻切换；格式图片则是网络上运用得较多的一种，能让读者直接看到固定的标题图片，并配以简短的文字标题，图文并茂；文字图片是以文字标题链接形式出现的组图，让读者有更多的想象空间，如某一网站在一组“第三届香港国际时尚内衣展开幕”的组图下面，就链接了“巴伐利亚举行内衣展”“模特公共汽车站秀内衣”“印度情趣内衣展”等多组图片新闻。所以图片不仅具有直观显示和报道、传达新闻的功能，还具有描述和展现事件发生的真实情景与过程的功能以及传达发表者和浏览者意见性信息的功能[63-64]。

（20）效益型网络营销策略。效益型（Benefit）网络营销的基础是综合性、顾问式的效益型网站，即以提供效益型网站的整体规划及建设与优化、网站综合推广及运营管理、网络营销岗位设计与团队培养、网络营销策划、网络营销效果跟踪管理等服务内容，并以网络营销效果的考核为核心指标的一种一体化网络营销服务模式。对纺织服装行业中急需开展网络营销与推广的大多数中小企业来说，采用效益型网络营销策略的目的是让专业的人做专业的事情，即无论企业原来是否建有专属网站或是否拥有专业网络营销人才，都可通过与效益型网络公司的合作，对企业的网站进行新建或改版，并利用其实施效益型网络营销策略，以期适应企业网络营销应用深化的环境需要和互联网营销向专业化发展的态势。

（21）交换链接及广告互换营销策略。网站之间的交换链接（Link Exchange），指的是互联网上的网站之间以连线的方式进行的相关性和互补性文字或图片链接，也称为友情链接、互惠链接、互换链接等，是网络上具有一定资源互补优势的网站之间的一种简单合作形式，即分别在自己的网站上放置对方网站的 Logo 或网站名称，并设置对方网站的超级链接，使得用户可以在合作网站中浏览企业的网站，达到互相推广的目的，因此常被企业作为一种在互联网上宣传企业主页的网络营销手段。交换链接的方式主要有甲乙网站间的单向链接、双向链接以及多站点间的交叉链接几种方式。交换链接的主要作用表现在：

①通过和其他站点的交换链接，可吸引更多的用户点击访问。

②搜索引擎会根据交换链接的数量，以及交换链接网站的质量等对一个网站做出综合性

的评价，这对网站在搜索引擎上的排序会产生一定影响。

③在吸引更多用户访问的同时可起到SEO（搜索引擎优化）的作用。

实施交换链接网络营销能否成功的关键要素是网站内容必须合乎相关法规并具有高的质量，合作方还须具有良好的市场信誉。

广告互换就是网站群（多个网站）上相互交叉、轮流的显示网站群内其他成员网站的广告，访客通过点击或者激活这些广告可以访问到另一个网站。群内的网站成员通过发布自身的广告又同时播放群内其他网站成员的广告来增加自身网站的访问量。因此广告互换是网站访问量最重要的组成部分之一，通过广告的互换可以为网站带来最新鲜的访客，最大限度地为网站提升流量可能创造的经济价值，是一种简单、高效、无成本的网站推广方法[65]。

网站之间互相交换链接和广告有助于增加双方的访问量，但主要针对个人主页或非商业性的以提供信息为主的网站。企业网站在与竞争者网站链接之前，则需根据具体合作对象和实际情况权衡其利弊，慎重采用。如果企业网站提供的某种服务能与其他网站形成互补，则不妨考虑与其建立链接或交换广告，既可增加双方的访问量，又可给客户提供更加周全的服务，同时也避免了彼此的直接竞争。

未来纺织服装产品的电子商务和网络营销将会随着全球电子商务市场的发展向着进一步细分化、个性化、精准化的方向演变，自建专业网站将会被更多的纺织服装企业作为网络营销的策略加以运用。电子商务所引发的按需定制的生产、销售、消费的热潮，将会进一步促使先天就具有个性化、定制化和特定细分市场特征的纺织服装产品的电子商务得到长足的发展，并继续保持高速发展的态势。在当前日益激烈的市场竞争环境下，我国纺织服装业的电子商务和网络营销应打破原有的单一B2B模式，在采用B2C、C2C、B2C2C等多渠道、多方式经营的基础上，还应切实加强企业商业模式、盈利模式、技术、用户体验和多元化服务等方面的自主研发与不断创新，开发出更多适合市场需求的电子商务模式和网络营销策略。随着中国网民网上购物潜力的完全释放和更加简单易行购物平台的不断诞生，网上购物的门槛将会越来越低，纺织服装产品的电子商务与网络营销也将会发展得越来越红火。

思考题

1. 什么是电子商务与网络营销？两者有什么区别与关联？为什么说两者都是纺织服装产品的重要营销手段？

2. 何为“大电子商务产业链”？你认为它的形成与发展对我国纺织服装业将会产生什么样的影响？

3. 当今电子商务与网络营销的主要交易模式有哪些？各具有什么特色与优势？

4. 电子商务与网络营销在纺织服装贸易中具有哪些基本的功能与作用？请结合国内外典型品牌案例加以说明。

5. 你认为我国纺织服装企业在开展电子商务和实施网络营销方面应采取哪些战略与策略？

6. 你认为我国电子商务和网络营销的未来发展趋势是什么？在这种趋势下我国纺织服装企业应如何开展和实施企业的电子商务与网络营销？

7. 请模拟为某一纺织服装企业设计一个电子商务和网络营销的专业门户网站，并说明其设计思路和优缺点。

参考文献

[1] 潘淮水. 基于顾客关系管理的直复营销企业整合营销管理模式研究 [D]. 天津：南开大学，2009.

[2] 张晓倩，徐园园，顾新建. 服装电子商务 [M]. 北京：中国纺织出版社，2007.

[3] 黄学敏，陈志浩，张秦，等. 电子商务 [M]. 2版. 北京：高等教育出版社，2005.

[4] 宁俊. 服装网络营销 [M]. 北京：中国纺织出版社，2004.

[5] 中国互联网络信息中心. 第38次中国互联网络发展状况统计报告 [R]. 北京：中国互联网络信息中心，2016-7.

[6] 阿里研究院. 2015年度网商发展研究报告 [R]. 杭州：阿里研究院 2015-9.

[7] 中国B2B研究中心. 中国电子商务十二年调查报告 [R]. 杭州：中国B2B研究中心，2009-9-12：5.

[8] 阿里研究院 郝建彬. 中国电子商务发展史话 [EB/OL]. http://www.aliresearch.com/blog/article/detail/id/20528.html，2015-07-06.

[9] 正望咨询网购调查项目组. 2012年中国网上购物消费者调查报告 [R]. 北京：北京正望咨询有限公司，2012-4.

[10] 邵松梅. 凡客诚品网上商城网络营销策略分析 [J]. 企业导报，2012 (19)：98-99.

[11] 中国电子商务研究中心. 2015年度中国电子商务市场数据监测报告 [R] 杭州：中国电子商务研究中心 2016-5-17.

[12] 中国纺织工业联合会信息统计部，中国纺织工业联合会流通分会，中国纺织服装电子商务联盟，中国电子商务研究中心. 2015~2016纺织服装电子商务发展报告（摘要）[EB/OL] http://b2b.toocle.com/detail--6329184.html，2016-4-28.

[13] 国家统计局. 2015中国网购用户调查 [EB/OL]. http://mp.weixin.qq.com/s?_biz=MjM5MDI3ODE5OQ==&mid=211198003&idx=1&sn=6fc33fdb5b8fabbe00de9e280779f727，2015-9-30.

[14] 中商情报网. 企业大数据：2015年全国中小企业超2000万家 [EB/OL]. http://www.askci.com/news/finance/20160706/09414738378.shtml，2016-07-06.

[15] 田玲. 电子商务环境下分析型客户关系管理的研究 [D]. 天津：天津大学，2005.

[16] 陈德慧. 电子商务环境下CRM评价体系的设计与实证研究 [D]. 哈尔滨：哈尔滨大学，2004.

[17] 联合国贸易和发展会议（UNCTAD）. 全球电商市场规模达22.1万亿美元，中国为最大B2C市场 [EB/OL]. http://www.cifnews.com/article/21410，2016-7-20.

[18] 汪丹丹，于国瑞. 本土服装品牌试水B2C市场该何去何从 [J]. 商场现代化，2011 (4)：37-39.

[19] 陈炜. 网络直销研究综述 [J]. 北方经贸，2009 (8)：69-71.

[20] 李琼，黄勇. 关系营销理论综述 [J]. 天府新论，2007 (12)：135-137.

[21] 周鑫华. 关系营销理论模型综述 [J]. 商业研究，2010 (10)：17-25.

[22] 游金岚，黄华涛．基于关系营销理论的企业营销策略研究［J］．山东纺织经济，2012（5）：41，76.

[23] 杜漪，金艳梅．对我国网络软文营销的研究［J］．中国商，2010（7）：42－43，46.

[24] 理阳阳．基于软营销理论的企业博客营销模式的构建研究［J］．营销策略，2011（11）：37－38，40.

[25] 赵晓飞．理论综述：整合营销是什么？［J］．现代营销，2005（9）：5－6.

[26] 黄迎新．理论建构与理论批评的互动——美国整合营销传播理论研究二十年综述[J]．中国地质大学学报（社会科学版），2010，10（2）：76－81.

[27] 黄鹂，何西军．整合营销传播在中国的实施现状分析［J］．广告大观（理论版）2010（4）：11－15.

[28] 中国女装网．常用的网络营销策略详解［EB/OL］．http：//www. nz86. com/article/102556/，2009－4－8.

[29] 孟源．搜索引擎的营销模式研究［D］．长春：吉林大学，2008.

[30] 郭衍超，涂进．企业网络搜索引擎营销策略探讨［J］．现代计算机，2010（2）：102－104，112.

[31] 刘录敬．电子邮件营销存在的问题及对策分析［J］．图书情报工作，2010（增刊1）：238－240.

[32] 黄兴．电子邮件营销的优缺点浅析［J］．现代商业，2012（16）：94－95.

[33] 刘德良．即时通讯：二十一世纪最伟大的营销传播平台［J］．中国机电工业，2007（6）：52－56.

[34] 贾宁．即时通讯工具及其广告传播［D］．上海：上海师范大学，2007.

[35] 甘艺娜．Web2. 0 时代的病毒式营销的传播学解读［D］．武汉：华中科技大学，2009.

[36] 卢智慧．病毒性营销在网络营销中的应用研究［J］．电子技术，2012（1）：42－43，38.

[37] 陈海英，邵丹萍．论坛营销运作策略探讨——以网络卖家为例［J］．营销策略，2012（2）：60－61.

[38] 何旭兰．中小企业网络营销新工具——论坛营销［J］．商场现代化，2010（中旬刊3）：60－61.

[39] 尹贞喜．微博营销研究［D］．上海：复旦大学，2011.

[40] 孟芳．博客发展现状及其盈利模式研究［D］．太原：山西大学，2011.

[41] 张强．中国播客发展现状及前景探析［D］．大连：大连理工大学，2007.

[42] 舒科．基于网络传播的播客现象研究——在播客新功能下展开［D］．武汉：华中科技大学，2010.

[43] 叶新英，曹玲．RSS 技术及其应用探析［J］．科技情报开发与经济，2005，15（21）：242－243.

[44] 董莹莹，赵立响．浅析 RSS 技术及其在网络营销中的应用现状［J］．当代经理人，2006（5）：176－177.

[45] 李雪妮，王晓．社会化营销的价值发掘与实现［J］．经营管理者，2009（17）：

208 – 209.
[46] 于娜．社会化营销的现状与未来［J］．广告主市场观察，2011（4）：36 – 37.
[47] 胡承志．中国网络广告现状与策略研究［D］．济南：山东大学，2006.
[48] 任童．浅谈创意广告思维对企业的影响［J］．美术大观，2011（4）：139.
[49] 陈蕾．论企业知识营销组合策略［J］．浙江交通职业技术学院学报，2007，18（4）：75 – 77.
[50] 陈颖．知识营销与企业竞争优势的构建［J］．生产力研究，2008，（24）：129 – 130，134.
[51] 常晓燕．我国企业事件营销模式研究［D］．济南：山东大学，2006.
[52] 豆均林．事件营销的类型及运作策略［J］．经济与社会发展，2004，2（10）：42 – 45.
[53] 刘帅．企业网络口碑营销策略研究［D］．武汉：华中师范大学，2011.
[54] 吴宪霞．网络口碑营销策略探究［J］．商业经济，2010（12）：91 – 92，105.
[55] 余小鹏，彭鸿儒．电子商务网站信息构建研究［J］．图书情报工作，2011，5（14）：125 – 129.
[56] 谢志妮．网站信息搜索技术与技巧［J］．福建电脑，2011（1）：155 – 156.
[57] 任传鹏，杜岩，毕继东．企业形象营销问题研究［J］．山东经济，2005（6）：73 – 76.
[58] 李彦亮．企业形象定位及其传播［J］．江西社会科学，2006（1）：132 – 137.
[59] 苟阿先．基于网络经济的整合营销传播模式研究［J］．中国流通经济，2009（5）：52 – 54.
[60] 任志军．网络环境下的整合营销传播［J］．企业改革与管理，2011（3）：27 – 29.
[61] 胡延平．2011 网络视频营销关键趋势［J］．广告人，2011：092.
[62] 翟光勇．中国网络视频行业竞争态势与发展战略研究［J］．学术界，2011（4）：203 – 209.
[63] 李琰．论网络图片新闻的编辑［J］．新闻知识，2009（7）：53 – 54.
[64] 邓美春．论网络新闻图像传播中的问题及对策［D］．长沙：湖南师范大学，2010.
[65] 仲伟权．浅析企业产品推广中的文字链接广告［J］．黑龙江对外经贸，2010（12）：88 – 89，104.

第十章 纺织服装专业市场营销

本章重点知识

1. 纺织服装专业市场的由来与含义。
2. 我国纺织服装专业市场业态的演变及其主要特点。
3. 我国纺织服装专业市场主要业态形式及其分类。
4. 纺织服装专业市场的形成机制与原理。
5. 纺织服装专业市场的市场营销功能与作用。
6. 纺织服装专业市场营销策略。

独具中国市场经济特色的纺织服装专业市场，是目前我国纺织服装产品的庞大流通集散地和大批量产品的主要分销渠道。自20世纪80年代初，我国的纺织服装专业市场作为流通领域的新生事物出现至今，无论在其形式、内涵、数量、规模、区域分布上，还是在市场流通与营销的作用及其社会功能上，都发生了巨大的变化。30多年来的改革与发展实践证明，作为一种市场营销和流通的模式与平台，我国的纺织服装专业市场是伴随着改革开放而诞生的一种非常有效的商品流通与交易方式，同时也是中国市场经济体制不断变革完善，中国纺织服装业蓬勃发展并由纺织服装大国走向纺织服装强国的必然结果。纺织服装专业市场作为行业产业链中连接生产与消费领域的桥梁，在繁荣区域经济，促进我国纺织服装行业和国家市场经济快速发展的过程中，都发挥了极为重要的作用，成为我国新经济时期中不可或缺的核心市场要素之一。

第一节 纺织服装专业市场基本概念

一、纺织服装专业市场的由来与含义

专业市场是一种古老的市场制度，在西方发达国家前工业化时期和工业化早期的经济发展中发挥了重大的作用，在许多发展中国家，专业市场至今仍然是一种主要的市场制度[1]。西方早于我国出现纺织服装专业市场。15～16世纪，欧洲各国先后出现了毛皮、皮鞋、皮革、葡萄酒等商品的集中性交易市场；16～17世纪，英国开始出现羊毛、纱线、呢绒、亚麻、大麻市场和皮革及革制品的综合性市场；18世纪，英国有规模庞大的斯托布里吉集市，德国有莱比锡定期集市以及一些地方性工业产品市场，例如，威克菲尔德的圆帽市场、哈利法克斯的制造商市场、利兹的混合呢绒市场和白色呢绒市场等[2]。

在18世纪中期，专业市场出现细分与专业化特点，且主要集中在巴黎、伦敦、法兰克福

等大中城市，并由此向周边地区辐射，发挥了重要的纺织品集散功能。源于西方产业革命时期的这种伴随着家庭作坊、小企业的发展而形成的市场交易方式，成为众多中小企业的“公共交易平台”，并为西方发达国家早期工业化的经济发展做出了重大贡献。但在工业化革命兴起之后，由于城市经济的迅速发展、产业结构调整和劳动密集型产业转移等原因，多数专业市场逐渐脱离了原有的集贸形态，与大型展会和室内展厅等形式相结合，其经营的产品也从一般的实体产品，发展为以产品设计、营销策划、经营理念等交易与传播为主[3]。传统的专业市场业态开始让位于百货商店、超级市场、专卖（专营）店等现代零售商业形态，并逐渐被这些新的零售业态所替代而退出历史舞台，或转变为其他形态存在和发展。

在上述专业市场的形成与发展过程中，世界产业界和学术界对专业市场的最早定义，可追溯到《新帕尔格莱夫经济学辞典》引用的英国皇家营销权利和税收委员会《最终报告》（1891 年）中关于集贸市场的定义，即得到当局批准的、商品买家和卖家在某个特定时间相聚、或多或少受到严格限制或规定的公共场所。

中国的专业市场源自我国古代的集市贸易，是近代集市贸易方式随着社会形态和市场形式的不断发展与演变而形成的一种商品营销方式与流通模式，但对专业市场的明确定义，至今尚未形成统一和权威的解释。目前国内比较公认的是我国学者郑勇军对其所下的定义：以现货批发为主、集中交易某一类商品或若干类具有较强互补性和互替性商品的场所，是一种大规模集中交易的坐商式的市场制度安排。他认为专业市场应同时具备五个方面的基本特征：专业性或专门性；以批发为主，兼营零售；买者和卖者数量须达到一定规模；以现货交易为主；每日交易或每周的交易日明显长于歇业日[4]。

针对专门营销与流通纺织服装产品的纺织服装专业市场的明确定义，则见之于 2009 年 7 月 1 日由中国纺织品商业协会组织编写、商务部立项并发布的《纺织服装专业市场建设及管理技术规范》：纺织服装专业市场（Textile Clothing Wholesale Market）是指以经营针纺织品服装为主要交易对象的、集聚的针纺织品及服装商品占该市场经营商品的 80% 以上的交易市场。

该定义对统一、规范我国纺织服装专业市场的建设与管理，促进纺织服装产品流通领域的规范化发展起到了积极的推动作用，但随着现代纺织服装专业市场从最初的集贸市场发展为区域性的批发市场，进而演化成目前的现代型专业市场，上述定义已不能准确地涵盖和表征我国新经济时期纺织服装专业市场的业态与现状。

在我国由计划经济向市场经济转变期间，纺织服装专业市场产品的流通不仅出现了现货交易、期货批发交易、批零兼营、实体与网售兼之等多种经营销售方式，还完成了从“三边市场”到大棚式再到大楼商厦，从地摊到摊位再到店铺的市场硬件形象的转变，无论是其内涵、形式还是运营模式、交易手段、市场地位、市场营销的作用与功能等都发生了脱胎换骨的变化。特别是在规模效应、集聚效应等功能上，与其他现有的市场业态，如专卖店、百货商场、超级市场、加盟连锁店以及农村集市等形成了明显的区别和界限。纺织服装专业市场的角色也由原来单纯的物业管理者转变为如今业内普遍认可的市场服务商。图 10 – 1 是我国纺织服装专业市场软硬件的演变过程。

鉴于上述实际，本教材对我国纺织服装专业市场的定义是：以现货或期货批发为主，批零结合，大规模集中交易某一类别或者数个具有较强互补性和替代性纺织服装商品的坐商式

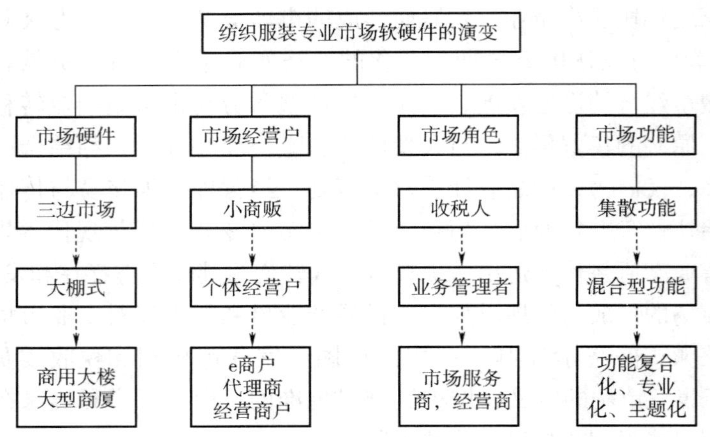

图 10－1　我国纺织服装专业市场软硬件的演变[5]

有形场所，或集中提供纺织服装商品交易服务的有形与无形相结合的市场组织形式。

二、我国纺织服装专业市场的业态演变及其主要特点

纺织服装专业市场是我国商业流通创新体系中具有显著中国特色的流通模式之一。中国的纺织服装专业市场起步于20世纪80年代初的广大农村，发源于东南沿海省市，从其诞生至今，历经萌芽、起步、发展、转型升级和全球化等历史进程，并随着纺织服装产业和市场经济的发展而逐步成长壮大。我国纺织服装专业市场的历史演变如图10－2所示。

1. 集贸市场（雏形阶段）

集贸市场的交易方式较为初级和原始，以互通有无为目的，直接连接生产者与消费者；露天沿街设市，桥头、船上等设场，有“三边市场”（路边、街边、墙边）之称，以“三现”（现金、现货、现场）交易方式为明显特征；零售为主，交易双方流动性强，市场产品种类较多，但交易量不大。号称我国第一个专业市场的浙江温州桥头纽扣市场就在此时期出现。这种以露天沿街设市、交易场所和交易时间不固定、随意性大为主要特征的“三边地摊式”集贸市场，是我国第一代专业市场，也是专业市场的雏形阶段。

2. “大棚式”专业市场（萌芽阶段）

20世纪80年代初期，我国纺织服装专业市场开始脱离集贸市场，在商品经济相对发达的沿海各省市农村逐渐形成有地域性特点的批发市场，如浙江南部地区的温州、金华等地。此类专业市场主要以“三现”交易为主，长期的彼此交易以及亲缘、地缘、人缘等关系形成了信用经济贸易关系，短期合约出现；专业市场商品则多源于农村家庭工业和乡镇企业，商品主要销往农村市场，所占大城市市场比例和辐射范围小；市场主体多为自产自销、前店后厂的个体户，也包括部分个体经营户，市场管理粗放；市场转入大棚式交易场所，场所固定，准入门槛低，市场内销售相同商品的商户聚集在一个区域交易，商品流通成本降低，交易数量加大。“以路为市”转变为“以场为市”，摊位固定，批零结合。这种在改革开放初期广泛分布于城乡集镇的“大棚式”专业市场，是我国纺织服装业的第二代

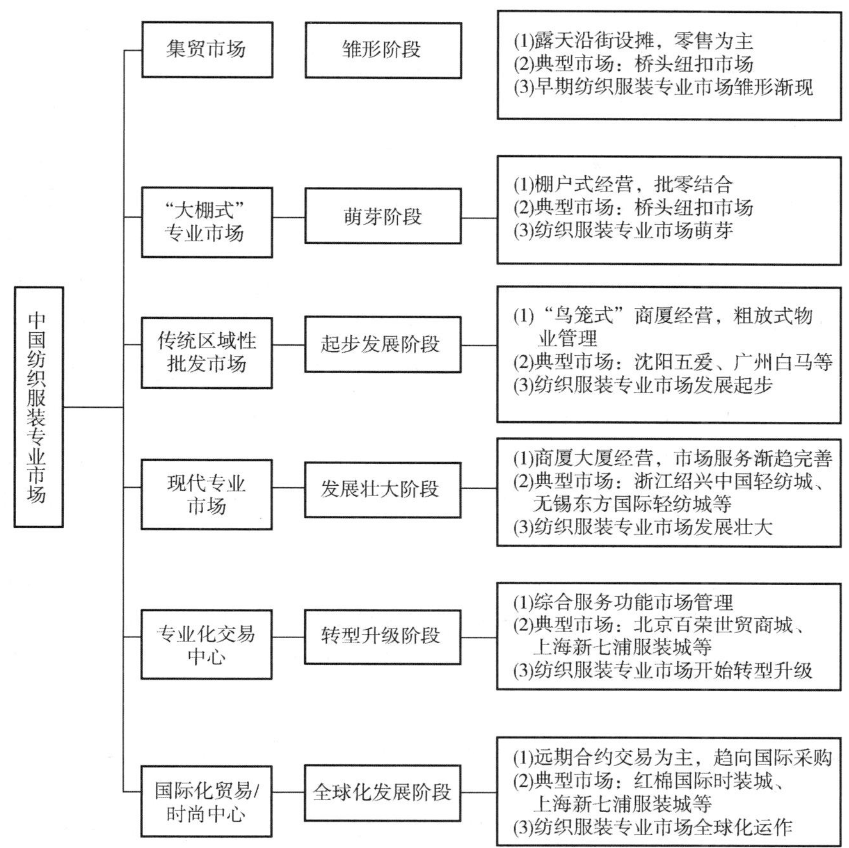

图 10－2　我国纺织服装专业市场的历史演变[5]

专业市场。

3. 传统区域性批发市场（起步发展阶段）

20 世纪 80 年代中后期至 90 年代初期，我国市场经济发展迅速，人民生活水平大幅提高，纺织服装行业得到迅猛发展，全国各地纺织服装专业市场如雨后春笋般出现，如广州白马服装市场、东莞虎门富民服装市场、沈阳五爱市场、成都荷花池市场、浙江绍兴中国轻纺城等至今仍具活力的市场就是在此期间开始兴起的。专业市场经营场所为手扶梯式上下楼的楼宇，是在第二代市场的基础上扩建改造成商铺式的多层建筑格局，形似鸟笼，所以区域性特征明显的这种第三代专业市场也俗称"鸟笼式"商场，其主要特点有：位于城市中心或城乡结合部；交易方式为"三现"交易和契约、合约交易并存；商品种类比较齐全，经营商品来源于乡镇企业或城市中小企业，甚至部分国有企业；商品价格低廉，以中低档商品为主，商品档次有所提高；产品辐射范围扩大，面向城市、乡镇和农村市场，甚至辐射全国；市场经营主体构成复杂化，有个体经营户、批发商、代理商以及企业或公司在场内直接设立门市或直销点等；专业市场有了现代意义上的物业管理，只是尚处于粗放式的水、电、卫生、安全防护等简单物业管理；专业市场对市场主体和市场消费者的服务层次都处于相对较低的水平。

4. 现代专业市场（发展壮大阶段）

20 世纪 90 年代中后期，纺织服装专业市场渐趋规模化。我国纺织服装产品日益丰富，短缺时代的“卖方市场”形式逐渐转变，新的商品流通渠道不断涌现，市场消费数量和成交额不断提高。纺织服装专业市场形成了四通八达、覆盖庞大的纺织服装产品流通网络，广州白马服装市场、东莞虎门富民服装市场、沈阳五爱市场、成都荷花池市场、浙江绍兴中国轻纺城等在此阶段迅速发展壮大，成为如今发展比较好、规模比较大、辐射范围较广的一批老牌纺织服装专业市场。

该时期的专业市场在软硬件上得到很大提升，商贸大厦式市场环境，开始为市场商户提供多元化配套服务，出现信息发布中心等新的市场功能。同时，在全国部分地区开始出现有场无市、重复建设、盲目建设、恶性竞争、市场管理松散等问题。这种以商场式购物环境为显著特征的现代专业市场被认为是我国的第四代专业市场，俗称商场式专业市场。商场式的购物环境、科学化的市场管理、完备的软硬件设施、完善的市场服务功能，是目前现代型纺织服装专业市场的主流，江苏无锡东方国际轻纺城就是具有第四代专业市场特征的典型代表。

5. 专业化交易中心（转型升级阶段）

进入 21 世纪，在 2003 年前后，新型营销业态和各种营销渠道相继涌现，消费者的品牌消费意识开始觉醒，向纺织服装专业市场的生存现实提出了挑战。此阶段的专业市场开始重新定位，注重打造市场特色，在硬件上，力求给购物者提供一个舒适、安全、休闲娱乐便利的商场式购物环境；在软件上，则利用高新技术，开发和提供电子商务平台，无缝连接市场商户与消费者，拓展无形市场，创新专业市场营销手段、销售模式，拓宽专业市场流通半径；利用一切市场资源举办展会、发布会，建立设计研发中心等，为市场商户提供更加多元、综合化的服务，提高市场知名度，打造市场品牌，从简单的物业管理角色开始向综合服务商转变。此时期，原有的专业市场得到了普遍的改造调整和转型升级。新建市场在软硬件设计上起点高、档次高，致力于打造综合性、服务功能完善的品牌市场。专业化交易中心显然是第四代现代型纺织服装专业市场的横向延伸和纵深发展。

6. 国际化贸易/时尚中心（全球化发展阶段）

在加入世界贸易组织（WTO）的背景下，2003 年以后，我国经济开放度进一步提高，纺织服装行业作为一个无国界的时尚产业，与国际接轨越来越紧密。具有资本、技术、品牌运作和管理优势的国际商贸巨头开始涉足我国纺织服装流通业，给我国纺织服装专业市场带来新的挑战和机遇。我国纺织服装专业市场在世界性的市场背景下，开始主动步入转型升级，承接国际采购中心转移，销售区域全球化，逐渐向国际化贸易和时尚中心发展。例如中国义乌小商品市场、萧山中国纺织采购博览城等。这个阶段的专业市场形态，以远期合约交易为主，功能完善，物流、展览及其他相关配套设施完备，具有强大的商品集散功能，注重品牌化经营，辐射触角延伸至全球，凸显出业界公认的第五代专业市场特点：市场商户以公司化经营为主体特征；电子商务为交易的主要手段；以现代物流体系为支撑；以展会、博览会、发布会等为市场拓展渠道；以全球国际采购中心为目标；产需供应链网络化；经营与服务范围国际化。

历经上述的历史演变后，我国纺织服装业目前的专业市场，已与超市、大卖场、专卖店、连锁店、百货商店、综合市场等形成了明显的区别，呈现出经营规模大型化、专业化、国际化，数量多、品种全、产品档次较高、辐射范围广、市场功能多元且日趋完善的总体业态特征，并具有以下显著的特点：

（1）产品类别集聚性强，是一个类别或是几个具有互补性或替代性的商品为对象进行集中交易的市场。

（2）交易形式以批发经营为主，兼营零售。

（3）市场交易主体多样化，由生产企业的销售商、批发商、代理商、网上交易商、批发和零售兼营者以及采购进货的零售商和个体工商户等组成。

（4）市场主体以买卖商品盈利为目的，自主经营，自由定价，不受专业市场管理方制约。

（5）在市场交易规模与影响力上，表现出跨行业、跨地域、多消费阶层和大辐射半径的特点。

（6）市场组织化程度高，有统一的市场管理规范，对市场秩序具有约束性与规范性。

（7）市场功能要求程度高，完善和齐备的软硬设施服务，保障市场的大流通、大吞吐集散功能。

三、我国纺织服装专业市场业态及其分类

我国纺织服装专业市场目前经营的商品，已覆盖整个纺织服装业中的各类产品，囊括了服装、面料、家纺、纺机等产业链的各个环节，涉及品牌展示中心、购物广场、尾货市场（在生产和流通环节中产生的，在功能、安全性等方面符合国家相关标准的库存积压产品。包括企业订单外生产的产品、由于某些原因取消的企业订单的产成品、在流通过程中销售剩余的商品等）等多种经营形式，在其不断发展与演变的过程中，细分出各具特色的市场形式（表 10－1）。如以专业化经营为特点，专门经营某类纺织服装产品的专业市场，典型的如广东虎门富民布料市场、虎门国际布料交易中心、浙江嘉兴南方丝绸市场、杭州中国丝绸城批发市场、江南服装批发市场、吉尔吉斯斯坦布料批发市场、财富布料批发大市场、淄川服装城布匹专业批发市场等，主要销售同市场名称相近的商品；又如以集中交易各种关联纺织服装产品的专业市场，典型的如浙江绍兴中国轻纺城；再如借鉴各种新兴的市场业态形式创新发展出的纺织服装尾货市场，典型的如北京阳光鑫隆清河服装尾货批发市场，其位于海淀区小营桥西清河毛纺城，是北京最大的外贸服装尾货市场，汇集了全国外贸服装尾货、外贸针织产品及外贸鞋帽等各种各样的商品。

表 10－1　纺织服装专业市场的分类

分类依据	专业市场分类	特点与举例
经营产品	服装市场、丝绸市场、布料市场、皮革市场等	广州白马服装市场、常熟天虹服装城、织里童装市场、海宁中国皮革城、中国茧丝绸市场等
生产资料与生活资料市场集聚模式	生产资料专业市场	商品主要满足纺织服装成品的生产或再生产需要
	生活资料专业市场	以纺织服装成品为主要商品
	专业型市场	与纺织服装产业互动密切
	都市型市场	位于中心城市，集聚行业设计、研发 、发布，集散功能强

续表

<table>
<tr><th>分类依据</th><th colspan="2">专业市场分类</th><th colspan="2">特点与举例</th></tr>
<tr><td rowspan="4">生产地与销售地关系</td><td rowspan="2">产地型市场</td><td>当地生产，当地销售</td><td>供给与需求本地集中</td><td rowspan="2">依托纺织服装产业集群而产生、存在、发展的产地型专业市场，如中国东方丝绸市场，杭州四季青，虎门富民</td></tr>
<tr><td>转运当地产品至外地销售</td><td>本地为生产地，但产品需求主要在外地</td></tr>
<tr><td rowspan="2">销地型市场</td><td>转运外地产品至当地市场销售</td><td>本地对某一产品需求旺盛，但产能不足或无生产</td><td rowspan="2">依托便利发达的交通和经济中心城市等区位优势，如郑州银基服装批发市场、北京大红门服装批发城</td></tr>
<tr><td>转运外地产品至外地销售（集散型市场、中转市场）</td><td>供给与需求都不在当地，主要起到集散与中转功能</td></tr>
<tr><td rowspan="2">经营方式</td><td colspan="2">批发型专业市场</td><td colspan="2">以批发为主，零售为辅</td></tr>
<tr><td colspan="2">零售型专业市场</td><td colspan="2">以零售为主，批发团购为辅</td></tr>
<tr><td rowspan="3">从行业整体来分</td><td colspan="2">一级市场</td><td colspan="2">与厂家直接联系货源</td></tr>
<tr><td colspan="2">二级市场</td><td colspan="2">货源以向一级市场批发为主</td></tr>
<tr><td colspan="2">三级市场</td><td colspan="2">与零售客户和消费者等终端销售更为接近</td></tr>
<tr><td rowspan="2">从国际化程度分</td><td colspan="2">内向型市场</td><td colspan="2">商品辐射国内，主要面对国内客户或消费者</td></tr>
<tr><td colspan="2">外向型市场</td><td colspan="2">商品辐射全球，国际采购所占比重大</td></tr>
</table>

第二节　纺织服装专业市场的营销功能

专业市场在商品流通过程中主要扮演连接生产者和消费者的中间流通渠道角色，大量集聚生产供给和批量满足消费需求，以转售和信用交易为明显特征；也有少量商品以零售的形式与消费者面对面交易，以满足部分消费者物美价廉的消费心理诉求。作为一种贸易的空间集聚和社会分工的市场组织形式，专业市场的竞争优势主要来自于市场内齐全的产品种类、庞大的产品数量、低廉的价格以及与市场交易相关的物流配送、商务信息、金融服务、品牌推广等辅助配套服务。实践证明，它是一个重要的纺织服装产品流通渠道和流通场所，一个巨大的纺织服装产品存储库，一个快速高效的产品市场流转站，一架集聚信息传递、知识与技术人才流转的高速桥，更是一把纺织服装产品打开市场大门的有效钥匙，在我国纺织服装商品的流通中发挥着多种不可替代的市场营销功能（图 10－3）。

一、交易平台和商贸渠道功能

我国的纺织服装企业大多以中小企业为主，以小型化、分散化为特征，如今虽趋向规

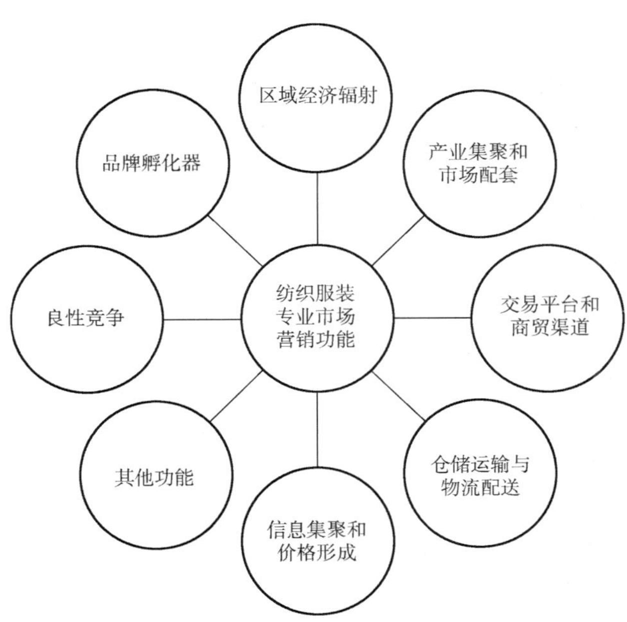

图 10－3　我国纺织服装专业市场营销功能

模化、集中化的产业集群发展，但产业集中度仍较低，规模普遍偏小的纺织服装企业仍占多数。在这种数量多、规模小、分散度高的情况下，纺织服装专业市场成为一种连接生产者与消费者的桥梁与纽带，给我国广大中小企业的纺织服装类产品提供了一个集中销售、批零兼营的交易平台和销售网络，减少了企业直接面对数量众多的客户与消费者所产生的搜集市场信息、交通运输、自建销售渠道、品牌营销与品牌维护等成本费用与风险负担。同时，也降低了下游批发商或零售商漫天搜集信息、四处寻找货源的不确定性和成本负担。这种大规模交易形成的集聚效应和规模效应，巨大的交易空间和流通规模，减少了商品在流通领域的滞留时间，可大大降低买卖双方的交易成本，扩大经营者交易的机会，提高纺织服装产品的市场销售效率和流通效率，成为我国纺织服装业大多数中、小企业产品营销渠道和途径的首要选择。

二、信息集聚和价格形成功能

大量纺织服装类产品集聚于某一专业市场，集中交易，使供给与需求在同一时空集聚，市场集聚效应与规模效应自然形成。专业化规模经营的专业市场模式，有利于形成产品品类、产品价格、产品品牌等方面的透明市场信息流，从而为市场经营者与购买者、生产企业及其他需要了解市场的商家提供适时的信息导向。同时，大规模的同类产品或互补性产品集中交易，企业、市场商户、批发客户与消费者之间相互选择与竞争，有利于形成相对充分或完全竞争的市场环境和信用市场以及产品价格，可为各方节省市场信息搜集成本，节约谈判、签约和信用违约等交易成本费用，也为国家适时收集与提取市场价格信息，从而采取宏观调控政策与措施提供了基础与可能。

三、仓储运输与物流配送功能

大批量的吞吐商品是专业市场营销的主要特点和功能之一，纺织服装专业市场的规模化经营必然导致产品集散的规模化，巨大的商品仓储配备与较为先进的货品物流运输支撑系统可以迅速地集中与疏散各类纺织服装产品。专业市场的仓储与物流系统可以及时调配、集散、分配市场商品，缩短商品的流通时间，降低商品流转过程中的物流成本，满足市场经营者、客户与消费者的适时需要，为生产企业、经营商户、批发客户或集中采购的客户提供巨大便利，大大提高商品的流通效率与交易效率。另外，在突发事件和自然灾害时，也可为批量采购方提供最为高效的市场交易机会。

四、品牌孵化器功能

纺织服装专业市场的进入门槛低，是一种低成本商品销售渠道，为我国大量中小企业提供了生存与发展的资源共享公共平台。我国不少较早的纺织服装品牌就是起步于专业市场，企业的纺织服装产品先流向专业市场再转售至消费者手中，从而逐渐建立起品牌形象，例如我国的以纯、凯撒、龙达飞等服装服饰品牌就脱胎于专业市场，成为当今消费者耳熟能详的民族服饰品牌。众多纺织服装中小企业最初通过专业市场打开了市场销售的大门，完成了企业产品的初始推广与品牌形象建立，实现了企业发展资本的原始积累。专业市场在扮演我国纺织服装企业产品前期建设与品牌孵化角色的同时，也大大地提高了自身的知名度和信誉度，吸纳了更多的纺织服装品牌入驻，吸引了更多的客户消费，实现了商户、顾客和专业市场平台的三方共赢。

五、产业集聚和市场配套功能

中国纺织服装业的发展离不开市场的推波助澜。随着我国市场经济体制的建立与发展，我国经济发展的运行模式由生产决定型向流通主导型转变，我国的商品交易市场由末端产业上升到先导产业。纺织服装专业市场的兴起和发展往往能带动周边地区产业的发展，位于浙江的产地型纺织服装专业市场就是这种典型的发展模式。浙江不少地区利用有利的区位优势、先发优势，特殊的血缘、人缘、地缘或者家族关系与历史传统，从家庭作坊、乡村集体企业逐渐形成具有比较优势的小企业集群和专业产业集聚。其间，专业市场依托市场周边产业集群提供的大规模、多品类、低价格的商品供给，以及快速的货运物流等优势，市场交易额和市场规模不断扩大。浙江绍兴中国轻纺城的发展就是这种产业集聚和市场配套联动发展的典型案例。中国轻纺城的前身是1985 年依托浙江绍兴当地快速发展的纺织业产业集群发展起来的纺织品交易市场，随着轻纺城交易额不断增长，其交易辐射半径不断增大，规模达到全国乃至亚洲同类市场先进水平。专业市场的繁荣为产业集群的升级发展实现了市场优化配置，提供销售网络、技术、人才和信息要素等支持，使市场周边迅速集聚了大批纺织服装企业。据统计，2011 年中国轻纺城市场群全年成交 889. 29 亿元，其中，绍兴县的家纺生产企业 700 余家，其中规模以上企业 70 家，绍兴家纺成为绍兴县最大的产业集群之一。

六、区域经济辐射功能

专业市场的建立往往能够带动周边地区对纺织服装产品的市场消费，形成显著的规模经济效应和集聚效应。其市场辐射覆盖面广，流通半径扩大，市场销售不以点为目的，而是以点为中心，以面为目标，市场范围成倍增长，具有明显的区域辐射特点，这也是专业市场营销的一大特色。产地型专业市场的商品辐射范围遍及全国，甚至跨越国界，例如广东白马服装城、浙江绍兴轻纺城、义乌小商品城等，这些规模化的专业市场辐射半径范围不仅是全国，而是在亚洲、在全球；集散型专业市场也是“买全国、卖全国”，区域辐射范围大，功能明显，例如成都国际商贸城、成都荷花池市场、成都九龙服饰城、郑州银基商贸城主要辐射中国中西部。由于专业市场数量众多，市场细分化，产品之间与专业市场之间的竞争日趋激烈，加上各种新兴零售业态对市场的冲击，目前我国纺织服装专业市场的区域辐射功能较过去有所减弱。

七、良性竞争功能

专业市场作为我国一种突破计划经济和国营商贸流通体制限制的市场形式，集中解决批量生产与批量销售之间的矛盾，交易组织化程度高，流通网络化，商品市场竞争充分，行业自律性强。专业市场往往集聚某一类别或相近类别商品的供给与需求，大量中小企业的同类纺织服装产品集中在专业市场销售，同类产品自然而然会在质地、性能、价格等方面产生比较，便于消费客户货比三家，杜绝价格垄断、虚抬高价、以次充好等现象发生；企业之间在产品质量上反映出来的技术、管理、人才和信息等要素的较量，有利于企业优胜劣汰，提高技术，提升产品质量；市场经营商户与消费客户之间往往是量大而长期合作的相对稳定的商品交易，其行为被无形约束，投机与欺诈的机会和概率大为减少。专业市场自发形成的市场监督，有利于维护交易秩序的相对稳定，提高市场信誉度，增强市场销售效率，有力地促进纺织服装产品销售流通的良性循环。

八、其他功能

纺织服装专业市场在形成与发展建设的同时，满足了我国消费大众对纺织服装产品多元化、多层次的消费需求，吸纳了大量社会劳动力，为我国劳动力的就业与社会稳定做出了巨大的贡献，为农村工业化和城镇化的进程起到了推波助澜的作用。

综上所述，纺织服装专业市场凭借其特有的规模效应和集聚效应，为我国大宗纺织服装产品提供了良好的流通渠道和平台，是一种高效而又快捷便利的市场营销模式，促进了我国纺织服装业中大量中小企业的发展，为我国纺织服装产业链的完善与发展以及市场经济秩序的建立，发挥了多方面的重要功能与作用。

第三节　纺织服装专业市场的形成机制与原理

我国纺织服装专业市场具有明显的中国特色，其形成与发展除了特定的时代背景、历史文化、区域文化、地大物博但区域发展不平衡、消费层次丰富以及政府支持等诸多因素外，其诞生、形成与发展的历程也同时遵循着特有的规律、原理与机制。

一、社会体制

中国的纺织服装专业市场形成于20世纪80年代初，正值改革开放的初期，有着特殊的历史国情和体制背景。此时，我国以乡镇企业为主体的农村工业迅猛发展，以小企业、小商品的生产为明显特征。一方面农村的剩余劳动力大增，另一方面社会生活中的开放风气日盛，人们的衣着需求空前膨胀，因此具备现实中的大量劳动力供给与数量庞大的消费需求。在彼时单一的国营商业流通渠道体制仍占主导地位的条件下，国有企业以外的产品无法通过传统渠道把数量巨大的产品输送给广大的消费者，势必催生一种新的交易方式或交易途径，以缓解或解决这种大量供给与大量需求之间的矛盾，由此，纺织服装专业市场在我国特殊的社会体制下应运而生。

二、社会分工理论

我国的纺织服装专业市场最早出现在我国手工业集中、经济相对发达的沿海乡镇，而不是中西部地区这种现象并非偶然，其重要原因既与我国区域经济的历史分布有关，也与当时实施的“改革开放”“特区开发”和“让一部分人先富起来”的国策和号召密不可分。中国经济发展东西部极不平衡的特点，使得我国纺织服装业一直处于“东部的昨天就是西部的今天；东部的今天就是西部的明天”的状况。中西部地区相对落后的这一历史和现状，必然使得该地区缺乏专业市场诞生的土壤和条件，也造成了我国中西部地区纺织服装专业市场不仅数量少，而且发展慢的局面（图10－4）。据中国纺织工业联合会流通分会重点监测的42家纺织服装专业市场2016年1～9月运行数据来看（图10－5），在区域结构上，东部地区作为专业市场模式探索和创新的重点地区，仍然保持了强劲的增长态势，东部市场势头强劲，保持高增长。[7]

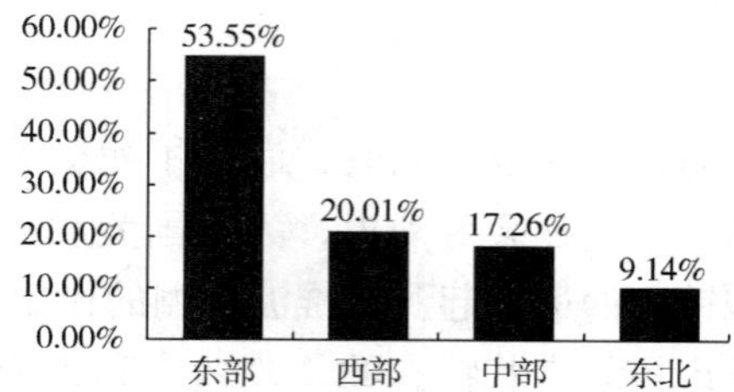

图10－4　2012年我国纺织服装专业市场（万平方米）数量的区域比较[6]

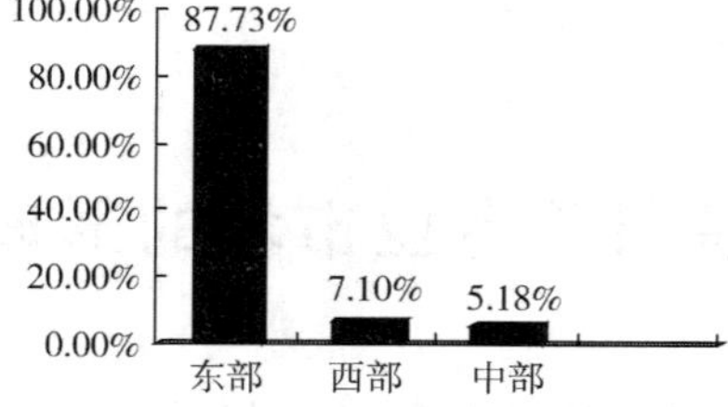

图10－5　2016年1～9月年区域纺织服装专业市场成交额指标

（数据来源于中国纺织工业联合会流通分会数据库）

古典经济学的开创人亚当·斯密（Adam Smith）在《国富论》一书中曾指出：社会的分工起因于交换能力，分工的范围总是受限于交换能力的大小，即受到市场范围的限制[6]；美国经济学家阿伦·扬格（Allyn Young）在著名的扬格定理中也指出：报酬递增的实质是市场规模的不断扩大导致专业化分工的不断深化，分工的深化又反过来推动市场规模的进一步扩大，劳动的专业化分工与市场规模之间的关系是相互促进、循环演进。

因此，纺织服装专业市场的存在使得市场容量扩大，交易对象增加，交易成功率上升，交易效率递进，并由此促使社会劳动分工的专业化，为专业市场提供更丰富的产品种类，使得纺织服装专业市场的范围与规模进一步扩大，构成了推动专业市场良性循环发展的内在动力，从而促进了专业市场的不断演变与发展[7]（图 10－6）。

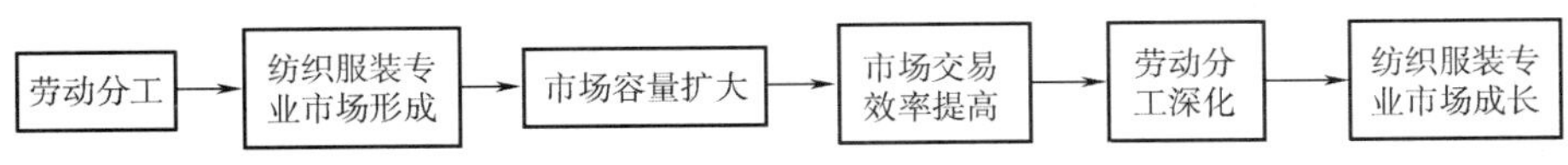

图 10－6　基于分工理论的纺织服装专业市场发展机理

三、交易成本理论

产品的交换必然产生交易市场，伴随着交易活动必然产生交易成本。罗纳德·科斯（Ronald Coase）最早在《企业的性质》一文中提出了交易成本的概念，认为交易费用包括发现交易对象和相对价格，讨价还价、谈判签约的费用以及执行契约等其他方面的不利因素或成本[8]。对于纺织服装专业市场来说，交易成本涵盖了专业市场内交易所产生的一切费用，降低交易费用成为推动专业市场形成与发展的直接因素。

纺织服装专业市场集中交易一类或具有互补性与替代性的商品，产品层次丰富、种类齐全，能满足消费者的集中采购，从而可降低发现对象与寻找对象的交易费用；便利的现金、现场、现货或是契约交易，灵活的批发零售，可提高交易的效率；众多经营者集聚，相互之间的监督与自我约束有利于形成相对成熟的市场竞争秩序；大量的人流、物流、信息流的集聚自然为各种交易信息的搜集提供便利；随着专业市场规模的不断扩大，需要更为强大的物流支撑，专业市场可通过市场名义与物流企业签订长期的市场物流服务，从而为市场内的经营者和客户提供统一的服务，节约他们与多个物流服务商谈判和合作的费用；由于新的交易方式和交易手段的应用、消费观念的改变，为了自身发展需要，专业市场需要增加新的业务，具备相应的功能，例如，为经营商户集中提供专业市场网上交易平台，提供国际贸易支持服务，提供展会、展厅、会议、品牌发布会等功能，从而可为企业降低交易费用，提高市场交易效率，使得专业市场不断创新与发展。

上述诸多有利因素以及规模化的经营，可为顾客节约货比三家搜集信息的成本、交通和精力成本，为经销商或生产企业节约交易费用，使得交易成本内涵的扩大成为推动专业市场发展的内在动因之一，从而能够积聚人气、汇聚商机，促使纺织服装专业市场逐步成长为一种高效率的市场组织形式和稳定的市场营销平台（图 10－7）。

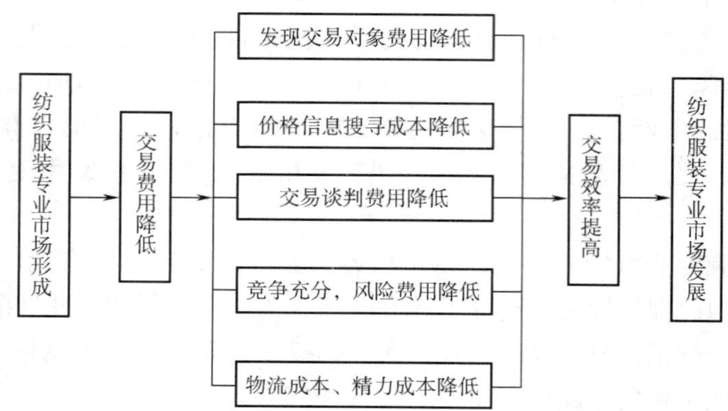

图 10－7　基于交易成本理论的纺织服装专业市场发展机理

四、创新理论

20 世纪，创新理论的奠基人美籍奥地利经济学家约瑟夫·熊彼特（Joseph Alois Schumpeter）在其著作《经济发展原理》中首次提出创新理论，认为创新就是建立一种新的生产函数，即把一种从来没有过的关于生产要素和生产条件的“新组合”引入生产体系。这种新组合包括五种情况：采用一种新产品或一种产品的新特征；采用一种新的生产方法；开辟一个新市场；掠取或控制原材料或半制成品的一种新的供应来源；实现任何一种工业的新的组织[9]。其中，从开辟新市场的角度来看，创新不是一个技术概念，而是一个有别于技术发明的经济概念，即把技术革新和创意引入经济组织，形成新的经济能力。

纺织服装专业市场在中国的逐步形成，是国家经济发展过程中，生产效率提高，供给与需要流通体系中创新出的一种新的市场形式，目的在于适应生产力与经济的发展和满足日益增长的消费需求。由于商品销售的分工随着时代的发展和科学技术的进步不断细化，创新出诸多被消费者认可的高效率流通渠道，例如超市、大型百货、大型商业体、专卖店、连锁店等，它们快速流畅的供货速度和市场应变优势等，在产品销售上对专业市场有一定程度的替代。这种由于销售分工专业化导致的挑战与竞争，迫使专业市场不得不创新发展，以适应生产力和经济水平发展的更新要求。在这一过程中，新技术、新交易方式、新管理模式被不断开发与应用，形成了推动专业市场不断壮大的持续动力（图 10－8）。

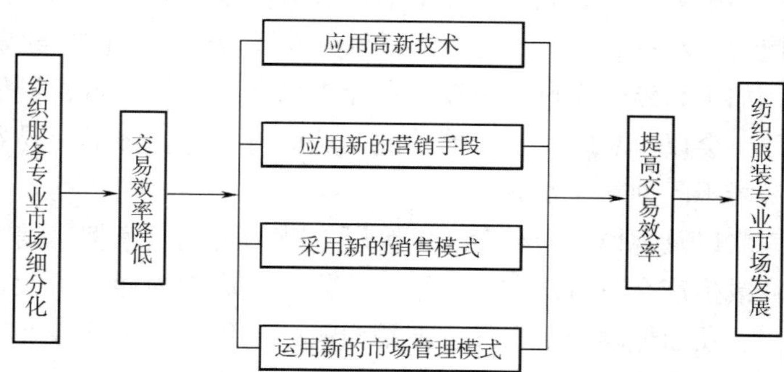

图 10－8　基于创新理论的纺织服装专业市场发展机理

第四节　纺织服装专业市场营销策略

历经30余载的演变，我国纺织服装专业市场有存在基础、有经营传统、有发展市场，但是也普遍存在一些发展过程中的问题亟待解决。一是在纺织服装专业市场经营管理方面，仍然存在墨守成规的传统专业市场，奉行批发经营的传统营销手段，招租售铺、靠租金经营的管理服务模式；二是近几年出现盲目建设，重复建设，管建不管活，有场无市等现象；三是市场上产品同质化严重，不注重差异化经营的发展策略。其次，市场环境变化和高新技术信息手段的运用使得纺织服装产品的营销渠道与营销模式丰富而且多元化；再次，经济全球一体化发展，拓展国内市场、开拓国际市场，提高市场占有率是大势所趋，市场竞争激烈。另外，人们生活水平的提高，消费的升级，消费观念和消费层次多元化发展。以上这些，都要求纺织服装专业市场根据自身发展需要，及时调整营销策略，获取市场发展的核心竞争力，主动适应市场经济环境的变化。

纺织服装专业市场营销策略指的是在市场经济条件下，依据国内外市场环境变化对纺织服装专业市场的经营与促进市场产品销售进行预测和决策，以提高市场交易效率为主要目标，开创性地组织经营销售活动的策略。创新是发展的原动力，营销创新成为强化和完善我国纺织服装专业市场功能的重要手段，已开始为纺织服装专业市场的经营者和市场商户所重视。

一、复合功能营销

在市场经济发展过程中，我国传统纺织服装专业市场不断进行改造、调整、升级，新兴市场超大规模化，注重软硬件建设，以提供软硬件齐备的设施和配套服务，集展示、交易、峰会、品牌推广、潮流发布、电子商务、技术交流、人才培养、商务办公、仓储物流、购物休闲、观光旅游等多种功能为一身。“大而全，功能复合”型专业市场，拓展自身功能的目标在于为纺织服装产业提供全服务链条，提高市场销售效率、市场占有率，拓宽自身发展业务范围，获取营销优势。

复合功能营销成为现代纺织服装专业市场营销创新的基础和模式。一方面国际化的建筑空间设计、充足的车位、合理的商铺布局、丰富的商品、完善的服务，为市场客户提供舒适购物体验和便捷的各种业务选择；但另一方面“复合功能”营销也并非灵丹妙药，一试万灵，有些可以解决纺织服装专业市场有效占有市场份额和自身发展等问题，有些复合功能型的超级专业市场在发展过程中遭遇到了有场无市、空壳市场、高空铺率、退租潮等尴尬境地，究其原因，还在于专业市场建设未形成持续有效的核心续航能力。以复合功能营销为发展策略的纺织服装专业市场软硬件起点高，但还需要根据专业市场自身的特点进行有选择地复合，这样才能集中优势发展市场特色，发挥出“1 +1 >2”的营销功能。例如，产地型专业市场可以依托当地产业集群优势，加强为生产企业、市场商户和市场客户之间的牵线搭桥，定期或不定期组织举办产品专业展览或博览会、产销对接会、品牌推广会等，吸引国内外客户前来订购产品；而都市型专业市场则应利用其便利的交通枢纽作用，毗邻信息流通的都市和时尚人群等优势，在潮流发布会、购物休闲、商务办公和观光旅游等方面重点打造，加强特色复合功能营销，促进纺织服装产品的销售，形成市场核心竞争力优势。

二、批发价零售营销

我国纺织服装专业市场以“三现”交易为传统销售手段，商品营销策略侧重以批发为主，零售为辅，商品价格因量大而低，薄利多销，以获取规模经济效益，所以，有不少专业市场商户并不看重零售收益的蝇头小利，只接批发业务，不揽散客。然而，在日益严峻的市场竞争环境下，为了提高市场人气、集聚商机、提高市场销售效率，纺织服装专业市场开始重视利用便利的交通、商场式环境和批发价格优势吸引大众消费者。为了拓展专业市场零售功能，批发价零售营销成为纺织服装专业市场有效的营销创新手段之一。专业市场商户以批发价的优惠惠及终端消费者，可以大幅提高市场零售额，起到拉动市场需求、消化库存的作用。

批发价零售已被不少纺织服装专业市场所推行，上海七浦路豪浦服饰城为了提高市场人气，利用电视、报纸、广告等现代宣传媒介，将广告宣传做到了市民家中，进一步发掘零售市场的潜力。北京木樨园百荣世贸商城则推出“高档商场式零售批发市场”的全新经营理念，既保持了价格低廉的批发优势，又满足了现代休闲舒适的购物要求，市场零售比重曾一度达到65%。

目前，批发价零售营销的目标顾客主要是市场当地小范围内的消费者，专业市场还大有必要加强宣传范围，结合当地的特色旅游优势，以批发价格的优势和过硬的产品质量吸引旅游者购物，扩大消费者目标群体，提高市场销售效益。另外，专业市场还需要加强监管，督促市场商户诚信经营，避免假批发价零售的现象，使市场形象受损。

三、电子商务与网络营销

庞大的网络人群、巨大的网络购物市场、中国日渐成为全球采购中心、创新的互联网技术、日趋成熟的电子商务市场，以及便利而安全的银行业结算金融服务等，这些都为纺织服装专业市场的电子商务和网络营销提供了可行性条件。

纺织服装专业市场面临日趋严峻的竞争环境，作为一种商贸流通模式，与现有的电子商务技术结合，开始或加快电子商务建设，融入信息网络，拓展营销渠道，推行网络营销策略，不断增强其市场影响力、竞争力，增加市场占有率，提高其市场运作能力已是大势所趋。目前，我国纺织服装专业市场的电子商务与网络营销主要有两种模式：

（1）专业市场自身不建立独立网站，只与网站互动发展，依托电子商务网站经营，借势相对运营成熟网站的庞大会员数量来形成采购商的储备机制，从而使专业市场和市场商户利用该平台进行网络宣传、信息发布、信息获取和实现网络订单交易。

（2）纺织服装专业市场自建独立的电子商务网站，与实体市场实行一体化经营。专业市场经营者利用互联网技术建立与实体市场对接的网上商城，为市场提供配套的电子商务服务。一般具有电子商务后台数据库的管理查询、前台信息展示与商户服务模块和专业市场管理模块，为市场商业决策提供资讯等功能。纺织服装专业市场的商户依托该电子商务平台发布广告，与实体店结合建立网络店铺，展示产品，在网上进行订单交易，为消费者提供快捷、便利的产品和服务，并节省其精力成本、时间成本和交通成本等。另外，在提高专业市场知名度、促进实体市场与无形市场联动发展方面也有重要作用。此类网站需要强大的电子商务技术和管理人才队伍，巨大的资金投入等支撑。

随着电子商务市场的发展，利用电子商务技术进行网络营销，已被不少纺织服装专业市场所采用。四季青服装市场就是最早开展网上交易的专业市场之一，2002 年就推出了四季青服装网 B2B 信息平台。2011 年 2 月，市场正式入驻阿里巴巴中文网站平台，成为阿里巴巴首家专业市场用户。从传统销售向电子商务进军，成为四季青服装专业市场转型升级的重要标志。

有数据表明，电子商务与网络营销已然成为我国纺织服装专业市场营销的创新手段之一。据 2011 年初中国纺织工业协会流通分会对会员单位的最新抽样调查统计结果显示，电子商务在会员中的应用率达到了 62. 50% 。在 30 家已经应用电子商务的单位中，有 13 家单位自建电子商务平台，并具备在线交易功能；11 家已自建了电子商务平台，但仅具备商务展示功能；另外 6 家市场则是通过与第三方电子商务平台的合作，实现电子商务展示与交易功能。

但与此同时，电子商务与网络营销也存在各方面的问题：有些纺织服装专业市场虽然建立了独立的市场网站，但网站的电子商务功能非常有限，存在有“电子”却并不“商务”的问题，网站仅仅起到展示产品、发布信息等作用，并不具备实际的电子商务和网络交易的功能。这类市场需要更进一步完善电子商务功能，使得专业市场网站转向三维商城、独立商铺、商品搜索、信息发布、企业网站、网上交易、在线支付、金融服务、行业资讯、物流配送等功能，为国内外广大商户提供足不出户轻松交易的一条龙服务。

纺织服装专业市场推行电子商务与网络营销的目标是为交易双方降低交易成本，促进纺织服装产品的销售，又要使得服务提供方赢得利润。纺织服装专业市场的电子商务建设与网络营销是长期策略。

四、连锁拓展营销

通过连锁销售网络进行连锁经营产生规模效应，连锁拓展营销已是商业流通领域普遍认可的营销模式之一。纺织服装专业市场自身组织规模庞大，具有规模效应与集聚效应，通过连锁拓展营销有强化规模经济、拓展市场占有率方面的强大优势。另外，从内需的角度看，东北和中西部地区是我国纺织服装产品最大的消费市场，东北地区近 1 亿人口，气候四季分明，占有全国近 20% 的纺织服装消费市场，但仅有占全国不到 2% 的纺织产业和不到 5% 的专业市场。由此，可通过连锁拓展营销引导产品市场营销的重心转移，起到平衡市场区域布局的作用。东部比较成熟的纺织服装专业市场，通过市场复制连锁，转移较低层次的产能，改良市场产品结构，把市场经营的侧重从提高市场销售效益转移到增加、增强市场服务功能上；而西部则可高起点建设市场，承接市场转移，借鉴东部比较先进的管理模式和营销手段来促进市场的循序渐进式发展。目前，纺织服装专业市场的连锁拓展营销主要有三种方式。

1. 纺织服装专业市场整体平行复制连锁拓展

大型纺织服装专业市场凭借自身在资金、技术、管理上的成功经验，在国内重点区域城市重新整体复制，以扩大其经营规模和效益，如 2012 年海宁皮革城在成都的复制。

2. 纺织服装专业市场向国内二、三线城市下行连锁拓展

随着我国经济的发展，人民收入增加，生活水平提高，纺织服装消费需求在量上增加，

在质上提高；大型纺织服装专业市场利用自身在产品、技术、管理和资金上的优势，在国内二、三线城市建立子市场，或是由专业市场企业型商户直接发货给地区代理商，降低商品的价格，缩短流通，直接面向下游商户和终端消费者，实现短流通终端销售，进一步提高市场占有率。

3. 纺织服装专业市场面向国际连锁拓展

随着经济全球一体化发展，现代纺织服装专业市场正在加速国际市场的拓宽步伐，将信息化、网络化、数字化等新时代科技注入传统纺织服装业；面向国内外市场不断创新和拓展专业市场的辐射半径，力求跨国流通、全球化经营。如中国最大的皮革、皮草专业市场——浙江嘉兴海宁市中国皮革城，实施了商人、商铺、商品的输出策略，在俄罗斯开设海宁楼，以拓展产品的境外市场。

连锁拓展营销并非所有的市场都可以效仿，例如，产地型纺织服装专业市场如果向无纺织服装产业优势的地区整体复制其经营管理模式，势必将遭遇产业与市场供需对接困难的现实。

五、主题和事件营销

近几年，全国各地的纺织服装专业市场日益重视市场知名度的提升，以提高市场销售效率。各纺织服装专业市场利用自身环境、资金、管理和技术等软硬件条件，整合各种资源，策划大型购物节，抓住“旅游”“节日”“大赛”等主题词，组织主题推广活动，进行特色主题营销。例如，2009 年 7 月，广州市开展“缤纷夏日购，开心白马 GO”活动，通过一年一度的白马服装采购节为商户提供商机，为各专业市场品牌商、代理商及零售商之间的合作与交流搭建桥梁，打造综合性行业商贸平台；西柳中国商贸城承办“中国北派服饰新秀设计大赛”；广东“虎门杯”国际青年设计大赛；杭州市在四季青市场举办“我淘我秀”服饰搭配大赛等。又如，株洲芦淞炎帝服饰商务节历经七届，日益成熟、完善，商务节主题活动内容丰富，包括服装设计大赛、模特大赛等主题赛事，论坛、洽谈对接会等商务活动，以及祭祀炎帝始祖等一系列绚丽多彩、引起人们共鸣的文化活动，成为提升本土服装品牌影响力，打造一流中国服饰名城的重要对外交流平台。

纺织服装专业市场所利用的主题和事件需要有积极正面的意义，不能仅仅寻求偶然事件的轰动效应而自毁形象；另外，还需要统筹规划，具有持续性、系统性和创新性，这样才能达到提高知名度、维系产销对接等主要营销目标。

六、商贸和旅游营销

旅游与商贸结合，旅游资源与专业市场资源融合，以提升市场软硬件档次，提高专业市场的服务顾客范围，增加市场商户的零售额，是目前许多纺织服装专业市场采取的营销方式之一。如常熟将旅游与商贸融合，已成功打造出了全国第三家、江苏首家国家 4A 级购物旅游区——中国常熟服装城，商贸业与旅游业相结合，不仅促进了商贸业的发展，也展示了常熟“江南商都旅游胜地”的城市形象；全国皮革业龙头市场海宁中国皮革城，扩建二期市场时新建文化广场、临水公园、电玩城，并引进了特色餐饮等，将市场打造成国家 4A 级旅游景区，丰富了市场内涵，延长了消费者逗留的时间。同时，皮革城还充分利用 4A 级旅游景区的全新形象，积极参加旅交会，与广大旅行社建立了广泛的业务联系，主动积极地开拓市场范围。

旅游与商贸结合是互惠互利的，一方面，要求将专业市场自身作为旅游景点进行打造，为市场直接带来人气、人流和商气、商流；另一方面，也可以利用区域旅游资源，为市场带来商机。

七、专业会展营销

现代纺织服装专业市场多功能型的软硬件环境，为会展营销提供了条件。一方面，专业市场为商户在市场内提供场地展示产品，周期性举办贸易展会，扩大市场辐射半径；另一方面，专业市场组织市场商户参加国际国内行业展销对接会和展示博览会等，通过这种滚动式的会展营销，使市场与商户资源共享，联合推广促进产品的销售，提高市场销售效率。国外纺织服装专业市场在专业会展营销方面有做得比较好的案例，例如，美国达拉斯的市场中心（Market Center），在市场内每年举办60多次定期展会，有来自世界各地的40多万买家参与。我国纺织服装专业市场在进行专业展会营销过程中，要注意专业市场与展会目标之间的匹配性。例如，产地型专业市场目的是通过会展，实现产销对接，参展展品往往是中小品牌产品，那么在展会采购商的选择上就要有明确的针对性，以实现专业市场与展会品牌双赢。

八、专业化营销

纺织服装产品消费特征逐步呈现出普遍需求转向个性化需求、物理需求转向文化需求、单一需求转向多元化需求、感性消费转向理性消费的趋势。这就要求纺织服装专业市场不断细分，专业化经营小类别产品，并向规模化发展，以满足市场客户和消费者在细分领域内的多元化需求，市场也可因此得到专业化、特色化发展。

九、品牌营销

由于经济的发展，人们生活水平不断提高，消费不断升级，纺织服装产品消费迈入品牌消费时代，纺织服装专业市场的品牌营销不容忽视。专业市场品牌营销应包括两方面的内容。

1. 纺织服装专业市场扶植自主品牌

通过举办新品发布会、承办纺织服装赛事、展销会、办刊物、电子商务网站、品牌对接会，利用电视、网络等各种现代传媒多方式多途径地对市场内的纺织服装产品进行市场推广活动；市场提供品牌注册服务并给予政策上的扶持，鼓励和支持市场内有实力的商户向品牌运营商转变，积极培育市场自主品牌。例如，常熟天虹服装城通过持续系统的品牌营销策略，已经培育出一大批市场自主品牌，如伊俪佳人、好莱坞、酷芭芭等，其中不少品牌还在江苏、安徽和山东市场辐射范围内建立起自身的加盟店网络，部分自主品牌年营业额已超亿元。又如，上海新七浦服装市场2008年帮助市场内的宝波拉、金熹、惠姿等进行自主品牌注册，其中自主品牌惠姿不断发展壮大，已经具有生产能力，有自己的上游产业，并发展区域经销商逾80家。

2. 纺织服装专业市场引进成熟品牌入驻

市场在积极培育自主品牌的同时，积极争取和吸纳国内国际比较成熟的纺织服装品牌进驻市场是市场营销策略的另一个重要举措。例如，浙江海宁皮革城在积极培育了蒙努、雪豹等自主品牌的同时，还先后引进了诸多国际国内品牌入驻，先后引进了阿迪达斯、耐克、卡帕、李宁、安踏、361°、乔丹、贵人鸟、花花公子、鸿星尔克等国内外一线知名运动休闲品牌。

据中国纺织工业联合会流通分会的粗略统计，东部产地型专业市场已经成为成长型品牌及创业型品牌聚集地。在东部产地聚集型专业市场中，面辅料品牌占当地经营商户的90%左右，大多采取前店后厂式的经营方式，专业市场中的店铺即为其营销中心，品牌总数达4万余个；自创服装品牌占本地经营商户的50%以上，品牌总数达7万个。在中西部地区，郑州、株洲、重庆、武汉、沈阳等批发集散型市场中，集聚了大量省级总代理级的实力经销商，成立了省级品牌运营中心，具有较为强大的品牌营销能力。

总之，中国的纺织服装专业市场在伴随我国市场经济的形成与发展的历程中，历经自身不断洗牌与转型升级的持续发展，始终被我国纺织服装企业作为重要的产品营销模式而首选采用。其重要原因是因为我国的纺织服装专业市场适合我国国情、适应大众消费水平与层次和中国纺织服装业的发展实情，具有独特的区别于其他营销策略的比较优势和不可替代的市场营销功能与作用，拥有拓宽国际国内市场的实力和不断创新与发展的基础与动力。因此，中国纺织服装业的专业市场必将以鲜明的中国市场特色保持旺盛的生命力，与我国的纺织服装朝阳产业一起持续健康地发展下去。

思考题

1. 纺织服装专业市场的含义是什么？我国纺织服装专业市场是如何演变与发展的？

2. 纺织服装专业市场与其他专业市场比较有哪些不同的突出特点？

3. 如何划分纺织服装专业市场的类别？你认为目前我国的纺织服装专业市场可以分成哪些类别？为什么？

4. 纺织服装专业市场在我国纺织服装产业链中处于什么地位？为什么？

5. 纺织服装专业市场对纺织服装产品的市场营销有什么作用？请结合典型案例加以说明。

6. 我国纺织服装专业市场目前存在的主要问题是什么？其产生的原因是什么？应采取哪些改进措施？

7. 我国纺织服装专业市场未来的发展方向是什么？为什么？

参考文献

[1] Broomley R J. Markets in the developing countries：a review [J]. Geographers，1971，56 (2)：530－537.

[2] 陈志平，余国扬. 专业市场经济学 [M]. 北京：中国经济出版社，2006.

[3] 杨海娟. 我国纺织专业市场的发展阶段研究 [D]. 上海：东华大学，2005.

[4] 郑勇军. 浙江农村工业化中的专业市场制度研究 [J]. 浙江社会科学，1998 (6)：10－11.

[5] 邵小华，曹丽平，傅师申. 我国服装专业市场功能探析 [J]. 丝绸，2011 (9)：65.

［6］宋锴．中国服装产业发展的形势和对策［J］．山东工业技术，2013（9）：283－284．
［7］中纺联流通分会．2016 年 1～9 月纺织服装专业市场运行分析［EB/OL］．http：//mp. weixin. qq. com/s？_ biz = MzA5MDExNDQwMA = = &idx = 1&mid = 2650513573&sn = 07bf31d6d549e59047295254d42866ec，2016－10－29．
［8］奥利佛·威廉姆森，斯科特·马斯滕．交易成本经济学经典名篇选读［M］．李自杰，蔡铭，编译．上海：人民出版社，2008．
［9］约瑟夫·熊彼特．经济发展理论［M］．何畏，易家详，等，译．北京：商务印书馆，1990．

第十一章　纺织服装企业文化营销

本章重点知识

1. 文化、企业文化和纺织服装企业文化的含义及其重要性。
2. 我国纺织服装企业文化的发展历程与创建模式。
3. 纺织服装企业文化的主要构成要素及其与品牌文化的区别与关联。
4. 纺织服装企业文化的含义及其在市场营销中的功能与作用。
5. 纺织服装企业文化市场营销策略及其应用。
6. 建设服务于市场营销的纺织服装企业文化的主要途径。

自古至今，文化都是人类的精神“伊甸园”和寄托情感的“归宿地”。作为人类文化瑰宝之一的企业文化，不仅是企业品牌与产品的主要构成要素、对外宣传与树立形象的“面子工程”、企业实施现代化管理和提高员工整体凝聚力与市场竞争力的重要法宝，而且是与消费社会和消费大众进行良好沟通与交流的有效渠道和必要工具。纺织服装产品的市场营销发展到今天，仅仅依靠外观、质量的区别已经不能成为影响消费者选购的决定性因素。企业文化营销（Corporate Culture Marketing）概念的出现赋予了产品更多独有的内涵，并为企业提供了一条实施产品差别化营销的重要途径。现代市场营销策略越来越讲究企业与消费者之间的直接交流与沟通，独具特色的优秀企业文化，不但能够获得企业内部员工的认同，也同样能够赢得消费者的情感与忠诚。成功的市场营销离不开独特的企业文化，并在市场营销中显示出越来越突出的地位、功能与作用，成为现代纺织服装产品市场营销的关键策略之一。

第一节　纺织服装企业文化的基本概念

一、文化与企业文化

1. 文化（Culture）的含义及其重要性

“文化”的含义有广义与狭义之分。广义的文化是指人类在社会实践过程中所获得的物质、精神的生产能力和创造的物质、精神财富的总和。狭义的文化是指精神生产能力和精神产品，包括一切社会意识形态：自然科学、技术科学、社会意识形态。有时又专指教育、科学、文学、艺术、卫生、体育等方面的知识与设施[1]。

文化对于人类社会的演化与发展进程具有非常重要的作用，它影响着人类的价值观、信念、社会体制、经济发展和政治制度的方方面面，优秀的文化可以促进社会的进步，粗劣的文化则会阻碍社会的发展。

中国共产党在十七届六中全会提出“文化是民族的血脉，是人民的精神家园”，并要求全党要总结文化改革发展的丰富实践和宝贵经验，研究部署深化文化体制改革、推动社会主义文化大发展大繁荣，进一步兴起社会主义文化建设新高潮，对夺取全面建设小康社会新胜利、开创中国特色社会主义事业新局面、实现中华民族伟大复兴具有重大而深远的意义[2]，据此足以看出文化的重要性。

2. 企业文化（Corporate culture）含义的不同表述及其重要性

历史证明，人类社会的演进始终离不开文化。不同国家有不同文化，不同民族也有不同文化。作为构成人类社会两大细胞（企业与家庭）之一的重要群体组织，企业也同样拥有其相应的特有文化。但不同的国家、地区、行业和企业，其所属文化可以完全不一样，甚至相互对立，且无任何通用范本；同一企业在不同的历史时期或发展阶段，也会因不同的环境条件形成不同的文化。因此，国内外学者对企业文化的表述也就有所不同。

美国学者特雷斯·迪尔（Terrence E. Deal）和阿伦·肯尼迪（Allan A. Kennedy）在《企业文化——现代企业精神支柱》一书中，将企业文化视作由五个因素构成的系统，包括企业环境、价值（观）、英雄、习俗和仪式以及文化网络，并认为企业环境是形成企业文化最大的影响因素[3]。

举世闻名的领导力专家，被誉为领导变革之父的约翰·科特（John P. Kotter）在和詹姆斯·赫斯克特（James L. Heskett）合著的《企业文化与经营业绩》一书中认为，企业文化这一概念通常是指企业中各个部门（至少是高层管理人员们）所共同拥有的那些价值观念和经营实践行为[4]。

美籍日裔学者威廉·大内（William Ouchi）在其著名的《Z 理论》中指出：一个公司的文化，主要是由传统和风气构成，还应包括一个公司的价值观，如进取性、守势、灵活性，即确定活动、意见和行动模式的价值观[5]。

在《日本企业管理艺术》一书中，理查德·帕斯卡尔（Richard T. Pascale）和安东尼·阿索斯（Anthony G. Athos）提出了著名的任何企业的成功都必须紧紧抓住的“7S 模型”，这亦是日后在国际上被广泛应用的“麦肯齐 7S 框架”：战略（Strategy）、结构（Structure）、制度（Systems）、作风（Style）、人员（Staff）、技能（Skills）和最高目标（Super - ordinate goals），当这些要素紧密地相互结合在一起时，企业的内部组织就会更加一体化，并将持久地自立于激烈的竞争环境[6]。

我国学者罗长海在其《企业文化学》中，将企业文化表述为：所谓企业文化，是企业对环境挑战所做的应战，包括企业的应战过程和结果，是企业在应战过程及其结果中所努力培育并实际体现出来的以文明取胜的群体竞争意识，以及人的其他全部本质力量[7]。

上述国内外学者对企业文化含义的表述虽有不同，但却表明企业文化有着共同的宗旨：即创造顾客，满足需求，承担企业的社会责任。因此本书将企业文化的含义总结为：企业文化是指企业经过长期的生产与经营实践，为了竞争生存空间和获得可持续发展优势而创造与培育的获得绝大多数员工共同认可、倡导、执行与维护，并得到社会和消费大众广泛认可与赞同，企业始终努力保持和发展的某种历史传统、价值观念、行为准则、经营哲学、道德规范、精神和物质环境及其相应的管理制度，是企业保持可持续发展的强大内在驱动力。

企业文化作为一种宝贵的物质和精神财富，是企业提升核心竞争力和创造与维护品牌的关键要素。现代企业和品牌的竞争，本质上就是企业文化之间的竞争，谁拥有独具特色的优秀企业文化，谁就能最大限度地凝聚企业员工的创造力和赢得消费大众的情感，在当今剧烈的市场竞争中获取巨大的市场竞争优势。

二、我国纺织服装企业文化的含义与创建模式

纺织服装企业文化是指纺织服装企业经过长期的艰苦创业和丰富的生产经营实践，历经培育、提炼、打造所形成或创造出来的一种符合行业特征，并具有明显的个性化特征的企业文化，本质上与一般意义上的企业文化并无根本性区别。其产生和创造的基本模式通常有以下三种。

1. 历史积淀而成

企业文化的发展与形成，往往需要经过长期的时间和实践检验，并逐步从历史中积累沉淀。由此而形成独特文化的一类企业，在创业之初往往没有进行专门的企业文化设计，而是在企业的发展历程中，逐步发酵、沉淀与形成。如路易·威登（Louis Vuitton）、香奈儿（Chanel）等国际知名品牌的企业文化。

2. 专门设计与创造

专门设计与创造是指为了配合企业所倡导的某种独特设计风格或者是生活方式，为服务于相应特定的消费群体而专门被创造的一类企业文化。这类企业对企业文化的塑造完全是刻意为之，常见于重视产品设计师风格、个性独特并一直坚持的企业。如Benetton（贝纳通）、ESPRIT（埃斯普利特）以及国内的例外品牌（Exception）等。

3. 有针对性地培育和打造

此种模式是指为了竞争生存空间，企业有针对性地设计和创造出满足市场要求和自身发展需要的文化体系，并通过各种途径去推行与实施。该类企业的文化针对性较强，直接针对目标市场，能够迅速地塑造出被市场认可的企业文化，并可尽快作用于市场。其具体做法通常是企业邀请专业的咨询策划机构进行专门的设计，对企业高层管理人员的想法和规划进行提炼与提升，寻找适合市场需求的文化载体，并将其赋予实施，常见于新兴企业与品牌。如以飒拉（ZARA）、海恩斯莫里斯（H&M）、盖普（GAP）等为首的一批新势力快时尚品牌。

三、我国纺织服装企业文化的由来

企业文化概念的提出始于20世纪70～80年代。日本企业在战后迅速发展，不断创造奇迹，在生产率上赶超美国，占领了很多原本是美国产品的市场，并且使日本成为世界经济第二大国。美国学者针对这一现象，对日本企业的崛起进行了深入的研究，发现美国经济增速低于日本的原因，不是因为日本的科学技术有多么发达，而是日本企业的管理方式与美国企业管理上的差别造成的。这些管理上的不一样，源自于两国的文化差异[7]。

在日本企业中，有一种巨大的精神力量使企业员工紧密团结在一起，共同为了企业目标，开拓创新、拼命奋斗。美国学者对这种精神力量，对比美国企业的情况做出了大量的研究，随着《Z理论》（威廉·大内，1981）、《追求卓越——美国企业成功的秘诀》（汤姆·彼得斯，1982）、《企业文化——现代企业精神支柱》（特雷斯·迪尔、阿伦·肯尼迪，1982）以及《日本企业管理艺术》（理查德·帕斯卡尔、安东尼·阿索斯，1981）等相关著作的发表，企业文化理论由此诞生。

企业文化的概念虽然在20世纪70～80年代才提出，但企业文化本身却是伴随企业一同出现的。我国纺织服装企业的文化，也同样是随着近代纺织服装企业的形成而诞生的。鸦片战争之后，清政府内的洋务派主张发展近代新型工业，开展洋务运动。在这场以维护清政府统治为目的的运动中，一部分满清官僚除了开办官僚资本主义企业，也鼓励民间人士创办民族资本主义企业。在这样的大背景下，中国近代民族工商业开始发展起来。这一时期内，我国近代纺织服装企业也开始出现，如以旧上海机器织布局（图11－1）、兰州织呢局为代表的官办企业和以荣氏家族企业、谦祥益等为代表的民族资本纺织企业。

图11－1　旧上海机器织布局大门照片

随着我国近代纺织服装企业的出现，纺织服装企业文化也开始萌芽。其中“谦祥益”这家百年老店，提出了“和气致祥、诚信待客、货真价实、童叟无欺”的经营理念。俗语“谦祥益的房子——内外强（墙）”，充分证明了谦祥益强调服务质量与产品质量的理念。严格的质量管理与严谨的管理制度，使谦祥益面对洋货倾销和外资企业的压迫，不但没有被压垮，而且还把布匹生意做到了东洋[8]。

20世纪50～70年代，我国所有的官僚资本主义纺织工业企业与民族资本主义纺织工业企业全部经过社会主义改造，转变为国有企业或集体所有制企业。国家于1949年10月和11月相继成立纺织工业部和轻工业部，先后分别和统一管理全国纺织服装企业（1970年4月将第一轻工业部、第二轻工业部、纺织工业部合并为轻工业部；1978年1月将轻工业、纺织工业分开，再次成立轻工业部和纺织工业部），采取计划配给制度。在计划经济时期，纺织服装产业的首要目标就是尽快解决我国广大城乡人民的穿衣问题[8]，企业不能自主经营，包括产品设计、生产计划、原料采购、员工聘用、销售范围甚至价格，都是由政府统一计划[7]，企业文化也就无从谈起。

我国企业文化概念真正被提出，则是在1986年。一大批学者和企业家看到了改革开放所带来的发展机遇，开始积极地学习国外先进的管理理论和方法。同时，国家和政府也开始积极引导企业加强文化建设。中共中央1988年提出要“大力培育富有特色的企业精神，把实现四化、振兴中华的共同理想同企业承担的特定任务结合起来”[9]。在该方针的指导下，中国企业文化研究会于1988年成立。

伴随着改革开放的进程和市场经济的全面展开，我国纺织服装企业由单一所有制向多元化所有制发展，一大批具有独立自主经营权的私营纺织服装企业开始涌现，使得我国纺织服装企业的生产，由传统单纯满足人民穿衣问题的生理与安全需要，转变为满足消费大众充分展示个性、寻求社会认可、尊重与自我实现的社会需要。

没有了计划配给，纺织服装企业只能积极参与到国内外的市场竞争中，获得消费者的广泛认可，从而打开市场，在竞争中取得优势。中外合资、外商独资纺织服装企业的出现，更让纺织服装企业看到企业文化所带来的实际市场竞争力。在这样的国内外环境下，企业文化在中华大地迅速崛起，我国的纺织服装企业通过了解、学习、总结甚至是模仿的方式，开始走上发掘与打造属于企业独有文化的必由之路。

改革开放30多年来，随着我国消费大众消费观念与水平的不断提高和市场的激烈竞争以及加入WTO带来的冲击等原因，我国的纺织服装业取得了长足的发展，企业文化也逐渐由最初的高度雷同化向着个性化、具体化、实效化转变[7]。五彩缤纷的优秀纺织服装企业文化的出现，成为我国纺织服装业从传统走向新型，从中国走向世界，从生产经营型走向品牌经营型的重要标志。

四、我国纺织服装企业文化的构成要素

我国纺织服装企业的文化，源于中华民族5000年灿烂文明，并有着通过“丝绸之路”进行对外交流的传统。随着中国加入WTO和市场营销理论以及西方现代企业文化理论与案例的大量引入，东、西方企业文化的交融日渐深入并呈现出历史最好水平。在这样的背景下，我国纺织服装企业的文化在兼具民族特色的同时，也普遍与国际企业文化接轨，融入世界企业文化之林。因此，我国纺织服装企业文化的主要构成要素既包含了中华民族的传统文化以及儒学、佛教和道家的先进文化理念，又兼具当今现代化企业文化的前沿思想（图11－2）。

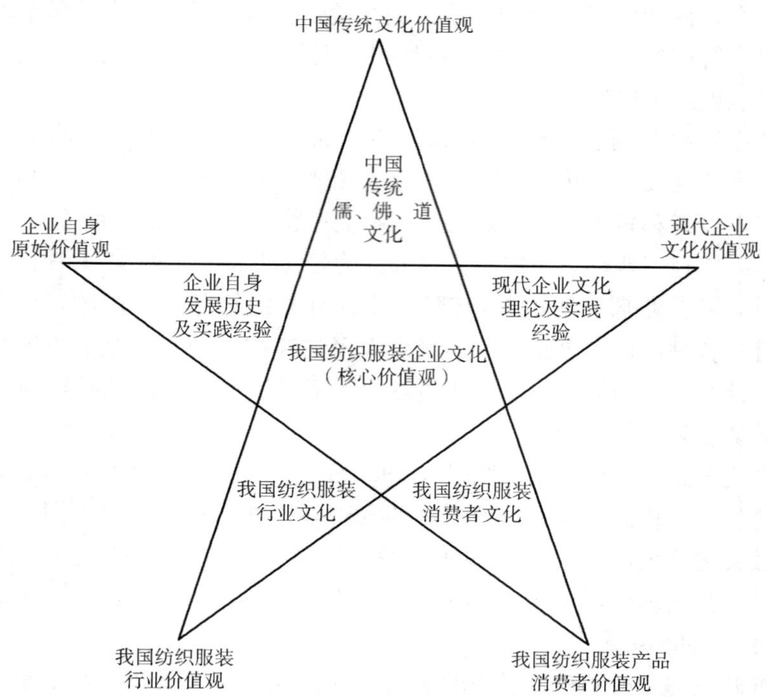

图11－2　我国纺织服装企业文化的主要构成要素

五、纺织服装企业文化与品牌文化的区别与联系

纺织服装企业文化很容易与品牌文化混淆，在很多人的观念中，品牌文化就是企业文化，但实际两者是既有区别，又紧密相关。

首先，纺织服装企业文化的主体是企业，其核心是“以人为本”，目的在于将企业的刚性制度和柔性文化结合在一起，刚柔并济，将员工个人的价值观与企业的价值观相统一，在行为、沟通、目标等方面自觉与企业匹配，从内心自觉接受企业文化，并认同企业的历史、价值、目标、经营及管理方式等，提高成员的凝聚力、执行力和竞争力。一个企业如果没有良好的企业文化，必定内部矛盾多多，人心涣散，市场竞争力与企业发展前景就无从谈起。

而纺织服装品牌文化则是将纺织服装产品与消费大众的情感联系在一起的核心要素。企业的产品要想获得消费者的认可，赢得市场，就必须要有优秀的品牌文化做支撑。品牌文化的主体是品牌，对象是消费者，品牌文化赋予品牌丰富的精神与情感内涵，并将其与产品的营销推广、款式设计、产品定位等结合起来，最终使消费者对品牌产生固定的认知，并在众多的品牌中识别该企业的产品。良好的品牌文化造就良好的企业品牌，给纺织服装企业产品带来直接的竞争优势。

由上述可知，纺织服装品牌文化的基础是企业文化，品牌文化是企业文化的重要组成部分。品牌文化的形成、建设与发展，始终与企业文化密切相关并受企业文化的直接影响、指导和制约，而品牌文化也只能在企业文化的范畴里产生，其价值观必须符合企业文化的价值观，其内涵必须与企业文化保持一致，不能独立于企业文化之外，更不能与企业文化相背离。

第二节　企业文化在纺织服装市场营销中的主要功能与作用

一、纺织服装企业文化营销的含义与特点

纺织服装企业文化营销是指纺织服装企业在市场营销活动中，有意识地发掘企业历史传统、核心价值观念、经营哲学与精神追求等文化内容，针对企业目标消费市场的文化环境，通过传递某种核心价值观的方式，为消费者搭建情感驿站和精神家园，为促进企业经营业绩而采取的一系列市场营销工作。其目的并不在于将产品迅速销售出去，而是通过与目标消费者的文化与情感沟通，使得消费者对企业、品牌及其产品产生高度的文化认同感与归属感，在购买同类产品时更愿意选择相关企业和品牌的产品，进而实现企业经营业绩稳定而持续的增长，在满足市场需求的同时，实现企业利益的最大化。因此，我国纺织服装企业文化的市场营销具有以下显著特点。

1. 开放性

纺织服装企业文化营销是利用目标消费群体对企业文化的认同而传播，这就要求企业文化必须具有开放性，通过各种途径对外宣传，采取各种措施与广大消费者积极互动，如免费组织消费者到企业参观，在零售终端实行体验式购物，发放 VIP 卡，建立忠诚顾客数据库并随时与他们保持沟通等，让目标消费群体能够充分接触和了解企业文化。同时企业还须依据目标消费群体的文化特征，与时俱进地不断调整和丰富企业文化，使企业文化与目标消费群

体文化在互动和共振中趋于一致，从而达到通过企业文化来实现产品促销的目的。

2. 时代性

纺织服装业是一个时尚性强且易受流行左右的行业，各种纺织服装产品不仅体现着时代的潮流和变迁，也体现着消费大众的消费观念和情感变化。这就要求企业文化必须具有鲜明的时代性，不能一味按照自身的准则，故步自封。一个企业文化竞争力的大小，核心就是看它的价值观念是不是适应市场竞争的环境，是不是体现了当代的时代精神[7]。只有将企业文化与所处时代的文化特征相结合，使其处于同一时代列车，才能充分利用企业文化的途径，有效促销企业品牌与产品。

3. 引导性

纺织服装企业文化营销的引导性特点主要体现在对内和对外两个方面。一方面，在企业内部，通过企业文化，引导全体员工规范职业道德，使他们具有共同的价值观、思维方式和行为规范，以统一的精神风貌和行为准则面向消费者，在与目标消费群体有效的价值观沟通中，准确传递企业文化。另一方面，在与消费大众的交流、沟通与互动中，既要利用企业文化对其消费观念进行引导，主动影响消费者的消费行为乃至生活方式，又要随时收集和学习源于消费大众的各种文化创意，在满足消费大众文化消费需求的过程中，不断完善和丰富企业文化或形成新的纺织服装消费文化。

4. 个性化

不同的纺织服装企业或品牌所针对的细分市场和目标消费群体不一样。为了更加适应特定市场环境的要求，纺织服装企业所采取的企业文化营销策略也必须具有鲜明的个性化特征。通过在整个营销过程中展现个性化的企业文化，可加速目标消费群体对企业文化的认同，使其能够直观地找到与自身要求相适应的个性化文化契合点，这对以企业文化来营销品牌与产品具有决定性的作用。

二、纺织服装企业文化营销的功能与作用

纺织服装企业文化市场营销的功能与作用，是将纺织服装企业文化渗入企业管理、产品设计、广告宣传、形象塑造、事业公关、卖场陈列等一切可以被消费者感知的环节，主动将企业文化向外传播，通过与消费者的情感交流，使目标消费群体对企业及其品牌产生高度认同感，并对企业的产品产生强烈的购买欲望，提高消费大众对该企业、品牌及其产品的忠诚度，实现产品销售的稳定性和持续增长，从而提高企业的市场营销效果和增强企业的市场竞争力（图 11－3）。

1. 产品差异化功能

没有一个纺织服装企业所针对的目标市场可以覆盖所有消费者，这是由市场消费需求的多样化特性所决定的。不同的年龄、职业、生活地域、收入水平、兴趣爱好、价值取向、生活方式甚至是不同的个性，都会使消费者对纺织服装产品具有不同的需求侧重。例如，老年消费者较看重纺织服装产品的实用性与安全性，中年消费者则对纺织服装产品的质量与社会功能要求较高，而年轻消费者则较看重产品款式是否时尚，是否能够体现个性化风采。消费者对纺织服装产品需求的这种差异性，决定着他（她）是否会最终购买相应的产品。一个纺织服装企业必须选择与其产品特征相适应的目标市场，但同时选择这个市场的，必定不止一

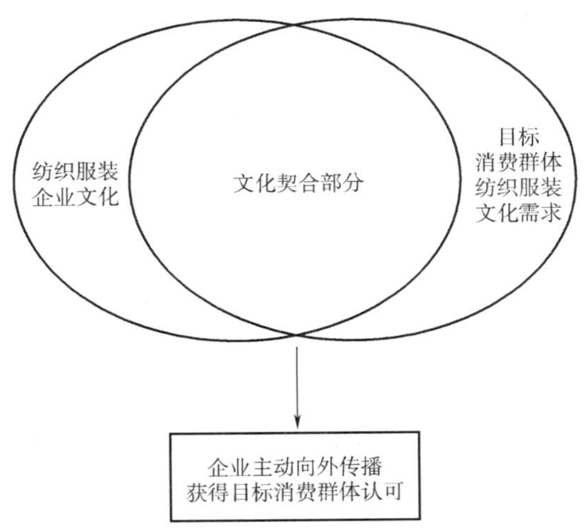

图 11 – 3 纺织服装企业文化与消费文化的契合

个企业。由于不同企业的目标市场可能相同，也由于纺织服装产品的流行周期较短等特性，使得不同企业的品牌、产品在一定程度上不可避免地出现同质化的现象。因此，将企业文化作为搭载企业品牌与产品差异性的重要载体，使消费者知晓该企业为顾客所创造的独一无二的价值，以满足消费者个性化与多样化的需求，让消费者能够在众多产品中迅速、稳定地识别本企业的品牌与产品及其文化个性就显得尤为重要。

纺织服装企业利用文化差异性来实现消费者成功识别产品的一般步骤为：

（1）确定目标市场，并了解处于该层次的消费者的消费心理及需求、消费群体的文化观念等。只有对目标市场进行深入调查了解，才能找出企业文化中与特定消费文化相契合的部分，并进行有针对性的主动传播。

（2）提炼企业文化，找出能够为消费大众提供的可与其他企业的品牌与产品区别开来的独一无二的价值，包括企业的核心价值观、Logo、产品风格、产品结构、零售终端形式、服务宗旨和水平、品牌文化观念等。

（3）采用恰当的传播途径，有效、准确、迅速、广泛地将企业文化中与特定消费文化相契合的部分向市场传播，使目标消费群体能够在第一时间内获得相应信息，引导和帮助消费者将企业特定文化与自身文化需求无缝衔接，从而搭建起企业文化营销的桥梁。

2. 提升企业品牌和产品内涵功能

在当今的消费社会中，消费大众对纺织服装产品的需求已不仅限于美观、耐穿及保暖透气等基本功能，更强调对产品的个性化风格和内涵的追求。时尚与流行的纺织服装品牌和产品，可以反映出消费者的生活态度和价值观念，代表着消费者的个性化品味与身份地位，也是消费者对外的一种自我展示。从这个意义上讲，消费者对纺织服装产品的消费，已不是简单的物质消费，而是一种文化性的消费，更是一种生理需求之外的心理体验和能够完美诠释消费者个性与价值取向的消费。

品牌和产品的文化内涵，并非与生俱来，而是源于企业文化并从中提炼而成。优秀的企业文化可催生出优秀的品牌文化，从而赋予品牌与产品深厚的文化内涵和不朽的“灵魂”，并由此带给消费者情感上的共鸣，且这种情感上的文化共鸣又是其他企业很难复制的。如成本同样为100元的产品，在款式、质量都一样的情况下，非品牌企业或许只能卖200元，而国际著名品牌就能售价几千甚至上万元，其间的差别便在于产品的文化内涵价值。由于消费者更多认可的是产品背后的企业文化，所以其价值不是仅靠对款式和质量的简单复制就可直接照搬的。

3. 与消费大众的沟通功能

企业的任何营销活动，总是与消费者的交流与沟通相伴，纺织服装企业的文化营销也不例外。通过赋予企业产品文化内涵，激发产品的文化属性，并将其运用于市场营销，借助文化的归属感和认同感，与消费大众特别是目标顾客产生强烈的文化共振，使消费者更容易理解纺织服装企业及其品牌、产品的文化内涵，把商品的买卖上升到情感与文化价值观的融合，实现与消费大众心灵与情感上的良好沟通与共识，将利益关系群体紧密维系在一起，是企业实现与消费大众良好互动的最佳工具与途径，也是相较于其他营销方式得天独厚的优势[10]。

4. 引导和激励消费的功能

大多数情况下，消费者在购买纺织服装产品时，其注意力通常会集中在产品的款式、材质、色彩、风格、售价、实用程度以及服务态度与水平上。在这个过程中，消费者在潜意识中已将自身的文化消费需求与纺织服装品牌与产品进行着文化性的匹配与认同。利用纺织服装消费行为的这种特性，企业通过主动向消费者宣传其企业文化、某种生活方式或是价值取向，可将消费者潜意识中的文化需求唤醒，使企业文化营销与消费者文化需求实现高度统一和谐和情感上的深度沟通与共鸣，取得消费者对企业及其品牌与产品的高度认同，引导消费者有意识地选择购买该企业品牌的产品，并成为该企业品牌和产品的忠诚顾客，从而实现提升产品价值、促进产品销售以及引导与激励消费的功能。

第三节　纺织服装企业文化营销策略

纺织服装企业的文化营销策略，是指企业赋予品牌和产品独具特色的文化内涵，向消费大众有效传递品牌和产品的文化信息与价值取向，并通过与消费大众的良好沟通与互动，让消费者识别与认同企业品牌与产品，在情感与精神归属上，找到与企业文化的交集与共鸣，满足目标消费群体的心理需求，从而实现促进纺织服装产品销售目的的恰当渠道与方式（图11-4）。

一、企业价值观文化营销

价值观是企业文化的主要组成部分，也是企业文化营销向外传播的核心内容。它决定着企业的经营理念、运行模式及企业的发展方向，深刻影响着企业的社会形象和经济效益。一种通过文化凝练和塑造的符合消费大众意愿的独特价值观，有利于赢得消费大众的广泛认同并给企业带来巨大的财富，是企业文化营销的首选策略。如全球最大黏胶长丝生产企业之一——我国丝丽雅集团（原宜宾化纤厂），将希腊古代传说中美惠三女神所代表的“美丽、

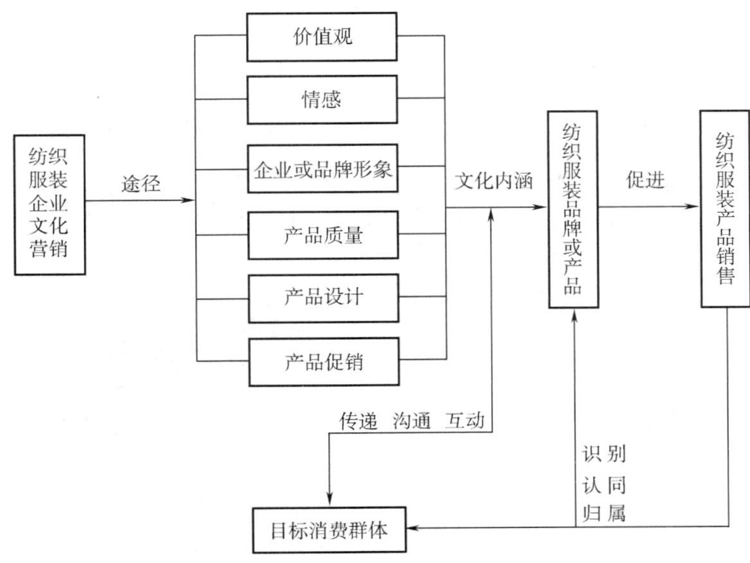

图 11－4 纺织服装企业文化市场营销途径与作用

魅力、快乐”作为其核心价值观（图 11－5），强调“丝丽雅之美，在于无畏的凝聚力；丝丽雅之魅，在于无穷的创新力；丝丽雅之乐，在于无限的和谐力”，提出“产业报国、行为为先”，崇尚与实行“提高人类生活品质为己任，致力于为社会、客户、消费者奉献美丽、魅力和快乐的产品，传播美丽、魅力和快乐的文化”的核心价值观[11]。正是在这样的企业文化营销策略的引导下，不仅使企业走出了 20 世纪 90 年代濒临倒闭的困境，还让企业的品牌和产品得到了国内外广大客户的一致认可。

图 11－5 丝丽雅 Logo 及其核心价值观

二、企业精神环境文化营销

企业文化的对象是人，强调的是“以人为本”。企业文化只有得到大多数员工的认可，使其实实在在地感受到企业文化的优秀之处，并将其作为共同的奋斗目标，才能使员工产生强大的凝聚力和极大的积极性与创造性，愿意主动投入到企业文化的参与和建设之中，并在与包括消费者在内的其他人群交往的过程中，主动、有效地将企业文化向外传播。因此，品牌形象、管理制度与水平、员工整体优秀表现等良好的精神环境面貌，是企业向消费社会和消费大众传播企业文化和产品促销的有效方式与途径。如上海某一主要从事衬衫整理和检验业务的服装公司，在 2011 年年底爆出要求员工每天钻 1m 高的“小门”进出车间（图 11－

6），甚至连怀孕的员工也不例外[12]，不仅引起企业员工的极度反感，而且导致大量网友纷纷抵制该公司及其产品，从而使其失去了大量现有和潜在顾客。

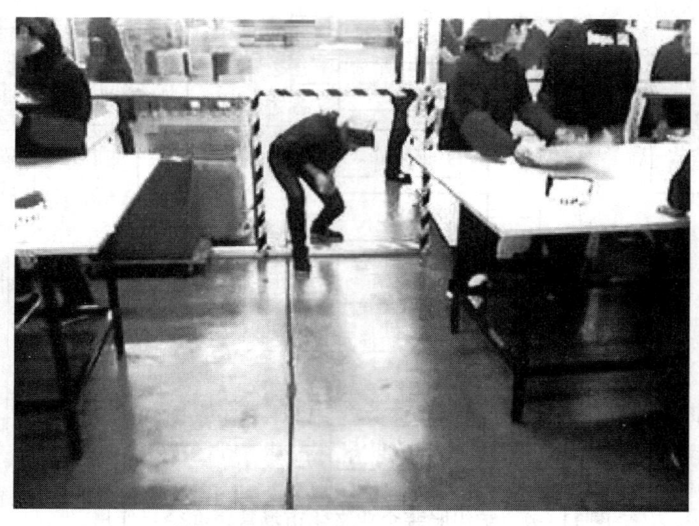

图 11－6　某企业员工钻过“小门”进入车间[12]

三、企业形象文化营销

企业形象赋予产品的文化附加值，使消费大众对品牌和产品的认识不仅停留在物质水平，而是追求对精神和心理需求的满足，是企业向消费者传播企业文化最为直观的方式，也是消费者识别纺织服装企业及其品牌、产品的重要途径。而产品质量和企业文化则是企业构建品牌和塑造企业社会形象的关键与基础要素。所以，确保企业产品质量与抓好企业文化内涵的建设，大力发掘、塑造并展示企业的特色形象是企业实施品牌战略和形象文化营销策略的重要保障。

因此，企业应依据市场、企业自身与竞争对手的特点，在企业形象设计中导入企业文化，形成企业独有的识别系统，充分体现企业品牌所承载的文化元素，树立企业形象文化体系。对企业形象塑造的每一步，如商标、广告、卖场陈列、员工着装、行为特点及产品设计风格等一切可直接识别企业品牌文化的要素进行详细的规划，设计出能够体现企业特色，彰显企业文化与品位，张扬产品独创性、差异性和新颖性的企业形象识别系统（Corporate Identity System，简称 CIS）。它包括理念识别（Mind Identity，简称 MI）、行为识别（Behavior Identity，简称 BI）和综合信息视觉管理（Visual Identity，简称 VI）等内容。其中，如何将企业的独特品牌、实力、信誉、服务理念传达给受众，是 VI 实施的重要任务，也是 MI、BI 的具体体现。一个优秀的企业，如果没有统一的视觉管理规范，就不能在消费社会和消费大众中树立起企业的品牌文化形象，让消费者产生认同感和信任感。如从 1905 年就一直使用传统“松”与“鹤”标志的日本松屋百货，曾面临企业倒闭的风险，在引入新的 CIS 后，这家老牌百货公司竟奇迹般地起死回生。据市场调查表明，国外众多消费者在看到松屋百货传统的标志时，会认为该公司属于重工业（Heavy Industry），而本国消费者则认为这个标志代表着传统性的衣料企业[13]。这个调查结果让松屋百货下定决心要彻底改变企业形象并在20世纪70年代聘请了博奥司（PAOS）公司做出了新的标志与CIS系列设计（图11－7）[7]，包括招牌、包装纸、购物袋、装饰、广告、促销方案等，充分突出了品牌华丽与精细的文化形象。凭借新的CIS和对企业服务态度与水平的提升，松屋百货在采用新的CIS系统的前三年，每年的营业收入增长率都保持在12%以上，成为银座最佳商店评比调查中位居第一的百货公司。

(a) 松屋百货原有Logo

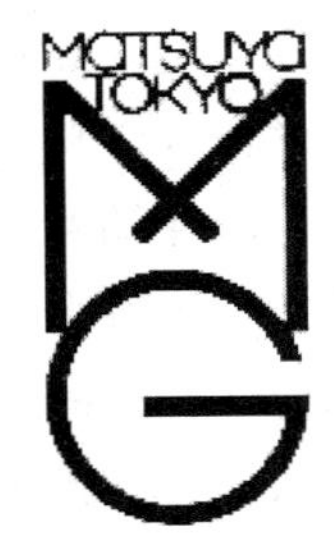

(b) 引入CIS后松屋百货新Logo

图11－7　松屋百货新旧标志对比

四、产品质量文化营销

质量是一个企业品牌和产品的本质、生命和长盛不衰的重要支柱，也是企业诚信度的重要表现。消费者青睐名牌，甚至不惜高价购买其产品，除了品牌所具有的丰富内涵与特色文化外，另一重要原因是品牌体现着消费大众对产品综合质量的普遍认可、高度依赖和优良评价，是消费者决定是否购买以及继续购买的关键要素。所以，过硬的产品质量、有效的质量保证体系、可信的质量承诺是优秀的企业文化的直接体现和企业利用文化实施品牌营销策略和文化营销策略的重要载体。它要求企业在产品生产的各个环节，从原材料采购、加工过程、生产规范、行为准则、质检要求等各个方面都必须做好质量控制管理，确保企业获得ISO 9001 、ISO 9002国际质量管理体系认证、ISO 14000国际标准化组织环保认证和国家工商管理总局的质量信得过认证，使企业的精神内涵能够真正体现在企业的产品上。

五、产品设计文化营销

纺织服装产品的设计既是艺术与技术的结合，也是一种文化创造。真正能够吸引消费大众成为企业长期忠诚客户的产品必然拥有能与消费者产生文化共鸣的设计。虽然单纯的产品款式设计也能吸引部分消费者进行购买，但并不一定能使其成为品牌的长期客户，也达不到使企业经营业绩获得持续稳定增长的目的。如某一女装企业的产品，此季度推出的是淑女风格，吸引了大批顾客购买，但下一季度却一味追随流行的变化失去了品牌较为稳定的定位，整个变成了熟女风格，那么之前被吸引的顾客便会流失，也会混淆消费者心中已有的品牌形象。因此，以企业文化来指导产品设计，在产品设计中综合体现企业文化的核心价值观，将艺术、技术与文化融合在一起而赋予产品独特的内在气质与美感，是企业激发消费者购买欲望和最具活力与创造力的文化营销策略之一。

六、产品促销文化营销

产品促销是指企业利用各种传播媒介与方式向消费大众发出刺激消费的各种信息，来影响消费者的消费心理与购买行为，在短期内扩大销售量的战术性营销策略。常见的促销手段有广告、推销、推广活动、公共关系和网络营销等。适宜的促销活动能合理地刺激消费大众的消费欲望，吸引消费者购买产品，达到直接促进纺织服装产品销售、提升企业经营业绩的效果。

在纺织服装产品的促销活动中融入企业文化，利用广告、公共关系、推广活动或推销等各种促销手段，赋予促销活动丰富的文化内涵，以文化推动消费者对企业品牌和产品的认知，吸引消费者购买产品，同时发现潜在消费者，使消费者和企业之间形成良好的互动，能有效地在短期内促进企业产品的销售和提升企业的经营业绩。

企业文化决定着企业将采取何种产品促销策略。例如，高端纺织服装产品在打折促销时就往往不会采取低价策略，因为太低的价格会使企业产品失去原本应有的高贵气质；而低端的纺织服装产品则常常会选择价格战去抢占市场份额。企业所采取的促销策略必须与企业文化所长期树立的企业形象一脉相承，这样才能符合消费者内心对企业产品的定位，在赢得新消费者的同时，不至失去原有消费者。

第四节　服务于市场营销的纺织服装企业文化建设

优秀的企业文化可以促进纺织服装产品的销售，要使企业文化能够对纺织服装产品市场营销起到真正的促进作用，首先要求企业要拥有优秀的企业文化，但要真正发挥企业文化营销的作用，仅仅拥有优秀的企业文化并不够，还须将企业文化与目标消费市场的文化需求高度契合，并根据目标消费市场的文化需求，有针对性地进行企业文化的建设，具体可采取以下措施。

一、梳理企业历史

纺织服装企业发展的历史，是企业文化产生的基础，一个企业的发展史往往累积有大量的精神财富，但并不都能够成为构建企业文化的要素。因此，纺织服装企业的文化建设，必须梳理企业的历史，找出既能体现企业特点和员工意志又能获取消费者偏爱的关键要素，去除糟粕，保留精华，与企业的未来发展方向有机融合，并满足以下几个方面的要求：能够促进企业经营快速发展；能够指引企业员工全面健康地成长；能够获得员工的认可，增强企业的凝聚力；能够获得社会消费者的认可，增强企业的社会凝聚力。只有这样，才能提升企业品牌及其产品的内涵，提高产品附加值，使其能够渗透于整个市场营销的每个环节，促进消费者长期购买，培养忠诚客户。如现代国际知名度最高的品牌商标之一，由加布里埃·香奈儿（Gabrielle Chanel）在1925年亲自设计的“双C”标志（图11－8）就是这方面的典型案例。它不仅是香奈儿名字的缩写（Coco Chanel），还源自神灵，并有着皇族的血统和渊源的品牌故事：在香奈儿的故乡，有一座富有浪漫情调的水上城堡——雪龙梭古堡（Château de

Chenonceau)，被誉为停泊在希尔河（Le Cher）上的航船。雪龙梭古堡又称“妇人堡”，带有浓郁的女性气息。它的美丽花园和幽静松林，曾吸引了多位王后、宠妃和贵妇人在这里居住，流传下许多香艳缠绵的故事。而在该古堡中皇后凯瑟琳·美第奇（Catherine de Médicis）居住过的卧室里，壁炉雕塑上就镶有 Chanel 亲自为其设计的象征皇后尊贵地位、皇家血统、雪龙梭古堡女性气息的金色“双 C”徽标。时至今日，“双 C”标志已成为高雅、富有、精英主义和国际时尚的代名词和高贵、优雅女性时装的代表。

图 11－8　雪龙梭古堡中的“双 C”标志和香奈儿的商标

二、分析企业所处环境

“物竞天择，适者生存”的自然法则表明，纺织服装企业必须要对企业所处的现实环境有清醒的认识，对企业文化的塑造应当符合企业所处历史环境的特定要求。企业的现实环境，包括企业内部发展要求和企业外部的竞争环境，它们相互作用，相互影响，决定着企业文化是否符合实际，能否有效达到其应有的效果。所以企业文化不应一成不变，而应随时代和环境的变化而不断改进，并能够展现企业鲜明的个性和价值取向。

充分挖掘服务于市场营销的企业文化，要求企业对营销环境进行深层次的分析。纺织服装企业需要做大量的市场调研，包括对目标市场文化、社会大众价值观、风土人情以及目标消费者个体的文化倾向的研究，例如，他们受教育的程度、收入水平、兴趣爱好、消费需求以及消费习惯等，使企业文化能够适应目标市场文化并与其产生共鸣，最大限度地激发目标市场中大多数消费者的文化认同感，从而能够获得市场的普遍认可，在市场竞争中站稳脚跟。同时，在服务于市场营销的企业文化的建设过程中，企业不能仅被动适应目标市场文化，还应当积极采取实施企业文化的营销策略，主动与市场进行文化沟通，引导市场文化向着对企业和对社会有益的方向发展。如积极向目标市场介绍、推广企业的文化理念，使市场了解、接受和认同相应的企业文化，形成直接沟通，产生情感认同，有效地影响目标消费群体的消费观念，促使消费者把对纺织服装企业的文化认同转变为消费需求，并促进消费行为的发生，进而形成消费习惯，为纺织服装企业在现实竞争中取得生存和竞争优势奠定坚实的基础。

三、着眼企业长远的市场发展

企业文化经过历史提炼、现实考验后，直接服务于纺织服装产品的市场营销，最终目的是要使纺织服装企业在竞争中获得可持续发展的生存空间和竞争优势。因此，企业文化的建设要能够支持企业的长远发展规划，并服务于企业的未来发展战略目标，否则就有可能面临推倒重建的局面，这意味着企业的核心价值观、经营哲学、道德规范等都会受到冲击甚至崩塌。由于重建企业文化的成本巨大，因此若不能及时准确地调整企业文化与市场变化、企业发展之间的关系，将会对整个企业的发展造成破坏性极大甚至是毁灭性的后果。所以，服务于纺织服装市场营销的企业文化的建设，应树立科学的发展观，并具有着眼于企业未来发展以及对市场变化的前瞻性，有利于企业在较长的一段时期内不做大的变动。同时，企业文化的建设还需要有一个不断丰富和完善的机制，保证企业文化能够在企业不同的发展时期、不同的市场环境以及消费大众文化变迁的情况下，能够赋予企业市场营销以不同的适宜的文化内涵，保证企业文化与时俱进的先进性，充分发挥企业文化的市场营销功能。

四、坚持以人为本

企业文化理论强调“以人为本”的价值观念，而将企业文化运用于企业产品营销，也必须遵循这一原则。通过不断提升企业员工的综合素质和业务水平，培养自觉认可企业文化的职工队伍以及全体员工每个人的身体力行，使企业文化能够贯穿于企业的管理、设计、生产、营销、服务等所有的经营环节，一切都以满足消费大众的消费需求为目标，即为了人、关心人、理解人、重视人、依靠人、尊重人、凝聚人、培育人[7]，以消费者为中心，在满足消费者物质需求的基础上，充分发掘和满足消费者的精神文化需求，让企业文化准确有效地向消费者传播，实现与消费者进行有效的价值沟通和文化沟通，促进纺织服装产品的销售。从这个意义上讲，纺织服装企业的文化营销，本质上是一种“以人为本”的市场营销策略。

自加入 WTO 以来，特别是最近十年，我国纺织服装业受到国际纺织服装业文化营销的刺激，已逐渐开始重视和发展企业的文化营销，但目前还没能很好地融入市场营销体系，在国内外的市场竞争中尚未真正体现和发挥出文化竞争的优势，且存在一定企业文化建设的误区：

1. 认为品牌文化大于企业文化，重点打造品牌文化，以品牌文化的宣传带动销售增长

企业文化的塑造与传播及其在市场营销中发挥出应有的作用，都需要“立足现在，着眼未来”的一个时间过程和足够的成本投入。但在目前残酷的市场竞争环境下，多数企业不愿意在企业文化的建设上大量投入资本、人力和时间，而更多选择能直接切入市场并产生当下效益的品牌文化，这是对企业文化与品牌文化关系不很明了的直观反映。实质上，没有企业文化作为基础，牵强地赋予品牌名义上的文化，使得企业的产品没并有相应的文化深度和内涵，将无法获得消费者长期的文化认同，导致纺织服装品牌产品附加值低，不能持续创造效益，最终陷入“新品牌—销售一两年—消失—重新注册新品牌—销售一两年—再次消失”的死循环。

2. 盲目学习国外纺织服装企业文化，不重视企业实际市场环境和我国传统文化

近年来，我国纺织服装企业已逐步重视企业文化在市场营销中的作用。特别是最近几年海恩斯莫里斯（H&M）、西雅衣家（C&A）、盖普（GAP）、优衣库（UNIQLO）等国际服装零售商大批进入中国大陆，国内纺织服装企业开始向他们学习企业文化营销的经验，却走入另外一个误区，即盲目模仿甚至直接照搬国外纺织服装企业文化营销模式。

企业文化营销的功能之一，便是赋予品牌和产品文化内涵，使产品差异化。中华民族的传统文化有着5000年的辉煌历史，在全世界有着巨大的影响力，并在企业的文化建设中发挥着决定性的作用[14]，也是我国纺织服装企业文化的构成基础和在世界纺织服装业中保持差别化的根本要素。因此，我国纺织服装企业应当在继承我国传统文化精髓的基础上，依据企业自身和所处环境的实际情况，因地制宜地建设独特的企业文化。若一味模仿照搬，就有可能出现如美特斯邦威模仿Zara推出的“麦时尚”品牌快销模式后所导致的“水土不服”现象。

3. 企业文化成为口号，在实际的经营活动中并未贯彻执行

将企业文化的建设流于形式，或虽有建设但却未在实际的市场经营活动中有力贯彻，甚至不以企业文化为指导，仅依靠经验甚至是潜规则行事，是我国目前许多纺织服装企业文化建设与应用的实际现状。由此说明，企业文化和以企业文化为指导的市场营销策略的建立，特别是蕴含历史积淀、具有前瞻性并满足消费社会需求的企业文化体系的系统建立，将是我国大多数纺织服装企业目前与未来一段时期的重要使命。

虽如上述，我国纺织服装企业在文化建设上还存在不少误区，但随着我国社会主义市场经济的深入发展和对外开放度的逐步增加，企业市场营销中的文化内涵已越来越厚重，目前已成为一个专门的营销领域并从幕后逐步走向前台[10]。越来越多的企业已认识到目前企业文化建设对于市场营销的重要性，并开始认真探寻和建设符合当今国内外市场竞争环境所需的企业文化，这将成为未来我国纺织服装企业不断完善和拓展其营销策略的主要措施和重要的发展趋势之一。

思考题

1. 什么是文化和企业文化？其重要性与目的意义是什么？

2. 什么是纺织服装企业文化？其主要来源与构成要素是什么？它与纺织服装品牌文化有着怎样的区别和联系？

3. 什么是纺织服装企业文化营销？你认为应当如何定义？

4. 纺织服装企业文化在市场营销中有何重要的功能与作用？请结合国内外典型案例加以说明。

5. 我国纺织服装企业文化建设的现状及其在市场营销中的运用处于什么状态？其主要影响因素与原因什么？

6. 你认为我国纺织服装企业文化应如何建设并服务于市场营销？应采取哪方面的措施来加以改进？

7. 我国纺织服装企业文化建设及其在市场营销中应用的未来发展趋势是什么？

参考文献

[1] 夏征农．辞海·1999年版语词分册［M］．上海：上海辞书出版社，2003.

[2] 中国共产党第十七届中央委员会．中共中央关于深化文化体制改革推动社会主义文化大发展大繁荣若干重大问题的决定［EB/OL］．http：//www. gov. cn/jrzg/2011 －10/25/content_ 1978202. htm.

[3] 特雷斯·E. 迪尔，阿伦·A. 肯尼迪．企业文化——现代企业的精神支柱［M］．唐铁军，等，译．上海：上海科学技术文献出版社，1989.

[4] John P. Kotter，James L. Heskett. Corporate Culture and Performance［M］. New York：N. Y. Copyright by Simon & Schuster Inc.，1992.

[5] 威廉·大内. Z 理论［M］．孙耀君，王祖融，译．北京：中国社会科学出版社，1984.

[6] R. 帕斯卡尔，A. 阿索斯．日本企业管理艺术［M］．陈今森，等，译．北京：中国科学技术出版社，1984.

[7] 罗长海．企业文化学［M］．北京：中国人民大学出版社，2006.

[8] 殷黎杰，胡建，张秋影，等．中国服装产业 风雨沧桑 90 年［EB/OL］. http：//fashion. ce. cn/news/cgir/201107/04/t20110704_ 22519348. shtml.

[9] 中国共产党第十三届中央委员会．中共中央关于加强和改进企业思想政治工作的通知［J］．思想政治工作研究. 1988（12）：6.

[10] 梁琳娜．基于消费者需求变化的企业文化营销研究［J］．经济论坛，2009（9）：116.

[11] 宜宾丝丽雅集团有限公司．企业文化［EB/OL］. http：//www. cn - grace. com/Culture. asp？Title = 核心文化．

[12] 青岛新闻网．公司强迫女员工钻洞出入 孕妇拒绝被辞退［EB/OL］. http：//www. qingdaonews. com/gb/content/2011 - 12/20/content_ 9054369. htm

[13] 中西元男. CI 理论与实例［C］．艺风堂出版社编辑部，编译．台北：艺风堂出版社，1991：35.

[14] 王亚华．中国民营服装企业品牌建设的文化思考［D］．苏州：苏州大学，2006.

第十二章　纺织服装绿色营销

本章重点知识

1. 绿色营销的概念与意义。
2. 纺织服装绿色营销的含义。
3. 我国纺织服装绿色营销的现状与特点。
4. 纺织服装绿色营销的主要功能与作用。
5. 纺织服装绿色营销的策略及其影响因素。
6. 我国纺织服装绿色营销的未来发展趋势。

当世界步入经济全球化、社会生活一体化的21世纪时，关爱生命，保护地球，尽一切可能使我们赖以生存的自然、地理、人文环境保持“绿色化”，已成为全人类超越种族、地区、民族、国家和意识形态的共同话题。随着人类社会生活水平的不断提高和“绿色”意识的日益强化，社会大众对纺织服装产品的质量评价与消费追求，已不再局限于传统的美观、实用和耐用，而是在满足时尚性与舒适性的同时，更加注重绿色、环保、安全、健康，并在风格上趋向于简约、低碳和自然。在当今的消费社会中，绿色、环保、低碳的生态纺织服装产品已成为广大消费者所青睐的时尚产品和市场营销的新卖点，并为产品的多数生产者和市场经销者高度关注与投入。在这样的背景下，绿色营销（Green Marketing）应运而生，并迅速成为左右全球纺织服装贸易的焦点和消费社会关注的热点[1]。

第一节　纺织服装绿色营销的基本概念

一、与纺织服装产品“绿色营销”相关的重要概念

1. 绿色的概念

“绿色”一词的物理学含义是指自然界中常见的比嫩草颜色略深，电磁波波长在500～570nm，介于蓝与黄之间的一种光谱颜色[2]。除此外，绿色自古以来就还有着非常丰富和广泛的社会学含义：中世纪时绿色代表邪魔或情爱；在军事和交通领域中，绿色代表行动和通行；在西方，绿色代表股价上升，但在中国却用绿色表示股价下降；因美钞徽记和背面均为绿色，所以绿色在美国象征着金钱与财富；在中国的“五行学说”中，绿色则象征木，是植物的颜色，也是春的象征；而在当今社会中，绿色除表示自然、和平、生命、生机、生长、青春、希望、宁静等外，亦是人类社会生产、生活、贸易、消费行为中的环保、无污染和无公害、生态的国际通用性象征。

2. 绿色消费

绿色消费亦称可持续消费，指人类有节制性的适度消费。绿色消费在强调消费作用的同时，更强调消费和再生产与环境之间的生态平衡性。所以，绿色消费也指以绿色、自然、和谐、健康为宗旨，以崇尚自然和保护生态为主要目标，可减少或避免破坏自然与人文环境的新型大众消费行为。它不仅有利于人类社会与自然环境的和谐共处和人类的可持续发展，同时也符合地球生物的基本生存原理——与自然环境和平共处，协调发展，共生共荣。

3. 绿色贸易

绿色贸易又称可持续性贸易，是指为了实现人类社会的可持续发展，在各种贸易活动中避免或制止因贸易活动损坏人类的生存环境、打破自然循环以及对人类生命与健康造成危害，保护环境友好的一种安全、健康的产品贸易形式。

绿色贸易与传统贸易不同，传统的贸易只关注市场上发生的费用，而绿色贸易则是将市场外的环境因素也考虑在内，增加了与之相关的社会成本和环境成本，其核心是充分体现人类对环境与自然资源的保护和可持续发展的绿色理念。因此，绿色贸易可体现在以下几方面[3]。

（1）绿色原料和清洁的生产技术。企业在选择生产产品、技术、生产原料和整个制造过程中，必须将对环境产生的损害降到最低，实施绿色化生产，淘汰或改造原有的高能耗、高污染的生产设备，选择清洁的原材料，采用清洁的生产工艺，以提高资源和能源的综合利用率，减少生产过程的废物排放，所生产的绿色产品必须在使用中不包含危害人体健康和生态环境的因素，并有节能、节水、静音等功能，使用后易回收复用[4]。

（2）绿色设计和绿色包装。在设计产品及其外包装时，企业需尽量降低使用的残余物及减少商品包装所用的资源，同时必须避免或减少对环境的污染。

（3）绿色营销。以绿色文化作为价值观念，以环境保护和生态平衡作为经营理念，以绿色消费为经营宗旨和出发点，满足消费者的绿色消费需求。

（4）绿色品牌。绿色品牌是通过事件，倡导、推广“健康、和平”绿色理念树立起的品牌的通称。在消费者注重健康、环保、舒适的时代孕育出了一批优秀的绿色品牌，有利于企业的可持续发展。在纺织服装领域，企业参与国际贸易更应积极开发属于自己的绿色品牌，提高绿色竞争力[4]。

（5）绿色服务。以保护环境、减少污染、节约资源为服务宗旨。

（6）绿色消费。在商品消费与使用过程中，尽量降低对环境的破坏或引导其降低对环境的损害。

（7）废弃物的处理。在商品生产过程中所产生的废弃物的处理应以社会可持续发展为前提，将其对污染和浪费降到最低，满足目前整个社会的绿色需求。

4. 绿色壁垒的含义及其主要形式

绿色壁垒亦称环境壁垒、生态壁垒。广义含义指以保护地球上有限的自然资源、保护生态环境、遵循自然循环为目的，通过刻意制定苛刻的环保标准直接或间接采取的限制甚至是禁止的贸易措施；它亦是通过颁布多种多样的环保条例、法律法规，拟定烦琐且高要求的审批、检验程序，建立严格的生态技术标准等方法对进口产品所设置的贸易障碍。狭义含义则指一个进口国家以可持续发展、保护生态环境为由，以限制进口、保护本国商品供给为目的，对外国商品进口故意设置的带有歧视性的或对正常环保本无多大帮助的贸易障碍。

总的说来，它是利用关贸总协定（GATT）或世界贸易组织（WTO）各类协定中有关环境保护的相关规定所设置，在国际贸易中对来自国外的产品进行限制的一种贸易或政治手段[5-7]。因此，纺织服装产品绿色贸易壁垒的出现伴有非常复杂多样的政治、社会、文化和经济背景，其产生的重要条件是环境问题的社会化与全球化，而世界各国为维护本国的经济利益以及对其贸易与市场的自我保护，则是导致纺织服装产品绿色壁垒在全球大行其道的重要原因[6,8-10]。

随着世界政治与经济格局的不断变化、经济危机的产生、贸易竞争的加剧以及贸易保护主义的影响，目前全球商品交易中的绿色贸易壁垒呈现出的主要形式也有很多（图12-1）。

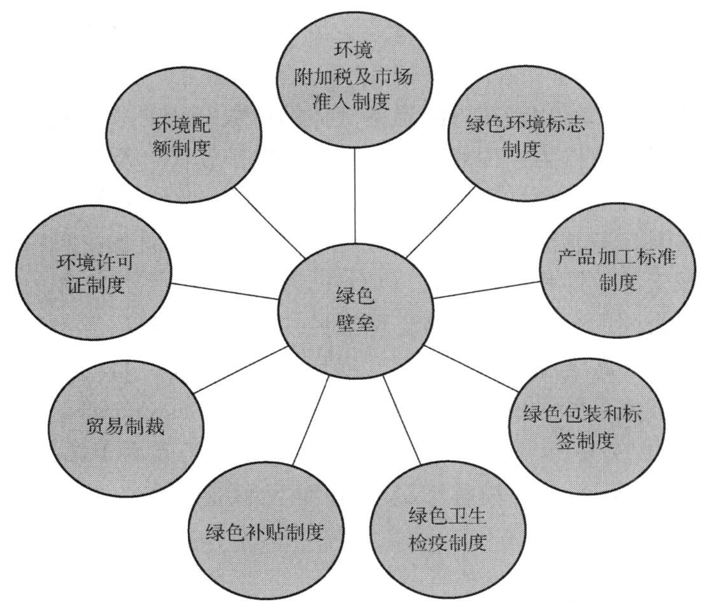

图12-1　绿色壁垒的主要形式

5. 绿色营销

2000年澳大利亚纽卡斯尔大学（Newcastle University）营销学讲师迈克尔·杰伊·波隆斯基（Michael Jay Polonsky）首次使用了环境营销（Environmental Marketing）的概念，并将其定义为：将环境管理认知作为事业发展的义务和成长机会的营销活动[11]。杰奎琳·奥特曼（Jacquelyn A. Ottman）在《绿色营销：应对消费需求环境》（Green Marketing: Responding to Environmental Consumer Demands）（1999年）一文中指出：绿色营销具备的两项主要目标，一是要发展出一种产品，它既能在质量、功能、价格、便利上满足消费者的需求，还要与环境相互协调，也就是说对环境的影响最低；二是产品要建立起高质量形象，高质量所传达的信息包括对于环境的关怀，这些不但表现在产品的特质上，也反映在制造厂商长期的环保纪录上[12]。其后，随着时代的进步和社会对绿色营销及其重要性认识的不断深化，市场营销领域开始迅速兴起绿色营销的浪潮，并构成了21世纪市场营销的主流。其具体含义是指新经济时代背景下，人类社会基于可持续发展的指导思想，维护生态平衡、保护人类生存环境和健康、珍视地球生物生命的一种以环境保护为出发点，以绿色消费为营销理念，以绿色文化为价值观的一种新兴营销策略和营销模式。在这种新营销模式的要求下，企业必须在经营管理中始终贯彻自身利益、消费者利益和环境利益三者相互协调统一发展的原则。

6. 绿色 GDP

国民生产总值（Gross Domestic Product，简称 GDP）是指一定时期内（一个季度或一年）一个国家或地区的经济中所生产出的全部最终产品和提供劳务的市场价值的总值。而绿色 GDP 则是倡导科学发展观之后，对经济发展所实施的一种新的考量指标，即在创造 GDP 的同时不能只关注经济的增长，还应该关注环境与资源的协调可持续发展，并注重建立资源节约型和环境友好型社会。

7. 碳交易

原本世界上并不存在“碳资产”的概念，它既不是商品也没有任何经济价值。但在 1997 年《京都议定书》签订后，这个名词却频繁出现，究其原因，是在环境合理容量的前提下，政治家们认为对人类包括二氧化碳在内的温室气体的排放行为必须受到限制，应把以二氧化碳为代表的温室气体排放权作为一种商品，导致了“碳排放权”及其“减排量额度（信用）”开始出现稀缺，成为一种有价商品而称为“碳资产”，并由此伴生了“碳交易”。因此，“碳交易”是用来减少全球二氧化碳排放量，促进全球温室气体减排的一种市场机制。其理论依据和本质都是排污权交易，即将二氧化碳（CO_2）为代表的温室气体作为排污权进行的一种交易，其基本原理是合同的一方通过交易支付给另一方资金而获得温室气体的减排额，买方可以将购得的减排额用于减缓温室效应从而达到其减排的目的。目前世界上主要的碳交易所共有四个：欧盟排放权交易所（European Union Greenhouse Gas Emission Trading Scheme，简称 EU－ETS），英国排放权交易所（UK Emissions Trading Group，简称 ETG），美国芝加哥气候交易所（Chicago Climate Exchange，简称 CCX）和澳大利亚国家信托公司（National Trust of Australia，简称 NSW）[13]。

8. 生态纺织服装产品

生态纺织服装产品是指在原材料生产、加工、使用、资源回收、废物处理等全过程中，能起到消除污染、保护环境、维护生态平衡，并对周围环境无害或少害、对人体健康无害的纺织服装产品[14]。

在人类早期的生产与消费观念中，纺织服装产品的生产与消费，与环保和生态基本不搭界。但随着制作纺织服装产品的原材料，如棉花、苎麻等在种植阶段，大量的使用杀虫剂、化肥和除草剂；在原料储存时，使用防腐剂、防霉剂、防蛀剂；在织布过程中使用氧化剂、催化剂、去污剂；在印染中使用偶氮染料中间体、甲醛和卤化物载体及重金属，使得纺织服装产品在生产与消费的各个环节都与绿色、生态、环保和低碳密不可分。

正因为如此，世界知名纺织服装企业或品牌都率先以绿色、低碳产品投放市场，如 1992 年 2 月在德国杜塞尔多夫最新成衣展中，首次集中展示了环保服装；耐克在低碳环保鞋方面投入数千万美元，完善了生产不含六氟化硫气体（SF_6）气垫的工艺；李宁与日本帝人株式会社合作，使用环保的面料（Ecocircle 面料）推出了全系环保服装；李维斯（Levi's）回收旧牛仔裤，倡导低碳、简约型生活方式；为在温度较高的春夏减少冷气的用电量，巴宝莉（Burberry）开始采用透气清爽的毛料，其设计总监克里斯托弗·贝利（Christopher Bailey）

则建议男士以轻薄的针织开襟羊毛衣取代正式西装；杜嘉班纳（Dolce & Gabbana）、范思哲（Versace）的男装则趋向于材质轻薄的面料等[15]。美国南卡罗莱纳州的 Martex Fibe 公司多年来热衷于回收利用纺织品的生产废料，通过回收利用纺织品废料重新开发制作纺织服装成品，从根本上消除种植棉花和棉产品染色过程中所消耗的大量水资源[16]。

二、纺织服装产品绿色营销的含义与特点

随着人类社会生活水平的不断提高，消费大众对生活质量的要求和对生活环境的关注以及对绿色消费的需求正在日益增强，纺织服装产品的绿色营销也就应运而生，具有独特和更加能够吸引消费者的特点。

1. 纺织服装产品绿色营销的含义

绿色营销一词最先出自于英国威尔斯大学肯·毕提教授所著的《绿色营销——化危机为商机的经营趋势》一书。此书将绿色营销定义为：以促进可持续发展为目标，为实现经济利益、消费者需求和环境利益的统一，市场主体根据科学性和规范性的原则，通过有目的、有计划地开发及同其他市场主体交换产品价值来满足市场需求的一种管理过程[17]。

消费者最初对纺织服装产品仅要求保暖、舒适、美观即可，而随着生活质量的提高，人们更加关心的是此类产品是否会对周围的环境造成污染，对自身的健康是否会有不良影响，绿色意识进一步加强，更加促进了绿色营销的发展。从回归自然到可持续发展，消费大众的绿色意识提升到了一个更新和更高层次，不仅要穿得时尚、舒适、卫生和个性，而且要健康、安全、无公害，在回归自然的同时顺应绿色化的潮流[18-20]。

纺织服装产品绿色营销的含义是指全社会绿色消费和环保意识日益提高的背景下，企业在绿色理念的驱动下，从保护环境、反对污染、充分利用资源的角度出发通过一系列绿色化的营销方式来发现、创造并选择市场机会，顺应和满足社会大众的绿色消费需求，在保证社会与生态环境协调发展的同时，实现自身盈利且可持续发展的过程[20]。

纺织服装产品的绿色概念，包括在绿色和生态理念下对产品的设计、研发、生产以及以绿色价格、绿色营销策略开发绿色市场，满足绿色消费需求等系列环节，最终目的是在解决环境危机的同时取得商业机会，在实现企业利润和让消费大众满意的同时，达成人与自然环境的和谐相处与共同发展[21]，其影响因素参见图 12－2。由此可知，纺织服装产品的绿色营销不是一种诱导顾客的手段，更不是企业用来塑造公众形象的“包装纸”，其核心理念是在绿色市场、绿色技术和绿色经济基础上，按照环保与生态原则来选择和确定营销模式，对人类健康的关注给予回应的一种可持续发展和持续经营的过程。

2. 纺织服装产品绿色营销的特点

纺织服装产品绿色营销既是消费者市场营销观念与环保意识相结合的现代市场营销观念之一，同时也是实施可持续发展战略的重要组成部分，是一种新兴的最具有市场潜力和生命力的 21 世纪市场营销模式，其特点如下：

（1）统一性特点。纺织服装产品绿色营销强调生态效益、企业经济效益、社会效益、消费者利益的统一性。市场营销学自诞生以来经过近一个世纪的发展，已从以营销产品为主要目标发展到以经营人类的生存空间，即生态环境的绿色营销为中心。这就使得企业在整个营销活动过程中，必须遵循可持续发展的原则，在促进经济与生态协调发展的同时注

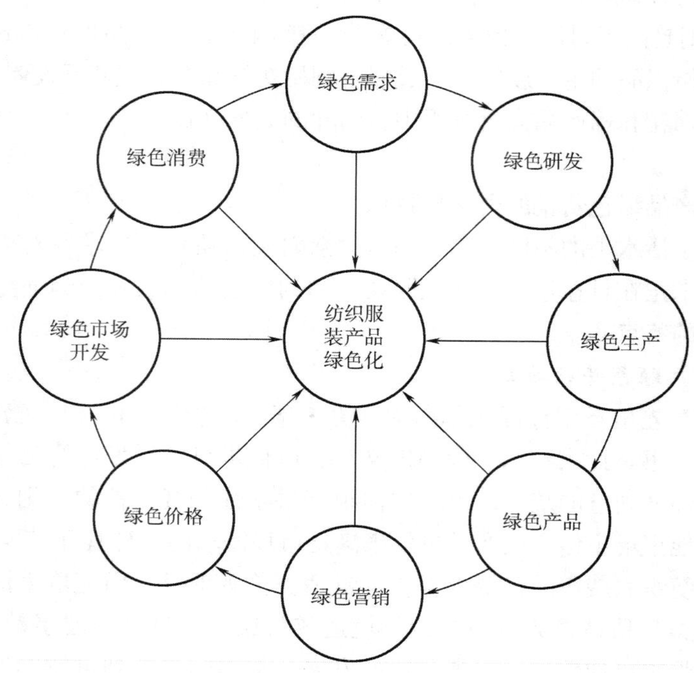

图 12－2　纺织服装产品的绿色化影响因素

重环境保护，实现消费者利益、企业利益、社会利益、生态环境利益的协调统一发展，并将生态环境保护视为保障其他三类利益的关键而置于首位。绿色营销的统一性还强调企业必须按照可持续发展的要求经营管理和实施绿色化引导，即在生产、消费、废弃物处理等过程中，开发绿色化产品，减少资源浪费，减少对原材料的运用，降低公害、保护生态环境，将对环境的污染降到最低，且在定价、分销、服务、促销等方面均以保护环境为经营导向。

（2）双向性特点。纺织服装产品绿色营销不仅对企业有限制性的要求，对消费者也同样有要求。首先要求企业进行绿色经营管理、生产绿色产品、采用绿色生产过程、开发绿色产业、树立绿色观念、采取绿色促销、实施绿色宣传；其次也提倡和引导消费大众购买绿色产品，对非绿色（有害）产品自觉主动抵制，增强自身的绿色消费理念。绿色纺织服装产品的上市，引领了时尚界的一个新的销售模式的浪潮；消毒即可降解餐饮用具的使用，在减少了白色污染的同时，也增强了人们保护环境、防止污染的意识；大量绿色食品的推出，掀起了一场食品行业的“绿色热”，且也加快了绿色消费意识的形成；可回收物品的应用也加强了人们减少污染、节约资源、废物再利用的绿色观念。

（3）综合性特点。纺织服装产品绿色营销具有综合传统市场营销、大市场营销、社会营销和生态营销等观念的特点。

传统市场营销是以满足消费者需求为中心，顾客的需求就是企业的最高准则；大市场营销是指为了成功地进入特定市场，并在其中从事业务经营，在策略上协调使用心理的、经济的、公共关系的和政治的一切手段，且在传统的市场营销所包含的产品、渠道、促销、价格四要素的基础上加上公共关系与权力，以取得国外和国内各有关方面如经销商、供应商、消费者、市场营销研究机构、有关政府人员、各利益集团及宣传媒介等合作及支持；社会营销是指企业不仅要根据自身条件满足消费者需求，同时还要考虑整个社会目前的需求和长远的需求，提倡符合社会长远发展、促进人类社会发展的营销模式；生态营销是指企业将市场需求与自身资源、社会需求相结合的同时也要与大自然、环境相协调统一发展。而纺织服装产品绿色营销则是将多种营销观念相结合，要求企业必须在满足顾客、社会、生态环境的前提下来获得最大利润，将三方的利益结合起来，以实现可持续发展。

（4）无差别性特点。纺织服装产品绿色化理念下的营销与消费以及绿色产品标准、标志均具有无国界、无民族和种族区别的世界无差别性特点。虽然世界各国对绿色产品的标准不尽相同，但都要求在产品生产、质量、使用、消费、废弃物回收及排污等方面必须遵循环境保护的准则，且不会对人类身体健康及生态环境造成危害[22]。

三、纺织服装产品绿色营销与传统营销之间的异同

纺织服装产品的绿色营销相较于传统营销，在营销产品、营销目标、营销观念、营销策略[18,23]、分销方式[24]、促销方式[25]、价格构成等方面都具有明显的不同特征（表12－1）。

表12－1　绿色营销与传统营销的差异

差异比较	绿色营销		传统营销
产品设计	以消费者的需求为导向，从产品及品牌形象设计开始就融入绿色消费的理念，使消费者耳濡目染逐渐了解绿色产品并愿意购买绿色产品		不考虑消费者需求，以追求利润最大化为目的
营销产品	核心产品在生产、运输、储存、销售过程中尽量减少对环境的污染与破坏		核心产品是能成功地符合消费者的需求
营销目标	使经济发展同生态发展和社会发展的目标相协调，来实现促进总体可持续发展的战略目标		以获得最大利润作为最终目标
营销观念	以人类社会的可持续发展为指导思想		只考虑到怎样才能获得最大利润
营销策略	分销差异	考虑采用节省燃料或能控制排污的交通工具运输	采用尽可能减少成本的交通工具及分销方式（即利润最大化）
	促销差异	通过绿色服务、绿色媒体，传递绿色企业及绿色产品，引导消费者购买绿色产品	通过各种媒体、广告、服务等传统促销方式来引导消费者购买产品
	价格差异	会因为产品的绿色生产、运输、储存、推广等受到影响	仅会因为季节、市场、流行趋势、自然灾害、经济危机等受到影响

续表

差异比较	绿色营销	传统营销
分销方式	a. 一体化。由于绿色产品生产与消费的特殊性，绿色分销渠道具有产销一体化和国内外一体化的特点 b. 双向性。绿色产品由生产者流向消费者，而产品报废后的废弃物又由消费者反向流向生产者 c. 专门化与大众化相结合。绿色产品在包装、储运、销售、定价、消费使用等方面都具有其独特的要求 d. 层次化与针对性。由于绿色产品的生产、销售成本相对比较高，故其市场定位是高层次的、具有较强针对性的	a. 传统分销的渠道仅仅指销售渠道，关注的是客户的分销力，因此以客户所拥有的销售网络的大小、客户的经济实力等作为企业选择的标准 b. 传统分销以调动客户经营本品牌的积极性为原则，并更多地以量的大小来刺激客户
促销方式	绿色促销是以消费者为中心，通过绿色媒体，传递绿色产品及绿色企业的信息，从而引起消费者对绿色产品的需求及购买行为	以推销商品为中心，强调将尽可能多的产品和服务提供给尽可能多的消费者
价格构成	绿色营销的价格构成在传统营销价格构成上多了废物回收处理成本	原材料成本、宣传成本、人工成本、运输成本等

第二节 纺织服装绿色营销的主要功能与作用

一、减少绿色壁垒，促进出口贸易

减少污染，节约资源，合理利用资源，实现人类社会的可持续发展成为新的国际焦点。人们普遍认为，经济增长的代价是环境恶化，自由贸易又是加速环境恶化的因素。所以，各国都希望通过对贸易领域实施管制，来限制破坏环境产品的生产和消费，力争把人类经济活动对环境的不利影响减少到最低限度。然而，这些环保措施却较易成为环保主义者实施贸易保护的工具。这在客观上阻碍了贸易的自由化，成为变相的非关税壁垒[26]。

目前，我国的出口市场主要集中在发达国家（欧、美、日等）和部分新兴工业化的国家和地区，他们约占我国外贸出口总额的85%[27]。以绿色营销策略来积极应对日趋成熟和完善的绿色壁垒，充分发挥“环保—贸易”可持续发展的功能，将是我国纺织服装业继续保持国际市场和纺织服装大国地位的重要保障。

二、改变消费观念，倡导科学消费

环境恶化直接危害人类的身心健康，经济的发展促使人们更加注重生活的质量。通过绿色营销的大力实施，可起到倡导科学的消费观念，引导纺织服装产品的大众消费需求由传统的经久耐穿、美观舒适、时尚个性，上升到是否影响自身健康和对环境是否有污染的更高层次的作用。据相关调研报告显示：75% 的美国人、67% 的荷兰人、80% 的德国人在购买商品时考虑环境问题，更有 40% 的欧洲人主动去购买绿色产品；27% 的消费者搞不清楚什么是绿色产品，58% 的消费者能分辨部分绿色产品，只有 15% 的消费者才能真正分辨绿色产品的真假[28]。

从杨晓铮、郁众的“绿色纺织服装营销策略”调查数据来看，随着经济的发展和受绿色宣传的影响，消费者已经对绿色纺织服装有了一定程度的认识和了解。有 96% 的消费者认为绿色纺织品或服装的“绿色”是指在生产过程中不使用对人体和皮肤有害的物质，84.5% 的消费者认为绿色纺织服装产品应当不产生或尽量少产生对环境有害的废物，46.2% 的消费者认为绿色纺织服装应当具有节约能源的特征，42.6% 消费者认为绿色纺织服装产品应当是纯天然制品，28.7% 的消费者认为绿色纺织服装应具有可回收利用的特征。可见，大多数人能够认识到“绿色”最基本的含义，即对人体无害、对环境无害[16]。

这说明绿色消费意识正在世界范围内日益增强，尤其是对与人类日常生活密切相关的衣、食消费，都非常一致地渴望健康、环保与无公害，绿色消费的方式与消费意识，已成为当今消费社会的主流发展趋势，并将逐渐取代传统的消费模式[30]。

三、降低环境污染，保持可持续发展

1987 年联合国世界环境与发展委员会（WCED）在《我们共同的未来》报告中明确提出了可持续发展的观念（Sustainable Development），即既满足当代人的需求又不危害后代人满足其需求的发展。要实现纺织服装业可持续发展就必须走新型工业化道路，用高新技术改造和提升传统产业，建立并发展环境友好及资源节约型现代化纺织服装工业，在产业链中大力推进绿色营销，将绿色营销降低环境污染的功能发挥到最大，以促进纺织服装工业尽快实现协调、全面及可持续发展，为满足人们日益丰富的纺织服装产品绿色消费需求和全面建设低污染、可持续发展的社会做出贡献。如 20 世纪 90 年代，九采罗彩棉产业有限公司推出天然彩色棉原料和以此织造的绿色环保服装；2010 年我国举办了主题为“环保与创新”的中国国际纺织面料及辅料（春夏）博览会等，都充分表明降低环境污染，促进可持续发展已逐渐成为我国纺织服装企业营销的主流理念[29,30]。

在 2016 年 11 月 7 ~8 日举行的 2016 年中国纺织服装行业社会责任年会上，中国纺织工业联合会会长孙瑞哲讲到，2015 年以来，随着联合国可持续发展峰会上联合国正式通过 17 个可持续发展目标（Sustainable Development Goals，简称 SDG），联合国气候变化大会《巴黎协定》的签署，中共十八届五中全会“创新、协调、绿色、开放、共享”五大发展理念的提出，中国纺织工业联合会起草的《纺织工业发展规划（2016 ~2020 年）》，这些国际社会和中国政府以及中国纺织工业针对可持续发展实现顶层设计非常重要的历史阶段驱动下，可以看到中国纺织工业正在从生产要素驱动和投资驱动阶段步入创新驱动阶段，以创新驱动激发行业发展创新活力和创新潜能[31]。

四、维护消费安全，保障人类健康

地球自工业革命以来的生态环境严重破坏，自然资源被大量消耗，其原因主要是人类对物质量的需要不断增长和质的要求不断提高，这使得维持一个人生存所消耗的生态环境和自然资源量急剧增加，远远超过保持一个人生态健康所需的水平。绿色消费倡导合理、适量、均衡的适度抑制消费原则，并通过绿色营销来推动和增强绿色消费对维护消费安全和保障人

类健康的重要作用。因此，绿色营销作为一种新兴的经营理念，将成为当今纺织服装企业和产品经营者们立足市场和提高竞争力的重要保障[32]。

五、推动绿色经营，促进绿色管理

纺织服装企业要实施绿色营销的策略，首先必须建立和完善企业的绿色管理制度，并加强绿色经营的有效监管程序，在产供销的各个环节都能为绿色消费创造良好的市场环境，从而在加速绿色营销进程的同时，促进企业的绿色管理水平不断提高，为消费社会提供符合环保、健康和可持续发展的绿色贸易市场。

六、促进我国绿色纺织服装品牌的诞生

截至2011年，我国7万多纺织企业中，仅有200多家企业获得国际生态纺织品标准（Oeko－Tex Standard 100）认证证书，并且，这其中大部分还是外贸企业和外商独资或合资企业[33]。但其中已经有知名品牌杉杉、波司登、铜牛等18家企业的24种产品获得绿色认证，此后又有波司登、雪中飞、康博、冰洁、冰飞五个羽绒服品牌相继获得中国环境标志认证证书。由此不难看出，绿色营销在很大程度上对中国市场起到了积极的作用，不仅促使国内各纺织服装企业在经营管理上更加合理规范，同时也促使越来越多的绿色品牌的诞生[8]。

七、加速我国纺织服装绿色产业链的形成

绿色营销策略的实施，在呼吁消费大众放弃传统消费方式的同时，也有力地促进和推动了我国纺织服装企业经营管理理念的转变和对传统生产方式做出的变革，尤其是在很大程度上加速了我国纺织服装产业链特别是印染与后整理生产环节的绿色化，使其能够适应与满足当今社会环保和可持续发展的时代要求。

八、促进我国纺织服装业绿色化的法规建设

绿色营销是以可持续发展为目标、以生态平衡为核心的一种营销模式，对其普遍实施与推行，将促使各国不断制定相关的法律法规来限制企业及消费者的非绿色行为。例如，加大环保立法的强制性、严肃性和稳定性；对现行的财政制度进一步完善，对污染环境和浪费性消费开征生态税；对绿色产品的生产和消费给予适当的税收减免；对绿色技术的研制开发给予必要的财政补贴等[34]。

九、推动我国纺织服装绿色化的理论研究

纺织服装产品绿色营销的兴起与发展，推动了我国纺织服装绿色化的理论研究，并取得许多相应的研究成果，如房宽峻的《纺织品生态加工技术》（2001，中国纺织出版社）；周灏的《中国纺织服装业的必由之路——绿色营销》（北方经贸，2002年第12期）；万后芬的《绿色营销》（高等教育出版社，2006）；付哲的《绿色营销与中国服装企业的可持续发展》（时代经贸，2007年第64期）；崔晓凤的《服装企业绿色营销策略研究》（硕士学位论文，2007）；宁俊、陈桂玲、卢安等编著的《服装产业链——理论与实践》（中国纺织出版社，2007）；刘晓的《绿色贸易措施下我国纺织业发展的对策研究》（硕士学位论文，2008）；姚

洁、熊兆飞的《服装业发展的“危”“机”之道》（山东纺织经济出版社，2010）；刘敏、牟俊山的《绿色消费与绿色营销》（清华大学出版社，2012）；眭晓慧的《消费者对绿色服装态度的影响因素研究》（硕士学位论文，2013）；杨力维的《服装企业绿色营销策略研究》（新经济出版社，2014）等。

第三节　影响我国纺织服装绿色营销的主要因素

一、国人的认知因素

大多数国人的消费动机还停留在注重自身健康的初级阶段，更多考虑的是绿色纺织服装能给自身带来的保护或维护人体安全的作用，还有一部分消费者之所以会购买绿色纺织服装产品是由于求时尚、求新求异或突出自我的心理所驱使，而真正考虑纺织服装产品对环境的污染或是废弃纺织服装产品的再利用、节约能源性能的消费者很少，即环保意识较为淡薄。同时价格也是影响绿色消费的一个不可忽视的因素，讲求实际、理性消费依然是当前消费群体的主流消费观念[16]。

二、产品因素

一方面，企业对于开发生态纺织品的意识和力度还未完全到位，开发绿色产品的行动尚处于低级阶段。原材料如化学纤维中合成纤维的比重仍较大，一些符合环保要求的新型环保纺织服装材料如莫代尔（Modal）、天丝（Lyocell）、聚乳酸纤维（PLA）等还未实现规模化生产，部分有害染料的使用还没有被彻底禁止等。另一方面，由于人力资源不足，我国目前在环保产品研发上的力度和研究绿色壁垒预警分析的基础均较薄弱，这在很大程度上影响了我国纺织服装产品环保型新产品的开发和打破国际贸易绿色壁垒的能力。

三、技术因素

我国的纺织服装企业目前还大多数处于中小型规模发展阶段，尚未完全摆脱劳动密集型的粗放式生产方式，对科技研发的投入比例相对较少，产品与市场的科技灵敏度较低，生产过程的污染与资源浪费较大，在污染物排放、污水处理、废弃物回收等环节上的达标率不足，产品的总体档次及其附加值还不够高，使得我国在生态和绿色环保纺织服装产品的国际贸易中缺乏竞争力。

四、市场因素

随着广大消费者对绿色消费需求的剧增，要求企业必须不断开发绿色产品才能赢得顾客；市场竞争的优胜劣汰，使企业只有改变经营观念，开展绿色营销，不断地提高市场的竞争力和占有率。虽然我国总体 GDP 总量已居世界第二，但由于我国仍是发展中国家，人均 GDP 水平还较低。因此，受生产力水平和经济收入水平的限制，我国许多消费者目前尚无力承担因绿色消费带来的成本上涨，特别是广大农村消费者还没有形成绿色消费需求的意识，部分企业也尚未树立起绿色营销的观念，还会因注重眼前利益而忽视绿色产品的开发、应用与消费，不重视环境保护和顾及社会长远利益，这在一定程度上对绿色营销的实施造成了阻碍[34]。

五、政策因素

目前，我国绿色法律法规尚不健全和未能与国际完全接轨，使得我国纺织服装产品在出口时频繁遇到绿色壁垒。对此，我国应借鉴发达国家的成功经验，积极建立各级绿色机构，对绿色产业的发展进行科学规划、合理布局。在对企业进行绿色指导与监督的同时，给予一定的政策扶持和支持，如实行税收、信贷优惠和补贴，采用减征甚至是免征企业所得税，减征增值税等措施以及通过增加银行贷款、设立开放式绿色产业发展基金，发行企业债券，允许绿色企业上市，多渠道帮助企业筹集资金，加强对企业的绿色咨询服务等方式，积极鼓励和支持绿色产业的发展，并为企业申请绿色认证和获取绿色标志创造条件，使行业和企业大幅度增强在国际贸易中突破绿色壁垒的竞争力。绿色发展是《中国制造 2025》的基本方针和重点工程，支持绿色清洁生产，推进传统制造业绿色改造，推动建立绿色低碳循环发展产业体系，将是我国纺织服装产业今后较长时期的重大任务。

六、国内外环境因素

世界各国在环保标准、相关资金投入和技术水平等方面具有明显的差异性并直接影响着绿色壁垒的存在与否。发达国家之所以能在激烈的国际市场竞争中获得主导地位，完全是因为其技术法规、标准、认证制度等水平与内容均居于领先地位。并且部分发达国家只按照本国企业才能达到的标准来制定进口产品的环保指标，这样就无形中起到了打击外国企业，保护本国市场的目的。发达国家利用由于经济水平差距造成的不同环境标准，一方面加紧霸占掠夺发展中国家的初级资源产品，同时把有公害企业转移到发展中国家，使发展中国家的环境更加恶化；另一方面，又极力将环境问题与贸易条约机制紧密挂钩，把环境问题作为新的贸易壁垒，从而抵消发展中国家资源与廉价劳动力方面的比较优势，限制发展中国家的经济发展，以保持其在国际多边经济贸易领域中的主导地位。我国的纺织服装业正是这种差距标准的受害者，使得我国大量的纺织服装产品出口受到阻碍，造成外贸损失[35]。

第四节　纺织服装绿色营销策略

一、实施绿色科技，开发绿色产品

随着经济和科学技术的迅速发展，特别是高灵敏和高技术检测仪器的发展，纺织服装产品的进出口检验精度大大提高，这使得绿色壁垒的标准也逐渐随之提高，并为绿色营销的普遍实施奠定了环境基础。在这样的背景下，企业以绿色需求为导向，实施绿色科技，开发绿色产品，成为绿色营销的支撑点，代表着现代纺织服装业的发展方向，而不断提高产品的绿色科技含量则是其中的关键环节，包括不断开发与使用各种绿色原材料，采用绿色生产工艺和绿色生产过程等。

1. 开发与使用绿色原材料

绿色原材料是指各种天然的或生物的原材料，如棉、麻、丝、毛、羽绒、竹原纤维、壳聚糖纤维等天然纤维素与蛋白质材料。这一方面可避免或减少使用人工合成材料或以石油和天然气为原材料来生产纺织服装产品，大大节约能源，另一方面又可在很大程度上减少由此带来的环境污染。2016 年 9 月 2 日，中国化学纤维工业协会主办的“绿色纤维标志认证体系新闻发布会”在北京举行，绿色纤维标志认证的设立是化纤工业实现绿色发展的重要体现。同时我们还可以将一些废弃物回收再利用，例如 PET（聚酯）宝特瓶回收再制造的纺织品甚至成为近年世界杯足球赛所使用的明星产品。

2. 采用绿色生产工艺

绿色生产工艺即不采用高污染、高排放、高耗能的生产工艺，如科莱恩（Clariant）国际有限公司推出的生态 Pad/Sizing—Ox 牛仔布染色工艺。该工艺不仅能够生产富有高价值的创意效果、颜色和色泽的高档牛仔布，而且它与传统染色工艺相比，没有可吸附的卤素化合物的洗涤漂白，大幅度削减耗水量，能节约用水 92%，还能消除污水和废水中的亚硫酸盐而几乎不产生废水，可节约能源 30%，减少废棉 87%，且能够提供相同甚至更好的染色效果和颜色，真正实现可持续发展[36]。超临界无水二氧化碳染色是一种新型绿色环保的印染方式，具有上染速度快、上染率高、匀染性好、染料和二氧化碳可循环使用等优势，自从诞生以来就获得了人们的热烈追捧。耐克、阿迪达斯等品牌早在 2012 年就推出了无水印染服装。中国台湾目前有三家企业（福懋兴业、远东新世纪股份有限公司、儒鸿企业股份有限公司）使用 DyeCoo 无水染色技术。又如将 T 恤衫裁切余料分类再进行处理制成纱，然后再进行生产加工，这种过程比从原棉纺纱染色更符合生态要求且更加经济。

3. 采取绿色生产过程

绿色生产又称清洁化生产，指在纺织服装产品的生产过程中，避免大量使用化工试剂而采用天然或无污染助剂，不使用对人体及环境有不利影响的染料，整理过程中使用低甲醛甚至无甲醛树脂等化学药品，避免各种化学气体、液体的跑、冒、滴、漏，减少人为或事故引起的污染和有害物的排放，产品中不含有农药及重金属元素等[37]。

纺织服装业要实现清洁化生产就必须按照生态工业模式，将使用有害原料的量降到最低，减少生产过程的能源和材料浪费，减少各种废弃物的排放，并保证产品的清洁、卫生和生态与健康的安全性，这需要企业内部实行一系列全面的绿色经营管理措施来加以保证。如采用“5R”原则来进行生产过程的管理：削减（Reduce），即削减或完全杜绝有害废弃物质排放，加强对“三废（废气、废水、废渣）”的治理；研究（Research），即加强对本企业的生态对策的研究；再开发（Rediscover），即将普通商品经过改造加工变为绿色商品；循环（Recycle），即对废旧产品进行循环回收利用；保护（Reserve），即加强对员工和消费者的绿色环保宣传，树立并保护绿色企业的良好形象[38]。

4. 生产绿色产品

绿色产品指与传统产品相比，其生产过程节能环保、无污染，产品无毒、可回收再利用，其生产、使用、消费过程均有利于保持地球整个生态平衡，并持有国家绿色产品标志（图 12－3）的一类产品。如不含甲醛、不含偶氮类染料的纺织服装产品和家具，低毒、低污染、无害的油漆和涂料、灭火剂，不含汞和镉的锂电池，不含农药的室内驱虫剂，可回收利用的轮胎、玻璃容器、再生纸、运输周转箱（袋），低排放、低污染的节约型燃气炉，可生物降解型的复合肥料，节水型的水流控制器、清洗槽、清洗机，节能型的隔热玻璃，太阳能、风能、地热装置与产品等[39]。

图 12 –3　绿色产品标志

二、培养绿色营销观念，倡导绿色消费，开展绿色贸易

培养绿色营销观念和倡导绿色纺织服装产品的消费，是实施绿色营销的重要环节。这首先要求纺织服装企业必须以绿色经营哲学和绿色营销观念为指导思想，从制度的制订到战略的实施都始终贯彻如一，持续不断地培育企业的绿色文化，不走高消费、高消耗、高污染的传统老路。企业应建立一套环境保护管理体系，包括确定环境保护管理方针，对环境管理人员进行绿色产品开发、绿色生产、绿色经营管理、绿色销售、绿色宣传、绿色促销、绿色服务等内容的培训，健全的科学的环境管理体系，并不断进行环境管理的评审以达到环境保护水平的持续发展。

其次，要求企业在产品的整个营销过程中，采取积极行动引导和培育消费大众的绿色消费观念和习惯，不断进行绿色营销和绿色知识的宣传与推广，倡导绿色消费即有节制和适度的物质消费，营造绿色消费时尚的市场氛围，使消费者树立绿色消费观念，积极购买和使用绿色产品，自觉抵制那些生产过程中有污染和使用过程中危害人体健康的产品，使绿色消费成为一种大受公众推崇的消费行为，从而形成广泛的绿色消费需求，促使绿色纺织服装业的快速发展。另外，企业还应自觉遵守我国相关法律法规的要求，随时关注进出口国家和地区的绿色标准信息，实施绿色贸易，自觉杜绝与各种非绿色营销行为进行合作。

三、实施绿色经营，培育绿色市场

为满足社会需求、顺应生态平衡，企业应树立绿色品牌形象，实施绿色经营模式，提供绿色服务，培育绿色市场。如我国的海尔集团，在大力宣传与推广绿色产品的同时，还通过赞助全国环保先进工作者评选颁奖活动来树立企业的绿色形象，在利用各种媒介宣传绿色产品和强化企业在公众心目中的绿色形象，扩大企业知名度和市场占有率的同时，培育企业和消费社会的绿色市场，以“非绿色贸易不做，非绿色产品不卖”的标准来使企业的产品畅销全球。

四、加强绿色法规建设，建立绿色营销体制

由于各国科学技术发展的不均衡，导致我国纺织服装产品在出口时会遇到或多或少的屏障。对此，我国已制定较严格的环境保护标准，大力加强了绿色法律法规的建设，并与国际贸易市场的绿色要求接轨。目前，美、英、德、日本等发达国家都十分重视新形势下绿色壁垒的特殊作用。从长远看，严格的绿色法律法规和环境标准将有利于企业的科学技术改造和更新，有利于产品质量的提高，有利于我国对外贸易发展，能减少由于国家标准和国际标准相距太大导致的出口障碍而造成外贸损失。但我国绿色环境认证工作还处于起步阶段，要冲破发达国家绿色壁垒的重重关卡，还须加快企业绿色体制建设的步伐。

1. 采用绿色标志，限定绿色交易

在当今的“绿色”大环境中，绿色标志将是企业跨越绿色壁垒、立足于国际市场、赢得顾客与获得发展的重要法宝，也是企业的重要品牌营销策略。获得产品的绿色标志就等于拿到了产品通向市场的通行证，表明产品从生产到使用及回收处理的整个过程均符合环保要求。因此，实施绿色标志制度，限定绿色交易，已成为目前世界纺织服装贸易的不二法则。

2. 积极申请绿色产品认证

在国际贸易中，绿色标志是最简单明了的促销手段。欧盟市场的消费者已越来越青睐加贴了绿色标签的纺织服装产品，带有该标签的产品的价格会较同类产品价格高出20% ~ 30%，获得“生态标签”和“生态纺织认证”的纺织服装企业会比未获得认证的企业具有更大的竞争优势和更多的客户群体[38]。因此，我国纺织服装企业必须尽快与国际接轨，积极主动申请并获得国外的绿色标志认证，将有助于企业跨越绿色壁垒，保持或扩大产品的出口率。目前国际标准化组织（ISO 组织，International Organization for Standardization 或 International Standard Organized）正在考虑制订统一的全球环境标志，企业应对这一动态信息密切追踪[9]。

3. 制定绿色法规

制定相关的绿色法律法规，包括制定和完善适应当今绿色市场经济的环境资源法律制度，必须实施污染者付费措施，使企业外部成本内部化。对于违背可持续发展目标、对生态环境破坏性大、污染性强的企业，应加大对其破坏环境行为的处罚力度，坚决令其限期整改甚至停产。同时有关部门应加强查处假冒伪劣绿色产品，维护并确保消费者的利益，促进绿色消费。

4. 树立绿色形象，塑造绿色品牌

树立良好的绿色形象离不开广告宣传。通过广告宣传可以传递绿色信息，启发引导消费者的绿色需求，激发消费者的购买欲望，并最终促成购买行为。但目前市场上很多绿色纺织服装广告并没有达到预期目的。很多广告没有特色，内容大众化，诸如“绿色产品”“环保产品”等词，千篇一律，吸引不了消费者的注意。还有的广告概念模糊，以偏概全。这些广告在一定程度上阻碍了消费者对绿色纺织服装产品的正确认识和选择，甚至有可能使消费者对绿色产品丧失信任。因此，广告获取成功的首要基础就是真实可信，不真实的宣传最终的 结果就是失去顾客。另外，中国现阶段消费者的绿色消费意识还处于初级阶段，绿色广告应当注重引导绿色消费，培育绿色消费需求，在宣传中应当首先采用各种方法唤醒消费者对生活环境和生活品质的关注，继而从实际出发，本着诚信的原则如实地陈述产品的绿色性能，最终让消费者认可并铭记绿色产品的品牌[16]。

5. 实施绿色管理

目前，我国大多数企业的环境管理处于低水平的末端治理阶段，不仅给其周围环境造成了较大的压力，同时也增加了企业产品的环境成本，这必定会使产品在市场竞争中处于劣势。因此，我国纺织服装企业应充分发挥和综合运用绿色营销的四种主要力量（图 12－4），实施绿色管理制度，重视并转变污染治理的思路和方法，在产品的整个生产过程中始终如一地贯彻与实施国际环境标准和先进的管理系统[5]。

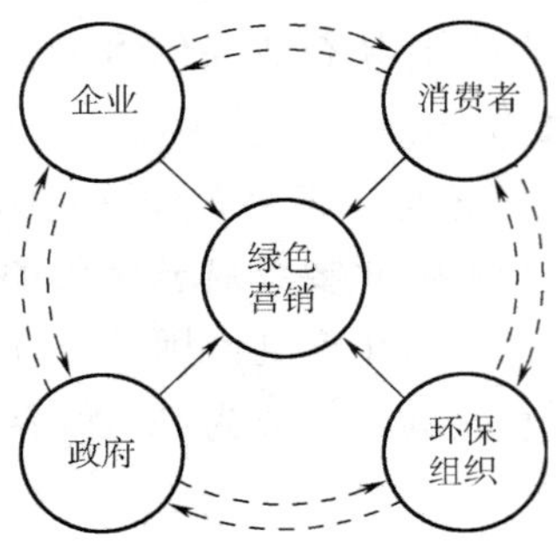

图 12－4　我国绿色营销的四种主要力量关系图

作为以保护生态环境为宗旨，满足广大消费者和经销者共同利益的一种社会需求，绿色消费已引发了纺织服装产品生产与市场营销领域的一场空前壮阔的“绿色革命”。绿色营销策略下的绿色营销模式，在市场经济中的地位已越来越突出。这种在新经济时代背景下所产生的新营销模式，在顺应时代可持续发展战略要求，注重地球生态环境保护，促进经济与生态环境协调发展，最终实现企业利益、消费者利益、社会利益及全人类生态环境利益协调统一的同时，将成为主导国际、国内纺织服装贸易的新潮流。绿色产品的不断开发与创新，是未来全球纺织服装业的主流，并为绿色营销的发展奠定坚实的基础。采用绿色营销模式来营销绿色产品，将是全球纺织服装业十分重要的现代营销方式。作为世界上最大的纺织服装产品生产、消费和出口大国，中国的纺织服装业必须承担起这样的历史重任。这既是我国纺织服装业未来蓬勃发展的必由之路，也是时代赋予我们业内专业人士的光荣责任和历史使命。

思考题

1. 什么是绿色营销、绿色壁垒和绿色贸易？
2. 纺织服装绿色营销的含义是什么？
3. 纺织服装绿色营销有什么特点？
4. 纺织服装绿色营销是怎样诞生的？
5. 纺织服装绿色营销和传统营销有什么区别？
6. 绿色营销在纺织服装市场营销中有着怎样的功能与作用？为什么？
7. 你觉得我国要减少纺织服装出口的绿色壁垒应采取哪些具体可行的举措？
8. 纺织服装企业应如何实施绿色营销的策略？请结合典型案例给出具体策划方案。

参考文献

[1] 陈凤芝，朱友红．浅谈21世纪的绿色营销［J］．中国商贸，2010（4）：32－33.

[2] 百科名片．绿色［EB/OL］．http：//baike. baidu. com/view/23550. htm，2012－06－29.

[3] 绿色贸易［EB/OL］．http：//wiki. mbalib. com/wiki，2012－06－06.

[4] 陈颖．绿色竞争力指标体系的构建［J］．观点，2012（05）：7.

[5] 颜建洲，熊宗智，胡圣浩．跨越绿色壁垒，实施绿色营销［J］．江汉石油职工大学学报，2003，16（1），59－60，61.

[6] 姜洋．基于绿色壁垒的我国企业绿色营销战略研究［D］．哈尔滨：东北林业大学，2006.

[7] 周灏，李小丽．从纺织品服装绿色壁垒看绿色营销［J］．山东纺织经济，2003（5）：24－26.

[8] 张录全．我国纺织品服装出口应对绿色壁垒的策略研究［D］．天津：天津工业大学，2007.

[9] 樊李方．中国针对绿色贸易壁垒所采取的对策研究［J］．武汉市经济管理干部学院学报，2003（6），167－168，172.

[10] 从中美纺织品摩擦看美国贸易政策对中国的影响［EB/OL］．http：//blog. sina. com. cn/s/blog_ 98e8357801010x1x. html，2011－11－2.

[11] 迈克尔·杰伊·波隆斯基，阿尔玛·明图－威蒙萨特．环境营销［M］．王嗣俊，高红岩，等，译．北京：机械工业出版社，2000：25－26.

[12] Jacquelyn A. Ottman. Green marketing：Opportunity for innovation［M］. McGraw－Hill Contemporary；2nd Revised edition，1998（5）.

[13] Bernstein P，Montgomery W，Tuladhar S. Potential for reducing carbon emissions from non－Annex B countries through changes in technology［J］. Energy Economics，2006（28）：742－762.

[14] 房宽峻．纺织品生态加工技术［M］．北京：中国纺织出版社，2001.

[15] 杨朝朝．服装行业的低碳经［J］．现代商业，2010（2）：20－21.

[16] 杨晓铮，郁众．绿色纺织服装营销策略［J］．河北工业科技，2012，3（29）：196.

[17] 姚洁，熊兆飞．服装业发展的“危”　“机”之道［J］．山东纺织经济，2010（03）：50.

[18] 崔晓凤．服装企业绿色营销策略研究［D］．北京：北京交通大学，2007.

[19] 余宏明．绿色世纪我国纺织服装业的绿色营销［D］．苏州：苏州大学，2004.

[20] 吴健安，郭国庆，钟育赣．市场营销学［M］．北京：高等教育出版社，2000.

[21] 百科名片．绿色营销［EB/OL］．http：//baike. baidu. com/view/175555. htm，2012－04－09.

[22] 李华．论绿色营销的特点及发展趋势［J］．云南财贸学院学报，2000（16）：128－145.

[23] 揭鸿雁．绿色营销初探［J］．江西化工，2004（2）：51－54.

[24] 杨富贵．绿色营销中的分销渠道建设问题［J］．企业活力，2007（4）：42.
[25] 郭玛琳．绿色营销是企业可持续发展之路［J］．福建轻纺，2010（9）：52.
[26] 黄西艳．绿色壁垒对中国产业国际竞争力影响的研究——以纺织业为例［D］．石家庄：河北工业大学，2007.
[27] 杨晓艳．绿色贸易壁垒对我国出口贸易的影响及对策研究［J］．湖北第二师范学院学报，2007，24（8）：88.
[28] 赵琼．绿色营销——循环经济发展的必然环节［J］．经济研究导刊，2009（24）：184.
[29] 何志毅，于泳．绿色营销发展现状及国内绿色营销的发展途径［J］．北京大学学报，2004，21（06）：85－92.
[30] 闫文佳．环保与创新再掀采购热潮［J］．中国纺织，2011，封面－专题：40.
[31] 第31届中国纺织服装协会责任并会在沪召开［EB/OL］．http：//www.ctic.srg.cn/news/847.html. 2016－11－08.
[32] 杨柳青．论绿色消费与可持续发展［J］．南京财经大学学报，2006（3）：74－78.
[33] 阳红梅．绿色贸易壁垒下我国纺织服装出口所面临的问题及对策［J］．国际贸易实务，2010，9（7）：29.
[34] 纪真，王文军．论绿色消费与绿色营销［J］．金融与经济，2008，62（2）：63－64.
[35] 金名．绿色壁垒对我国贸易的影响及我国的应对措施［D］．北京：对外经济贸易大学，2009.
[36] 谢峥．创新的资源节约型牛仔布染色工艺［J］．印染，2010（21）：50.
[37] 魏明侠．绿色营销的机理与绩效评价研究［D］．武汉：武汉理工大学，2002.
[38] 李小丽，周灏．中国企业绿色营销的思考［J］．北方经贸，2002（5）：94－95.
[39] 百科名片．绿色产品［EB/OL］．http：//baike.baidu.com/view/30781.htm，2011－08－27.

第十三章　纺织服装创意与复古营销

本章重点知识

1. 创意与创意产业的由来和纺织服装创意的含义。
2. 纺织服装复古的含义、产生背景及其与创意的区别与关联。
3. 创意在纺织服装市场营销中的功能及其重要性。
4. 创意在纺织服装市场营销中的应用。
5. 复古在纺织服装市场营销中的功能及其重要性。
6. 复古在纺织服装市场营销中的应用。
7. 纺织服装创意与复古营销的意义与发展趋势。

在当今纺织服装产品同质化现象日趋严重和市场竞争日益激烈的背景下，如何利用“创意”与“复古”的途径和渠道，将创意与复古的理念融会贯通于市场营销的各个环节，通过给消费者带来特殊的创意、怀旧、穿越等不同情感体验和增加产品的个性化感性价值，达到不断持续创造产品新卖点，更好地吸引消费者的青睐与关注并最终建立忠诚目标顾客群体的目的，这既是纺织服装产品的生产者与经销者们所面临并需注重的市场营销策略，也是纺织服装产品行之有效的重要市场营销方法与手段。

第一节　纺织服装“创意”与“复古”概述

一、纺织服装“创意”的含义

“创意”（Originality）是指源于个人创造力、天分或才华、技能，具有创新性和独创性的某一设想或构思，即“Good Idea”。创意具有创新性、反教条、反传统、逆向思维、他人“意想不到”和多学科能量汇集到某一点突破的特点。通常是科学感悟、技术理性、艺术气质、美学内涵与文化底蕴交相辉映的结果。

早在1986年，著名经济学家罗默（P. Romer）就曾撰文指出：新创意会衍生出无穷的新产品、新市场和创造财富的新机会，所以新创意才是推动一国经济成长的原动力[1]。但把“创意”上升为“创意产业”（Creative Industries 或 Creative Economy）的理念，并作为一种国家产业政策和发展战略首次明确提出的，则是1997年由时任英国首相布莱尔组建的政府创意产业特别工作小组。该小组将创意产业定义为：基于个人创造力、技能和天分，通过知识产权的开发与运用，具有创造财富和就业机会的潜力产业。[2]

由“创意”而延伸诞生的创意产业，也称之为创意工业、创意经济或创造性产业，自英国首创之后便开始在全球范围内迅速蔓延与蓬勃发展，目前已逐步形成为一种涉及范围包括广告创意、建筑、艺术品和古董工艺品、设计、时装、电影、互动宽带、娱乐软件、音乐、演艺、出版印刷、计算机软件、电视和广播等 13 个大门类的新兴产业，且至今仍方兴未艾，并已成为新经济时代背景下许多国家的必然发展战略选择[3]。

由上述创意的含义和创意产业的由来与发展可以看出：创意的本意是指个人的创造性思维，而创意产业则是指知识经济时代背景下的创造性价值体系，是对个人的智慧与技能、创造性的思维赋予产品功能和价值的一种延伸与附加。

因此，本书对纺织服装创意的定义是：纺织服装的创意是指源于个人的想象力、创造力或技能而得到的，具有创新性的独特构思、设想，并内蕴着特定的纺织服装文化与价值的新产品、新技术、新形象的创造性思维和创新性活动。

二、纺织服装“复古”的含义

《辞海》对“复古”在服装范畴中的解释是“恢复旧的风尚”[4]。纵观中外发展史可知，复古（Retro）的浪潮已多次在历代出现，如中国明代从文学到艺术的复古主义，乃至由此形成的自上而下的对汉文化的复古浪潮[5]，以及有代表性的印度甘地复国运动[6]和从 18 世纪起至今还在风起云涌的中东伊斯兰复古主义[7]。然而，复古绝非全然复制，“复古”的本意是指人类从旧事物或者历史文化中寻找灵感，并利用现代理念与先进技艺对旧有元素进行重构的过程。每个时代的怀旧情结或复古思潮以及由其所导致的复古运动，都是某种特定的社会文化环境中，人类在新时代背景下对历史的一种再创造过程。因此，纺织服装的复古，在本质上仍是一种创新。这是由于纺织服装是人类文明诞生的重要标志之一和人类历史发展进程的传承载体与见证物，纺织服装的复古潮流体现了现代人类追根溯源，回顾与了解自身发展的各种历史信息及其在技术、文化、艺术、哲学、经济等方面的发展规律，并据此创造新时代潮流和把握未来发展趋势的一种途径与方式。

因此，本书对纺织服装复古的定义是：纺织服装的复古是指当代人类因怀旧情结和再创造欲望所导致的，对传统纺织服装产品从材质、图案、色彩、风格、符号、配饰和内在文化的一种留恋、追溯、向往和情感寄托，以及由此将传统纺织服装产品及其文化内涵与当代先进理念与科学技术相结合所进行的一种重塑性创新设计。

三、“创意”与“复古”和纺织服装市场营销之间的关系

从上述对纺织服装“创意”与“复古”定义的阐述中可以看出，纺织服装创意与复古从表面上看，似乎是对立的两个概念：一个提倡创新与创造，另一个提倡复古与怀旧。然因复古并非是完全地复制或仿制旧时代的事物，而是在旧有基础上加以重塑与再造，复古产品将老式、传统的形式和先进、尖端的功能结合起来，从而使过去与现在和谐地融合在一起。复古与纯粹复制性怀旧的区别在于不断更新的元素，复古产品是新旧结合的产品[8]。典型例子如耐克（Nike）的飞人乔丹（Air Jordan）系列运动鞋，自 1985 年推出第一代产品至今已有 20 多年，但其系列产品一直秉承将创新功能设计的改进与基本传统式样的改良相结合，始终传达着既创新又复古的经典设计理念。所以“创意”与“复古”是一对辩证统一的概念，它们既有区别，又有联系，且在本质上都具有创新的性质，只是“创意”侧重于“原始创新”，

而“复古”侧重于“重塑创新”。

由于纺织服装产品具有非常突出的时尚性、流行性、季节性、差异性、个性化以及产品生命周期较短的特点，其产品的市场营销总是迫切要求它具有独特的创意性和归属感，以便能够强烈地吸引消费者的眼球并深深地打动他们的情感，从而对产品的市场营销起到一个支撑与推动的作用。也就是说，纺织服装产品的市场营销总要有一个点，能够足以让消费者产生兴趣并且乐于购买和拥有。而创意可满足消费者求新的个性化心理诉求，复古则能够满足其对产品的精神归属感。因此，创意与复古从两个不同的侧面，殊途同归地成为消费者对纺织服装产品及其品牌产生认同感的重要手段和市场营销的良好助力途径。创意与复古历来都与纺织服装产品的市场营销存在着密不可分的关系。而两者在市场营销方面的主要区别，则体现在以下几个方面。

1. 直接目的不同

纺织服装产品的生产者与经销者，通过创意营销最想达到的目的是最大限度地吸引消费者的眼球；而通过复古营销最想达到的直接目的则是为了使消费者对纺织服装产品产生认同感与自我归属感。

2. 侧重点不同

创意营销侧重于创新性，注重以融入创新的元素来进行营销，追求用意想不到的市场新鲜感和冲击力来吸引消费大众的视觉；而复古营销则倾向于继承和再现旧有传统与经典，并在此基础上加以重塑与再创造，侧重于利用传承与复古的元素来捕获消费大众对自我的情感归属从而进行市场营销。

3. 实现形式不同

创意营销注重于在产品面料、款式、细节、色彩搭配和促销形式等方面有所创意和突破；而复古营销则强调产品的复古风格及其产品的限量性或个性化定制的独一无二性，并以此来凸显产品与服务的神秘感和不可复制性。

因此，纺织服装产品的创意与复古营销是看似对立、实则统一的关系，大凡成功的企业市场营销案例往往都是两者共同运用的结果。

第二节　创意在纺织服装市场营销中的主要功能与应用

创意是思维这张五线谱上突然闪现的美妙音符，是心灵的窗户对美好事物抓拍的一瞬间。也许，只是在充满荆棘的思维之路上的一个小拐弯，却给了人们“柳暗花明又一村”的无尽激动。这便是“创意”的珍贵之处——具有精神性的感染力。如今，在精神文化享受与消费渐渐成为人们的必需品时，人类的生活若缺了它，便如寡淡的白开水般，没有滋味；而纺织服装产品的设计与营销要是没有它，就难以唤醒和激发消费者的购买欲。既然纺织服装产品的创意在市场营销中如此关键，那么纺织服装产品的设计者、生产者与经销者们就必须换个角度，突破固有思维模式的禁锢，不断激发出灵活、生动的创意，并将创意运用于纺织服装市场营销的全过程，以期增加产品的个性化卖点，最大限度地引起消费者的兴趣并促使其购买产品，从而提升企业品牌和产品在市场上的竞争力。

一、创意在纺织服装市场营销中的功能

创意是一种蕴藏着极大经济效益的创造性思维，也是纺织服装企业市场营销得以成功的灵魂。因此，纺织服装创意营销是企业不可或缺的一种营销方式。其市场营销的主要功能表现在以下几个方面。

1. 不断注入新鲜“血液”的功能

创意作为一种创造性思维，会给纺织服装行业带来观念的革新、独特的构思和行业发展的新方向与新动力，将促使设计师、制版师、营销团队和企业经营管理者们的主观能动性和创造力，并使其得到最大程度的激发。我国大多数传统的纺织服装企业设计能力较低，多以产品的加工为主，且营销方式也较传统。纺织服装产品创意营销的兴起，为纺织服装企业注入了一股新鲜的血液，使得纺织服装企业活力倍增，不仅加大了对产品创意设计方面的投入，还带来营销方式的创新。

2. 塑造品牌个性和提升企业形象功能

消费者对一个品牌的认识往往是建立在品牌推广、传播等基础上的。品牌产品、品牌广告、卖场陈列及展示设计、各种促销手段以及包装设计都能体现出一个品牌的个性和品位。在营销过程中通过创意可以展现品牌的个性与风格，增加公众对品牌的识别度和喜爱度，以此塑造和提升企业和品牌的形象。

3. 满足消费者的精神需求和扩大消费群体的功能

在消费社会中，消费大众对产品或服务中所包含的一些无形附加物，比如情绪、品位、格调等均会产生强烈的共鸣与认同。因此，将创意深入市场营销的各个环节，使消费者的精神效用最大化，不仅会吸引特定消费者的眼球，还会提升顾客的幸福指数。只有真正满足了不同消费者深层次的精神消费需求，才能有助于在保有原有消费群体的同时，不断扩大和争取新的顾客群体。

4. 提高产品差异化程度和扩大市场占有率功能

追求市场份额最大化的同时，实现店铺利润最大化是纺织服装企业市场营销的目标之一。2008 年国际金融危机以来，在各种经营成本上升、纺织服装产品日益同质化、消费者个性化需求日益凸现的背景下，单纯依靠附加值低的大众化产品的时代已成过去式，产品迫切需要新奇、独特的创意，以增强差异化程度，大力提升附加值，在激发消费大众的购买欲和培养忠诚客户群体的同时，不断扩大产品的市场占有率。

5. 创造高附加值和提高品牌竞争力功能

凡是有创意的纺织服装产品都是人类智慧的结晶并蕴含着一定的精神文化价值，因此消费者往往会愿意为其额外付费，这就在无形中增加了产品的隐性经济价值。为了实现我国纺织服装业从“中国制造”转向“中国创造”，企业需不断加大对产品文化内涵的投入，着力提升品牌竞争力，并辅以高科技手段，在产品设计和营销的各个环节加大创新投入，创造产品的高附加值。如作为亚洲最大羽绒服生产企业的波司登，为不断增加科技创新能力和进军高附加值产品领域，在 2011 年 6 月斥资 2005 万英镑在伦敦买下一整栋楼开设了波司登品牌旗舰店，并以品牌为依托开始销售“中国创造”的羽绒服装产品，全面进军四季化服装领域，使其几年来的市场增长率超过 170%[9]。

6. 提升企业可持续发展能力的功能

在现代消费与文化社会中，创意是一个人、一个团体，甚至是一个国家能够持续发展的源动力。纺织服装企业的可持续发展，也同样取决于其是否有创新的人才及其相应的动力与灵感。一旦纺织服装企业在品牌的形象塑造、新产品的设计开发、传播推广等方面能够充分运用创造性思维，并由此激发企业的活力和创造力，便有利于提升其可持续发展的能力。从这个意义上讲，创意实际上是纺织服装企业或品牌保有持续创新动力和提升可持续发展能力的重要方法与途径。

7. 提升产品创新搭配力和城市文化形象功能

当人们来到异地旅游，最留心观察的莫过于当地人的穿着打扮和城市风格。因此，纺织服装产品与城市建筑一样，往往能非常直观地体现一个城市的精神风貌。这使得那些即使未能有幸到当地体验的人们也可以通过别人的街拍（Street Snap）来了解一个城市的形象和服饰的创新搭配潮流，社会大众不仅能看到当地民众的时尚形象，还能领略当地的服饰文化，仿佛身临其境般地感受一个城市独有的街头时尚品位以及城市魅力所在。如英国品牌 Topshop、西班牙品牌 Zara 的产品就经常出现在各地街拍中，其产品的反复利用率和无限创新搭配的可能性都对于产品的宣传与营销颇有帮助。消费大众在购买产品时，对于出现在街拍的热卖单品也是情有独钟。因此，创意对于纺织服装产品和城市文化形象的宣传大有助益。

二、创意在纺织服装市场营销中的应用

狭义来说，纺织服装创意营销就是促销方法的创新。纺织服装市场营销的实践已充分证明，不断创新产品的促销形式与方法，对于提高品牌和产品的市场竞争力大有益处。但只注重促销形式的创新，将会是治标不治本，只有将创意充分融入产品营销的各个环节之中，才是增强产品差异性和提升品牌竞争力最行之有效的方法。因此，纺织服装创意营销的广义概念的外延很宽，涉及从品牌识别与宣传、产品设计与制造到产品销售与服务的各个环节，包括企业的品牌文化与 Logo 识别、产品设计、包装设计、促销形式、服务形式、生产方法等所有独特且有新意的构思。

1. 品牌塑造与宣传创意

对于纺织服装企业来说，销售是品牌赖以生存和发展的动力，宣传是令消费者认知品牌的工具，卖场是营造品牌氛围的载体，产品是品牌理念和格调的物化代表，而服务则是品牌与消费者沟通和互惠的渠道。因此，将好的创意恰当融入品牌形象的塑造往往能吸引消费者的注意，使品牌形象深入人心而取得良好的营销效果[10]。

品牌形象包括产品形象、卖场形象、宣传形象、销售形象和服务形象等。塑造良好品牌形象的目的在于传达品牌文化，巩固和加强消费者对品牌的忠诚度，通过以下两种途径可突出品牌形象。

（1）简洁而具创意的品牌标志性符号。品牌的名称和商标是品牌的符号。根据品牌内涵和与众不同的品牌个性来设计有创意的品牌标志性符号有利于品牌识别，可使消费者更易于将品牌与其他竞争品牌区别开来，并给消费者一种特殊的情感体验，使消费者对品牌产生偏好和心理依赖，进而形成目标受众群体对品牌的忠诚。如香奈儿（Chanel）的山茶花、双 C 标志、经典粗花呢外套（图 13－1）；薇薇安·韦斯特伍德（Vivienne Westwood）的土星标

识、涂鸦图案、不对称剪裁等都是独特创意的个性化标志。

图 13－1 香奈儿（Chanel）的 logo 和 2016 年秋冬系列

（2）品牌个性和文化。一个品牌的个性和内在文化对于其识别性至关重要，只有富有深厚文化底蕴和强烈个性的品牌才能得到广泛的社会认同与偏爱，成为攻克消费者“情感”堡垒的利器和吸引广大受众的“黑洞”。如女装品牌“例外”，就是通过质朴的材质、舒适的款式和淡雅的色彩，赢得那些偏爱简洁、含蓄、舒适、自然风格，且具有文艺气质的颇具自信的女性群体的芳心（图 13－2）。

图 13－2 “例外”服饰 2016 年春装

2. 品牌宣传的途径

从品牌塑造和形象宣传的途径上，寻找创新切入点并依据产品销售的特点，有针对性地对品牌进行宣传，是企业提升自身竞争力的方法之一，能起到事半功倍的效果。对纺织服装企业来说，除了在产品设计、制造和销售上加大创新投入以外，创新的品牌宣传方式也会十分奏效。作为消费文化载体和符号的大众传播媒介，已成为当今操纵消费大众和支配人们衣、食、住、行、乐的工具。品牌宣传的途径除了有报纸、杂志、网络推广、产品样本、产品陈列、展会、订货会、博览会、T 台秀外，还有路牌广告、招贴画片、标志性地段及建筑物户外广告和专卖店、专卖柜的形象布置以及各种促销活动与礼品赠送等，其中最有宣传影响力的当属品牌广告[11]。这是因为对消费大众而言，广告是其识别品牌、了解流行趋势和接受品牌文化的有效途径，一个有创意的广告不仅能够吸引消费者的眼球，增加销售额，还有助于品牌格调的提升和企业文化的宣传[12]。例如，李维斯（Levi's）的一组由人体剪影图像与裤子实物图像结合演绎的创意广告（图 13－3），把强调的重点很好地聚焦在其产品上，非常有创意和吸引力。

图 13－3 李维斯（Levi's）裤子广告

3. 产品设计创意

产品的创意设计是从根本上提高产品市场竞争力的途径之一。纺织服装产品的创意设计要求设计师们必须独具慧眼，兼具扎实的专业知识、冲破定势牢笼的发散思维和发挥无尽想象力的能力。但创意并不是无序的灵感罗列，只有充分考虑并综合运用色彩、款式、面料、饰件搭配这几大基本设计要素及其相互关系和产品的具体功能化要求，并将新元素与常规元素进行有新意的超常理组合时，才能设计出整体和谐的创意作品，达到“意料之外，情理之中”的设计效果[13]。

（1）色彩。色彩是最直观、最强烈的一种视觉语言，也是纺织服装品牌文化传达的先行者。任何视觉语言都离不开色彩的烘托，纺织服装产品的设计与营销更是如此。有新意的色彩搭配不仅能充分体现着装者的个性，还能塑造出品牌形象和风格定位，并可以直观地阐明品牌的文化内涵。只要配色和谐且又新颖，能恰如其分地展示品牌个性和文化，便会有意想不到的接受度和受众。著名品牌高田贤三（KENZO）便擅长用色鲜明，其产品总能很好地把握各种色彩之间的比例，使之呈现出轻松、和谐、自然、绚丽多彩的风貌，既能表达穿着者的愉悦心情，张扬其个性，又能展现品牌的设计特色和文化意境，让消费者直观地感受到该品牌独特的艺术魅力（图 13－4）。

（2）款式。款式的独特性设计，包括对产品的廓形、比例、内部结构和装饰细节等的设计是构成流行时尚和吸引消费者注意力的主要元素，也是纺织服装产品实施创意营销的主要途径之一。当设计师运用不对称设计、夸张的轮廓、颠倒的穿法、细腻别致的装饰细节，甚

图 13－4　高田贤三（KENZO）作品示例（2011 年春夏女装）

至一件多穿的剪裁等充满着丰富多变的创意时，才会让产品成为艺术与科学的结合体，充分展现其设计作品的独有艺术魅力。如川久保玲（Comme des Garcons）2016 年春夏系列产品延续了一贯的夸张廓形，剪裁充满创意，充满戏剧感，展示出品牌的独特个性与魅力（图 13－5）。

图 13－5　川久保玲作品示例（2016 年春夏女装）

（3）面料。面料的重组与重塑，是设计师结合多种工艺手法对既有材质进行再加工，以期更准确和最大限度地表达设计理念，造成强烈视觉冲击和艺术感染力的一种有效手段，也被称为面料的二次设计。正如一位韩国设计师曾经说过的那样："服装设计师的工作，首先是从面料设计开始的。通常一块好的面料往身上一披，一个简单的造型就是一件很好的时装。漂亮的面料不需要太多的设计，它本身已经完成了服装设计的一部分工作，同时还给服装设计带来更多的设计灵感。”[14]由此可见，不同肌理的面料所独有的韵味及其重组与重塑不仅有助于设计师诠释其独特的设计理念和品牌风格，是设计师展示天马行空思维与独特审美标准的载体，更是其激发新奇创作灵感、发挥出色原创能力和化腐朽为神奇的力量源泉。

对服装材质进行创新试验的第一人——日本设计师三宅一生（Issey Miyake），通过折叠、编织、抽摺、褶皱、抽缩、系扎、压花、填充、绗缝、堆积、折裥等手法，改变材质的原有形态，对面料实施立体造型设计，使平面的材质形成如浮雕般的凹凸肌理效果。这种特殊立体肌理会使产品蕴含一种精致而内敛的艺术魅力，带给观者以强烈视觉观感，如其独创的褶皱面料因有丰满的立体肌理、触感舒适而无压迫感，穿着这样的服装仿佛能让你拥有一个没有压力的自我空间［图 13－6（a）］。

(a) 三宅一生的“一生褶”

(b) Alberta Ferretti 2016年秋冬高级定制

图 13－6　面料重组与重塑

另外，还可采用缝、绣、镶嵌、拼贴等工艺手段，将拉链、纽扣、贝壳、铆钉、羽毛、流苏、丝带、花边、金属线、皮革、人造水晶等各种材料与原有材质结合起来，加强产品的立体装饰与视觉效果。而采用镂空、撕裂、抽穗、剪切、抽丝、磨毛、烧毁等工艺手段对原有面料进行破坏性重塑，所形成的肌理触感亦颇具个性和视觉冲击。如品牌阿尔伯特·菲尔蒂（Alberta Ferretti）2016 年秋冬推出的高级定制系列作品就以镂空、抽穗为灵感创作，展现出设计师无拘束的思维与独特的审美品位［图 13－6（b）］。

又如比利时设计师马丁·马吉拉（Martin Margiela）擅长用不同的非服用材料（金属材料、家用工具、废弃的垃圾等）进行独特组合排列，创造出一反常规的服装作品，例如，多双手套制成的背心，多张扑克制成的马甲，用多根松紧带或丝带制成的服装，还有用碎牛仔布拼成的连衣裙等（图 13－7）。

在消费大众个性化需求日益强烈的今天，无论是家用纺织品还是服装产品，不管是礼服、西装还是 T 恤、牛仔裤，面料再造的痕迹处处可见[15]。而对纺织服装企业来说，通过材质的再处理，不仅创造了产品的高附加值，营销了产品本身，更营销了品牌的个性和文化。

图 13－7　马丁·马吉拉时装屋（Maison Martin Margiela）
（2012 年春夏作品示例）

（4）配件。配件又称配饰品，指有助于塑造个人鲜明视觉形象的除服装以外的所有附加在人体上的装饰品，包括首饰、包袋、头饰、领带、背带、鞋子、眼镜、围巾、腰带、手套、戒指等[16]。创意配件不仅能强化品牌风格，展现品牌个性，满足消费者的审美需求，更多时候则起着对产品整体形象“画龙点睛”的重要作用。比如帽子、包袋、鞋子、眼镜、领带、围巾、项链甚至雨伞等配饰品，都能成为灵感和创意的载体，给产品平添一份时尚情趣，增强产品的立体装饰与视觉效果，成为营销品牌和产品的强有力手段。如图 13－8 所示的整身黑色服饰因穿着者手拿形似书籍的包饰，而立增视觉效果，为原本沉闷的着装赋予鲜活的生机。

图 13－8　创意包饰的视觉搭配效应

（5）功能化设计。纺织服装产品的功能通常指其产品的装饰与审美功能、道德礼仪功能、标示识别功能、扮装拟态功能、文化和实用功能等。其中实用功能还具体包括吸湿、透气、导热、保温、保形、洗可穿、抗沾污、耐洗涤、卫生、耐弯折、耐摩擦、抗起毛起球、免熨烫、抗静电、阻燃、减阻、抗高寒、耐高温等。无论何种功能，均需要通过产品结构、面料和细节的创意性精心设计和科技投入才能最终实现。

如2012年国际田联世界挑战赛川崎站的男子110米跨栏比赛中，尽管下雨导致场地湿滑，但刘翔仍以13秒09轻松折桂，将赛会纪录提高了0.64秒。其重要原因之一是刘翔采用了号称“史上最轻最快”的高科技战袍——耐克田径运动服（图13-9）。该套运动服借鉴了高尔夫球的酒窝形风洞设计数据，通过对高尔夫球形风洞尺寸及其在人体不同部位的排列与布局的设计，减少了运动阻力和摩擦干扰，可使110米跨栏跑成绩平均提高0.023秒（约提高0.13米距离）[17]。这次竞赛不仅营销了该款颇具创意性和独特设计性的运动装，而且也营销了刘翔的风采和耐克品牌的科技创新精神。

图13-9 刘翔的“高尔夫球风洞”科技战袍[17]

又如在对网球运动服的设计中，研究者通过对网球运动员发球、正手击球、反手击球三个主要技术动作的分析，将人体运动后的发热、出汗部位规律与网球运动的特点相结合，设计制作出了既能迅速排汗又有利于充分发挥运动员击球技能的局部高透气性的新款网球服[18]（图13-10）。

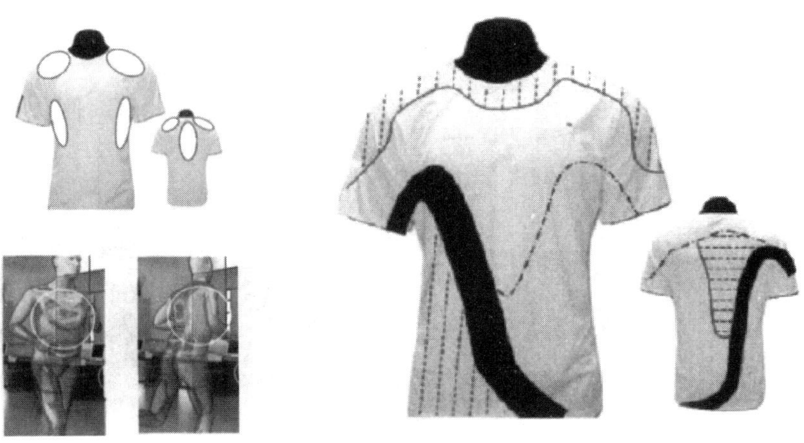

图13-10 新理念网球运动服设计[18]

4. 产品包装创意

随着物质文明与精神文明的极大提高，我们进入了“求新求快”的现代社会，消费大众也走进了精神性消费的领域，呈现出迫切的个性化需求，产品包装除保护商品外，逐渐具有美化商品、传达设计概念和展现个人品位的功能。因此，个性化的包装会使消费者在购物的同时能获得一份独特的情感体验和个性展示，产品包装是否具有创意也随之成为影响顾客消费心理与行为的重要因素之一，并不可避免地成为包装设计成功与否的最关键、最本质的因素。只有在包装的结构、材质和色彩图案上创造差异性，才能凸显产品包装的个性化特征，展现出产品与品牌的不凡品味与设计理念[19]。

纺织服装产品的创意包装，是指最大限度地展现和满足纺织服装品牌的文化独创性与消费者的个性需求的产品包装物，主要涉及购物袋、包装盒、吊牌、领标等。若产品包装很有视觉冲击力，就能给消费者以深层次的精神体验，有助于其对品牌形象及文化的充分了解和认同，最终形成顾客忠诚。因此，创意包装不仅有利于品牌识别和产品营销，而且对品牌的可持续发展能力的提高大有裨益。

例如，优衣库（Uniqlo）系列时尚纸质购物袋（图 13 – 11），不仅色彩绚丽，凸显吸引力，而且以不同的“嘴”型为灵感设计的图案充满童趣与活力，让消费者能够直观地体验到品牌文化的独特内涵，感受到品牌无限创新的激情与活力。

图 13 – 11　优衣库（Uniqlo）的时尚包装袋

又如匡威（Converse）儿童鞋的鞋盒［图 13 – 12（a）］，在造型上打破常规，采用三角形或矩形，充分体现了产品的童趣与活力，其包装设计着实让人耳目一新，造成强烈的视觉冲击力。另外，吊牌和领标的设计也需和购物袋等其他包装保持和谐一致，以共同展示品牌的形象和个性，如国外创意的 T 恤包装盒与配套吊牌设计均采用了扑克牌的造型和图案，充满意趣［图 13 – 12（b）］。

(a) 匡威儿童鞋盒

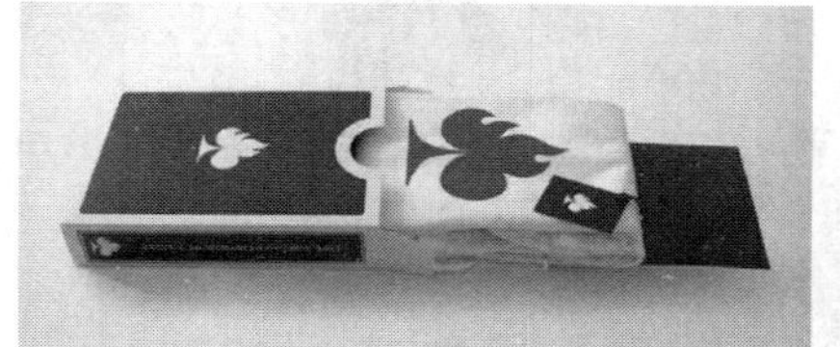

(b) 扑克造型的T恤包装盒与吊牌

图 13 – 12　包装创意设计示例[20]

5. 产品促销形式与方法创意

我国纺织服装企业不乏营销手段，缺乏的是有创意且有效的营销方法。运用令人印象深刻且有新意的促销形式与方法，能够迅速挖掘出顾客的消费兴趣，有助于实现品牌与顾客的互动沟通，帮助缩短顾客从陌生到认知，再到认同的时长，从而在激烈的市场竞争中取胜。目前，有创意的产品促销形式与方法多种多样，获得突出效果的典型案例也不少，举例如下：

（1）GAP 的倒置展示。产品展示属于视觉营销的范畴，极具创意的展示有利于传达设计理念、展现品牌风格、树立良好的品牌形象，从而吸引顾客眼球，引发消费兴趣，带来显著的经济效益。据英国《每日邮报》2010 年 2 月 26 日报道[21]，在加拿大温哥华罗宾森大街上，一家美国流行品牌专卖店盖普（GAP）一夜之间“被颠倒”（图 13－13），商店的标志，橱窗模特，店内的产品和模特，甚至停在店外的打上了“GAP”标志的汽车均被倒置。这一奇特景象立刻聚焦了路人的好奇眼光，这正是盖普推出的旨在吸引顾客的新计划“惊喜”（Surprise）的一部分，也是该品牌利用这种独特方式来宣传品牌想要达到的效果。

图 13－13　盖普（GAP）服装专卖店的“倒置”宣传

（2）森动数码的 3D 互动虚拟试衣间。据资料报道[22]，杭州森动数码科技有限公司联合 PrimeSense（以色列的 3D 传感及识别技术厂商）、华硕（Asus）等多家国际公司历时两年打造，于 2011 年 7 月 14 日推出了亚洲首个 3D 互动虚拟试衣间。这是一套结合多项高科技软件技术与相应硬件，针对服装购物行业量身订制的“3D 体验式”虚拟试衣平台。顾客只需站在一面植入了智慧芯片的大屏幕前，将手按在虚拟试衣间的“拍照”“重试”“换装”虚拟按钮上，且无须靠前移动或触摸屏幕，即可实现相应的操作，将虚拟的3D版的各款服装穿在身上，并通过人体旋转显示不同角度的着装效果，也可以随意更换相应的服装（图13－14）。而在正式进入商场后，购物者可把喜欢的衣服放入虚拟购物车，随后买单就能完成整套交易流程，系统将会与商场的结算系统挂钩，直接完成交易。该虚拟试衣间还自带拍照系统，顾客可把试穿的效果图拍下来与朋友共同分享，也可方便网上购物或异地定做产品。可以预计，这种3D互动虚拟试衣间一旦在商场、市场和影楼等购物、消费环境中得到广泛运用，将会给人们的购物方式带来革命性、颠覆性的影响。

图13－14　3D虚拟试衣间

（3）Polyvore的服装创意搭配网站。颇有创意的服装搭配网站Polyvore（www.polyvore.com）[23]，其独特之处在于为爱好时尚的消费群体搭建了一个可供互动交流的平台。不同的消费者可以在网站内咨询和回答时尚方面的问题，并可自助搭配服饰单品，每一个品种的页面上都有几十甚至上百种不同款式的服饰可供用户选择，用户可以脱离条条框框，靠着自己独特的审美去混搭出自我风格和品味，只要将鼠标拖到页面左边的组合区，就能看到单品搭配出来效果如何。网站用户可从200万件来自各大网上商店的当季流行单品中挑选满意产品，将其组合搭配在一起，创建自己的收藏，平均每天有3万套新增搭配。同时，用户还可为自己设计的搭配套装加上颜色或文字标签，方便网友搜索、评分、分享和购买。若用户中意，可直接按单个商品的来源购买。由于用户更了解自身的着装需求，因此往往会更满意自己设计的搭配，这大大激发和增强了消费者的购买欲。

鉴于Polyvore每月有超过700万的独立访问用户，自从Polyvore有了时尚搜索引擎后，各大时尚零售商也看到了这个创意搭配网站的广告宣传效果，便开始关注网站设计，伊夫·圣·洛朗（Yves Saint Laurent）、蔻驰（Coach）、维多利亚的秘密（Victoria's Secret）都在自己的网站上设置了Polyvore链接，大大有利于品牌产品的营销。

另外，“美丽说”和“蘑菇街”这样的分享式逛街网站也很火热时尚，但因其只是在注册以后，发布自己喜爱的商品照片，并附上购买此物品的链接网址，因此尚未成为为国内热爱时尚和混搭的顾客提供服饰配搭参考的平台。但这类逛街网站的进一步发展，却为纺织服装产品的创意营销提供了新的想象空间。

第三节 复古在纺织服装市场营销中的主要功能与应用

纵观中外纺织服装的发展历史可知，人类的着装设计特别是时装的风格，在追求不断发展与超越的同时，历来不乏传承中的复古风潮。这是因为每一历史时期的服装在经历其生命周期的不同阶段时，都具有特定的循环流行周期。而人类因对过往事物特有的怀念与追忆所导致的怀旧情结，也始终是纺织服装产品市场营销者为消费大众搭建情感归属家园和激发其消费兴趣和欲望的行之有效方式。

在当今消费社会的快时尚风潮中，消费大众开始怀念过去的慢节奏，复古风正好为渴望过去美好和有个性化需求的消费者创造了应势需求。回顾近几年纺织服装产品的流行趋势，不少品牌和产品都在20世纪40～80年代时期的服饰中寻求创作灵感，通过继承原有款式的一些特征，再结合创新元素加以再创造，并以一种新颖、多样的搭配方式使其展现出与众不同的吸引力，从而引发来势凶猛的复古风潮[24,25]。

一、复古在纺织服装市场营销中的功能

在西方营销学术界，针对现行营销理论，强调满足顾客，要求及时、快速地投放产品，制订顾客愿意支付的价格，让顾客无论在何时、何地都能获得所需产品和服务的特征，复古营销提出限制产品的可获得性，推迟顾客获得满足的时间，使顾客对产品和服务的需求感受越来越强烈，从而达到创造和强化顾客需求目的的理论。如斯蒂芬·布朗（Stephen Brown）教授提出的复古营销（Retro Marketing）理论认为[26]：顾客不知道自己想要什么，甚至也不知道自己不想要什么，因此以顾客为中心的营销观念不能完全奏效；顾客喜欢用单纯的交易方式来解决购买问题，过分迎合他们的营销手段会破坏这种单纯的交易关系，而现行的营销理论恰恰在这方面对顾客做了过多的工作，因此应该回复到过去营销者占主导地位的理论和时代。

由此可知，复古营销也是当今纺织服装市场营销方法中产生与众不同的情感化营销效应的途径之一，其市场营销的功能主要表现在以下三个方面。

1. 增加品牌的历史文化价值，塑造品牌的年代感

人们对于旧事物的喜好不是空洞模仿或纯粹复制，而是充满对过去的反复思考。通过不断尝试或激烈斗争，最终让艺术设计从历史积淀中产生划时代的质变，这是对旧有思想和文化艺术的一种升级[6]。复古之于纺织服装品牌最直接的影响就是提升了品牌的历史文化价值，丰富了其文化底蕴，塑造了品牌的年代感，从而使品牌格调大大升华。

2. 强调产品的稀缺性和神秘性，激起消费兴趣

物以稀为贵，人类有一种占有稀缺品的本能欲望，越是稀缺的东西就越具有诱惑力。在什么都过剩的时代，丰富到随处可得的商品没有吸引力，无法引发人们争相购买的欲望。只有对产品供应和分销进行精心控制，使市场保持紧缺状态，并延迟顾客获得产品的时间，令顾客紧张并等待，才会使顾客的购买具有排他性，令顾客感觉自己是幸运儿，才能引发顾客和媒体的追逐。例如，各大服装品牌的限量产品总是供不应求，这就是应用复古营销理论的

稀缺性原理的例证[27]。

3. 产生归属感，建立并扩大顾客群

在现代社会日益激烈的竞争压迫下，人们普遍缺失对自我归属感、完整感和独一无二的认同，怀有强烈孤独感和危机感。当人们面临认同危机时，就会本能地以过去的美好来慰藉现实中的自己，调节各种矛盾，而这恰恰是复古所关心和解决的问题[28]。因此，为了缓解孤独和压力，人们开始追寻复古潮流。含有特定年代感的复古产品，会激起人们对于旧时代的集体回忆，产生自我归属感，进而产生品牌认同，促成情感化消费，并最终有利于建立和扩大品牌与产品的顾客群体。

二、复古在纺织服装市场营销中的应用

按照斯蒂芬·布朗（Stephen Brown）教授的理论，复古营销须遵从“TEASE”策略——即魔力（Tricksterism）、独占性（Exclusivity）、造声势（Amplification）、神秘感（Secrecy）和娱乐性（Entertainment）[29]。因此，纺织服装产品复古营销的原则应突出产品的怀旧性、神秘性，或强调每式一件产品的独占性和稀缺性。

1. 怀旧心理营销

怀旧（Nostalgia），最早源于古希腊语的“Nostos”和“Algia”，前者有“返回家园”之意，后者表示一种痛苦的状态，顾名思义就是指渴望回家之痛苦。消费者的怀旧最初与心理学有密切联系，早期原本是精神病学和社会心理学研究的主题，作为一个病理学用语，“怀旧”指的是“思乡病”，包含沮丧、抑郁甚至自毁倾向等情绪的疾病。后来，“怀旧”这个词逐渐远离医学范畴，其内涵也有了扩展和延伸，莫里斯 B. 霍尔布鲁克（Morris B. Holbrook）和罗伯特 M. 辛德勒（Robert M. Schindler）[30]等将其引入消费者行为研究领域，认为在一般情况下，怀旧是指对过去的一种向往或对过往事物及活动的喜爱，而这些事物或活动一般都是人们青少年时期、儿时，甚至出生以前流行的。在今天，虽然怀旧仍被确定为消费者的一种心理倾向和伴有或伤感或幸福或苦乐参半的感受，但已经成为一种正常的人类情绪反应和社会学现象，既带有浓烈的个体性特征，也具有社会学的普遍意义[31]。

（1）复古广告。随着复古营销的盛行，商家深谙消费者的心理需求，通过运用复古、怀旧主题的广告形式对品牌和产品进行促销，已逐渐成为常见的营销策略之一。对复古、怀旧广告影响力的研究成果显示，注入怀旧元素的广告在很大程度上影响着消费者的消费态度和行为倾向，并影响到消费者的购买意愿。复古广告已成为企业或品牌为契合当下人们对复古和怀旧事物的追求，用以表达产品价值与品牌内涵的一种工具。广告主借助含有复古意味的广告画面、物品、音乐等，引导人们对过去的思念，激发人们的怀旧念想，建立与消费者之间的联系与沟通，促成顾客积极的消费态度，并产生品牌认同感、归属感和形成购买意向[32]。例如，我国知名服装品牌罗蒙西服，其《上海滩》版广告词“时间成就经典”就是这方面的典型案例。对旧上海和上海滩的怀念，是罗蒙不可多得的品牌文化资源。怀旧对罗蒙来说已非简单的广告创意，而是一种升华了的品牌战略。当罗蒙选择了上海和红帮文化作为品牌土壤时，就已选择了怀旧路线[33]。

（2）复古展示。服装零售终端展示在服装视觉营销中具有重要的作用，其复古营销展示的实施，包括店铺的橱窗、店面、货品陈列、道具、灯光等展示载体，需与复古元素结合运

用，切合复古风格。如杜嘉班纳（Dolce & Gabbana）的品牌橱窗就以复古风格所布置（图13－15）：繁复图案的背景，搭配色彩对比强烈的纯色服装，映衬出色彩鲜艳的观感，让消费者在感受和体验复古异域风情的同时，促成了情感化的消费，展现了品牌的文化内涵。

图13－15　杜嘉班纳（Dolce & Gabbana）橱窗展示

（3）复古回忆。以纺织服装产品特有的感性内涵和集体回忆为营销形式开展的各种活动，是纺织服装复古营销的重要方式。国货品牌“回力”从2008年12月至2009年3月开展的“回忆回力”活动就是这方面的典型案例。

回力作为中国历史最悠久的轮胎品牌，无疑是老牌国货的一面旗帜。而“回力”作为运动鞋的品牌被注册则是在1935年4月4日。由于近年来耐克、阿迪达斯等众多国外品牌的纷纷入驻吸引了消费者的极大关注，使得运动鞋行业的竞争空前激烈，回力品牌几乎已被遗忘，市场份额在很大程度上被挤压。为卷土重来，回力与业界著名互动传媒机构奥迈思（AMg Labs）合作，对品牌精髓进行了深度挖掘和创新，在基本设计上，将“回忆回力”标志设计在鞋舌的背面，胶底采用中国红，以整体红黄相间的颜色设计迎合百年奥运的主题，鞋扣设计采用金属材质，加之中国独有的方块字、龙图腾元素的运用，让产品的复古韵味十足，与促销标志“回忆回力”相映生辉。通过一系列品牌形象、产品设计和包装的复古创新运用，不仅保留了老品牌原有的文化历史和充满魅力的中国元素的品牌精髓，还融入了创新、年轻等新元素，重新塑造了这个品牌的年代感和生命力，唤醒了消费大众，赢得了国内外市场的广泛而深远的关注[34]。

（4）复古包装。复古包装是指设计者利用人们热爱大自然、怀念过去的心理，人为地创造“原始”包装的形式。这类包装多采用天然材料，装潢粗糙简朴，但风格独特和谐。复古包装要获得广大消费者的认同和喜欢，不仅需要结合化学和物理学等科学原理进行设计，更应结合心理学、美学、市场营销学等基本知识，进行心理性能方面的设计[35]。

纺织服装产品包装的主要形式有购物袋和包装盒，前者多集中于服装类的包装，而后者则多用于鞋子的包装。美国知名户外品牌天伯伦（Timberland）服饰推出的地球守护者（Earthkeepers）是崇尚环保的服饰品企业，“Earthkeepers”一词代表着企业保护地球的善心和责任感，这可以从企业的名称和采用绿色环保的复古鞋盒可见一斑（图 13-16）。

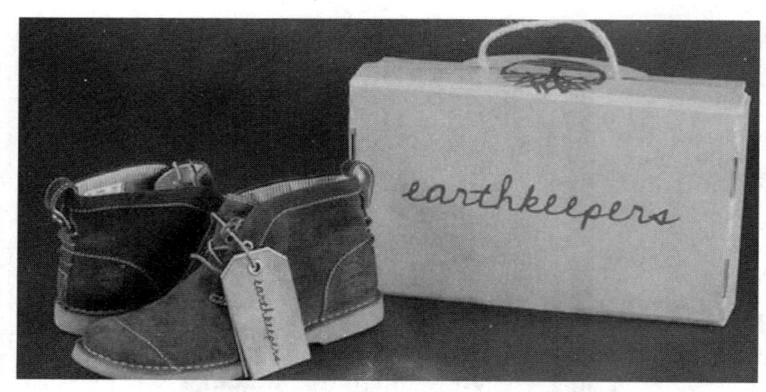

图 13-16 天伯伦下属品牌地球守护者（Timberland Earthkeepers）的环保鞋盒设计

（5）口碑。品牌的“品”字由三个口字组成，在某种意义上寓意口碑（Word of Mouth）效应是品牌和产品市场营销与传播的重要方式，是影响顾客判断力与购买行为的重要营销工具，也是顾客信息来源的重要途径之一[36]。随着网络的蓬勃发展，互联网和虚拟社区已逐渐成为社会大众交流沟通的重要渠道，口碑作为历史最悠久的营销工具和人类社会历史上最古老的机制之一，已被互联网的独特属性赋予了新的意义[37]，其传播成本大大降低，影响范围和速度得到了极大提升，网上论坛、微博、人人网、购物网站、逛街分享式网站等形式使产品的口碑效应得以更迅速、更广泛地传播。

2. 复古设计营销

旧与新的融合成为纺织服装产品设计的一种新方式，通过将某种新造型或功能特征赋予原有产品，使其具备全新的设计内涵，可使消费者产生全方位、颠覆性的视觉冲击体验。复古设计使得产品在充满了无限趣味的同时，又兼具实用性和怀旧化特征，从而有助于品牌及产品的营销。

（1）款式设计。

①廓形。A 型、X 型、H 型、T 型、O 型等不同廓形分别在不同年代引领过时尚潮流，复古产品的廓形应该至少是某一时代或特定时期的廓形变形后的产物。也就是说，只保留旧时代服装廓形的基本特点，再加入新时代的设计元素，从而设计出廓形复古的产品。如前几年，20 世纪 80 年代流行过的倒三角大廓形女装时隔 30 年重现时尚舞台，不同之处在于肩型没那么宽阔，而变成更厚的耸肩设计，散发出具有女性魅力的强势感和建筑立体感。另外，A 型的裙摆也是 20 世纪 80 年代复古的标志元素，如艾莉·萨博（Elie Saab）2016 年秋冬高级定制的这款礼服以经典的 A 型轮廓展现，辅以精致的手工钉珠工艺，散发出复古的韵味（图 13-17）。

图 13-17 艾莉·萨博（Elie Saab）2016 年秋冬高级定制

②内部结构。

a. 分割线。分割是服装设计中常见的一种造型形式，分割线则指体现在服装各个拼接部位，构成服装整体结构的线，主要包括门襟线、省道线、褶裥线、底摆线等[38]。运用分割线对服装进行分割处理，可借助视错原理改变人体的自然形态，给人一种理想的比例和完美的造型视觉。很多复古服装都有高腰线，也可称为帝国式高腰线设计，裤装也多以高腰裤为主，这样的分割线处理可以拉长人体下身比例，显得修长，也倍添优雅。另外，服装公主线的款式是呈现淑女复古风格的又一结构线分割的方法。

b. 服装细部。衣领是时装设计中非常重要的一环，也是服装最重要的构成部分和最引人注目的部位，其造型对服装的整体效果影响很大，既体现服装格调的一致性，也是显示服装风格的重要因素[39]。当领子的造型与人的脸型、体型和谐相称时，能给人留下美好的印象，从而成为服装的视觉中心。因此衣领的复古设计便成为时装周上最惹眼的元素之一和判断其复古风格的最简易方法之一。如彼得潘圆领（Peter Pan Collar）❶、镂空衣领、丝巾式领结以及宫廷荷叶领都向市场传达着显著复古的信号，这类领型能轻易演绎出复古的甜美淑女风（图 13 – 18）。尤其是简洁的彼得潘圆领，以不同大小、改良造型及多种混搭方式（如彼得潘圆领与中性风格元素搭配），衍生出丰富多变的创意，验证了复古设计与营销的创新性。

图 13 – 18　复古领型（香奈儿 2015 年秋冬成衣）

此外，可拆卸的装饰领（假领子）也是判断复古风格的重要信号。如 Prada 的副线（Secondary Line）品牌缪缪（Miu Miu）女装系列的假领子和服装产品相得益彰的组合搭配，使模特充满复古俏皮感（图 13 – 19）。

除衣领外，服装的肩袖和腰线作为重要的细节部位，也是影响服装风格的两个直观因素。若一件连衣裙是宽肩设计，腰部做了收腰处理，而下摆又是宽裙摆，这种廓形就是 X 型。1954 年，时装设计师迪奥先生举行了名为“新风貌（New Look）”的发布会，发表了这个廓形，因其外形如“X”形而得名，是表现性感的轮廓线。出于对迪奥“New Look”的怀旧，设计师常在保持基本廓形 X 型不变的前提下，在色彩、面料及产品细节上进行一定的创新和改进[40]。有些蓬松度的肩袖（如垫肩、泡泡袖等）和高腰线的设计会显得服装复古而浪漫，

❶ 彼得潘圆领（Peter Pan Collar），源自彼得潘（著名童话《小飞侠》的主角）的经典穿着，这种扁平的圆领最初只用于童装设计，自 20 世纪 60 年代开始，这种领型才开始出现在成年女装中。

颇具典雅之风（图 13-20）。

图 13-19　缪缪（Miu Miu）2010 年春夏女装

图 13-20　香奈儿（Chanel）2017 年早春系列

③装饰配件。装饰配件是设计师为营造服装复古韵味的重要灵感来源和运用元素。无论是 20 世纪 60 年代的波普手镯，70 年代的水桶包，还是夸张的复古眼镜、呢制帽子、镂空雕花的布洛克鞋（图 13-21）、持续走俏的粗跟皮鞋以及席卷全球的牛津系带皮鞋等，都深受复古风格的影响，使得装饰配件复古元素无处不在。另外，领带同其他服饰一样也是人类独有的文化特征，它能衬托主体服装，展示佩戴者形象，并以其醒目的位置与独特的功能为人们（特别是男士）所青睐，成为男士服饰中不可缺少的主要配饰和复古装饰的法宝之一。

图 13-21　古驰（Gucci）布洛克鞋

（2）色彩和图案设计。在经历了 20 世纪 90 年代极简到没有装饰只有轮廓的服装后，设计又开始逐渐强调装饰感，到 21 世纪初，女装重回到繁复异彩的风格中，却又不是简单的复制，而是将过去的图案加以改进和提炼运用，结合新型的材质，从而达到似旧实新的视觉观感[40]。

为使服装的色彩具有华丽的复古感，设计师往往会采用能起到撞色效果的色块拼接，如黑、白的经典配色以及红与蓝的色块对比。由多种色彩组成的繁复图案或印花，如佩兹利纹样（Paisley Pattern）❶、古老图腾、花卉图案、波普图案❷、苏格兰格纹（Tartan）❸、不规则

---

❶ 佩兹利纹样（Paisley Pattern），诞生于古巴比伦，后传入波斯和印度，是一种由涡旋纹组成状若水滴或松果形图案的纹样。其名称源于因大量生产此纹样的披肩而闻名的苏格兰西部一个纺织小镇的名字。佩兹利花纹繁复、细腻，具有华丽古典主义气息，在中国古代被称为“火腿纹”。

❷ 波普图案，指的是以明星、封面女主角、标志符号、招贴画、市井文化、商业广告、漫画等生活中流行的视觉题材为原型直接应用于设计图案上，配色大胆而鲜明。波普（POP）为 Popular 的缩写，意即流行艺术、通俗艺术，20 世纪 50 年代开始风行，代表人物为安迪·霍尔。

❸ 苏格兰格纹（Tartan），源于古法语里的羊毛“tirer”一词，意为“花格绒呢”，由粗细不一的各色条纹纵横交织而成，由羊毛制品渐渐演变为一种印花图案，是英伦风的典型代表。

几何图案和波点图案❶等，作为具有特定标志性的图案，均是完美诠释复古俏丽感的利器。惯用复古经典的英伦格纹、不规则几何图案和波点图案的代表品牌分别为巴宝丽（Burberry）、璞琪（Emilio Pucci）和川久保玲（Comme des Garcons）。以波点图案为例，作为一个新的复古流行趋势自20世纪60年代风靡后再次流行。川久保玲2012年秋冬系列作品就将简洁明亮的色彩、复古印花与大廓型相结合（图13－22），硬挺的大廓型与大波点图案的结合运用，使整体风格和图案设计充满了十足的复古趣味。

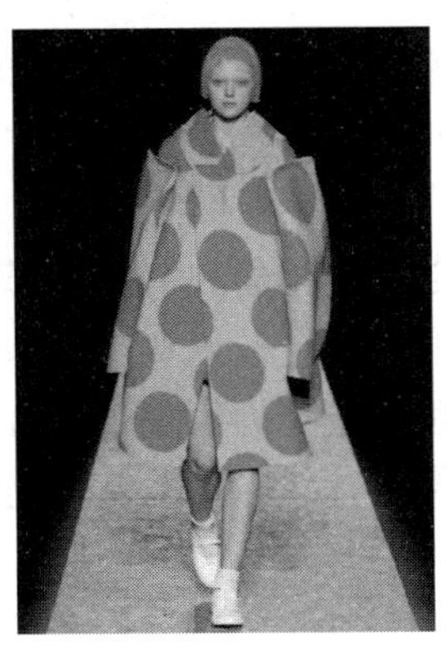

图13－22　川久保玲（Comme des Garcons）2012年秋冬系列作品

（3）面料设计。为了实现蕴涵复古情节的时尚感，设计师多采用经过高科技加工的天然面料或传统染织方法，如蜡染、扎染、描绘、编织、刺绣等手工技法，来实现面料的复古风格。如复古花卉图案就常以刺绣、手绘、手工染织、立体造型等形式出现在时装发布会。这些手工技法不仅自然环保，而且代表着旧时代的精神文化结晶，使面料更加具有复古的韵致，如蓝印花布和缎面刺绣在现代改良旗袍、礼服、成衣和纺织品中的运用等。另外，各种褶皱花边、蕾丝、流苏和百褶面料的巧妙运用往往也是演绎复古风格的重要手段，会在无形中给产品增添一缕复古的浪漫情怀。

3. 复古生产营销

利用复古营销理论的稀缺性原理所采取的产品和服务的定制化生产方式与方法也是纺织服装产品实施复古营销策略的有效途径之一。在工业革命前，定制化的量体裁衣是纺织服装产品制作和服务的主要提供方式，如定制裁缝店或鞋店等。工业革命以后，大批量生产极大地提高了社会的生产力，但消费者在享受批量化生产带来的低价格和高效率的同时，也牺牲了合体性与个性化需求，充斥着大量同质化的平庸产品无法吸引消费者，这直接导致了定制化这种复古生产与营销方式的回归。正如《未来经济状态》的作者，理查德 W. 奥利弗（Richard W. Oliver）所说：从需求角度讲，世界上每个人都渴望在同样低的价格水平上获得相同质量的产品和服务，每个人都要求根据他们个人的爱好和需要定做上述产品和享有服务[41]。

需要强调的是，产品和服务定制化的复古营销手段并不是对过去的裁缝式定制的简单复

❶　波点图案，即重复性圆点图案。代表艺术家是日本的草间弥生和时装设计师川久保玲。

制，而是在旧有基础上，加入新的高科技手段，运用全新的营销平台，例如3D式量体裁衣和网络直销。据了解[42]，在宝鸟（BONO）的高级定制计划中，消费者能够通过网络和目录看到不同的面料、板型、绣花图案甚至不同工艺的锁眼，然后根据自己的喜好进行组合。这样的衬衫摆脱了“千衫一面”的现象，利用限量的消费心理，满足了消费者合体性和个性化的需求，赋予定制产品以神秘的吸引力，顺应了市场的发展规律。

在世界经济一体化趋势不断加强，国际国内市场竞争日益激烈的今天，社会大众的心理压力不断增大，精神需求越来越强烈。“创意”与“复古”作为满足人们日益增强的精神文化需求的观念和手段，在纺织服装产品市场营销中的作用已越来越突出。实施“创意”与“复古”营销策略的目的是为了在纺织服装产品的功用性和情感性价值与消费者的物质与精神需求之间架起一座沟通的桥梁，并通过让他们主动投入时间和精力与企业或品牌进行互动体验，潜移默化地将纺织服装产品的设计理念和情感价值深植于心中，使消费者在由衷地认同产品的精神文化价值的同时，心甘情愿地去消费与购买产品。无论时代如何变迁，纺织服装产品的理性价值——理性卖点表达与感性价值——感性心理诉求，都将是影响消费者是否实施其购买行为的重要市场营销要素，创意与复古营销将会始终成为纺织服装产品市场营销的必选策略。

思考题

1. 什么是创意和创意产业？其由来与产生的背景是什么？
2. 什么是复古？其出现与流行的背景是什么？为什么？
3. 你认为应如何定义纺织服装创意与复古的含义？两者有什么区别与关联？
4. 为什么说创意与复古在纺织服装市场营销中有着举足轻重的作用？请举例说明。
5. 实施纺织服装创意营销的具体策略有哪些？请结合某品牌或产品加以具体说明。
6. 实施纺织服装复古营销的具体策略有哪些？请结合某品牌或产品加以具体说明。
7. 纺织服装创意与复古营销的未来发展趋势是什么？为什么？

参考文献

[1] 秦海菁. 知识经济测评论［M］. 北京：社会科学文献出版社，2004.

[2] 厉无畏. 创意改变中国［M］. 北京：新华出版社，2009.

[3] 胡小武. 创意经济时代与城市新机遇［J］. 城市问题，2006（5）：21－27.

[4] 夏正农. 辞海［M］. 上海：上海辞书出版社，1989.

[5] 廖可斌. 明代文学复古运动研究［M］. 上海：上海古籍出版社，1994.

[6] 韩久海. 艺术设计中的复古主义［J］. 艺术与设计，2009（11）：25－27.

[7] 刘中民. 当代中东伊斯兰复兴运动的政治文化机理［J］. 宁夏社会科学，2001（5）：38－43.

[8] Stephen Brown, Robert V. Kozinets, John F. Sherry Jr. Teaching Old Brands New Tricks: Retro Branding and the Revival of Brand Meaning［J］. The Journal of Marketing, 2003（3）：19－33.

[9] 中国服装企业：“中国创造”中做大“中国制造”［EB/OL］. http：//info. gongchang.

com/a/fangzhi－2011－12－20－432524. html，2011－12－20.
[10] 沈雷，吴鹏. 服装企业品牌提升的实现途径探析 [J]. 纺织导报，2010（11）：18，20，21.
[11] 服装企业如何宣传自己的品牌 [EB/OL]. http：//www. brandcn. com/yingxiao/tanpan/200604/19667. html，2006－4－7.
[12] 向林. 时尚职业女装创意营销与传播研究 [D]. 长沙：湖南师范大学，2010.
[13] 段敏. 现代成衣产品中的创意设计研究 [D]. 青岛：青岛大学，2010.
[14] 胡兆娟. 创意服装设计中面料的二次造型 [J]. 山东纺织经济，2010（6）：74－75.
[15] 刘丁，吴文利，牛爱雯，等. 服装面料二次设计中的创意思维方法 [J]. 丝绸，2009（5）：7－11.
[16] 王倩. 消费社会中配饰品设计趋势研究 [D]. 北京：北京服装学院，2011.
[17] 超轻战袍助力刘翔雨后称王 [N/OL]. 成都商报电子版.
http：//cdsb. newssc. org/html/2012－05/07/content_ 1574937. htm，2012－5－7.
[18] 吕靖，谢梅娣. 新理念网球运动服设计 [J]. 纺织导报，2011（12）：105－107.
[19] 汪维丁. 包装设计的创意定位策略 [J]. 包装工程，2002（2）：48－50.
[20] 包装全球让时装创意一会儿 [EB/OL]. http：//c. chinavisual. com/2012/02/24/c81063/index. shtml，2012－2－24.
[21] 倒了，倒了！温哥华潮店这样做生意 [N/OL]. 都市快报数字报纸. http：//hzdaily. hangzhou. com. cn/dskb/html/2010－03/03/content_ 833349. htm，2010－3－3.
[22] 西博会四川乐山馆“智慧”主题受青睐 [EB/OL]. http：//news. hexun. com/2011－10－18/134328184. html，2011－10－18.
[23] 时尚购物站 Polyvore 用户可随意混搭套装 [EB/OL]. http：//www. chinaz. com/website/2011/0808/203780. shtml
[24] 神惠子. 由服装复古风的盛行看流行轮回 [J]. 美与时代（上半月），2010（6）：116－118.
[25] 张星. 服装流行学 [M]. 北京：中国纺织出版社，2006.
[26] 虞琤. 西方营销理论的新发展——复古营销与服务营销理论述评 [J]. 外国经济与管理，2003（12）：27－30.
[27] 陶云彪. 折磨产生市场复古式营销的智慧 [J]. 中外管理，2011（4）：74－75.
[28] 赵静蓉. 现代人的认同危机与怀旧情结 [J]. 暨南学报，2006（5）：31－36.
[29] Stephen Brown. Torment your customers（they'll love it） [J]. Harvard business review，2001（9）：82.
[30] Morris B. Holbrook. Nostalgia and Consumption Preferences：Some Emerging Patterns of Consumer Tastes [J]. Journal of Consumer Research，1993（2）：245－256.
[31] Ulrich R. Orth，Aurelie Bourrain. The influence of nostalgic memories on consumer exploratory tendencies：Echoes from scents past [J]. Journal of Retailing & Consumer Services，2008（4）：277－287.
[32] 柴俊武，赵广志，张泽林. 自我概念对两类怀旧广告诉求有效性的影响 [J]. 心理学

报，2011（3）：308－321.
[33] 彭旭知．怀旧广告的五种玩法［J］．广告大观：综合版，2010（5）：72－74.
[34] 2009 年十大创意营销案例盘点分析［EB/OL］．http：//www. boraid. com/darticle3/list. asp？id＝126832，2010－1－12.
[35] 李国芹，马瑞平．从“怀旧包装”看商品营销［J］．商场现代化，2007（2）：196.
[36] 蒋玉石．口碑营销概念辨析［J］．商场现代化，2007（1）：136－137.
[37] Chrysanthos Dellarocas. The Digitization of Word of Mouth：Promise and Challenges of Online Feedback Mechanisms［J］．Management Science，2003（10）：1407－1424.
[38] 葛亮．服装结构设计中的分割线［J］．辽宁丝绸，2008（2）：21－23.
[39] 金枝．衣领结构设计的优化研究［J］．广西工学院学报，2005（4）：96－99.
[40] 张蓉．流行与复古—流行女装中复古元素的解析与设计应用［D］．南京：南京艺术学院，2010.
[41] 杨晓燕．网络时代的营销复古［J］．嘉应大学学报，2001（2）：19－21.
[42] 李银莲．BONO：不走寻常路的服装直销［J］．网上零售，2007（12）：84－85.

第十四章　服饰形象设计营销

本章重点知识

1. 形象设计的发展历程及其概念。
2. 服饰形象设计的含义及特点。
3. 服饰形象设计的重要性。
4. 服饰形象设计的功能与作用。
5. 服饰形象设计的影响因素与设计方法。

作为当今消费大众日常生活中无法割舍的一种日常行为，服饰形象设计不仅是形象设计的一个重要方面，而且还与各类现代服饰品的市场营销有着千丝万缕的联系。随着市场的不断变化、企业的持续发展、服饰产品的随时更新和消费大众需求品位的日益提高，纺织服装产品服饰形象设计的重要性也越来越引起广泛的重视，成为目前纺织服装产品市场、消费大众、服饰企业和设计师们共同关注的重要课题。通过对服饰形象设计的深入研究，一方面可对当今个性化消费时代背景下消费大众的服饰形象设计提供一定的理论指导，增加消费者自信，使其在对适合自己的服饰形象的追求中去迎接生活中的各个挑战，满足日益增长的消费市场需求；另一方面，通过对影响服饰形象设计各要素的分析与服饰形象设计方法以及对服饰形象设计在纺织服装市场营销中所起的主要功能与作用的探讨，可增强市场对于服饰形象设计的重视与利用，为纺织服装产品市场营销策略的发展提供新的途径。

第一节　服饰形象设计的基本概念

一、国内外服饰形象设计的发展历程

社会对美的追求，与人类的诞生同步。在人际交往中往往通过自我形象的塑造来体现和提高自己的身份，因此自古就有并延续至今的形象设计，在当今的消费社会和市场营销中日益受到重视。

形象设计在中国成为时尚媒体的热门新兴名词，至今不过十几年的发展历程[1]。20 世纪 80 年代的改革开放以来，出现了不少专职从事服饰形象设计工作的设计师，且多由美容、美发、化妆、服装（饰品）设计等职业中分流而来[2]。随着市场经济的发展，这一新兴职业逐步从业余到专业，从擅长一门（或化妆或美发或服装或饰品）到注重整体，至今已取得长足的进步和广泛的社会认同。近年来，服饰形象设计行业的高级应用型人才的培养已被纳入当今的教育体系之中，许多学校与个人如雨后春笋般的开办了人物形象设计专业和个人形象设

计咨询公司，不少大专院校也应市场之需设置了相关专业。但因行业发展时间较短，形象设计理论体系虽初步形成但还不成熟，对其在市场营销中的功能与作用也尚在不断的理论探索和实践追求中。

国外的形象设计职业，起源于20世纪50年代的美国[3]。早在20世纪50年代，“形象”一词就出现在当时美国社会各阶层中[4]。形象设计行业则起步于20世纪60年代，被誉为反文化时代的十年，也被称为新发现的自由时代，出现了很多新思想、新艺术模式，人们的服饰与化妆都表现出了极大的叛逆审美观。到了70年代，后现代主义萌发，石油危机出现，民族风格的直线型宽大的服装款式开始流行并出现了两个极端，一个是崇尚自然健康的造型理念，著名演员波姬·小丝就是这一时代的偶像代表；另一个是朋克精神。此时的服饰形象设计已经出现了明显的风格差别。到了80年代以后，西方的形象设计行业已经发展到了相当的高度，整体系统的形象设计服务也逐渐涌现，从事形象设计的人员大多接受过专业教育，像伦敦的中央圣·马丁学院、英国皇家艺术学院、伦敦时装学院、法国时装设计学院、美国旧金山加州州立大学等很多学院都开设了与形象设计有关的课程，使得西方的形象设计逐渐走向成熟[5]。如被人们誉为形象颠覆者（Image Shaker）的罗杰·艾力斯（Roger Ailes）曾经成功地塑造了里根、布什等美国总统的形象，其*You are the message*一书则概括了他对于形象设计的观点与理论[6]。包豪斯学校（Bauhaus School）的约翰内斯·伊顿（Johannes Itten）教授则在20世纪初期提出了个人色彩分析的概念。苏珊·卡吉尔在1940年提出了根据肤色、发色、眼睛的颜色来确定个人色彩的理论。1984年，Carole Jackson女士创立了Color me beautiful公司，并出版了*Color me beautiful：discover your natural beauty through the colors that make you look great & feel fabulous!*，该书将人的色彩与四季变化相结合，提出了季节色彩理论，并广泛运用于服饰形象设计中[7]。

二、服饰形象设计的含义与特点

形象是物质的客观存在，“形象”一词在《辞海》中有三个解释：一是指形状相貌；二是指文学艺术把握现实和表现思想感情的一种美学手段，是根据现实生活各种现象加以艺术概括和虚构所创造出来的负载着一定思想情感内容、富有艺术感染力的具体生动的艺术符号载体；三是指表达或描绘具体生动[8]。由此可知，虽然社会生活和自然界都是文艺作品的描写对象，但文艺作品中的形象主要还是指人物形象。而在服饰形象的含义中，“形象”二字主要表达的是前两者的含义。

形象设计的“设计”是指对现代工业、商业、公共事业、人和环境等所进行的塑造与计划，包括对精神上的创造、计划和安排，是物质与精神结合的一种产物，也是一个整体的、全面的构思与计划，以及把这种构思与计划通过一定的手段完成的过程。由于人类在物质和精神文化上的不断追求和发展，才加速了形象设计的发展。广义的形象设计范围很广，泛指国家形象设计、城市形象设计、企业形象设计、品牌形象设计、产品形象设计和个人形象设计等。狭义的形象设计主要是指针对人或物的外表所进行的一系列包装、塑造与表达。但无论哪种意义上的形象设计，其最终的设计目的都是为了更好、更为清晰地传播所要表达的目标物的个性化与差异化形象。服饰形象设计隶属于个人形象设计的范畴，是个人形象设计的主要组成部分，其着重点在于借助服装与饰品对个体的人进行个性化的审美设计，以充分发挥服饰形象设计在人物形象的修饰、塑造与表达中的重要作用，是消费者根据自身客观与主观的需要，在服饰相貌和艺术情感上进行系列塑造的一种手段，这与通常意义上的服装设计和服装造型有所不同。美国一位研究服饰史的学者 P. R. Cohen 曾指出：一个人在穿衣服和装扮自己时，就像在填一张调查表，写上了自己的性别、年龄、民族、宗教信仰、职业、社会地位、经济条件、婚姻状况、为人是否忠诚可靠、他在家中的地位以及心理状况等[9]。这说明服饰形象设计是以人物本身的身材特点、心理特征、个人风度及气质，个体肤色、发型及化妆等为基础和依据，通过对服饰与人的具体及个性化的结合与表征，来展示和体现出消费者个体的整体形象效果。

服饰形象设计作为个人形象设计极其重要的组成部分，受到服饰搭配、款式、风格、材质和色彩等诸多因素的影响，并与消费者个体自身的客观条件，如体型、脸型、肤色、发型、心理和着装风格等，有着直接的关系，纺织服装产品市场营销服饰形象设计，是通过客观物质条件配合人的精神面貌和特征来完成，具有以下鲜明的特点：

1. 以人为本

服饰形象设计的对象是人，而人是同时具备自然和社会双重属性的高级灵长类动物。所以在服饰形象设计时，需要以人为本，综合考虑其自然属性与社会属性的整体需求。一个完整的服饰造型满足的不仅仅是他人对自己的评价和感受，而同样重要的是自身愉悦和快乐。另外，服饰形象设计还应兼顾对人的内在与外在形象的设计，并注重内在感觉与外在感觉在整体设计中的融合与表达。内在形象是指一个人的内在素养，主要包含了性格特征、文化修养、审美情趣、思想道德和心理状态等；外在形象是指被设计对象给人带来的外观感受，包含了自然形象、服饰形象和行为形象等。在自然属性中，只有人的自然形象是它的一部分，其余部分都包含着社会属性；而内在形象则是一个人的社会属性的具体表现，具有很大的可塑性。服饰形象设计的手段就是以外在表述内在，通过可以被人为塑造的外在服饰形象和行为形象来表达人的内在思想和精神的最大魅力。

2. 装饰性与情感性

装饰性与情感性是服饰形象设计的意识性和目的性特征。服饰形象设计的意义就是使设计对象更加符合时代审美，体现特定时代的服饰文化及综合发展的特征，彰显出人们的审美理想和审美情趣，显示出设计对象的时尚性和个性化风采。时尚是被现代人崇尚并追求着的一种观念现象、一种态度、一种意识、一种表现方式和行为方式以及一种社会的时兴风尚。具体反映在服饰形象上，就是一种着装情趣和审美取向。服饰形象设计并不是只给顾客配上所谓流行、时髦的服装，搭配上个性突出的饰品，甚至追随性地去模仿某类时尚形象，而是充分运用和营造服装的视觉艺术语言，如色彩的联想与象征、款式的风格与特色、图案的装饰情调等以及它们之间所产生的视觉调和效果。

人们视觉中的形象是洋溢着丰富情感的形象，情感是形象艺术传达的媒介，形象的情感就是其内在的艺术感染力对外观形式美的激发，使人的形象有诗一般的意境和音乐一样的感受空间。只有具有装饰与情感特点，形象才能鲜活充实而饱满，服饰形象设计才具有更高的审美价值。

3. 选择性与搭配性

选择性与搭配性是服饰形象设计的技术性与操作性特征，它反映出形象设计的思考模式、构思方法和操作手段，也是用视觉艺术再造形象的意识与方法。搭配与选择实际就是从形象设计的整体性构成出发对服饰的精心选择与配搭。其中，选择是进行服饰形象设计操作的首要环节，它要求设计师在充分了解服饰市场信息资源和流行及发展趋势的基础上，根据设计方案的意象，用艺术的视角和审美的眼光去发现和捕捉美的服饰，并进行视觉优选和服饰形象的想象与虚拟的空间组合，最后进行审美判断，实现服饰的选择。而搭配则是对服饰形象着装状态的总体构成，它是塑造和表现形象的关键艺术手段和重要环节。其操作具有若干层次：依据设计方案对服饰进行搭配的基本选择；在试装时根据直观的感觉和即兴的意象进行搭配的调整和完善，以追求最佳的感观效果；对同一组服饰采用各种搭配方法和表现形式，实现创造性的艺术形象设计效果；借助饰品在服饰形象设计上的延伸和丰富，在基本搭配基础上创造出个性化与差异化的时尚风格，并将饰品作为吸引视线的焦点，装饰在服装最精彩的设计位置。

4. 针对性与个性化

服饰形象设计既是设计师针对设计对象利用服装和饰品进行的一种创造性的选择、组合和搭配，也是设计师审美情感的渲染和艺术表现力的一种发挥与表达。因此，任何服饰形象设计都既具有唯一的针对性特点，又具有强烈的设计师个性化烙印。在服饰形象设计中，时尚性与个性化可满足人们不同的需求，设计师根据不同的追求体现不同的心理需求，从而表达出个性化的服饰形象。

5. 协调性与统一性

服饰形象设计是一种独立的艺术形态，具有独特的设计方法和操作模式。但就其形象设计的全局观念、所涉足的范围和本质意义来分析，它仍属于整体形象设计中的局部造型。首先，它必须服从于规划中的整体形象风格，并以此为设计构思的基础、前提和方向来进行服装的选择、搭配和饰品的装饰；其次，还需要与发型、化妆进行配合和协调，其主要表现在色彩的选择和搭配应与发型、化妆色形成对比调和的协调统一关系。款式的造型风格应与发型和化妆的风格在具有各自鲜明特色的基础上形成多样统一，以及在整体形象的视觉亮点上形成集中强调并产生视觉美感的放射性作用。所以，在进行服饰形象设计时，形象设计师应与发型师和化妆师统一风格，相互作用，相互关照，使服饰形象设计在统一、协调中去释放其独特的风采和对形象的艺术塑造，并最终接近完美的服饰形象设计。

第二节　服饰形象设计在市场营销中的作用与功能

一、服饰形象设计在市场营销中的重要作用

服饰作为表达形象的必要手段，只有切合人的身体条件，才能达到修饰身体的目的；只有切合人的心理形象追求，才能实现人对生活美追求的理想；只有符合社会形象规范，才能展示个人特有的社会经济地位及生活方式[10]。因此，服饰常被称为无声的语言，其效应虽不及口头言辞强烈，却是信息交流的重要媒介。通常，人们在社交见面的 5 秒钟内，就会直觉地产生反应。这种人际交往的初次直觉反应，最先引起注意的往往就是服饰和仪表[11]。所以，服饰与仪表是否吸引人，是形成第一印象的极为重要的因素。另外，由于人是社会中的

人，个人的服饰形象往往还牵扯着社会中的组织和各个集体的形象。一个企业的形象是否良好，将会直接影响着这个企业的规划和发展。在企业识别系统（Visual Identity，简称 VI）中，影响其视觉的不仅包括企业的 Logo、陈列、招牌、标准色等，也包括了员工的服饰形象表达[12]。由此可见，服饰形象设计涉及领域广阔，影响范围也相当宽泛，在纺织服装产品的市场营销中有着举足轻重的作用。

1. 服饰形象设计是市场营销推广产品的重要载体

20 世纪初工业设计运动兴起，美国人将外观设计看作是销售的必要手段之一，称为式样化，提倡设计的唯一目的就是促进销售[13]。对于时尚行业来说，前瞻性的时尚趋势尤其重要，它涉及服装设计，纺织、服装面料采购，制造，营销和融资，及零售各个过程[14]。服饰形象设计的过程中会结合对象的客观和主观因素来进行设计，并且要为市场的营销做出良性选择。显然设计的主动营销力功不可没，也是企业与竞争对手进行差别化划分的一个重要手段。

2. 服饰形象设计是市场营销的有力推手

服饰形象设计不仅是个人的无形资产，同时也是服饰市场营销推广不可或缺的一种方式。服饰形象设计不仅可以提高产品的附加值，还可以通过与特定目标消费群体的心灵沟通而促进服饰产品的成功营销。一个恰当完美的服饰形象设计能促进服饰市场营销；而成功的服饰市场营销则会有力地推动服饰形象的设计，并造就服饰形象设计的不断繁荣，两者之间相互依存，互为推动力。

二、服饰形象设计的市场营销功能

一个恰当的服饰形象设计不仅可为个体消费者带来彰显个性化风采的效果和满足其自身与社会的审美要求，还可为企业产品带来更深刻、丰满的文化内涵和更加突出的差异化特色、优势和品牌效益[15]。这使得在现代服装与服饰的市场营销中诞生了不少为产品促销或者说为服饰形象设计而存在的新职业，如服饰陈列师、形象咨询师、化妆师、娱乐演出设计等，并使服饰形象设计在当代市场营销策略中发挥出以下主要功能。

1. 服饰形象设计是推广产品的重要策略

在当今的服装服饰市场中，其产品的推广与营销有多种策略，如符号化营销、品牌营销等。服饰形象设计作为一种无声的语言，不仅叙述着消费大众的一系列信息，如年龄、社会地位、经济实力、品味，甚至是人生观和价值观，而且成为塑造消费者个体形象的重要手段，同样在服饰产品的市场营销中起着展示品牌形象、传播企业文化、扩散产品信息、推广产品的重要作用。

2. 服饰形象设计是形象设计师与消费者信息互动的重要渠道

信息的快速传播标志着社会的进步与发展，现如今人们生活中的微博与微信的流行也表现了社会大众对于信息的快速接受和传达能力，这使得服饰形象的设计者们可以在第一时间利用各种媒介向消费者传达其最新形象设计的理念及相应的流行趋势、色彩、材质、风格并与消费者互动，并且在这一服务过程中及时将市场需求和购买特征以及发展变化的趋势立即反馈到企业的市场分析当中，有效地整合企业资源和减少不成功的服饰形象设计案例，及时把握市场机遇，规避市场风险。

3. 服饰形象设计是企业Logo与文化的表达方式

对于企业来说，服饰形象设计所表达出的形象就如同一个Logo，传递着品牌所代表的消费群体、定位、质量、风格、文化内涵、设计理念等信息，并从设计中体现出企业的文化、规模、类别和特点，甚至每个员工的服饰形象都是这一Logo的具体表达[16]。作为社会中的个人，人们不仅需要在个人生活中体现良好的形象，而且在社会工作的环境中与群体里面也需要提升个人的形象吸引力，增加个人魅力。这样不仅可以增强自身的自信，还有利于企业的Logo及其文化的表达和传递。例如，空姐从服装、发饰、丝巾、丝袜、鞋履和表情等，都是为了服务于自身的行业形象，让人们体会到航空公司的文化内涵和企业特点。聚美优品CEO及联合创始人陈欧在商业广告中以自己的形象代言自己的企业，体现了他个人服饰形象的同时，也为企业得到更多人的青睐奉上了一个完美的广告，这表明其个人形象的表达同时也是其企业Logo与文化的重要表达方式。

4. 服饰形象设计是提高纺织服装产品附加值的手段

市场营销中，所有的企业和品牌都是通过提高利润来增加效益。服饰形象设计通过各个产品之间的搭配和塑造从而体现一个完整的个体形象，给消费者带来的感受和产生的情感都是单个产品无法表达和传递的。人们通过服饰形象设计可以感受到产品品质、品味和文化内涵，充分的满足当代人对于产品功能性与情感性的要求。这个创造的过程不仅给企业带来了更高的利润，还能形成一种无形的资产，从而使其产生更高的附加价值。很多企业与设计师都是利用这一点，在市场中宣传其影响力从而赢得更多消费大众的信赖，进而创造出更好的经济效益。

5. 服饰形象设计是引导消费趋向的风向标

服饰市场产品类别多种多样，当消费者选择产品的时候，难免会产生彷徨与无助。服饰形象设计作为一个完整的设计成果，可为消费者提供理想的现实形象参考。消费者在潜意识中已将自身的消费需求与产品进行个性化的匹配。利用产品消费行为的这种特性，宣传企业的文化和价值取向，从而产生共鸣，取得消费者对企业及其品牌和产品的高度认同，引导消费者有意识地选择购买产品，实现提升所有设计产品的价值和起到激励消费的功能。在服饰市场营销体系中，零售商需要快速地跟随时尚潮流，快速时尚已经是最常见的商业策略，从而快速响应消费者的需求[17]。通过服饰形象设计的引导和刺激，让快速时尚在市场的作用发挥到最大，从而引导消费者的选择，在满足消费者需求的同时刺激市场营销积极的发展。

6. 服饰形象设计是满足消费者个性化需求的方法之一

现代社会，大众的消费水平明显提高，人们追求的不再是千篇一律的产品，而是更能体现自我特点的产品。在个性化发展的驱使下，服饰形象设计追求的是利用每一个不同的设计追求各个不同的群体，满足更多的消费者[18]。人们追求所谓的时尚也会根据时间、地点、文化教育、成长经历和心理等因素而不断变化，所以个性化追求会随之而变化，市场此时就会有更多的营销空间与机会[19]。与此同时，也使消费大众得到了更多的产品选择机会，人们不再单一的购买某种式样的服饰产品，而是选择符合自己个性化的服饰，从而促进服饰市场各个领域产品的销售。

7. 服饰形象设计是拓展纺织服装品牌影响力的方式

企业的品牌力和创新力是品牌影响力的源泉，一个企业的生存和发展需要强大的资金储备，同时还需要不断地创新。服饰形象设计就如同串珍珠的一个过程，将服装、头饰、眼镜、围巾、鞋履等这一颗颗的珍珠串起来，而选择什么大小、颜色、形状的珍珠，又通过怎样的方式来排列和组合，就是创新的过程。由企业推广专业的、高端的、和谐的服饰形象同时也是在建立企业的品牌形象。服饰形象设计可以为各个品牌提供属于这个品牌的创新力和特点，充分发挥出品牌的内涵和文化，从而拓展品牌的影响力。

8. 服饰形象设计是扩大市场占有率的重要途径

追求市场份额最大化以确保实现利润最大化是纺织服装市场营销的目标之一。服饰形象设计可以引导消费者的选择，从而培养更多的忠实型顾客，同时打造品牌特色，为企业在竞争中夯实牢固的基础，提升企业可持续发展的能力。因此，通过服饰形象设计来获取、占有和保持尽可能多的市场份额，是企业不断扩展市场占有率的重要途径。

第三节　影响服饰形象设计的基本要素及其设计方法

一、服饰搭配要素与设计方法

在服饰搭配中，有一个通用原则，就是 TPO 原则。TPO 是日本男用时装协会（MEU）于1963 年提出来的[20]。TPO 是英语时间（Time）、地点（Place）、场合（Occasion）的缩写，表示选择服饰要与时间、地点、场合相协调。现在 TPO 原则已经脱离了最初推行男装时装画的原意，成为现如今纺织服装消费市场中大众选择服饰的共用原则。T 是线型概念，泛指时间早晚、时代和季节等，各个时代的服饰体现不同的特点；P 是面型概念，泛指场合、环境、地域，世界服饰史是由全世界各个国家各个地域共同创造的，据统计全世界拥有两千多个民族，拥有不同地域、不同民族的独具风格服饰[21]；O 是线面兼容的概念，体现服饰的综合效果。

从 20 世纪 70 年代开始，服装杂志开始减少对规范化的服装款式的介绍，而是大幅地增加有关服装搭配的介绍。与此同时，开始出现为人们着装提供建议的造型师职业[22]。因为整体服饰形象的艺术效果，少不了服装与配饰完美巧妙的搭配，并应从总体风格的把握和艺术形式的统一两个途径入手，在遵循一定的搭配原则和做好单品搭配与饰品选择的基础上，再针对服饰形象设计对象的个体特征去设计。而具体的方法有：总体风格的把握、艺术形式的统一、搭配原则的掌握和单品搭配和饰品的运用。

二、设计对象的个性化要素与设计方法

服饰形象设计的根本目的是将设计对象原有的本色个体性特征得到改善和挖掘，同时展现出更大的魅力。所谓个体性特征，是指被设计对象所固有的特点，例如脸型、体型、肤色和发色等设计对象本身拥有的特点。个体性特征是被设计对象客观存在的本色，而服饰形象设计的目标则是将个体特征的魅力发挥到极致。在服饰形象设计的过程中，最重要的核心是个性和风格。每个人都有自己的个性、气质和情调，只有服饰风格与人物的个性风格、化妆、发型之间相互呼应、相互配合，人物性格的美感才能得以充分体现。以表达个性为基础彰显出个人的最佳形象，这是服饰形象设计的灵魂所在。有人把服饰之美总结为适体美、适时美、

和谐美和装饰美，适体美被放在了第一位，所以适体美是服饰形象设计的关注重点[20]。所谓适体也就是指服饰的款式、型号、色彩、面料应和穿着者的体型、脸型、发型、年龄以及肤色等融为一体，既能够表现穿着者最具魅力的一面，又能弥补和掩饰穿着者自身的缺陷或不足。

三、服饰款式要素与设计方法

在服饰形象的设计中，服饰款式要素主要分为服装廓形和服装比例关系要素。

服装廓型是指按照几何形态不断组合变化而构成各种款式造型，形成常见的 A 型、H 型、Y 型等[20]。服装廓形尤其是外廓形，非常直观地传达出服装的基本特征，塑造出服装款式风格，是服装总体造型的根本，同时也是表达人体美的主要手段，它既可以强调和夸张人体的某一部分，也可以弥补和掩饰人体不够完美的某些部位，从而获得人体美的新概念。

服装比例要素指的是对服装长短、宽窄、大小等比例的恰当掌握，是服饰形象设计的原则之一。通过某种安排使服装中的各个部位以及部分和整体之间互有关系，通过比例的设置和调节，利用视错觉原理，使服装以及通过服装修饰的人体形成美的视觉效果。如宽大的 A 字形外套，与之相配的是合体裤或紧身裙，这样会使简练的形体产生有节奏的、流畅的美感；X 型款式的服装造型，上下两个三角形产生对立形态的设计，强调面积大小的对比和几何形对人体的修饰。款式搭配的合理与否还在于风格的一致性，是否上下、内外装之间构成和谐氛围，并与大多数人的欣赏习惯相符合。所以服装搭配设计的秘籍与服装设计有异曲同工之妙，都要遵循形式美原理并符合社会大众审美标准。

四、服饰色彩要素与设计方法

对于整体服饰形象设计来说，色彩无论对于服装、配饰、发型或是化妆都是不可或缺的组成部分。将两种及两种以上颜色并置组合在一起，产生新的视觉效果，称之为色彩搭配。色彩搭配的目标则是使整体服饰在视觉上形成美好而调和的色调感。认识并理解服装色彩搭配的基础理论，被视为服饰形象设计中的重要方法之一。

自然美是现实世界美感中最直接和最广泛的感受，自然美是指光色之美、形态之美和声律之美，而色彩就是光色之美。色彩感觉不仅是平常所说的色相、色调和明度这三个它本身的视觉属性，还有许多来自与之关联的其他感觉经验而衍生出的感觉。比如色彩具有冷暖感、空间感、进退感、重量感、时间感、洁净感和新旧感等由色彩刺激导致的关联性意识经验[24]。

色彩是最先进入人们视线中的要素，可见色彩是创造服饰的整体视觉效果的主要因素，并常以不同的形式和不同的程度影响着人们的情感和情绪。色彩在时尚产业中意义重大，当我们在形容服饰时，色彩可以给人们提供具体的图像表达：黑色小礼服、白衬衫、蓝色牛仔裤等[25]。对于设计者来说，色彩搭配设计代表着设计师的个性设计风格；对于着装者而言，偏爱某种颜色以及色彩搭配，体现出着装者的个人特点和气质。令人拥有耳目一新的感受的色彩搭配是合理、和谐又神奇的视觉效果。每一种独立的色彩都是美丽的，但却是依附于人的，当服饰颜色与着装者融为一体时，人与色彩就需要有一种默契和协调。当人们在运用与自身人体色特征不搭配的服饰色、妆色、发色，或者色彩和色彩之间的搭配失去协调感时，色彩就会在服饰形象上造成负面影响。当一个人的肤色呈现出不健康状态的时候，会给人以疲倦的、无精打采的、苍老的感觉。此时，利用合适的服饰色和妆色，就会打造出年轻的、健康的、亮丽的感觉，迅速提高自身整体形象和品位。总体说来，色彩要素在服饰形象设计中的作用体现在以下几个方面。

1. 色彩经过各种搭配和运用会产生不同的心理效应与情感效应

我们观看色彩时，会产生各种感受与遐想，色彩带给人们的感受有着共同的部分。此时色彩就有了识别性、冷暖感、轻重感、柔硬感、胀缩感和视错觉[24]。因此在服饰搭配时就有了许多的配色方法与技巧，主要方法有主色配色、主色调配色、色相配色、明度配色以及纯度配色；协调技巧有统调法、强调法、间隔法以及渐变法。

无论是什么方法和技巧，色彩经过一定的手段会呈现出不同的效果及其附带的感情色彩。例如，黑色系服装显得深沉、低调、悲伤、内敛；白色系服装显得纯洁、朴素、干净、雅致；灰色系服装显得正派、严谨、诚实、温和；红色系服装显得热情、开放、积极、主动；橙色系服装显得欢乐、开朗、亲切；黄色系服装显得可爱、轻快、充满希望；绿色系服装显得清新、通透、环保；蓝色系服装显得静谧、幽深、透彻、理性；紫色系服装显得神秘、高贵、梦幻、绚丽；棕色系服装显得稳重、简朴、舒适、可靠、保守等。

2. 色彩具有独特的社会文化象征意义

人们在不同的时代就会有不同时代的物质文化和精神寄托，此时服饰色彩也会呈现出不同的面貌。例如，在原始社会，最初的人类只懂得利用简单、自然的色彩来制作生产工具与器物；在封建社会，服饰色彩则显示出了一个人的身份与地位，黄色被认为是帝王的颜色，此时形成的服饰形象就有了封建等级意识。经过这样的历史演变，人们才会对不同色彩产生不同心理反应，也明白服饰色彩的变化与运用同时也体现了各个时代的精神向往和文明象征[26]。随着时代的发展与进步，逐渐出现了流行色这一概念，它是指某个时期人们对某几种色彩产生共同美感的心理反应和共同爱好[27]。这也是经过了人类文明史的发展而产生的，无论古代还是现代，色彩始终在服饰形象中占据着举足轻重的地位。

3. 色彩在服饰形象设计中的实用性功能

由于人们的身份与地位的不同，在当今社会的潮流中，对服装与配饰的使用功能与要求也逐渐分化开来。在人们的生产和生活当中，实用功能为第一目的，例如，建筑工、交警、滑雪运动员、消防人员、清洁工等从事有一定风险工作的作业人员的服装多用黄色、红色、橙色、橙黄色、橙红色，甚至使用荧光色等色彩来增加识别度和警示效果，以提高安全系数。

服饰色彩设计是以服装为产品对象，并且对不同类型的款式、面料以及不同季节的服装进行色彩造型的创造活动。广义的服饰色彩设计是以服装、面料以及与服装相关的服饰品为题材，以色彩市场销售为目的的创造活动；狭义的服饰色彩设计是指直接针对服装且相对较为独立的、具有美感的配色计划。

20 世纪 50 年代，流行黑色或是素色；60 年代流行重金属色；80 年代流行泥土色、海洋色、植物色、天空色等自然色[28]；而在现代，个性化发展使得人们不再趋于统一，更多的人愿意展现自己独特的个性化魅力。色彩流行的变化，反映出在一定社会时期人们的心理特征和时代的发展，也为服饰色彩设计带来了潜移默化的影响。

五、服饰风格要素与设计方法

风格是个性的体现，服饰塑造出的风格在服饰形象中占据着重要的位置，它根据一个人与生俱来的体型特征进行科学的分析，从中总结出适合自身的服饰风格和服饰之间搭配的规律，使每个人充分挖掘自我形象的潜力，最大限度地发挥个人魅力。人们利用不同的服饰组合给人带来不同的视觉感受和心理感受，让每个人都尽量把自己的内在审美情趣和个性通过服饰的外在形式表现出来。划分服饰风格的角度很多，本书从整体服饰形象的角度把风格分为：经典型（Classic）、前卫型（Avant - garde）、浪漫型（Romantic）、阳刚型（Mannish）、优雅型（Elegant）、现代型（Sophisticated Modern）、民族型（Ethnic）/异域型（Folklore）等八种[22]。

1. 经典型

经典型风格端庄大方，主要是指古典、传统的造型，是相对较成熟的、能被大多数人所接受的、讲究穿着品质的服饰风格。经典风格追求严谨、高雅、文雅、含蓄，比较保守，不太受流行趋势影响，是以高度的和谐为主要特征的一种服饰风格。西式服装是经典型风格的代表，如香奈儿套装、巴宝莉风衣、开襟羊毛衫、西服、牛仔裤、布雷泽外套（图 14 - 1，源自 1890 年，由英国剑桥大学划船俱乐部所设计的 Blazer）等。

图 14 - 1　布雷泽外套（Blazer）[29]

经典风格的色彩多为以褐色系为主的葡萄酒色、墨绿色、芥末色等深度色系，此外还有黑色、藏蓝色、紫色等沉静高雅的古典色系。面料大多取自具有一定质感和可塑性、具有保暖功能的斜纹软呢和羊毛，并且以格子、条纹、单色面料为主。款式上多为简洁样式，用同类色系进行自然搭配，主要以服装廓形变化为主。

2. 前卫型

前卫型一般被看成是艺术界的另类，是由实验性要素强的设计或各种奇妙的、超越人们常识范围的设计构成。前卫和经典是两个相对立的风格派别，前卫风格受波普艺术、抽象派艺术等影响，设计以“破坏”为目的，而与功能不太相关。其造型特征以怪异为主线，富有幻想，运用具有超前流行的设计元素，线型变化较大，强调对比因素，局部夸张，追求一种标新立异、反叛刺激的现象，是个性较强的服饰风格。前卫风格形成的形象也是离经叛道、变幻莫测，而又不拘一格的，通常超出了一般的审美标准，以荒谬怪诞的形式达成一种惊世骇俗的效果。

此类风格的服饰材质、颜色、设计等方面都超越了人们的常识，可谓是天马行空，常常用来表达一种人生态度，前卫时尚的商品现已随处可见，并越来越多地与其他服饰单品进行搭配。

3. 浪漫型

浪漫风格是指温柔、高雅、华贵、潇洒、飘逸、性感的气质，对女性则还特有妩媚和端庄贤淑之意，彰显着一种销魂蚀骨的魅力。男性会给人感觉是“坏坏的”；而女性感觉则是优雅、大气，女人味浓厚。此种类型的女性风格着重打造出圆润的肩部线条、纤细的腰部、丰满的胸部和臀部等身体曲线。在服饰花纹设计上主要以花卉为主，材质轻柔，多为面料柔软而光滑的针织品、丝绸、雪纺绸、天鹅绒等，并采用缎带、蕾丝或刺绣装饰以及褶边、荷叶边、丝带等局部装饰来凸显柔美。色彩上较多使用柔和色和亮暖色，用粉色、黄色、玫红色等饱和度低的色调来表现甜美和可爱，尽显浪漫情怀。设计中重视民族风格和传统工艺，彰显其少女般浪漫和充满幻想的形象。例如，连身裙搭配暖和的柔软的毛衣，夹克与飘逸的长裙的搭配，如果是夹克与裤子搭配时，则选用较为柔软和宽松的面料，都能体现出浪漫的感受。

4. 阳刚型

此处的阳刚型风格特指女性，意在刻意表现女性的成熟、平和、随意、洒脱、大方与充满了活力和随遇而安的率真。阳刚型作为体现独立性强的女性所具有的感性形象，表现出女人干练的感觉，也称为中性风格。此类服饰形象设计中，包括了领带、西装式夹克、少年风格的帽子、西部牛仔靴等均属于男性形象的服装元素。阳刚型风格盛行于 20 世纪 80 年代，那时流行用厚垫肩来增加女性肩膀的宽度，体现男子气概[30]。进入 90 年代后，用小垫肩体现具有女人味的阳刚形象，其中包括登迪（Dandy）、军装（Military）等服饰款式。

在简单的设计基础上，阳刚型风格最大限度地展示出面料质感，大多选择羊毛、华达呢、粗花呢等厚重面料。在样式设计上，多用编织稠密的几何形花纹。颜色多以灰色、褐色、绿色、蓝色等浊色调和暗色调为主，此外，褐色系、绿色系、绀色系（是蓝色系中的一种颜色，带有紫色的深蓝色，是蓝色系中最深的颜色，也是人们常说的雪青色）等色系之间的搭配和融合也可以较好地表现出阳刚型风格。在饰品搭配上，应选择设计简洁、大方的饰品，不宜选择装饰性强、设计繁复的饰品。例如，高质感的围巾，裁剪出众的帽子、包、鞋来提高整个形象。

5. 优雅型

优雅型风格较为成熟，是既高雅又端庄并富有品味的、服饰外观与品质较为华丽的服饰形象风格。优雅型风格是古典气质与现代风情两者完美的融合。这种风格讲究细节设计，强调精致的局部外观。外形轮廓线较顺应身体曲线，在女装中，则表现出浓厚的女人味，成熟稳重的气质风范尽显。在男装中，更加注重品质和典雅气质的追求。

优雅风格在材质上多用高档、柔软、富有弹力和富有光泽的面料，也常用纤细的人造丝和天鹅绒。在色彩上以红色、紫红色、紫色、黄色、咖啡色为主要服装颜色，并用柔和的色调防止出现强烈的对比。如果使用不鲜明的淡色调和亮色调，则更加着重表现其形象的高雅感。在饰品搭配上，女性通常选择能凸显高贵的饰品，例如珊瑚、珍珠、丝巾等。男性则选择真丝、绸缎所制的领结、袋巾，塑造高雅、忠厚和稳重的服饰形象。

6. 现代型

现代型风格是指现代的干练和精巧结合而成的风格，以都市化感性和高科技氛围为核心，追求富有探索进取心的理性干练形象。在此类风格的服饰设计上，偏向于带有个性和憧憬未来之感，整体搭配简洁，消除一切柔和感和强装饰性的配件。颜色以白色、黑色和灰色等无彩色系为基调，偏向于强烈的色彩对比与明暗对比，表现出冷漠、无奈、超然的服饰形象。多采用水平、垂直、倾斜等方向的直线线条、三角形、方形等组合而成的几何结构。现代型服饰设计的核心是以无彩色为主色调表现出都市情怀与气质，在饰品选择上多运用棱角较多并且冰冷感较重的制品，例如金属、玻璃、塑胶等具有大胆创意的饰品。

7. 民族型/异域型

民族型风格来源于亚洲、非洲和中东等具有历史传统或者宗教文化色彩的民族服饰，具有特别的色彩传统、乡土特色和朴素之感。各个民族和地区都会有一定的地方特色，特有的染色、织物、样式、刺绣、饰品、佩戴方法等，都会给此类型的服饰风格带来一定的设计灵感。它是通过一个民族的社会结构、经济文化、自然环境、风俗习惯、艺术传统以及共同的审美观点等诸多因素所构成。这个类型给人以亲切、大方和热情的感觉。

朴素大方的天然织物是民族型风格的首选材料，民族服饰的面料朴素，展现各国民族性的纹样较多，各种民族特有的图案、经典的编织方法都可运用到现代民族风格的服饰中。面料的颜色多以明亮的色泽和对比色较多，而且多使用天然染料，这样才能产生特有的粗糙和厚重感。此类服饰的裁剪工艺简单、原始，通常是缠绕和围裹式。饰品搭配上也是尽显大自然的美丽，多用动物的花纹、植物造型等自然形成的形状作为饰品。

除上述各种风格外，根据每年流行色的不同，其形态和结合方式也有所差异，交叉搭配和融合的结果，也会造就出一些更具特色的风格，如波西米亚风格（Bohemian Chic）、新古典主义风格（Neoclassic）、中性风格（Androgynous）等复合式的风格。

六、典型服饰形象设计案例——网络红人服饰形象设计分析

网络红人简称为“网红”，这里所说的网红是指现如今图文时代的网络红人，常利用图片和文字展示自己的生活方式及各方面的特色。由于纺织服装产品电子商务及网络营销在市场中占据越来越大的份额，人们在网络上购买商品的行为也是司空见惯。而如何能够在虚拟的世界中把握到商品是否适合自己，通过模特的展示已经远远不能满足消费者了。现如今新浪微博、微信朋友圈以及国外的社交网站上出现了诸多“网红现象”。在一般的社交网络中，人们称呼这些网络红人为时尚博主，他们利用社交网站上传图片展示自己的生活状态，通过固定时间点的推送，博主为消费者营造了一种生活的氛围，创造出了一个鲜活的形象，而这个形象是通过服饰来表达的。在图片中展现出来的商品吸引不少大众追随购买，自然而然成了他们的收入来源。消费者可以寻找到一位和自己个性化风格、体型、脸型、肤色等方面类似的博主进行模仿，从而简化自己的购物过程，达到自己购买到满意商品的目的。简而言之，整个社交网络已经成为一种大型购物商城。人们通过购买图片中所展示的服装、饰品、化妆品、家居用品等，从中获得像他们一样的生活状态。

例如，微博名为“晚晚学姐”的账号，粉丝量达到 1198593 人，数量还在不断攀升（图

14－2、图14－3)。微博博主不定期更新微博，而内容是比较私人的，就如同身边的一个朋友。但是这其中包含着巨大的商业先机。

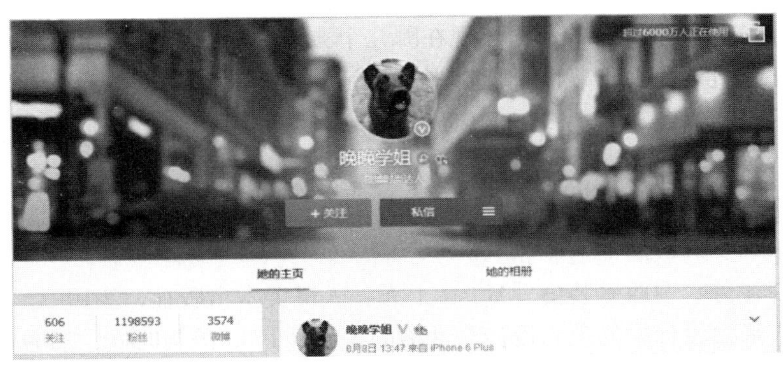

图14－2　微博名为“晚晚学姐”的主页面图片[31]

图14－3　“晚晚学姐”微博内容截图[31]

从图中我们可以看到，博主用文字描述出场景，用照片展示其服饰。消费者可以从文字中感受到博主的个性特征，从而为服饰附上了个性化风格。当人们对文字和图片中内容产生共鸣时，就很容易选择和博主同样的服饰，而这时博主已经贴心地为消费者提供了照片中展示的商品的购买地址。当微博账号的粉丝量越来越多，更多的商家会给博主提供越来越多的服饰以供博主宣传，这是看似婉转的，却又是最直接的营销方式。

思考题

1. 什么是“形象”“形象设计”“服饰形象设计”?
2. 服饰形象设计的特点是什么?
3. 服饰形象设计在市场营销中有什么重要作用?
4. 服饰形象设计在市场营销中有哪些功能？为什么?

5. 影响服饰形象设计的基本要素有哪些?
6. 什么是 TPO 原则?
7. 服饰形象设计的核心是什么?
8. 色彩在服饰形象设计中的作用体现在哪几个方面?
9. 你还能举出什么案例能表现出服饰形象设计的作用?

参考文献

[1] 陈建辉, 方芳. 20 世纪 80 年代至今东西方服装画发展状况研究 [J]. 东华大学学报, 2009, 9 (12): 300.
[2] 徐家华, 刘建芳. 中西服装史 [M]. 上海: 人民美术出版社, 2010.
[3] 郭东. 个人形象设计中的色彩设计与性格的关系 [J]. 美与时光, 2009 (3): 28.
[4] 周少华. 人物形象设计 [M]. 湖北: 湖北美术出版社, 2006.
[5] 袁仄. 外国服装史 [M]. 重庆: 西南师范大学出版社, 2009.
[6] Roger Ailes. You are the message [M]. Crown Business, 1989.
[7] Carole Jackson. Color me beautiful: discover your natural beauty through the colors that make you look great & feel fabulous [M]. Ballantine Books, 1984.
[8] 夏征龙, 陈至立. 辞海: 下 [M]. 上海辞书出版社, 2009.
[9] Cohen. P R. The role of natural language in a multimodal interface [C]. Proceedings of the 7th Annual ACM Symposium on User Interface Technology, 1992.
[10] 张秩, 服饰形象设计及其特征 [J]. 作家, 2011 (12): 281 – 282.
[11] 艾行爽. 服饰风格与人物整体形象设计的研究 [D]. 苏州: 苏州大学, 2007.
[12] 史艳虹. 品牌视觉形象设计研究 [D]. 湖北: 武汉理工大学, 2007.
[13] 王受之. 世界现代设计史 [M]. 北京: 中国青年出版社, 2002.
[14] Yong Yu, Chi – Leung Hui, Tsan – Ming Choi. An empirical study of intelligent expert systems on forecasting of fashion color trend [J]. Expert Systems With Applications, 2011, 39 (4): 4383 – 4389.
[15] 叶姣. 服饰展示在现代市场营销中的作用与功能探讨 [D]. 成都: 四川大学, 2006.
[16] 向星烨. 纺织服装企业文化在市场营销中的功用分析 [J]. 纺织科技进展, 2014 (167): 82
[17] Maegan Zarley Watson, Ruoh – Nan Yan. An exploratory study of the decision processes of fast versus slow fashion consumers [J]. Journal of Fashion Marketing and Management, 2013, 17 (2): 141 – 159.
[18] 李煜. 初探服装可持续设计的发展模式 [D]. 北京: 北京服装学院, 2012.
[19] Ka Ming Law, Zhi – Ming Zhang, Chung – Sun Leung. Fashion change and fashion consumption: the chaotic perspective [J]. Journal of Fashion Marketing and Management, 2004, 8 (4): 362 – 374.
[20] 肖彬. 形象设计概论 [M]. 北京: 中国纺织出版社, 2013.
[21] 国华. 全世界有多少个民族 [J]. 中央社会主义学院学报, 1994 (6): 52.

[22] 李京姬，金润京，金爱京．形象设计［M］．韩锦花，吴美花，译．北京：中国纺织出版社，2007.

[23] 李晓蓉．服装配色宝典［M］．北京：化学工业出版社，2011.

[24] 古大治，傅师申，杨仁鸣．色彩与图形视觉原理［M］．北京：科学出版社，2000.

[25] Andrew Towns. Colour Design：Theories and Applications［J］. Coloration Technol. 2013，129（4）.

[26] 肖慧．色彩在人物形象设计中的作用［J］．中国科技博览，2011（12）：203.

[27] 王晖晖．流行色在时装领域的应用与研究［D］．西安：西安工程科技学院，2006.

[28] 张佩敏．基于女性形体的服装搭配研究［D］．无锡：江南大学，2010.

[29] 仕族，布雷泽外套（Blazer）［EB/OL］http：//www. shizu. cn/article－1091. html.

[30] 吴培秀．人物形象设计［M］．重庆：西南师范大学出版社，2011.

[31] 新浪微博，晚晚学姐主页［EB/OL］http：//weibo. com/p/1005051802267337/home?from = page_ 100505_ profile&wvr = 6&mod = data&is_ hot = 1#place.